U0136977

時間的本質
海德格現象學與詮釋學之探討

林薰香 著

臺灣 學ﾟ書局 印行

序

　　從小我對時間問題就相當著迷，到德國學哲學，最主要的興趣也在時間及其相關問題。而時間自古希臘以來即是重要的哲學課題，也是每門科學、每個人總會遇到的問題。從古至今對時間的探問方式眾多，時間的本質卻仍難掌握。數化時代、AI 世代接踵而來，時間問題變得日益迫切。

　　我第一本關於時間的專論，《從現代到後現代的時間觀—康德，海德格／菲瑞利歐，布希亞》（2011，德文）是博士論文修改後出版，主要探討後現代時間觀，釐清菲瑞利歐（Paul Virilio）和布希亞（Baudrillard）對時間的看法。基於不同時代有不同的時間觀，每個時代的時間觀也影響人們對存在等等的理解。為釐清現代與後現代的複雜關係，在書中我討論了康德《第一批判，先驗論和海德格《存有與時間》死亡的時間性、「畏（Angst）」的時間性，作為現代初期與後期的時間觀代表。但囿於主題，未能詳盡討論《存有與時間》的時間問題，海德格與康德在時間問題上的關係亦未闡明。而且海德格時間觀啟發我許多值得討論的問題，所以近年來我以海德格時間哲學的探討為主。直到今天，我對海德格二十至三十年代的時間概念與脈絡總算略有掌握。

　　藉海德格的現象學和詮釋學，及其不同時期於生活、藝術、永恆問題和時間「起源」等四個向度對時間的思考，本書嘗試瞭解時間的本質性特徵與時間的本質。海德格通過時間問題探問存

有意義和存有本身，他重提存有問題的同時，也重提了時間問題。本書通過海德格的哲學方法以及他在這些領域對時間的思維，探索時間本質和時間本身，探討與時間相關的生活、歷史、永恆、有限性等問題。

在討論海德格對時間本質的看法前，本書概要地談了先蘇時期以來，幾位重要哲學家對時間的理解。就西方哲學二千多年來對時間的討論而言，本書的論述不及九牛一毛。就海德格對傳統時間概念的討論來說亦相當有限。但海德格對傳統時間概念多有批判與詮釋，也深受影響，所以本書先略述傳統時間概念，再連結海德格時間概念的發展，藉此梳理出海德格時間觀點的大概脈絡，看他和先哲如何對話。如何可避免斷章取義，也有助於掌握他在不同時期對存有、時間與人的本質等問題之看法。

通過時間相關問題的探討和文本的疏解與詮釋，本書盼能更全面地探究海德格對時間與存有的理解。雖研習海德格數載，有諸多問題目前仍心力所不能及，也有些問題是基於本書的主旨與構想而未深入討論，這些都有待日後努力，祈望讀者不吝指正。

本書的完成，要感謝先進們的建議與督促。感謝 John Sallis、Günter Figal、陳榮灼和關子尹等教授，於論文及本書編校期間的討論與指點，並包容我不同於他們的觀點。編校工作繁瑣，感謝東海大學哲學碩士簡梓名先生、碩士生賴季郁與張貴惠女士，以及臺灣大學心理學系蕭溙辰先生，耐心協助校對、格式的統一與著作縮寫對照表的編輯。尤其感謝簡梓名先生包辦了大部分的編校工作，不厭其煩地反覆校對。同時也要感謝臺北藝術大學美術系創作組碩士生林哲因女士，慨允特為封面作畫與設計，以獨特的方式道說著時間的本質與海德格哲學。

康德與海德格著作縮寫表

一、康德著作縮寫對照表

縮寫	德文書名	中文書名
KrV	*Kritik der reinen Vernunft*	純粹理性批判（第一批判）
KpV	*Kritik der praktischen Vernunft*	實踐理性批判（第二批判）
KdU	*Kritik der Uiteilskraft*	判斷力批判（第三批判）

二、海德格著作縮寫對照表

縮寫	德文書名	中文書名
SZ	*Sein und Zeit*	存有與時間
KM	*Kant und das Problem der Metaphysik*	康德與形上學問題（慣稱：康德書）
GA 1	*Frühe Schriften*	早期著作
GA 4	*Erläuterungen zu Hölderlins Dichtung*	荷德林詩的闡釋
GA 5	*Holzwege*	林中路
GA 6.1	*Nietzsche I*	尼采 I
GA 6.2	*Nietzsche II*	尼采 II
GA 7	*Vorträge und Aufsätze*	演講與論文集
GA 8	*Was heißt Denken?*	何謂思？
GA 9	*Wegmarken*	路標

GA 11	*Identität und Differenz*	同一與差異
GA 12	*Unterwegs zur Sprache*	在通向語言的途中
GA 14	*Zur Sache des Denkens*	面向思的事情
GA 15	*Seminare*	討論班
GA 17	*Einführung in die phänomenologische Forschung*	現象學研究導論
GA 20	*Prolegomena zur Geschichte des Zeitbegriffs*	時間概念史導論
GA 21	*Logik. Die Frage nach der Wahrheit*	邏輯學—追問真理
GA 24	*Die Grundprobleme der Phänomenologie*	現象學基本問題（1927）
GA 26	*Metaphysische Anfangsgründe der Logik im Ausgang von Leibniz*	從萊布尼茲出發的邏輯學的形上學始基
GA 29/30	*Die Grundbegriffe der Metaphysik. Welt-Endlichkeit-Einsamkeit*	形上學基本概念
GA 33	*Aristoteles, Metaphysik Θ, 1–3. Von Wesen und Wirklichkeit der Kraft*	亞里斯多德《形上學》IX, 1-3—論力的本質與實在性
GA 34	*Vom Wesen der Wahrheit. Zu Platons Höhlengleichnis und Theätet*	論真理的本質—針對柏拉圖洞穴之喻與《泰阿泰德篇》
GA 39	*Hölderlins Hymnen "Germanien" und "Der Rhein"*	荷德林的詩歌《德國人》和《萊茵河》
GA 40	*Einführung in die Metaphysik.*	形上學導論

GA 41	*Die Frage nach dem Ding*	物的追問
GA 43	*Nietzsche: Der Wille zur Macht als Kunst*	尼采：作為藝術的強力意志
GA 51	*Grundbegriffe*	基本概念
GA 53	*Hölderlins Hymne "Der Ister"*	荷德林的詩歌《伊斯特河》
GA 55	*Heraklit*	赫拉克利
GA 56/57	*Zur Bestimmung der Philosophie*	論哲學的規定
GA 58	*Die Grundprobleme der Phänomenologie*	現象學基本問題（1919/20）
GA 59	*Phänomenologie der Anschauung und des Ausdrucks*	直觀與表達的現象學
GA 60	*Phänomenologie des religiösen Lebens*	宗教生活現象學
GA 61	*Phänomenologische Interpretationen zu Aristoteles. Einführung in die phänomenologische Forschung*	對亞里斯多德的現象學解釋—現象學研究導論
GA 62	*Phänomenologische Interpretation zu Aristoteles (Anzeige der hermeneutischen Situation)*	對亞里斯多德的現象學解釋—詮釋學處境
GA 63	*Ontologie. Hermeneutik der Faktizität*	存有論—實際性的詮釋學
GA 64	*Der Begriff der Zeit*	時間概念

GA 65	*Beiträge zur Philosophie (Vom Ereignis)*	哲學論稿（從居有而來）（簡稱：哲學論稿）
GA 66	*Besinnung*	沉思
GA 71	*Das Ereignis*	居有
GA 77	*Feldweg-Gespräche*	田間小路上的談話
GA 79	*Bremer und Freiburger Vorträge*	布萊梅和弗萊堡演講

時間的本質
海德格現象學與詮釋學之探討

目　次

第一章　導　論

　　時間問題既古老又現代。隨著科技的快速發展，生活步調加快，我們對時間的「需求」提高，越來越沒時間，對時間也就越來越錙銖必較。網路傳輸速度的毫秒微差，牽動通訊品質，也牽動生活品質、文明指標。對抗病毒的疫苗與解藥研發時程，關係全球數十億人的生命安危。不知不覺地，時間日益珍貴，分秒必爭。但是，爭的是什麼？時間嗎？

　　不過，我們擁有時間了嗎？或者，我們能擁有時間嗎？

　　數位科技與行動通訊快速發展的今日，我們對時間的理解和以往明顯不同，但我們能說明白「時間是什麼」嗎？我們對時間再熟悉不過，卻仍無法回答古老的時間問題，想認真回答這問題時，和一千多年前的奧古斯丁（Augustinus）陷入同樣的窘境。

　　「時間究竟是什麼？沒人問我時，我知道時間是什麼；有人問起，我想說明時，卻茫然不知了。」[1]

---

[1]　Augustinus, Aurelius (1888): *Die Bekenntnisse des heiligen Augustinus.*（後簡稱 *Bekenntnisse*）Übersetzt von Otto F. Lachmann. Leipzig: Reclam. §11, Kapitel 14. Augustinus, Aurelius (2000/2009): *Was ist Zeit? (Confession XI/ Bekenntnisse 11)* Lateinisch-Deutsch. Übersetzt von Norbert Fischer. Hamburg: Meiner.

　　時間若與我們毫不相干，就沒瞭解的必要。但從實際生活和人類歷史看來，我們的生活、工作、休閒，從生至死，乃至身心的舒坦或倦怠，無不與時間相關。時間成就了我們什麼，或改變了、耗盡了我們什麼？一想到時間和我們自身的關係，時間問題頓時變得急迫。時間從何處而來，怎就能制約所有的人事物？可確定的是，時間顯然不是在鐘錶上可任我們調動的指針或數字。

　　時間對每個人意義不同，年紀越長越能感受到那股莫名的力量。自古至今西方哲學嘗試把握時間的本質，當代德國哲學家海德格（Martin Heidegger, 1889-1976）即是其一。他對時間的見解有其獨特之處，在當代哲學占有重要一席，因此本書希望通過海德格觀點來瞭解時間與時間的本質。海德格認爲存有問題以及對人的此有之探問都須由時間問題解答，所以本書也希望通過對時間本質的探討深入瞭解海德格哲學。

　　自從以現象學爲主要方法，現象或實際生活經驗成爲海德格哲學研究的出發點，存有（Sein, Being）對他不再是現象背後不變的存在，時間也成了朝向實事本身、通達存有本身的境域。一般地從整體關聯性看來，歷史和自然的實在性都處在時間中。但對海德格來說，時間是存有論上追問存有者存有的線索與視域。即使人們對時間概念缺乏明確的意識或根本理解，但它一直以來「即作爲這樣的指導線索作用著」[2]。他指出，哲學史上的時間概念並

---

[2]　GA 20: 8. 海德格在完成教授資格論文《鄧·司各特的範疇學說與意謂理論》（1915）後、1926年在胡塞爾主編的《哲學與現象學研究年鑑》（後簡稱《現象學年鑑》）發表《存有與時間》前，這十一、二年之間並無出版著作，只有上課或演講講稿（本書直接以書名號或篇名號示之），後來才結集成冊出版。（參 Denker, Alfred/ Zaborowski, Holger [Hrsg.] [2004]: *Heidegger-Jahrbuch 1. Heidegger und die Anfänge seines Denkens.*

非隨意提出，而是事關「哲學基本問題的概念」[3]和存有論（Ontologie）。「一切存有論的中心問題都根植於正確地看到和說明時間現象，以及如何正確地看到和說明。」[4]釐清時間現象、本質與源初性，成了探討存有問題時密不可分的哲學工作。

　　本書以經緯方式分爲兩大部分。第一部分，縱向地展開時間概念發展史：第二章從歐陸哲學史概要地探討，並涉及海德格哲學與傳統哲學於時間概念的關聯性。第三章從海德格不同時期對時間現象的觀察、理解與詮釋，宏觀地梳理海德格時間哲學的發展脈絡。第二部分，以海德格二十至三十年代著作爲主，橫向地跨越日常生活、藝術等領域，探討海德格對時間本質及相關問題的理解。

　　我們的時間觀深受傳統影響，海德格亦然。從其現象學式的詮釋可看到他於傳統時間概念的承接及所受的啓發。另一方面可見，他對傳統觀點的反省與批判。爲瞭解西方哲學如何思考時間，也爲瞭解哲學史對海德格於時間理解的影響，第二章將討論海德格時間哲學與傳統時間觀的關係。不過他的時間概念與阿納西曼德（Anaximander）、赫拉克利（Heraklit）、柏拉圖、亞里斯多德、奧古斯丁、康德等哲學家關係密切，每位哲學家對他的影響都足以寫成專書。本書僅爲瞭解海德格的時間觀點，而在第二章概述先蘇時期和柏拉圖、亞里斯多德、奧古斯丁和康德的時間概念及其對海德格的影響，以便在第二部分進一步探討。

　　海德格對時間的論述集中在二十和三十年代。四十年代以後，

Freiburg/ München: Karl Alber. S. 481）

[3]　　GA 20: 8.

[4]　　SZ 18.

除了〈時間與存有〉（1962）之外，其餘散見各篇章。加上海德格後期哲學雖延續三十年代轉向過渡期的主要觀點，看法仍有細微差異。他在三十年代通過離基式建基（Ab-grund）與居有活動（Ereignen），理解時間及其與空間不可分的關係：在離基與建基之間的居有活動、存有眞理的發生，出現時間化的空間與空間化的時間，二者並置爲時間－空間，或稱爲時間－遊戲－空間。後期則通過在場活動與居有活動，理解作爲四重整體天地人神四方之間的時間－遊戲－空間。居有活動不再強調離基式建基，概念內容也有些不同。面對這種細緻的同與異須謹愼，有必要日後另做探討。本書主要循海德格二十至三十年代的觀點，探討時間的本質特徵。爲較完整呈現他對時間和時間本質的看法，在第三章簡要說明海德格不同時期對時間現象的思考與理解，亦稍說明他早期在博士論文研究對時間和歷史的看法。

　　第二部分，從日常生活、藝術、永恆與有限性，以及時間的源出與源初時間四個面向探討。第四章日常生活的時間，以《存有與時間》對時間與時間性的討論爲主，從日常生活的非本眞性（Uneigentlichkeit）著手。若非本眞的常人狀態（das Man，衆人）是我們首先且通常的樣貌，那是否應視爲人自身的一部分，並視爲某種本質？在第四章討論生活與生存時間時，將以境域式圖式的動態結構，探討海德格對時間在不同存有理解層次的分析。亦將以良知現象，從非本眞到本眞的存有論運動，來看境域式的圖式。第五章藝術的歷史性與藝術作品的時間性，以海德格三十年代中期著作《藝術作品的本源》和《尼采I》爲主，延伸到後期著作。海德格表示，藝術是歷史性的。這是否意味，藝術和藝術作品是時間性的？而個人的藝術創作如何成了民族或時代歷史的創

立？第六章將討論永恆與時間的問題。海德格對時間的理解是有
限性的時間觀，且將有限性視爲人根本性的本質特徵。那麼，有
限性的人與時間如何可能關聯到永恆？又，人能達到的永恆有著
怎樣的性質？第七章以《存有與時間》和《康德書》爲主，分別
從綻出（Ekstase）和想像力，討論海德格對源初時間的看法，通
過時間性的內在結構來瞭解時間的源出。

　　本書《時間的本質》的本質一詞，出自海德格哲學的相關理
解。海德格對「本質」有其獨特詮釋與用法，以下第一節將說明
本質及其與時間概念的關係。再者，海德格自稱其思想分爲三階
段，本書相應地將海德格哲學分爲前中後三期，於第二節討論這
三期的特徵與變化。第三節概述海德格的哲學方法，第四節則說
明本書的研究方法與海德格概念的中譯問題。

第一節　海德格對本質的理解及其與時間的關係

　　海德格以不同語詞表示時間本質。前期以時間性（Zeitlich-
keit）表達時間本質、本質性的時間或源初性的時間，並藉此區別
通俗用法的時間。在〈論根據的本質〉（1929）註 59 說明，時間
性在《存有與時間》頁 316 至 438 用於表示「時間之綻出－境域
式的結構」[5]。到了《康德書》（1929）他大多順著康德的用詞探
討時間，直接用「時間」表達《存有與時間》的「時間性」，間
或以時間本質或時間本身替代，並不強調「時間性」一詞，在《形
上學基本概念》亦以時間本身表達時間本質[6]。自 1929 年，海德

5　GA 9: 162.
6　參 GA 29/30: 226。

格漸少使用 Zeitlichkeit 一詞，從存有意義的開顯，轉而關注存有與存有真理的發生，時間則從時間性轉而討論時間－空間，時間－遊戲－空間。他在《哲學論稿》反省《存有與時間》並自我詮釋，而將整體的時間性解釋為「在此的時間－遊戲－空間」。[7]

「本質（Wesen）」一詞在海德格哲學，關涉到存有、存有真理與時間。他認為，唯有把握某事物的「本質性（Wesentlichkeit）」才能「切近本質」[8]。但他反對傳統哲學那種符合最大可能、最普遍適合一切形式的本質概念，認為那是最空洞的概念。

早在《存有與時間》海德格即謹慎地使用本質一詞，多處提及本質都加上引號，像是此有（Dasein）的「本質」、真理的「本質」。但他未說明引號是基於重要性，或因有別於傳統哲學。他在〈關於人道主義的書信〉（1946 年成稿）回顧《存有與時間》時說明：《存有與時間》「此有的『本質』在其生存中」，「本質」一詞加上引號是表示脫離傳統哲學的用法。[9]但這二十年間他的思想轉變，我們不得不慎待海德格的自我解釋。

自 1929、1930 年，海德格在〈論根據的本質〉、〈論真理的本質〉、〈論 φύσις 的本質和概念〉等一再涉及本質問題，卻未探討本質本身。至三十年代末，從〈論 φύσις 的本質和概念〉（1939）海德格對 φύσις（physis, natura）的詮釋可發現，「本質」在海德格中期哲學意味著從自身而來，並與存有、存有活動密切相關。在後期哲學，他對本質的說明與詮釋增多。一來因在場成為進入澄明（Lichtung）、通達存有本身的主要途徑之一。再者，wesen

---

7　GA 65: 22.
8　GA 29/30: 231.
9　GA 9: 325.

成為主要的顯現方式，像是時間本質顯現著（west，本質化著）。

1931/32 年在《論真理的本質》海德格首度將在場（Anwesen）動詞化[10]，在 1949 年增寫的〈論真理的本質〉註解亦表示「本質（Wesen）」要作動詞解，用以思維存有（Seyn）[11]。這動詞化的本質概念雖脫離傳統哲學用法，卻求助於古老的語用。德文歷經多次變遷，wesen 的含意也有所發展與轉變。海德格動詞化的 Wesen 不同於舊詩歌用法（現成存有著、活動著並起作用）。動詞化的本質 wesen 在海德格哲學涉及存有、存有真理的發生，因而較貼近中古德文動詞 wesen 的涵義：存有（sein），持留、自行逗留（sich aufhalten），發生、出現（geschehen）。他在〈時間與存有〉（1962）說明在場（Anwesen）時，將 Wesen 等同持存（Währen）。[12]基於 Wesen 的多義性，加上海德格常有意保留詞語的多義性，本書視上下文脈絡，將動詞化的本質譯為本質化、成其本質或本質顯現。

〈語言的本質〉（1957）對本質的說明，可證實中古德文 wesen 對海德格的影響。除了將本質還原為動詞，他將存有、道路（Weg，方法，途徑，進程）等概念動詞化，並通過動詞化的「在場」關聯起來。這有助他回溯古希臘對在場與存有的思考：

> 我們把「Wesen（本質）」解作一個動詞，如同 anwesend

10　〈柏拉圖的真理學說〉最早是 1931/32 年講座課「論真理的本質：柏拉圖洞穴之喻和《泰阿泰德》」講稿（後結集書名和講座課同，簡稱《論真理的本質》），其中首度出現動詞化的 anwesen。（GA 34: 51, 203）1940 年於小團體演講〈柏拉圖的真理學說〉時回溯至該講座課。

11　GA 9: 201.〈論真理的本質〉（1930 年演講稿）〈註解〉（1949 年增寫）。

12　GA 14: 16.

（在場的）及 abwesend（不在場、離場的）的 wesend。
動詞 wesen，意味著「持續」（währen）、持留（weilen）。
但是這簡短的句子"Es west."意思要比單純的「它持續和
延續著」來得多。"Es west." 意味著：它在場，在持續中
關涉到我們，為我們開闢道路並引導我們（be-wëgt und
be-langt）。[13]

　　從三十年代起海德格對存有的思考，從《存有與時間》存有
意義的開顯（Erschließen）和揭示（Enthüllen），亦即，以直接的
方式打開[14]和去除非本眞的「非－」，轉而通過在場活動探討存有
的基本發生、存有眞理的發生以及居有活動（Ereignen）。他在《哲
學論稿》（1936-38 成稿）以中古德文 Seyn（存有）區別 Sein（存
有），用以表達存有本身，也藉此區別傳統存有論的存有概念以
及他自己在前期對存有問題的思考。自此，海德格的存有概念內
容與二十年代不同，但通過本質顯現等活動來思維存有的作法仍
和《存有與時間》一致。而且，「本質」即使以名詞形式出現，
皆可視爲原型動詞的直接名詞化[15]，目的都是通過存有的本質活

---

[13] GA 12: 190. 德文 Weg 意味「道路」、「方法」，而 bewegen 意味著「移
　　動」、「運動」或「感動」。但海德格在此引用古施瓦本－阿倫瑪尼語
　　wëgen 作為 Weg 的動詞，並創了 bewëgen 一字，意味「開闢道路」。

[14] 海德格提出揭示眞理觀，並在《存有與時間》將現象學的眞理等同「存
　　有的開顯狀態」（SZ 38），並區分兩種揭示存有的方法，一是針對此有
　　（我們自身）的存有之開顯活動（Erschließen），意味著「打開（Auf-
　　schließen）」，而不是間接地推論。（SZ 75. GA 24: 307）二是針對非此
　　有式存有者的發現（Entdeckung，揭露）（SZ 6）。

[15] 德文動詞的名詞化有多種方式，其中二種基本方式是，一、去除動詞字
　　尾-en，加上-ung；二、直接將字首大寫，成為名詞，這維持動詞形式，
　　具高度的動態。

動，思維存有、存有眞理。

此有的「本質」在海德格詮釋下，拒絕某種與生俱來的完成狀態，或永恆不變的本質概念。他以生存活動的綻出狀態（das Ek-Statische）規定此有的本質。這意味，作爲被拋的（geworfenes）在此－存有（Da-sein），此有本身在生存之際成其本質。動詞化的本質，與時間具雙向關係：成其本質需要時間，而根本性的、本眞的時間性即是生存活動、存有眞理的發生等等之本質顯現。

通過動詞化，海德格將詞語從名詞的現成狀態，回到語用時的活生生樣態，讓詞語中的概念內涵，亦即讓其中發生的種種顯露出來。早在《存有與時間》海德格已將「存在（Existenz，生存）」還原爲動詞化的生存活動（existieren），並關聯到「綻出（Ek-stase）」。到了四十年代他不談綻出狀態，而討論「綻出式的生存（Ek-sistenz）」，並詮釋爲「向外站出去（Hin-aus-stehen）以進入存有眞理中」。[16]可見海德格在中後期延續前期的主張，人是在生存之際成其本質。不同的是，〈關於人道主義的書信〉討論綻出式的生存是以動詞替代形容詞（ekstatisch），強化了生存的綻出（ex-）之動態。

早在〈關於人道主義的書信〉發表前十年，海德格已於《哲學論稿》將 existieren 詮釋爲 ex-sistieren（綻出式生存活動），將人的特徵，在此－存有視爲 ex-sistieren：「向內移入並向外站出去，以進入存有的敞開中」[17]，比《存有與時間》的綻出多了向內

16　GA 9: 327. 早在〈論眞理的本質〉海德格即將 Existenz 詮釋爲 Ek-sistenz，且根植於眞理作爲自由中。（GA 9: 189）

17　GA 65: 303. „Das Da-sein als ex-sistiere: Eingerücktsein in und Hinaus-stehen in die Offenheit des Seyns."

移入，而有轉向自身、回到自身之意。這仍有部分是延續《存有與時間》主張的，將自身從渙散成他者的常人狀態收回。在〈形上學是什麼？〉（1929）及《尼采 I》（1936-40）亦用「向外站出」來詮釋超越和克服，因而可將自我克服視爲綻出式生存進一步的具體說明。它意味超出自身而關涉他者，進而轉換視角。藉此，試圖消解《存有與時間》的自我中心主義之疑慮。

　　一方面，海德格在〈論根據的本質〉說明，存有與時間相關著作（包括《存有與時間》）的任務是「一種對『超越』具體與揭示性的籌畫」[18]。另一方面，他在《存有與時間》有意識地通過「畏（Angst）」提出一種存在性的（existenzial）「獨我論（Solipsismus）」、個體化。[19]不過，造成《存有與時間》自我中心主義或獨我論疑慮的是，對本己（eigen，自己的）與自身之強調，尤其良知呼聲來自本眞的自身性，要將此有從常人狀態喚回，而易造成絕緣的主體概念。《現象學基本問題》（1927）以與他者共在作爲此有本身的規定性，並且，此有本質上向共同在此存有的他者敞開[20]，亦即，在此存有本身具雙重性：本己的自身性，與他者共在。海德格藉此解除《存有與時間》自我中心主義之疑慮，並邁向中後期哲學的存有者整體之整體主義。在〈論根據的本質〉海德格亦曾將綻出詮釋爲「離心的（exzentrisch）」以化解「人類中心立場」的指責，並反過來指責任何意義上的「無立場狀態」

---

[18]　GA 9: 162 註 59.

[19]　SZ 188.

[20]　GA 24: 419f. 海德格不談交互主體性，而以「你（Du）」表明在生存活動中與面對面的生存者活生生的往來，以在世存有規定人之存有以及人與人、人與物的關聯性，但也以此在的在此存有作爲世界的存在與存有之前提。（參同處 422f）

是一種幻想，違反了哲學活動（Philosophieren）的意義。[21]後來他在《尼采 II》（1940-1946）自我批判和反省《存有與時間》時表示，《存有與時間》原本希望透過具追問存有意義與在世存有雙重含義的 Dasein 概念，化解主客體對立以及主體的主體性對客體認識時的干預或主宰，事實上卻鞏固了主體的主體性，而且這種主體性的強化還被誤解爲主觀性的強化。[22]

三十年代中期，海德格嘗試新的通道：通過自我克服、自我超越的出離自身和敞開自身，以進入存有敞開的澄明。他在《哲學論稿》以居有的運作過程，撤開自身（Enteignen）解決自我中心的問題。後期，在〈走向語言之途〉（1957）則以存有的道說（Sagen）闡釋語言本質，並直面獨我論的問題：

> 如此被解開到其本己的自由之境（ihr eigenes Freies）中，語言才可能唯一地與自身相關。這聽起來像是某種自私的獨我論論調。但語言之固執於自身，並不是那種純然自私的、忘乎所以的自我吹噓意義上的固執。作為道說，語言本質是居有著的顯示活動（Zeigen），恰恰要從自身掙脫開來（von sich abzieht），才得以把被顯示者釋放到其顯現的

---

21 GA 9: 162 註 59.
22 海德格自認被誤解的原因在於，一方面，「我們那種不可根除、自行強化的對現代思想方式的習慣：人被看作主體，對人的一切思維都理解為人類學。另一方面，這一種無從理解的原因在於那種嘗試本身，也許因為這種嘗試其實是某種歷史性地產生的東西，而不是什麼『被造物（Gemachtes）』，所以它來自以往的東西，但又想掙脫以往的東西，由於必然地並持續地依然回指以往的道路（Weg），甚至乞靈於以往的東西，以便去言說一個完全不同的東西」。（GA 6.2: 194f）

本己中。[23]

《存有與時間》是未完成的「殘篇」，至今學界仍討論哪些是第二部分，海德格自己也數次回頭重新理解與詮釋。1926 年發表後約十年，他在《哲學論稿》重新理解與詮釋《存有與時間》，亦告別十多年來熱衷的存有意義之開顯。約又十年，在〈關於人道主義的書信〉再次重新思考與詮釋《存有與時間》，並邁入新思想階段。通過詮釋 ousia（實體，在場），他將在場和本質活動與存有真理關聯起來：「人的『實體』是綻出的生存」[24]，亦即「人在本己的本質活動中趨向存有（zum Sein）而在場著的方式，就是綻出地內立（Innestehen）於存有真理」。[25]

在三十年代著作，在場的動詞化成為常態，並有其重要地位；但《存有與時間》提及的前存有論（vorontologisch）消失了。到後期，海德格以在場者的在場作為存有本身，連結在場活動與居有活動，存有者與存有亦因而具雙重關係：二重性（Zwiefalt）與單一性（Einfalt）。[26]亦即，二者既分且合。

在〈論 φύσις 的本質和概念〉（1939），海德格將動詞化的 Anwesen（在場）詮釋為「自行置入敞開領域中」[27]。在場因而成了一種解蔽活動，動詞化的在場自此成為海德格後期哲學重要概念。現象觀察者不干涉，才能獲悉存有如何發生，海德格在《康德書》提出「讓對象化」，中後期逐漸通過「讓─（Lassen）」，

---

[23]　GA 12: 251.

[24]　SZ 117, 212, 314.

[25]　GA 9: 330.

[26]　參 GA 12: 116。本書第三章第四節將進一步討論。

[27]　GA 9: 272.

讓在場、讓如其所是等等，強化自行顯現、自行發生，或類似中文的聽其自然。這也類似胡塞爾主張的擱置（Epoche），都是和對象有所接觸，但不予干涉地保持觀察。不過，他並不同意胡塞爾的「擱置」。早在 1913 年前海德格就感到，胡塞爾《邏輯研究》（*Logische Untersuchungen*, 1900-1901）對現象學的解釋和方法論的描述易讓人誤解，以為現象學要求人們否定所有先前哲學史上出現過的開端性思想。他自學《邏輯研究》時發現，僅通過閱讀哲學文獻雖無法實現現象學的思維方式，但不需否定一切傳統及其作用。[28]而且，我們真能將之擱置而不受影響？海德格注意到歷史學之物，檢視傳統哲學對當前生活與思想等的作用，而以歷史處境、詮釋學處境和被拋等表明，不是我們想存而不論就能如此，往往是被影響而不自知。

　　當存有在傳統哲學被思考為 φύσις（physis, natura），人的 nature（自然，本性）即人的「存有和本質」。[29]存有和本質並置，二者雖不全等，但指稱人的 nature 時卻同義。在〈關於人道主義的書信〉他將綻出式的生存詮釋為在場，而將動詞化的在場詮釋為 an-wesen（在於－本質化），二者都與趨向存有、進入存有真理有關。在《在通向語言的途中》，動詞化的在場是存有者和存有的自行顯示，用以表述存有，某種程度替代了漸少提及的「此有」。在場，既表述現象界中存有與存有者的同時顯現，也表述二者的差異被磨滅或遺忘，而導致存有的被遺忘狀態。[30]

28　參 GA 14: 97。

29　GA 9: 271, 300.

30　GA 5: 364. 海德格最早在《存有與時間》提到存有的遺忘，是基於傳統形上學忽略存有與存有者差異而來的遺忘（參 SZ 2, 35, 49, 339），後來於《現象學基本問題》等一再思考對存有的這種源初性遺忘。他在《康

　　據前可發現，即使以現象學和存有論探討本質，海德格的本質概念仍以存有或存有真理為判準。他將人的本質規定為綻出式的生存時，本質性的東西不是人作為實存的存有者，而是存有，且是作為綻出式生存的綻出維度之存有。人與一切事物在這維度中成其本質，並本質地顯現著。海德格對本質和存有的思考是雙向的，他也通過動詞化的本質來思考存有，例如以在世存有來規定綻出式生存，將世界中的種種存有活動視為綻出式生存的「綻出（Ek-）」[31]。而這顯然不同於《存有與時間》：

　　一、進路不同。早在《存有與時間》時期，海德格已將「存在（Existenz）」還原為活生生的生存活動（existieren），並詮釋為綻出而關聯到時間的本質。生存活動被視為在世的存有活動和存有樣式，在進路上，由生存現象的存有狀態得出前存有論的存有結構，再通過開顯和揭示而通達到基礎存有論的基礎存有。他在〈關於人道主義的書信〉則將存有活動視為綻出式生存，而綻出式生存即趨向存有而進入存有真理，內立於存有真理中。二者因而有另一差異如下。

　　二、在《存有與時間》生存有本真與非本真之分，在〈關於人道主義的書信〉的綻出式生存（Ek-sistenz）則無此分別。根據海德格的解釋，本真和非本真只是前奏般的引子。它們不再被理解為自身的敞開或遮蔽，而是「人的本質和存有真理之間『綻出

德書》指出，「此有的有限性——存有理解——在於遺忘」，這種遺忘「必然且持續地自行形構著」。因此揭示存有理解內在可能性的建構活動時，須從這種遺忘中獲取那些應納入籌畫的東西。（KM 233）二十年後，在〈物〉〈後記〉仍提到「在存有遺忘的可能轉向中（進入存有本質的保存中）」。（GA 7: 185）另參本書頁136f。

[31] GA 9: 334, 350.

式的』關聯」[32]。

　　三、從被拋到拋投。在〈關於人道主義的書信〉人的在此存有保留被拋性質，不過，是「作為發送著的共命者（Geschicklichen）於存有的拋投（Wurf）中成其本質」。[33]被動性模糊了，且被拋在後期並非被拋到通常遮蔽著的「在此」或開顯後拋到可能性本身前，而是被存有本身拋入存有真理，而歸屬於存有、存有真理。這是前期對生活世界的關顯，而有後期被拋入存有真理的可能性嗎？可確定的是，人不具決定其他存有者如何顯現的必然性，人的努力也不必然決定歷史和人類文明是否進入或如何進入澄明，但人可以守護，且「按照存有的共命，作為綻出地生存者，人必須守護存有真理」。[34]守護（bewahren）在海德格的詮釋下，是保持（be-）在真（wahr）的狀態之真理守護活動。

　　在海德格後期哲學，人與存有之間出現雙向關係：一方面，人通過綻出式生存而存有著，歸屬於存有而被存有拋入存有真理的澄明。另一方面，作為綻出式生存者，人是存有與存有真理的守護者。海德格在〈阿納西曼德箴言〉（1946）結尾提出：但若存有於其本質需用人的本質呢？若人的本質是奠基在存有真理之思呢？[35]這兩個問題呼應人與存有的雙向關係，並關係到人的尊嚴。前者關係到海德格對存有與存有者二者關係的理解，從前期的單向到雙向的轉變。藉由後者，他與存在主義、人道主義劃清界限。1949 年《路標》首版，海德格在〈關於人道主義的書信〉

32　GA 9: 333.
33　GA 9: 327, 333.
34　GA 9: 331.
35　GA 5: 373.

批判存在主義和人道主義「未注意到本己的，亦即，向之本己化、與之居有的人之尊嚴：本己化，居有」，後來修改為「未注意到本眞的人之尊嚴」。[36]除了詮釋康德哲學之外，海德格鮮少提到尊嚴。他的討論重點在於如何通達存有本身，而人的尊嚴對他而言，是由存有及存有眞理決定，關鍵在居有活動。

第二節　海德格哲學的三階段與分期

海德格哲學有轉向問題，研究海德格哲學不得不面對其哲學於不同時期的同與異及轉向問題。學界對海德格哲學的分期看法不一。或分為前後兩期，或分為前中（過渡）後三期。

海德格承認自己的思想歷經三個階段，對轉向的說明卻曖昧不明[37]。對海德格哲學的轉向問題，學者見解因而不同。海德格自認「離開之前的立場不是用另一立場取代它」，因為之前的立場是「路途中（Unterwegs）的一個逗留」。[38]他強調其哲學旨趣未變，皆以現象學和詮釋學為主要方法，探索存有問題。並在 1962 年回覆理查森（Richardson）信中表示，首次在〈關於人道主義的書信〉談到「轉向（Kehre）」是思想的轉變，卻未曾改變立場，仍停留在《存有與時間》有待思考的實事中。[39] 他在 1969 年討論

---

[36]　GA 9: 321 註 a.

[37]　參 GA 11: 149-151。另參黃文宏（2001）〈海德格「轉向」（Kehre）的一個詮釋—以真理問題為線索〉。台北：《歐美研究》第 31 期，頁 290-291。

[38]　GA 12: 94.

[39]　GA 11: 149.

課亦表示，思想在轉向中「總更堅決地轉向存有之爲存有」。[40]

「轉向」於海德格哲學研究，既是重要概念，亦是重要問題。有些認爲海德格前後期思想一致，例如德國學者黑爾曼（von Herrmann）。有些認爲不同，甚至斷裂，例如德國學者費加爾（Figal）。而探討的線索大多是通過哲學內容，像是我國學者黃文宏以眞理問題爲線索[41]，德國學者馬克思（Werner Marx）以技術本質的統治爲轉向發生的境域。後者承接舒茲（Schulz）和勒維特（Löwith）的觀點，主張從兩方向區分轉向問題，一是存有的遺忘，一是對形上學及虛無主義的克服。[42]

1969 年海德格在法國盧貝隆山區（Luberon）附近的討論課，將自己的思想歸諸三個問題，並依此分爲「意義（Sinn）－眞理－位置（Ort）」三個通過存有問題相連貫的發展階段。[43]根據海德格區分的三階段，以及海德格哲學中存有概念、時間概念的轉變，本書將海德格哲學分爲前中後三期：

（一）存有意義：從《宗教生活現象學》（最早的講稿寫於1918/19 年）大約到二十年代末《康德書》（1929）。《存有與時間》是這階段代表。海德格哲學在這時期的創新力最強，離開神學和新康德主義，走出自己的現象學道路。通過詮釋學式現象學海德格提出創新性概念，像是在世存有、基礎存有，或通過詮釋

---

[40] GA 14: 345.

[41] 參黃文宏（2001）〈海德格「轉向」（Kehre）的一個詮釋—以真理問題爲線索〉，頁 287-323。

[42] Marx, Werner (1961): *Heidegger und die Tradition*. Stuttgart: W. Kohlhammer. S. 173.

[43] GA 15: 344. 另參 Pöggeler (1983): *Heidegger und die hermeneutische Philosophie*. Freiburg/München: Alber. S. 81。

傳統哲學概念獲得不同的理解，像是對康德先驗想像力的詮釋。

這時期之所以追問存有意義，並非放棄探索存有本身，而是海德格認為「追問存有意義就是追問存有本身」[44]。他將意義（Sinn）規定為「某物（etwas）的可理解性（Verständlichkeit）自行持留之處」[45]，開顯存有意義既是往存有本身的通道，也無異於終極目的，因為通過存有意義的開顯，讓存有本身在可理解性中自行顯現，也就開顯出存有本身。但顯然地，從存有意義的開顯到存有本身的自行顯現，仍未解決如何讓存有本身綻露以及如何獲悉等問題，所以海德格不得不有所轉變。

（二）存有真理的發生：《存有與時間》出版後海德格思想即在《現象學基本問題》（1927）注意到存有的真理特徵問題而出現轉向的跡象；1929 年〈論根據的本質〉、《形上學基本概念》開始密集討論存有真理如何發生，轉向跡象較明顯，亦即約從 1927 或 1929 到 1940 年（《尼采 I》）或 1946 年（《尼采 II》、〈關於人道主義書信〉）為轉向期。[46]自〈形上學是什麼？〉（1929）等二十年代末著作，海德格對存有的追問方向和方式改變了，逐

---

[44]　SZ 152.

[45]　SZ 151. 到了三十年代中期，海德格在《尼采 I》仍將 Sinn 規定為「由之而來且以之為根據」的東西，藉此存有本身才能敞開並進入真理中。亦即，以存有意義回答「存有本身是什麼？」（GA 6.1: 15）

[46]　GA 6.1: XII. GA 24: 25. 海德格到《尼采 II》已較少提及存有真理和離基式建基。再者，《現象學基本問題》（1927）和《存有與時間》雖都通過存有方式區分 Dasein 及非 Dasein 式存有者，但在後者，存有問題是通過明確具有並保障正確通達 Dasein「這存有者」的方式，而由人的視角出發，從生存的綻出（時間）而至存有意義。（參 SZ 14f）前者首先通過存有論題作為現象學個別問題，再從時間闡釋存有，存有基本問題因而成了時態性（Temporalität），而非因生存活動而綻出的時間性；雖仍從存有者著手出發，卻更多地著眼於存有本身。

漸脫離對傳統存有論歷史的解構與詮釋[47]，更強調由自身對存有的體驗和觸動來探討存有的發生與存有歷史。雖自二十年代初以來，海德格即從日常生活的處身感受、言談等討論存有問題，但那是「通過」日常的生存活動詮釋、反省傳統哲學。三十年代，海德格在哲學方法上也有改變。他放棄對存有意義的開顯與揭示，改以居有和在場等方式追問存有眞理的發生與存有的澄明。

（三）存有的所在位置：大約在 1946 年，海德格結束與尼采思想的論爭。自四十年代中期起開始後期哲學，主要是通過居有與讓在場、「它給出（Es gibt）」探討存有的所在位置（Ort, τόπος），以便將我們自己帶到存有，等待時機進入澄明的場域。

本書約略地以年代劃分海德格哲學的前中後三期，中期又稱轉向期，1917 年前的著作則另稱爲早期。不過年代上的劃分雖易於區別，思想的發展卻無法斷然切割爲不同時期，因爲它是一再地反覆思前顧後的迴旋運動與糾纏。海德格哲學的轉向，於改變的同時也有部分的延續。就像他自己說的：思想者必然總一再地在這條被指派給他的道路上「來回行走」，爲了最終把這道路「當作」他的道路來依循，爲了「把這一路上可經驗的事物道說出來」，而必須來回踏入這道路上的足跡中，然而這條道路卻不因此、也從不屬於任何一位思想者。[48]

47　海德格在《存有與時間》表示：「惟通過一步步解構存有論傳統，存有問題才會眞正變得具體而微。這過程…將表明『重提』存有問題的意義。」（SZ 26）

48　GA 5: 211.

第三節　海德格的哲學方法

　　哲學內容需要相應的方法。海德格早在開創自己的思想前就察覺到，走向問題的進路在哲學思維中起決定性作用，而方法上的脈絡、關聯（Bezug）即是走向問題本身的進路。[49]他的哲學方法，大致可分為 1916 年前的神學、詮釋學及新康德主義之訓練，以及 1916 年以後的現象學與詮釋學時期。

　　即使受狄爾泰和胡塞爾影響而以現象學替代新康德主義的認識論，海德格在獲得博士學位後，仍持續李凱特的邏輯學和認識論課程，且在中斷神學課程後，繼續思辨神學相關課程。[50]神學於古希臘文、拉丁文和古德文的訓練，對神與人的思考、聖經的詮釋，以及新康德主義於認識論上的邏輯訓練，後來仍以不同方式作用在海德格哲學。

　　早在博士論文研究時期，海德格即注意到胡塞爾的現象學和尼采的系譜學，亦注意到狄爾泰詮釋學[51]、現象學與歷史學。他借現象學離開認識論立場，後來以現象學作為主要方法時，仍運用神學的詮釋方法，並關注新康德學派的認識論。在 1916 年後，海德格哲學的主要方法又可分為 1927 年《現象學基本問題》前現象學與詮釋學合一，以現象學為主的詮釋學式現象學或詮釋現象學；1928 年後，他在現象學與詮釋學的運用逐漸有所區分。

　　德國學者甘德（Gander）認為，即使海德格批判胡塞爾的發

---

[49]　GA 60: 34.

[50]　Denker, Alfred/ Zaborowski, Holger (Hrsg.) (2004): *Heidegger-Jahrbuch 1. Heidegger und die Anfänge seines Denkens*, S. 15ff.

[51]　海德格在 1910 至 1914 年研讀尼采《強力意志》（GA 1: 56）。在教授資格論文曾引用狄爾泰觀點說明經院哲學。（參 GA 1: 203）

展路線,卻不能因此否認海德格早期從胡塞爾獲得靈感。[52]海德格也自述早期受胡塞爾啟發,擔任助理期間,胡塞爾親自對他「深入指導」,並允許他「自由地閱讀他尚未發表的文稿」,他因而「得以熟悉現象學研究的不同領域」[53]。不過,海德格晚年雖尊稱胡塞爾「大師(der Meister)」[54],海德格對胡塞爾現象學觀念卻「自始至終」貫穿著「不留情面的(schonungslose)批判」。甘德認為,早在 1916 年海德格即欲於哲學上有辨識度。[55]可想而知,海德格為此須努力鑽研哲學史上的重要學說,通過批判與詮釋前人而走出自己的哲學道路,成一家之言。或像荷蘭學者克爾克霍芬(Kerckhoven)所言:「胡塞爾賦予海德格哲學之眼,他隨後用這雙眼睛發現胡塞爾的盲點。」[56]甘德則進一步表示,海德格發

---

[52] Gander 指出,海德格在教授資格論文特意補充的結論中,胡塞爾的啟發十分明顯。(Gander, Hans-Helmut [2004]: *Phänomenologie im Übergang. Zu Heideggers Auseinandersetzung mit Husserl*. In: *Heidegger-Jahrbuch 1*, S. 295)

[53] SZ 38 註 1.荷蘭學者 Schumann 同意 S. IJessling「合理的猜測」,是在《存有與時間》隱含對胡塞爾批評的語境中,海德格在《存有與時間》頁 38 註腳聽起來較像是對這些批評「或多或少像是一個道歉」。(Schumann, Karl [1978]: *Zu Heideggers Spiegel-Gespräch über Husserl. In Zeitschrift für philosophische Forschung*, Bd. 32, H. 4, S. 594)

[54] GA 12: 86. 正如大陸學者倪梁康所言,海德格和胡塞爾的關係是「一本大書」,「無事最好不去打開」。(倪梁康〔2016〕。《胡塞爾與海德格爾—弗萊堡的相遇與背離》。北京:商務印書館,頁 3)德國學者 Neumann 則指出,胡塞爾時間意識現象學對海德格的時間分析有無影響、是何影響,學者們意見不一,至今仍爭論不已。(Neumann, Günter [2012]: *Phänomenologie der Zeit und Zeitlichkeit bei Husserl und Heidegger*. In: *Heidegger-Jahrbuch 6*, S. 156, Fußnote 12)本書無意談論二人關係,亦不比較二者現象學或時間概念,僅為釐清海德格哲學及其方法進行討論。

[55] Gander (2004): *Phänomenologie im Übergang. Zu Heideggers Auseinandersetzung mit Husserl*, S. 295.

[56] 見於 Gander (2004): *Phänomenologie im Übergang*, S. 306。另參 GA 63:

現的正是「在胡塞爾那裏被現象學化（phänomenalisierten）的意
識之純粹本質性（Wesenheiten）中所沒被看到的東西」。[57]不過德
國學者費加爾卻認爲，若從海德格的存有論現象學化、現象學存
有論化來看，海德格的「現象」概念仍緊緊跟隨胡塞爾。[58]

　　胡塞爾對現象學的定位多元，既是哲學方法，也是有哲學內
容的一門科學。首先，現象學被標示爲一種特殊的哲學方法和「哲
學思想態度（Denkhaltung）」，而且既是各科學的基礎，亦是「各
門科學之間的聯繫」。[59]他也將現象學視爲嚴格的科學和世界觀。
海德格卻認爲現象學不應被理解爲一種推導出「無時間性眞理的
嚴格科學」，或從「爲其時代服務的世界觀中得到證實」。[60]海德
格僅視現象學爲「方法概念」，哲學方法、存有論的方法，而且
不是用來描述研究對象的「什麼」，而是研究現象的「如何（Wie,
how）」。[61]而且現象學對海德格即存有論的方法：從眼前的 Wie-
ist（How-is），通向 Wie-zu-sein（How-to-be）。存有論亦因而成
爲了「哲學之一般的方法」[62]。

　　胡塞爾通過純意識的還原與擱置，把世界置於我們的行動之
外，保持中立態度。他回到內意識討論認識對象的構成，重新確

5。

[57] Gander (2004): *Phänomenologie im Übergang*, S. 306.

[58] Figal, Günter (2007): *Heidegger und die Phänomenologie*. In Damir Barbaric: *Das Spätwerk Heideggers. Ereignis-Sage-Geviert.* Würzburg: Königshausen & Neumann. S. 12.

[59] Husserl, Edmund (1973): *Der Idee der Phänomenologie. Fünf Vorlesungen.* Hua II. Hrsg. von Walter Biemel. Den Haag: Nijhoff. S. 23.

[60] Makkreel, Rudolf A. (2004): *Dilthey, Heidegger und der Vollzugssinn der Geschichte.* In: *Heidegger-Jahrbuch 1*, S. 307.

[61] SZ 27. 另參 GA 24: 3。

[62] GA 24: 26.

定事物本身、規定其存有。海德格認同胡塞爾現象學不從預設出發，不可未加研究就接受任何成果、概念作為現象學研究的前提。不過他認為，在我們理解與認識時很難避免先前具有的東西和立場，所以要做的是釐清闡釋或詮釋時的處境，而不是擱置整個世界。這也是他和胡塞爾現象學的基本分歧之一。他認為，我們要從世界中的生存活動，和對象打交道，通過形式顯示，環視它的關聯，從施行（Vollzug）來把握它的意義。

德國學者克羅斯漢（Großheim）認為，對於實事和如何通往實事的看法上，海德格和胡塞爾看法不同。[63]對於如何通往實事，海德格求助狄爾泰等其他哲學家，也求助於詮釋學。至於實事究竟是什麼？海德格到後期哲學仍不斷探問。他前期理解到的實事可說是存有意義，在中期則是存有真理或存有本身。他在後期〈時間與存有〉將時間和存有都視為實事，而且實事（Sachen）不是物（Dinge）或存有者，而是直接從居有源出的存有或時間本身或之類的。[64]這不禁令人懷疑，海德格以運動著的居有（Ereignen）替代柏拉圖不運動的善之理型（eidos）？或以之克服亞里斯多德的自然（Physis）？無論如何，可確定的是，實事對海德格不是意識或先驗的什麼。另一方面，海德格開始以現象學和詮釋學追問存有時，即將時間和歷史納入存有問題的討論。對他而言，現象學以變動不居的現象作為走向實事本身的起點，無論是內意識的構成、意向性活動或是存有活動的結構都與時間及發生（或歷史）

63　Großheim, Michael (2009): *Phänomenologie des Bewußtseins oder Phäno-menologie des „Lebens"? Husserl und Heidegger in Freiburg*. In: hrsg. von Günter Figal und Hans-Helmuth Gander: *Heidegger und Husserl. Neue Perspektiven*. Frankfurt: Klostermann. S. 103.

64　GA 14: 7ff.

息息相關。在哲學方法上，時間是現象學方法的助力。作為視域，卻也意味著時間規定著現象學能達到的界限。

　　早在《宗教生活現象學》海德格即注意到不同通道及其進路與實現之動力基礎，亦即，對同一對象採取了不同的視角，觀察或審視到的會有不同，得出的見解也不一樣。[65]他一再嘗試不同視角，到後期嘗試從實事本身、存有本身進行視看。除了奧古斯丁之外，他也注意到亞里斯多德、尼采等的多元視角、多重進路。在《尼采 I》擴展了尼采的多視角，並與之差異化。對尼采而言，「世界是由這些生命體（lebenden Wesen）組成，且對每個生命體而言都有一個細小的視角，生命體正是由此來衡量、覺察、觀看或不觀看」。[66]海德格則認為，甚至無生命的無機物也有自己的視角，它只是被固定下來。[67]

　　海德格自述，到晚年對胡塞爾著作最偏愛的還是《邏輯研究》，因為它對進入現象學有優先性。其中最令他感興趣的是，〈第六研究〉強調的感性和範疇直觀的區別，及其對規定「存有者的多重含義」之作用。[68] 1912 年海德格在〈關於邏輯學的新研究〉為胡塞爾辯護，認為《邏輯研究》的邏輯原則意義深遠。十九世紀以來心理學主義滲入各學術領域造成心理學時代，心理學的設定亦進入倫理學和美學研究。而胡塞爾《邏輯研究》真正打破十九世紀以來在哲學和邏輯學造成的「心理學的魔咒（Bann）」，將邏輯學對原則的闡明「帶入實際運作」。[69]

---

[65]　參 GA 60: 166-169。

[66]　Nietzsche (1988/1999): *Nachlaß 1885-1887*. In KSA 12: 7[1].

[67]　GA 6.1: 215. 與尼采多視角主義的差異化，詳見本書第六章。

[68]　GA 14: 98. GA 12: 86.

[69]　GA 1: 19.

　　1916年胡塞爾到弗萊堡（Freiburg）大學任教，海德格透過胡塞爾講課瞭解到《邏輯研究》的現象學方法，卻也因胡塞爾對現象學視看的訓練，促使他注意到亞里斯多德，詮釋其著作[70]，並因而日益走近亞里斯多德等古希臘哲學家。胡塞爾的現象學視看是反思的視看，在海德格那裏則交由 logos（讓看見）而成了「詮釋學的理解」[71]。對古希臘，胡塞爾和海德格關注的面向不同。海德格對古希臘的興趣在於開端性的思想及其根本性的奠基工作；胡塞爾對古希臘的關注在於，批判地思索古希臘作為科學的開端，以及如何將之當前化。德國學者黑爾德（Held）因而批判海德格完全忽略古希臘開啓的科學，不如胡塞爾注意到哲學和科學在古希臘形成之初即有不可分的統一性。[72]

　　不過，筆者認為海德格並非忽略哲學和科學在古希臘的統一，只是他與胡塞爾面對古希臘和當代科學所採取的立場與進路不同。胡塞爾從古希臘科學在各面向的開端，思考如何將之當前化；海德格的進路相反，他從當前科學出發而回到古希臘。海德格考察到當代不同學門的科學的共同傾向是，把研究工作移到新的基礎上，而將各學門的科學危機歸於基本概念的危機。為解決這危機，他回到古希臘科學的奠基工作尋找證據，證明哲學為何能為

---

[70] GA 14: 97f. Bernet, Rudolf (2013): *Einleitung*. In: Husserl, Edmund: *Vorlesungen zur Phänomenologie des inneren Zeitbewußtseins*. Hrsg. von Rudolf Benet. Hamburg: Meiner. S. XVII.

[71] Herrmann, Friedrich-Wilhelm von (2000): *Hermeneutik und Reflexion. Der Begriff der Phänomenologie bei Heidegger und Husserl*. Frankfurt: Vittorio Kostermann. S. 3.

[72] Held, Klaus (2012): *Husserl und Heidegger über den Anfang der Philosophie*. In: *Heidegger-Jahrbuch 6*, S. 69.

基本概念提供奠基工作。[73]對海德格來說，哲學是科學的基礎，二者因而不可分地統一。

海德格和胡塞爾另一差異在於歷史問題。德國學者甘德認爲，早在 1916 年海德格就在規定主體的主體性時把歷史和歷史性看作「規定意義的要素」，並建構性地納入其中。而在胡塞爾「作爲嚴格科學的現象學」的綱領中，歷史顯然不具任何「建構性的地位價值」。[74]海德格轉向狄爾泰的現象學、歷史哲學和詮釋學，認同狄爾泰把現象學詮釋爲一種進行理解的科學，且是一門根植於我們日常各種生活處境的元科學。海德格認爲，可藉助狄爾泰對生活的研究，解決胡塞爾那裏的世界觀問題，轉而將世界觀視爲「一種完全在實際生活經驗的基礎結構中，屬於其內容意義、關聯意義和施行意義的構成物」。[75]

二十年代左右，海德格正式進入現象學時期。《宗教生活現象學》（1918-1921）、《現象學基本問題》（1919/20）和《直觀與表達的現象學》（1920）是海德格最早的現象學課程。1919/20年到馬堡大學前在弗萊堡大學開設的《現象學基本問題》是他首次公開地、有系統地講述現象學，並將現象學視爲實際生活本身的源初科學（Ursprungswissenschaft），講稿收錄於全集 58。於海德格全集有兩本《現象學基本問題》。1927 年夏天離開馬堡大學前，他開設同名課程，講稿亦以《現象學基本問題》爲名，收錄

---

[73] SZ 10. 早在《宗教生活現象學》海德格即反對將現象學視爲嚴格的科學，且他認爲嚴謹性這概念和意義，源初地就歸屬於哲學，「唯有哲學源初地即是嚴謹的」，「其他科學的嚴謹僅是派生而來」。（GA 60: 10）

[74] Gander (2004): *Phänomenologie im Übergang*, S. 296. 另參 GA 1: 408。

[75] GA 59: 10. Makkreel (2004): *Dilthey, Heidegger und der Vollzugssinn der Geschichte*, S. 309f.

於全集 24，主要以現象學對存有論歷史進行批判與詮釋。

　　大學時期讀了《邏輯研究》，海德格認為現象學的最初研究是一種邏輯學和認識論的研究。胡塞爾在《現象學觀念》（1907）指出，傳統形上學和認識論的根本問題在於，把無法證明或看似自明的懸設視為普遍有效且現成，還以之作為演繹或判斷的起點，導致無法獲得知識的實在性，他因而主張中止對基於自然觀點所設定的世界（包括我們自己及所有思維）進行判斷。[76]海德格認同胡塞爾，不以預設或任何成型的客體概念為起點。不過他無預設的方法不同於胡塞爾。後者採取擱置，前者直接以生活中的活生生體驗（Erleben）作為哲學進路的出發點。

　　在批判的同時，海德格對胡塞爾也有多方肯定。肯定胡塞爾「沿現象本身，即『感知是一種自身－指向』」[77]理解布倫塔諾，是正確的理解方向；也肯定胡塞爾現象學有重大發現，尤其在意向性、範疇直觀和先天的真正意義（Sinn）這三方面[78]。但他不滿足於胡塞爾這些本質性的發現，想找出在本質上使這些發現成為可能的根源。[79]胡塞爾現象學後來走向先驗現象學，規定認識著、行動著、評價著的主體的主體性為先驗的，而與海德格相去益遠。

　　早在 1912 至 1914 年於李凱特討論課研讀《邏輯研究》，海德格就對如何施行現象學方法以處理思維感到困惑，並且認為《邏

76　參 Husserl, Edmund (1976): *Ideen zu einer reinen Phänomenologie und phä-nomenologischen Philosophie.* Hua III/1. Hrsg. von Karl Schuhmann. Den Haag: Nijhoff. §31。

77　GA 20: 41.

78　GA 20: 34.

79　Jaeger, Petra (1994): *Nachwort des Herausgebers*, In: *Prolegomena zur Geschichte des Zeitbegriffs.* In: GA 20. Frankfurt: Vittorio Klostermann. S. 444f.

輯研究》第一卷和第二卷的說法前後矛盾，第一卷批判邏輯學的心理主義，第二卷卻包含對構成認識的意識行為的描述。他因而評判，胡塞爾的現象學仍是一種心理學，意識現象的現象學描述終究回到其所批判的心理主義立場。[80]

在〈我進入現象學之路〉（1963），海德格回顧早年在胡塞爾現象學發現的一些問題：一、從胡塞爾《純粹現象學和現象學哲學的觀念》（1913）發現，先驗主體性雖通過現象學成功進入更源初、更普遍的可規定性中，胡塞爾現象學卻也因「主體性」和「先驗的」而轉入近代哲學的傳統中。二、胡塞爾「保留了『意識體驗』作為主題範圍」，但是，現象學在對「經驗行為結構」之研究與在對「於行為中被體驗的對象」之研究，卻變成了同一回事。[81]三、胡塞爾一直未說明意識的建構基礎，亦即，什麼是結構性的成份且已然內在於被給予之物[82]。四、胡塞爾現象學的提問方式，在對意向性的東西之存有以及對存有本身的追問上有所疏忽。五、胡塞爾澄清了意向性的本質，但意向性的現象在哲學上卻還未得到充分把握。海德格因而隱晦地批判胡塞爾「把意向性顛倒地主觀化」。[83]為避免重蹈覆轍，海德格一開始即以不同於胡

---

[80] GA 14: 96. 海德格在〈關於邏輯學的新研究〉（1912）指出：「胡塞爾曾全面地論證和運用這樣一個論點：心理學主義一般都是內在充滿矛盾。」（GA 1: 22）

[81] GA 14: 96.

[82] GA 20: 106.

[83] GA 24: 89f. 另參汪文聖（1997）。《胡塞爾與海德格》。台北：遠流出版，頁 55。胡塞爾欲以現象學探討存有和存有本身，他運用的方法和著重的問題與海德格大不相同。大陸學者倪梁康指出，在胡塞爾那裏，無論是經驗對象或觀念對象的存有，都被還原為「被意識到─存有（Bewusstsein）」，因而「消融（Auflösung）在意識中」。（倪梁康〔2016〕。《胡塞爾與海德格爾》，頁 167f）

塞爾意識現象學的思維方式和基地進行提問，並將胡塞爾的現象學指導原則，「回到（zurückgehen auf）實事本身」，改寫爲「走向（zu）實事本身」[84]。由此亦可看出，他們於觀點和方向上的差異。胡塞爾的指導原則有一前設是，我們從實事本身離開了。其現象學指導原則因而成了，要回到我們離開的那裏。而海德格則直接從當下的立足之地，向實事本身走去。

在《時間概念史導論》（1925）和《現象學基本問題》（1927），海德格試圖找出意向性的根源和意向行爲的基礎。他批判胡塞爾現象學：在意向性現象這裏，哲學遇到眞正的障礙，而且，正是意向性「阻礙了人們直接而無成見地接受現象學」。[85]

自三十年代起海德格鮮言現象學，不過從他的著作看來，他並未拋棄源初意義上的現象學方法[86]，也不曾放棄通過「作爲思考最本己之實事自行顯現」[87]的現象學來思考存有，只是越來越得力於詮釋學。德國學者費加爾以現象學的「匿名化（Anonymisierung）」及普遍化之雙重性標記海德格後期思想的基本運動，而且，匿名化是對胡塞爾現象學的批判。[88]對海德格來說，現象學

但對海德格而言，這種靜態的構成現象學無法探問到存有本身。他重視胡塞爾的《邏輯研究》。在《邏輯研究》第一版，胡塞爾認爲本質的認知要透過對感覺經驗的某種抽象作用產生（Hua XIX/1, A392/B417），海德格反而強調具體性，認爲唯有在「具體的生活情境」才能取得闡釋（GA 60: 86），且應避免現象之欲平與根本性的現象內容之消失（參 SZ 88）。

[84] Husserl, Edmund (1913/1984): *Logische Untersuchungen*. Hua XIX/I. Hrsg. von Ursula Panzer. Den Haag: Nijhoff. S. 10. SZ 34.

[85] GA 20: 34.

[86] 另參張燦輝（1996）。《海德格與胡塞爾現象學》。台北：東大圖書，頁 197f。

[87] GA 11: 148.

[88] Figal (2007): *Heidegger und die Phänomenologie*, S. 10f.

既是哲學方法，且是「不時自我改變，並因而持存著的思想之可能性」[89]。他在《同一與差異》將 Ereignen（居有活動）的源初意義詮釋爲 er-äugen，將之闡明爲「看見，在觀看（註：居有與目光）中喚起自己，an-eignen（註：入澄明中）」[90]。在《在通向語言的途中》則將居有視爲「視看」相關的同位語：Er-eignen（使－本己化，眼前上演的某次發生），Er-äugen（使－看到），Er-blicken（使－視見），Er-blitzen（使－閃亮）[91]。據此可略知，直到後期海德格並未放棄現象學式的視看，只是視看的目光不再是如何從存有者引向存有，而是如何從在場的在場者看到在場者的在場（存有本身）。[92]

　　受胡塞爾主張的「活生生的當下」[93]和狄爾泰關於生活、生活

---

[89]　GA 14: 101.

[90]　GA 11: 45. 括弧內的註是海德格的原註。

[91]　GA 12: 253 註 6. 另參 GA 71: 184。

[92]　參 GA 12: 116, 202。GA 24: 28f. 即使 Pöggeler 說「海德格放棄現象學」，但他同時表示，這是「爲了能使現象學隱蔽的本質、使存有真理的經驗付諸語言」。因此確切而言，他認爲海德格放棄的是現象學的視看。（Pöggeler, Otto [1963/1994]: *Der Denkweg Martin Heideggers*. Stuttgart/Pfullingen: Günter Neske. S. 166）但據後期 Er-äugen 等概念，海德格並未放棄現象學的視看。只是其現象學前後期有明顯差異，前期強調「自行顯現」，後期則著重於現象學作爲「讓自行顯現」（„'Phänomenologie' als das Sichzeigenlassen der eigensten Sache des Denkens."）（GA 11: 149）。海德格的現象學方法改變了，但不是放棄。而海德格採用和改變現象學方法的目的一致，都是爲找到適合走向實事本身的通道。

[93]　據胡塞爾《生活世界（1916-1937 年遺稿）》編者 Sowa 考據，胡塞爾生活世界概念最著名的在《歐洲科學的危機與超越論的現象學》，但最早可回溯到該書編入的 1907 年遺稿。（參 Sowa, Rochus [2008]: *Einleitung des Herausgebers*. In Husserl, Edmund: *Lebenswelt. Auslegungen der vorge-gebenen Welt und ihrer Konstitution. Text von Nachlaß (1916-1937)*. Hua XXXIX. Hrsg. von Rochus Sowas Dorecht: Springer. S. XXV, XXVIII）當時胡塞爾的講座課是《物與空間》，但是這講座課是在哥廷根（Göttingen）

關聯（Zusammenhang）啓發，海德格在《宗教生活現象學》主張從「實際的（faktisch）生活經驗」出發，由日常生活的日常狀態著手探討存在（Existenz，生存）和存有（Sein），並以「實際性」（Faktizität）標記他自己的現象學。將「生活」視爲一種存有的方式，也就是在實際生活中以存有特徵表達我們本己的此有。[94]他在1920/21 年《現象學基本問題》表示，現象學是活生生的覺察，且有三種不同層面的覺察之基本態度：「生活本眞意義的」、「理解著的自行適應（Sicheinfüge）」的，以及「通過靈魂卑下（humilitas animi）意義上的」提升而造成的扭曲之克服的基本態度。[95]受到狄爾泰普遍的生活關聯啓發，他在 1919 年授課稿〈論大學和學術研究的本質〉提出「處境（Situation）」概念：生活關聯的一種時間性樣式。他將生活關聯視爲具體的有限領域，能限定且關聯出文化，而給予文化第三種意義：施行意義（Vollzugssinn）。通過生活的密切關聯，這種施行意義關聯組建了文化意義。[96]而如何施行、施行關聯、施行意義，後來成爲海德格在獲悉實際生活經驗與處境的重要方式與環節。

　　海德格認爲，在宣稱「哲學是知識」前，應先「依循實際生活經驗」，以現象學方法「將認知意義上隸屬於知識的東西找出來」。[97]在《宗教生活現象學》，他從（指涉性的）意義性（Bedeut-

---

時期，且講稿中重視的依然是知覺的構成。而從海德格對胡塞爾的批判來看，他顯然未察覺到胡塞爾當時已注意到生活世界。

94　參 GA 60: 7。

95　GA 58: 23.

96　Makkreel (2004): *Dilthey, Heidegger und der Vollzugssinn der Geschichte*, S. 310f.

97　GA 60: 12. 海德格前期哲學中經常使用 Bedeutung 和 Sinn。雖然二者中譯都是「意義」，但海德格嚴加區分二者。Bedeutung 在德文字義即有指

samkeit）關聯中純粹地獲取認知，以便進一步找出內含於存有中的意義（Sinn）。因為，在實際生活經驗中我們指向事物的「如何（Wie）」，亦即經驗的樣式（Art）和方式（Weise），並未一道被經驗而納入意識中。而是停留在「內容」之內，「『如何』頂多只是伴隨著進入其中」。[98]康德將意識推到哲學的中心地位，到了費希特，「主體」是某種相對於「客體」的對象性之新形態。胡塞爾顯然承接了近代哲學對意識的重視，從內意識討論知識對象的構成。不過海德格認為，胡塞爾看到主體在認識過程的困境，卻未警覺到問題。在生活的實際體驗過程，我們與各種不同的事物打交道，但是，我們如何對那些不同事物做出反應，全然未進入胡塞爾的意識中。[99]

　　海德格受新康德主義哲學方法上的訓練，也受胡塞爾現象學和狄爾泰在詮釋學、歷史哲學和現象學上的影響。他批判新康德主義的認識論：「知性自以為滿足了科學探索的最高嚴格性；而知性希望藉由避免『循環』加以排除的東西，恰恰是操心（Sorge，

涉性、暗示性、重要性，海德格也用在人事物之間的關聯，陳嘉映、王慶節等學者中譯為「意蘊」，而將 Sinn 中譯為「意義」、「含義」。Sinn 是多義字，具意義、感官等義。海德格強調 Sinn 為自行持留在事物本身中的可理解性，並與沉思（besinnen, Besinnung）相關，因而可見他在「存有意義」使用的都是 Sinn（Sinn des Seins）。大陸學者倪梁康因而將 Besinnung 中譯為「思義」（倪梁康〔2016〕。《胡塞爾與海德格爾》，頁 144f, 172）。

本書為保留 Bedeutung、Bedeutsamkeit（〔指涉性的〕意義性）和 Sinn，以及 Sinn 和 Besinnung 的關聯性，將 Bedeutung 和 Sinn 皆中譯為「意義」，Besinnung 中譯為「沉思」。除了出現的首次附上德文，Bedeutung 的中譯加上「（指涉性的）」以利區分與理解，並藉此點出海德格現象學進路：通過現象顯現的、指涉性的意義關聯，探入存有意義。

[98]　GA 60: 12.

[99]　參 GA 60: 12, 17。

關切，在意）的基本結構。而此有（Dasein）源初地由操心建構起來」，因此若要獲悉存有者的存有，不能靠邏輯推論取得。[100]

　　而在建構自己的現象學之初，海德格即批判胡塞爾現象學，並指出他在生活現象上兩方面的疏忽：一、在接受和說明現有的意義關聯之際，「沒有充分、嚴格地追問實際被給予狀態（Gegebenheit）的有效權」。[101]二、未注意到實際生活經驗對經驗方式表現出來的是某種未加以規定的無差別性（Indifferenz）。不同於胡塞爾，海德格以實際生活經驗作為無預設的起點，由事物自行顯現的如何（Wie）出發，對歷史、歷史學之物進行解釋。[102]他

---

[100] SZ 314.

[101] GA 60: 22.

[102] 胡塞爾從活生生的當下建構內意識，特意避開歷史問題，且是「為了在方法中能走得如此遠，以致對歷史提出科學的問題」，不得不與歷史保持距離。（見於倪梁康〔2016〕。《胡塞爾與海德格爾》，頁 161。另參 Pöggeler [1963/1994]: *Der Denkweg Martin Heideggers*, S. 30）

大陸學者倪梁康評判，海德格的「原創性」在於將存有問題帶入歷史問題的討論，將「歷史的存有結構」視為自己的「存有論任務」（倪梁康〔2016〕。《胡塞爾與海德格爾》，頁 167）不過我們應注意，海德格在《存有與時間》自述的任務是，要解構（Destruktion）存有論歷史、鬆動傳統，讓存有問題真正地具體化。（SZ 22, 26）再者，海德格不僅將存有問題帶入歷史問題的討論，也將存有論史（前期）、存有歷史（存有的發生史，中後期）相關問題帶入存有問題的討論。在前期是為擴大時間作為存有問題的視域，在中後期則是針對存有、存有真理的發生，以探討存有真理和存有本身的位置。

雖然胡塞爾很早就注意到歷史問題，但到晚年著作《歐洲科學的危機與超越論的現象學》（1934-1937）才針對當代歷史問題進行歷史性的沉思，並將歷史問題放入其現象學方法。胡塞爾表示：「需要通過對我們的科學的與哲學的危機狀況之根源的目的論的─歷史的沉思來對哲學進行一種超越論現象學轉向無可避免的必然性的論證。」（見於倪梁康〔2016〕。《胡塞爾與海德格爾》，頁 171）不過，海德格在早期博士論文和教授資格論文研究期間即注意到歷史問題。可見海德格從一開始的現象學方法即與胡塞爾不同。

從聖經詮釋，也從狄爾泰的發生學和歷史學注意到歷史問題，注意到歷史、歷史之物等處境問題，提出歷史處境，也注意到先行具有。他將歷史的發生、理解與詮釋等等納入其哲學方法，並在《現象學研究導論》（1923/24）正式提出詮釋學處境。因此，海德格現象學一開始即有詮釋學色彩，而這種現象學即詮釋學的特徵在《形上學基本概念》（1929/30）出現轉變。

在《宗教生活現象學》詮釋聖經時，海德格注意到如何通過實際生活經驗和歷史學的東西，而置身於歷史處境進行理解與解釋。他提出「施行之關聯（Vollzugszusammenhang）」，理解與詮釋的處境及其關聯、前理解和形式顯示。[103]而他一開始嘗試建構現象學方法、提出現象學闡釋時，即將歷史學處境和歷史處境納入步驟，因而明顯不同於胡塞爾現象學。他先區分歷史學處境和歷史處境，再連結二者：

1. 將現象關聯規定為歷史學的（historische）處境：基於實際生活經驗和歷史學之物即基本現象，首要之事即出自現象學動機，客觀歷史性地（objektgeschichtlich）、前現象學式地將現象關聯規定為歷史學處境。

2. 瞭解現象在歷史（geschichtlichen）處境的施行：海德格區分歷史學的處境和歷史處境，前者來自實際生活經驗和歷史學之物的現象關聯，後者則基於前者的成果而進行（1）對處境多重面向的串連與描述，（2）獲取這多重面向的「重

胡塞爾有意避開歷史問題，以堅持自己的現象學路線。到了三十年代中期，胡塞爾將歷史問題放入現象學方法，但也與海德格二十、三十年代的現象學方法及關注的面向不同。筆者認為，正是兩位現象學先鋒在各自的堅持下，為世人開拓了不同路線的現象學方法。

[103] GA 60: 87-93.

點處境」，（3）表明重點處境原始的或支配性的意義，（4）
由此通達現象關聯，（5）開啓源初性的考察。[104]

　　海德格對歷史問題的思考來自兩個面向，一是知識，亦即歷
史哲學和歷史學；二是生活，亦即發生學上的作用和影響之關聯。
而這兩方面都有來自狄爾泰的影響，狄爾泰也影響海德格「歷史
性此有」概念的形成。在生活層面上，海德格注意到歷史、宗教
作用在人們當前的生活，而且活生生的歷史性彷彿被消化進我們
的生存中[105]。不過，他雖認同狄爾泰從生活本身通往歷史性世界，
卻也在《直觀與表達的現象學》批判狄爾泰只是從「精神歷史的
外部」把精神世界視爲一種構型（Gestalt，形態），有時卻又看作
「審美的（和諧的理想）」。他也看到，狄爾泰將歷史審美化的
危險。[106]他批判狄爾泰在歷史性的建立上走得太遠，又未將其所
建立的東西再次轉化以建立新東西，可能導致靜止或僵化。因而
認爲，狄爾泰應轉向一種作爲歷史構型事物的客觀精神。[107]

　　海德格綜合前人的優點，修正從他們學說看到的或他認爲的
問題，在二十年代前即開始建構現象學與詮釋學方法。當胡塞爾

---

[104] GA 60: 83f.

[105] GA 60: 33.

[106] GA 59: 167. Makkreel (2004): *Dilthey, Heidegger und der Vollzugssinn der Geschichte*, S. 310f. 海德格另外批判狄爾泰，雖然狄爾泰指出生活是歷史性－存有（Geschichtlich-Sein），但他沒有進一步追問，什麼是歷史性－存有，也未指出生活在什麼程度上是歷史性的。美國學者 Makkreel 爲狄爾泰平反，因爲狄爾泰早就指出：我們都能認識歷史，是因爲我們本身就是歷史性的。我們通過反思自己如何經歷時間，如何對待過去和未來，而認識歷史。Makkreel 評判，二者真正的區別在於，狄爾泰不是從存有論來看這問題。（Ibid., S. 315f.）

[107] 見於 Makkreel (2004): *Dilthey, Heidegger und der Vollzugssinn der Geschichte*, S. 312。

著重於現象學描述與內意識結構，海德格前期致力找出實際生存
如何存有及其源初性。他在《宗教生活現象學》即注意到現象學
的邏各斯（logos）、闡釋與立場、歷史性與歷史處境，以及詮釋
學處境的前理解問題。

　　時間與歷史在海德格現象學具方法上的重要性，當其哲學出
現轉向，對時間與歷史的理解及其在現象學方法上亦有不同。除
了歷史學處境和歷史處境，海德格在《存有與時間》指出，「此
有現象學的 logos 具 hermeneuin（詮釋）的性質」，現象學描述於
方法上的意義即「解釋（Auslegung）」。[108]他提出「詮釋學處境」，
亦即每個解釋都有其先前具有、先前視見和先前把握（前理解），
研究時應將這些「先前（vor-，先於）」、「先行（vorlaufend）」
納入考量，作為研究對象整體的前提條件。[109]而胡塞爾直到晚年，
於《歐洲科學的危機與超越論的現象學》（1934-1937）才注意到
現象學中有關詮釋學處境的前理解問題。[110]

　　繼 1918-1921 年在《宗教生活現象學》提出現象學闡釋時的
歷史處境，海德格在 1921/22 年《對亞里斯多德的現象學解釋—
現象學研究導論》進而注意到理解處境、實際生活等處境問題，
1922 年首度於那托普報告，〈對亞里斯多德的現象學闡釋—詮釋
學處境的指引〉提出詮釋學處境，在《存有論—實際性的詮釋學》
（1923）則說明詮釋學處境的先前具有如何形成。[111] 1923/24 年

---

[108] SZ 37.

[109] SZ 232. 另參同處第 63 節。

[110] 參 Husserl, Edmund (1954): *Die Krisis der europäischen Wissenschaften und die transzendentale Phänomenologie*. Hua VI. Hrsg. von Walter Biemel. Den Haag: Nijhoff. S. 51, §29。

[111] 參 GA 63 第二部分〈實際性詮釋學的現象學道路〉。

馬堡講座課《現象學研究導論》，海德格採取亞里斯多德觀點說明「現象」和「邏各斯」的含義，以胡塞爾於《邏輯研究》的解釋說明當代「現象學」這術語，並通過詮釋二者而提出自己的現象學觀點。於其中，他提出詮釋學處境的三個環節：[112]

1. 先前具有（*Vorhabe*）：在探討之前就有的東西，那是判斷力的根據所在。

2. 先前視見（*Vorsicht*）：是指先前具有的內容物如何被視見的方式與途徑。

3. 先前把握（*Vorgriff*，前理解）：出自確定的動機，以確定的方式被視見的東西，如何概念式地（begrifflich）被闡明。

胡塞爾在《邏輯研究》區分形式化和普遍化，循形式存有論的方向並基於純粹邏輯的對象之理由，說明這區分的意義。海德格受胡塞爾啓發，在建構這一區分的同時，提出使形式和意義關聯形成的關鍵：形式顯示（formale Anzeige）。[113]這成爲海德格前期現象學的重要方法，但因對現象理解的差異，《宗教生活現象學》和《存有與時間》略有不同。在前者，現象學的現象是在現象中被經驗的東西（內容）、「如何（Wie）」（亦即，關聯）和在「如何」中得以實施的「關聯意義（Bezugssinn）」三大方向。在後者，現象既是自行顯現者、公開者，且是自行顯現活動。

初次提出自己對現象的理解時，海德格並未進一步規定現象的內容意義或經驗到的東西，而是闡明現象的意義整體性。他指出現象學一詞的 -logie，意指現象的「邏各斯（λόγος, logos）」。它不同於邏輯化意義的 Logik，而是「內在語詞（verbum internum）」

---

[112] GA 17: 110f.
[113] GA 60: 57.

意義上的 logos。[114]海德格後來在《存有論—實際性的詮釋學》從詞源，將古希臘文 φαίνεςθαι（現象之動詞）詮釋爲自行顯現（sich zeigen），而將現象規定爲「作爲自行顯現者而顯現自身者」。[115]他將現象學確定爲一種研究方法，這種方法「直觀地將其對象當前化，且僅在這樣的直觀中去討論它」。[116]

從《宗教生活現象學》提出形式顯示和歷史處境，《現象學研究導論》提出詮釋學處境，到了《存有與時間》以 logos 連結現象學與詮釋學，並提出其現象學的前概念，海德格現象學的雛型大致底定。透過現象學的字詞結構及整體意義，他從現象和 logos 的內在連結來把握現象學。其現象學特別之處在於，一方面將現象動詞化爲存有者的自行顯現，現象的公開、呈現；另一方面則詮釋 legein，而將 logos「現象學化」爲使之公開（讓公開）和使之看到（讓看到），成爲現象學方法的一環。在二十年代末，海德格現象學方法出現變化，一來，形式顯示消失，而由在場及本質化（wesen）取代。再者，《康德書》提出的讓對象化，爲後期的讓自行顯現和讓在場等做預備。而這也意味，海德格現象學作爲哲學方法有所轉變，且要到後期才臻至完備。

海德格在《存有與時間》指出現象學的現象描述，其「描述性本身即 logos 特有的意義」，而且「只有從被『描述』的東西之實事性出發」，才能確立「描述性本身」。[117]他意識到，應用現象學時無法避開詮釋學處境，因而以解釋（Auslegung）替代胡塞

---

[114] GA 60: 63.
[115] GA 63: 67.
[116] GA 63: 71.
[117] SZ 35.

爾現象學的現象描述，其現象學與詮釋學的關係也就更加確定：
「此有現象學即詮釋學」[118]。通過詮釋，從屬於此有本身的存有
理解，宣告出存有的本眞意義（Sinn）以及此有本己存有的基本
結構。同時，海德格也給出另外兩種含義的詮釋學：整理出一切
存有論探索之所以可能的條件，以及生存的存在性（Existen-
zialität）之分析。[119]

　　海德格在《存有與時間》表示，此有現象學的語言具詮釋性
質。這也定調該書的主要方法：通過內含詮釋性質的現象學，從
此有詮釋學出發，以處身感受（Befindlichkeit）、理解和 logos 作
爲現象學主要方式，通過對於處身在此（Da）的理解活動及理解
著的處身活動，開顯在世存有與此有的存有意義。

　　海德格亦注意到語言在現象學上具「讓看見」的功能，並藉
此將 logos 與現象連結在一起。基於言談是將被談論的存有者從
遮蔽狀態拿出來，讓人看到，語言因取出（herausnehmen）、覺知
（vernehmen，獲悉）以及知覺（wahrnehmen）功能，而具公開的
特徵。他詮釋下的知覺不是認識論上外感官或概念式的知覺，而
是將言談所及的事物取出（nehmen），作爲它自身（即是眞的，
wahr）或不作爲它自身，來讓人看。若將它作爲自身公開出來，
即是帶到無蔽狀態（aletheia，眞理）。[120]因此，語言在語用上具
雙重意義：言談和被展示者（das Aufgezeigte）本身。他將被展示
者本身詮釋爲基底，logos 也因此有根據之意[121]。由此看來，海德

---

[118] SZ 37.
[119] SZ 37f.
[120] SZ 32, 33.
[121] SZ 34.

格似乎將人擁有客觀性和客觀視角的可能性，放在語言作爲被展示者本身。

　　海德格在《現象學基本問題》（1927）從實事性（Sachheit）的存有者狀態（ontisch）著手，由自身顯示或自身不顯示，觀察呈報出來的現象而進入「現象學還原（Reduktion）」[122]，從其「如何是」解釋生存整體性，以顯現其不同面向的動態。現象多了「公開者」一意，但決定能否作爲現象學的現象在於自行顯現，且須是以某種方式在其自身而自行顯現者，而「logos（λóγος）」被現象學化爲「讓看到」，現象學的前概念也就被確定爲：從其自身而來自行顯現著的存有者，讓人從其自身來看它。[123]在前期，海德格通過現象學欲獲悉存有及其結構。因此對他而言，現象學作爲科學是存有者的存有之科學，即存有論。而所有屬於展示與闡明的方式，所有造就這種研究所要求的東西，都被納入現象學。

　　海德格在《現象學基本問題》（1927）深入討論《存有與時間》提出的存有論差異，強調存有者與存有的區別，以獲得存有論的主題[124]。他提出現象學的三個基本環節作爲存有論的方法，而這三個環節在內容上共屬一體。[125]不過，在施行上卻有些疑難：

---

[122] 《存有與時間》雖於 1926 年期刊發表、1927 年出版，但其中已運用《現象學基本問題》（1927 年講座、1975 年結集出版）的現象學還原：「把現象學的目光從對存有者的…把握，引回對該存有者的存有之瞭解（就存有被揭示的方式進行籌畫）」。（GA 24: 29）另一方面，海德格借用胡塞爾現象學術語，但二者方法相去甚遠。胡塞爾的「現象學還原」主要是消極性功能（例，放入括弧，存而不論）和防禦性作用（例，避免本質直觀的成果變形）（參 Hua III/1, §61），而海德格雖同時具否定性和肯定性作用，但主要作用是肯定地通向存有者的存有。

[123] SZ 31, 33, 34.

[124] GA 24: 22f.

[125] GA 24: 29f.

（一）現象學還原：走向存有者，再將研究目光以某種特定方式引離存有者，而引向該存有者的存有。這既需「以肯定的方式把自己帶向存有本身」，且需引導。海德格深知這種引導不易，因為「存有不像存有者那樣可通達，我們不是簡單地就能碰見它」，而是需一前提條件：「自由籌畫」。[126]

海德格在《存有與時間》和《現象學基本問題》對科學概念的分析以及與世界觀哲學的區分，應用了胡塞爾現象學的還原和擱置[127]。不過他的現象學還原和視看與胡塞爾不同，不是還原到純意識，也不是反思式的視看，而是看向存有即還原到存有，亦即從對存有者的把握返回對存有的理解[128]。但海德格未說明視看者應該像《時間概念史導論》主張的保持一定距離，還是像《存有與時間》所主張的「在之中」？自二十年代末，海德格不再提及還原，而保留了「視看」。

（二）現象學建構：對先前被給予的存有者，向其存有及其存有結構的籌畫（Entwerfen，描畫藍圖）。

這是基於現象學還原所見，描述出存有狀態與存有結構。但是現象學還原的前提是現象學建構，也就是說，要先描畫出存有結構才有脈絡可循，而能循跡將目光引向存有。要描畫出存有結構，須先將自己帶向存有本身，以獲悉存有結構。如此一來，現象學還原與建構互為前提，現象學解構（將概念解構至真正的源頭：存有領域和存有狀態）則是二者的前提，實際施行時又該如

---

126 GA 24: 29.
127 靳希平（1995）。《海德格爾早期思想研究》。上海：人民出版社，頁261f。
128 GA 24: 29.

何進行？再者，對海德格來說，描述即解釋，那麼是否在現象學建構時應先釐清詮釋學處境，確定先前被給予的存有者究竟是指現象或現象中關涉到的存有者，或傳承下來的概念？若是前二者，那麼海德格確實已邁入活生生的哲學活動，直接由活生生的經驗進入哲學思維。若是後者，那就意味著，海德格仍循哲學史或存有論歷史探討存有。

　　從存有結構對海德格現象學的重要性，不難看出在馬堡時期，海德格仍受胡塞爾影響而對存有的探討採取結構性分析。即使他已意識到，這易將現象敉平，乃至現象內容消失不見的危險，結構性分析仍延續到《存有與時間》。[129]

　　（三）現象學解構：一方面基於對存有的考察是從存有者開始，而這考察又被相關的實際經驗和經驗可能性的範圍所規定。另一方面，我們對事物的理解及其方法與歷史形勢相關，每個時代有其特定的通達方式，但所有哲學討論也有傳承下來的概念、境域和視角作用其中。海德格因此提出現象學解構，亦即對傳承下來且必然首先被應用的概念採取批判性拆除，一直拆除到這些概念的源頭，藉以充分保證存有論概念的真實性（Echtheit）。[130]

　　作為概念的真正源頭，存有領域和存有狀態指向存有本身或其所在，而非就是存有本身。因此，仍需對存有及其結構進行解釋（Interpretation）。海德格稱之為還原性建構。而這意味，海德格現象學仍含詮釋活動，籌畫的含義與《存有與時間》略有不同。在後者，籌畫是存在性的結構，與理解活動息息相關，它是對作為世界性的富有意義狀態（Bedeutsamkeit）之籌畫，將可能性本

---

[129] 參 SZ 12f, 88。
[130] GA 24: 31.

身拋到此有面前，使實際性的能存有得以具活動空間的存有狀態，且始終關涉到在世存有的整個開顯狀態。[131]在《現象學基本問題》雖與存有理解（還原）相關，卻是對存有結構的解釋。

基於這三個現象學環節共屬一體，同時並進，我們可知，海德格在《現象學基本問題》（1927）未特別提及詮釋學，但仍通過現象學解構，對柏拉圖以來的存有論歷史進行詮釋與解構。

到了《形上學基本概念》（1929/30），海德格開始告別這種存有論概念史的探討方式，從現象學解構轉向 logos 結構的析解與詮釋。主要原因是，他發現現象學的侷限性。即使同時運用這三個現象學環節，通過現象學僅能開啓源初性的視野，難以通達存有本身。顯然地，在哲學思維中起決定作用的進路和方法，有必要爲達到研究目的而改變。他在《形上學基本概念》首先出現的改變是，採取語言與情緒的雙重進路，直接以時間探討時間本身，並從在世存有的整體性轉向，改由存有者整體探向存有本身。

在《形上學基本概念》，語言和無蔽眞理出現循環論證般的雙向關係，一方面，言談（legein）可通達無蔽眞理，相應地，語言奠基於敞開狀態（無蔽眞理）才能講眞話，才能應答存有的聲音。語言成爲與無蔽眞理相關的行動。而自由是與語言及眞理關係密切的行動，因爲，敞開即意味著某種行動出來的自由。人所能達到的源初性自由，是解蔽後的敞開狀態。在海德格中後期哲學，敞開是自由與眞理的樞紐。既意味自由，亦意味無蔽眞理。而這亦可瞥見海德格對語言和眞理的思考，在 1929 年出現轉變。

早在 1915 年教授資格論文[132]，海德格即以否定的方式指出，

---

131 SZ 145f.
132 海德格教授資格論文 1915 年完成、提交，1916 年出版。

哲學須回到與生活聯繫在一起的活動才會強而有力。[133]在《形上學基本概念》則指出，哲學構成「此有的基本發生」[134]。為實現沒有預設、活生生的哲學活動，他將哲學概念（Begriff）的根源，還原為觸動（ergreifen, ergriffen）[135]。他將情緒視為人的本質活動，「只有在情緒中」我們才作為在此－存有，與我們自己照面[136]。而哲學作為人的本質活動，必發生在某種基本情緒。不過，它僅開啟源初性視野，讓人能更源初、更寬廣地視看。

　　海德格在《形上學基本概念》探情緒與語言之雙重進路，揭蔽的任務轉移到具言說與「讓看見」功能的 logos。言談的基本含義是「從遮蔽狀態中奪取出來」，語言的任務因而是使隱蔽的東西顯示或將其公開[137]。而情緒從《存有與時間》作為在世存有的環節，到《形上學基本概念》作為哲學進路與方法。海德格不再仰賴形式顯示和開顯，而改以喚醒、讓存有（Seinlassen，讓如其所是）與解釋。這與海德格通過亞里斯多德等古希臘哲學，以脫離胡塞爾現象學有關。他自二十年代初將現象確定並動詞化為自行顯現，自二十年代末則通過亞里斯多德等古希臘思想，將自行顯現與在場活動關聯起來，更源初地理解為「ἀλήθεια（無蔽真理）」，亦即「在場者的無蔽狀態、解蔽」。[138]經《康德書》提出的「讓－」之後，於後期轉為讓自行顯現與讓在場。

　　在向後期哲學過渡的三十年代，海德格思考居有活動，居有

---

[133] GA 1: 346.

[134] GA 29/30: 34.

[135] GA 29/30: 9f, 12.

[136] GA 29/30: 102.

[137] GA 29/30: 41, 44.

[138] GA 14: 99.

自 1936 年成爲海德格哲學的主導概念[139]和重要方法。同時他也
密集討論在場。一方面，他將本質（Wesen）動詞化，也將在場活
動詮釋爲 An-wesen（在於－本質化，在於－本質顯現）。另一方
面《哲學論稿》（1936-1938），從傳統存有論思考存有，轉向居
有，藉居有指出人與存有的雙向關係：存有本身作爲居有而本質
顯現，人通過存有眞理在此的發生與居有活動，被存有所居有而
進入並居於存有眞理敞開的澄明。海德格在存有問題的探討方向
上也有所轉變：由人或此有如何走向存有、開顯存有，轉爲如何
傾聽存有的道說。

　　到後期，海德格一方面保留語言的顯示（Zeigen）功能，「讓
看見」的功能則讓渡給技術[140]和居有[141]。另一方面，居有概念有
所改變，增加了觀看、視看以及喚起自己的功能，居有活動擴及
天地人神四方，而且人與其他存有者的存有、人與存有者整體的
存有之間的居有亦擴大。這也意味，海德格現象學又有所轉變。

　　四十年代，海德格鮮言現象學和詮釋學，但仍以二者爲主要
方法。他在後期哲學著重讓其所是（Gelassensein，泰然任之）、
讓在場，以及讓其自行顯現。他指出，存有藏匿自身於存有者，
人因此要學會抑制自身和棄絕以往對詞語的理解與運用，像是活
動、行爲、作用、精神力量、世界觀、表達，或棄絕以往急進的

---

[139] GA 9: 316.
[140] 「技術（téchne）是讓看見，以及帶－入－目光（Blick），將事物按其本
質地帶入目光。」（GA 77: 13）應注意的是，海德格藉助亞里斯多德，
將技術詮釋為一種解蔽的方式，而解蔽意味著「讓在場活動著（anwest）
及作為在場者自行顯現的東西處於無蔽狀態」。（GA 17: 14）
[141] GA 11: 45. GA 12: 253. 另參 GA 71: 184。

理性思考方式，而學習「讓顯現（erscheinen lassen）」[142]：通過居有活動，讓喜歡藏匿自身的存有自行顯現。

　　海德格在後期的語言哲學主張，詞語可將某物作為它所是的東西顯現出來，因它「作為那種把在場者帶入其在場的聚集而發出光亮」[143]，而這種詞語即是道說（Sagen）。它表達了海德格後期哲學對語言的理解。道說的最古老字詞即 logos：「顯示著讓存有者在其『它存有著（es ist）』中顯現出來的道說。」[144]可見海德格仍運用現象學，且是嵌合在詮釋學中運用。他於《在通向語言的途中》表示，探討語言即意味「將我們帶到語言本質顯現的位置」[145]。這意味著讓語言自行顯現，並要求探討者走向語言本身。一來，可見在海德格後期哲學，詮釋學內含其現象學「走向實事本身」的核心精神。再者，這某種程度上取代現象學使存有閃現（Scheinen）的功能。我們因此可以說，海德格在《存有與時間》提出詮釋學式的現象學，後期則演示了現象學式的詮釋學。

第四節　本書研究方法與海德格哲學概念中譯問題

　　本書原想全面探討海德格對時間與時間本質的看法，後來認清這構想過於龐大，而將研究範圍集中於二十到三十年代。海德格對時間的探討也集中在這期間。他探討存有問題的同時，亦從

---

[142]　參 GA 12: 158f。
[143]　GA 12: 224.
[144]　GA 12: 225.
[145]　GA 12: 10.

不同面向探討時間與時間本質。不過他對某些時間問題未多著墨，卻是筆者甚感興趣的領域，像是藝術和藝術作品的時間性。爲此，除了通過對海德格德文原典進行文本分析，本書亦借助海德格的現象學與詮釋學而對海德格的論述進行詮釋。

本書主要以筆者七篇已發表和一篇論文草稿爲雛型，根據本書研究動機和目的進行編撰和改寫，並因主題「時間的本質」而將研究範圍延伸到海德格其他著作。

這些年來，筆者深感以華語討論海德格哲學困難重重。2006年香港現象學研討會曾特別討論海德格概念中譯問題，至今仍難一致。本書借助華語哲學界先進多年來的努力成果，僅僅在不同的中譯斟酌的取捨即深感不易。

首先，德文和中文具跨語系難題，再者，海德格喜運用不同語系的古老語言，通過詞源學溯源，再基於語用或語詞關聯性詮釋傳統哲學概念。他試圖還原概念的源初意義，卻也改變了傳統哲學術語用法與概念內容。其獨特的詮釋方式，提高中譯的困難。另一方面，在德文原典中，通過同語詞易看出其中的傳承與概念內容的異同。但以華語論述，概念本身的傳承關係頓時消失，之間的改變亦不得見。例如 Dasein，在康德哲學中譯爲定有、存有，海德格哲學中譯爲此在、此有，看不出前後語詞譯自同一德文。再者，德文本身具多義性，難用單一中文語詞譯出所有含義。中譯時通常僅能擇一義而取消其他含義，譯文也因而失去這概念語詞本身或與其他概念、語詞的相應與關聯。例，Dasein，其語詞結構與 Da, Sein, Da-sein 的關聯，或含義上與 In-der-Welt-sein 的相應與關聯。

除了動詞化之外，海德格的詮釋還常出現三種狀況：一、善

用德文字詞、字根及其詞源上的關聯性，二、舊字新解，透過字根或古用法或地方語，在沒有關聯之處創造或突顯出關聯性，例如，通過古施瓦本－阿倫瑪尼語 wëgen 作為 Weg 的動詞，並創了 bewëgen 一詞，將道路（Weg）動詞化，並與闢路相關。藉此，海德格欲詮釋《在通向語言的途中》中的道路（路途）一詞：開闢道路，而「思想中堅持的東西（das Bleibende）即是道路」。[146]三、即使不是自創字，海德格善用德文系統性字詞組合的邏輯性，用連字號將字根和前置詞、後置詞拆解、重構後，重新詮釋並予以新的概念內容[147]，這更加提高中譯的難度。例如，Dasein，拆解為 Da 和 sein，並重新詮釋出 Da ist、Da-sein（da zu sein）、Sein des Da 和 Dasein，以探索存有意義。或是，構想出一系列的相關概念，例如，Ereignis 和 Ereignen 以及 -eignen 字根的系列概念，到後期哲學又關聯到新高地德文（Neuhochdeutsch）[148] eräugen（看見，發現）：眼前上演的某次發生。

---

[146] GA 12: 94, 249.

[147] Pöggeler 指出，亞里斯多德和黑格爾都善用介系詞和前置詞組建他們的基本概念。海德格與他們不同的是，他以新的方法追問，語言是如何通過未顯現的組成部分建構起來。海德格因而區分兩種「作為（Als）」，一種是聲明性陳述（apophantisch）的「作為」，這是亞里斯多德創的術語，用以確定邏輯命題或現象的真偽，在哲學史上已廣被討論。另一種是詮釋學上的「作為」，海德格認為這部分至今仍無理論專門討論。（Pöggeler, Ott [1999]: *Heidegger in seiner Zeit.* München: Wilhelm Fink. S. 31）我們可看到，海德格通過連字號進行解構與詮釋時，他已將 AB 作為 A－B，試圖公開出 AB 未顯現的組建內涵。例，Existenz 作為 Ek-sistenz。

[148] 當代德文出現前，為古德文、中古德文、新高地德文（Alt-, Mittel- und Neuhochdeutsch）三期。新高地德文約出現在 1500 年左右，馬丁·路德宗教改革期間。但德國統一前各地語言發展不一，亦有主張新高地德文約出現於 1650 年。也有主張早期新高地德文約出現在 1350 至 1650 年。

以下謹舉五組海德格核心概念及其中譯問題為例：

1. Dasein：常見中譯為「此在」或「此有」，筆者這些年在這兩個中譯之間游移。基於我國將 Sein 譯為存有而 Dasein 在海德格哲學與存有密不可分，再者為與存在主義區隔，本書 Dasein 採取中譯「此有」或「在此存有」，Da-sein 中譯在此－存有，以保持二個語詞的一致及其與存有的關聯。尤其《現象學基本問題》（1927）和《康德書》出現「人的此有」之後，海德格逐漸不以此有直接指稱人，留下人的存有方式或在此存有之意。

2. Existenz 及其相關的 Existenzialität 等：對海德格 Existenz 的中譯目前有生存、存活和存在。而本書考量 Existenz 在海德格的用法與存有密切關聯，且偏向活動的動態，Existieren[149]。若以「存在」中譯 Existenz（或 Existieren）較符合我國對存在主義的譯法，亦較易看出其與「存有（Sein）」在《存有與時間》的關聯。但若考慮到，海德格強調動態的 Existieren，且由日常生活的日常狀態著手探討 Existenz 和 Sein，而「存在」於中文偏向靜態，較無法顯示出 existieren 的動態。香港學者關子尹即以「存活」中譯 Existenz，並以「存活格式」中譯 existenzial，以「存活論」中譯 Existenzialität。[150]

因考量到「生存」一詞較動態，中文原意為生活、存活、存在，正好合乎海德格 Existenz 兼具三個面向的含義，亦易於關聯到存有，因此本書採用「生存」作為 Existenz 和 Existieren 中譯，

---

[149] „Die Frage der Existenz ist immer nur durch das Existieren selbst ins Reine zu bringen." (SZ 12)

[150] 關子尹（2021）。《徘徊於天人之際—海德格的哲學思路》。台北：聯經出版有限公司，頁 45ff。

並借「生存」一詞所具有的生活、存活、存在之多重意涵及其與存有之關聯，以求貼近海德格 Existenz 和 Existieren 概念。爲求上下文通順時，本書亦使用「存在」一詞。

海德格創 Existenzialität 一詞，意爲生存活動的存有論結構之關聯性，目的是「解析是什麼建構了生存」。[151]他把此有的存有特性稱爲 Existenzialien[152]，並把原本同義的 existenziell 和 existenzial 區分爲存有者狀態（前者）和存有論上（後者）。因 existenzial 與 Existenz、存有論結構二者的關聯，加上頗多著作將 Ontologie 中譯「存在論」，爲避免混淆，本書採 existenziell 生存狀態之中譯，existenzial 及其名詞化的 Existenzialität 分別中譯爲「存在性的」和「存在性」。

3. Eigentlich：德文原意根本的。海德格在《存有與時間》以「向來屬我性」規定這概念，視爲存有模態。[153]目前中譯有：本眞的，本然的，本己的。「本」有根本、本來、原本、本源等意。但考量到「本己的」易與 eigen（自己的，本己的）混淆，而「本然」意爲本當如此、天賦、天然之性、本來面目，偏向內在固有性。再者，Eigentlichkeit 的開顯關係到獲悉源初性、基礎存有、生存眞理。因此，本書 eigentlich 採用「本眞的」中譯。

4. Ereignis、Ereignen：德文原意事件、發生。王慶節在〈也談海德格 "Ereignis" 的中文翻譯和理解〉（2004）詳舉華語哲學界對 Ereignis 的中譯：孫周興譯爲「本有」和「大道」，關子尹和張燦輝譯爲「本然」，陳嘉映譯爲「本是」，張祥龍譯爲「自

---

[151] SZ 12.
[152] SZ 44.
[153] SZ 43.

身的緣構成」或「緣構發生」等等,計有逾十種譯法。他還考慮
從以前中譯「發生」,轉爲「道生」、「自在發生」等等。[154]加
拿大華裔學者陳榮灼則基於 Ereignis 作爲存有運動、內在於「語
言」層次上作爲以自然爲性的「道」,與道家具義理上的親緣性,
而將 Ereignis 中譯爲動詞化的「自然」、自然而然。[155]

　　基於海德格《哲學論稿》對 Ereignis 的使用起於動詞 ereignen
並詮釋爲 er-eignen,而 er- 於德文動詞前置詞具「使…達到…」、
「使…作用」之意,而 eignen 則意味「將某(些)特質成爲己有」,
海德格哲學中的 er-eignen 因而有與之合而爲一、化爲本己之意,
而不是現成意義上的本來具有。爲避免「本有」、「本然」含「本
來具有」之意而引發歧義,加上「居有」可表達出「居之而具有」
的動態及與存有的親緣性,本書考慮了現有的中譯,採「居有」
中譯 Ereignis 和 Ereignen,以保持二者的關聯性;強調動態時,
Ereignen 亦譯爲「居有活動」。而這譯法的主要缺點在於,與 eigen
(自己的)或「成爲自己的」之親緣性模糊、不見。但在找出更
合適的中譯前,僅能透過加註說明,使「居有」之中譯術語化。

　　5. Angst:德文原意恐懼,害怕,不安,無由的壓迫感。目前
中譯有二,一是「焦慮」,一是「畏」。海德格用 Angst 表達基
本處身感受和基本情緒。海德格以處身感受和情緒作爲在此(Da)
的環節,是日常生活常見的也是基本的生存狀態和存在性。而

[154] 王慶節(2004),〈也談海德格 "Ereignis" 的中文翻譯和理解〉。見於
《現象學與人文科學》,頁 199, 201, 201-212。另參孫周興(2012),〈幾
組重要譯名的討論〉。見於《哲學論稿(從本有而來)》。北京:商務
印書館,頁 553-556。
[155] 陳榮灼(2014),〈道家之「自然」與海德格之「Er-eignis」〉。見於:
楊儒賓編,《自然概念史論》。台北:臺大出版中心。頁 345, 360-362。

Angst 在海德格哲學中不是單一或無變化的感受或情緒。

　　焦慮一詞常見於心理學。焦慮症（anxiety disorder）在心理學上是指對未來事物的重度擔心和不安，恐懼症（phobia）作為焦慮症之一則針對當前事物，且有持續性。焦慮的無由壓迫感和海德格 Angst 概念相符。不過，焦慮一詞有恐慌不安之意，不安一消失就不是焦慮。但是，Angst 作為基本情緒卻以某種方式一直在著。因此，焦慮很好地表達了 Angst 在存有者狀態上的特徵，卻也僅止於此。

　　《存有與時間》對 Angst（畏）的描述始於與 Furcht（害怕）的區分。因二者有現象上的「親緣關係（Verwandtschaft）」，Furcht（害怕）奠基於 Angst（畏），但不容混淆二者的用法。[156]

　　海德格在〈形上學是什麼？〉表示，Angst 不會讓害怕和懦弱的迷亂出現，反而有退避存有者整體的力量。在現象上雖有不在家狀態（Unheimlichkeit）的陌生感與某種通徹的顫動（Durchschütterung），但存有論上，畏卻瀰漫著獨特的寧靜，讓人在畏之中感受到迷人的寧靜。[157]在《存有與時間》，清醒的畏會在決斷後出現，並把此有帶到個體化前。[158]到了 1949 年海德格在增寫的〈形上學是什麼?〉〈導言〉以反問的方式表示，在存有發生的共同命運（Geschick，共命）前，思想者有什麼理由驕傲自大？他認為，思想者若想解決存有的遺忘，只能「在畏之中」經受存有發生的共同命運。「畏」作為複合式的基本情緒，首先，不自我迷惑而清醒地面對存有的遺忘與遺棄狀態，再者，在陷入恐懼

---

[156] SZ 185, 186.
[157] GA 9: 111f, 114.
[158] SZ 310.

（Schrecken）的同時，不自大、誠惶誠恐地面對進而經受存有的命運而具敬畏之意。海德格稱爲這種畏爲「被遣送的（zuge-schickte）」畏、「存有共命（Seinsgeschick）」的畏。[159]

本書考量「畏」一詞在中文具多重義，主要含義：懼，恐，害怕；敬，敬服。衍生義有：避開；惡；罪等等。以「畏」中譯 Angst 雖易與害怕混淆，但可突顯出二者於德文一般用法的近似性，以及在《存有與時間》的親緣性。且「畏」在中文的多義性，部分切近 Angst，亦可顯示出 Angst 於海德格哲學的多義性、情緒的多重性、作爲基本處身感受和基本情緒在現象與存有論上的變化，以及兼顧後期的敬畏之意並維持同一用詞的關聯性。因此本書採用「畏」中譯 Angst，並以「處身感受」中譯 Befindlichkeit。一來兼顧二者於德文的關聯性，二來兼顧海德格用詞的多義性。

從前述問題足以窺見，以華語探討海德格哲學時面臨的難題。除此之外，還遭遇多義字中譯時的意義取捨及其關聯性如何保留等難題。因歐語系與華文語系天差地別，這些問題在華語哲學界一直無法找出兩全其美的解決方法。目前筆者謹試圖根據兩個原則選擇中譯，一是符合海德格哲學概念的動詞化特徵；二是海德格以德文書寫，德國讀者閱讀時出現某種雙重性，亦即接收到訊息往往首先是一般德文含意或可理解性，然後是海德格哲學概念之歧義性或術語化的特定含意。中譯時基本上無法顧及後者，並基於語言有區域性也有歷史性發展的差異，筆者盡可能顧及華語讀者從中譯接收到的一般含意或可理解性。在本書中，重要概念首次出現或須說明時附上原文，或基於必要性而在內文或註腳討

---

[159] GA 9: 371.

論。希望藉此降低翻譯問題的衝擊。再者，外文常以斜體字強調或表示特殊用法，中文字體的斜體字印刷並無此效果，本書改以引號標示。

　　本書參考文獻僅列舉註腳引用的文獻。參引先蘇斷簡時，本書採用 Kirk、Raven 和 Schofield 合編的版本為主，依學界慣例縮寫為 KRS。參引柏拉圖和亞里斯多德著作，依學界慣例標示原書頁碼。參引海德格和康德原典時，本書依學界慣例，康德《純粹理性批判》以 KrV、《實踐理性批判》以 KpV、《判斷力批判》以 KdU 示之。尼采全集引文採用 G. Colli 和 M. Montinari 編輯版本，並依學界慣例以 KSA 標示，遺稿在 KSA 集數後標示遺稿的編號，其他著作則以一般方式標示頁碼。筆者以往參用的海德格著作大多是德文單行本與初版版本。由於大多數單行本與全集本頁碼差異頗大，本書除了《存有與時間》和《康德與形上學問題》之外，皆採用全集本，並以全集（GA）及集數標示。筆者採用的《存有與時間》和《康德書》德文版本，基本上與全集頁碼同，為方便讀者立即辨識文獻來源，本書保留二者單行版，並依學界慣例分別以 SZ 和 KM 示之。海德格上課講稿、演講稿，編撰後基本上都以課名作為書名出版或收錄全集，在這情況下本書直接冠以書名號。《海德格年鑑》（*Heidegger-Jahrbuch*）完整文獻見於參考文獻，內文引用其中的論文時，《海德格年鑑》部分僅標示德文書刊名和集數。

　　本書另附海德格和康德著作縮寫對照表，以便對照。所有引用文獻的書名和篇名，第二次以後出現，不再標示副標題，除非出現同書名等特殊情況。

第二章　海德格與傳統時間概念

　　海德格在《哲學論稿》將傳統哲學稱爲第一開端，主張要開創另一開端，卻也明白，完全離棄以往的觀念，重新開始，看似最可靠，實際上並不可能。[1]人一生下來就在某種傳統中，無可避免地受傳統影響。因此在開創另一開端之前，海德格沉思第一開端，釐清作爲歷史來源的思想與觀念。同樣地，探討時間問題時，我們思考與時間相關的空間及二者概念性理解的觀念，釐清爲什麼時間和空間成了某種框架性的觀念，或數學計算的「秩序」概念？「爲什麼這一些空間和時間概念掌握了一切思想」[2]？

　　海德格質疑傳統時間概念對時間的闡釋，是否完全符合時間現象？若是，它們是否切中時間現象的源初性？是否在時間的源初性上把握時間？他認爲有必要對傳統觀念提出質疑，且唯有提出這類問題，「才能確保對傳統時間概念的批判性探討可爲時間現象的理解帶來好處」[3]。他在《哲學論稿》審視傳統的時空觀，並評定：亞里斯多德《物理學》第四章關於地點（τόπος）和時間（χρόνος）的闡釋，對後世時空觀影響最深遠。中世紀，形上學重新解說時間和空間，空間被視爲「上帝的感覺中樞（sensorium

---

[1]　GA 65: 372.
[2]　GA 65: 373.
[3]　GA 24: 326.

Dei）」。萊布尼茲的時間和空間看法充滿歧義性，起源模糊不清。康德的時間與空間概念分判給人類主體，柏格森的綿延時間概念是一種「被體驗的時間」。[4]

批判傳統時間概念的同時，海德格卻也受先蘇和柏拉圖、亞里斯多德、奧古斯丁等等，影響其提問、進路與方法。而他與康德哲學關係密切，以下僅概述康德時間觀[5]及其與海德格相關的時間問題，第七章再討論康德先驗想像力與時間概念。第五和第六章另涉及尼采的時間觀。

第一節　先蘇與柏拉圖時間觀

自古希臘哲學，時間即與存有不可分割。其中一重要因素在於，古希臘文和多數歐語系，謂詞與時態不可分離，而「是」的時態既涉及時間，亦涉及存有。對時間的探問隱藏在時態中，時間的重要性卻不在於表述的時態，而是關係到宇宙起源、日常生活、生命的有限性，乃至科學發展以及人們對永恆的企盼。

最早一批古希臘哲學家對時間的論述，遺稿寥寥可數。早在西元前六百多年，阿納西曼德（Anaximander）即追問時間的性質。尼采和二十世紀初的古希臘哲學學者第爾斯（Diels）都曾重譯他關於時間的箴言。[6]

---

[4] GA 65: 373.

[5] 筆者於 *Von den modernen zu den postmodernen Zeitvorstellungen* (2011) 頁 69-115 針對與後現代時間觀的差異討論康德《純粹理性批判》中的時間概念，而本書則針對關涉到海德格時間概念的部分。

[6] KRS 101. 海德格認為尼采將前述古希臘文部分重譯後可更明顯地看出 Anaximander 的時間觀。尼采和第爾斯的譯文見於 GA 5: 299f。德文翻譯

尼采的譯文：「萬物由它（ἄπειρον, apeiron）產生，也必復歸於它，都是按照必然性；因為按照時間的程序，它們必受懲罰並且為其不正義而受審判。」

第爾斯的譯文：「但萬物由它產生，毀滅又復歸於它，這都是按照必然性；因為它們按照固定的時間，為其不正義受懲罰並相互補償。」

1946 年海德格以一學期講述這則箴言，評定第爾斯的譯文在字面上更嚴格些，尼采的譯文則是「從實事本身的語言而說話」，並暗示它才是「忠實的」翻譯。[7]「語言說話（Die Sprache spricht.）」是海德格後期哲學一重要思想，他認為這是獲悉語言本質的重要方法之一。由此可見，他予以尼采這「較不嚴謹」的譯文較高的評價。但他不滿意二者的翻譯。

一般認為，阿納西曼德注意到時間的規律性、必然性以及隱藏在必然性與正義概念下的因果律，且未忽略時間的威力。但從遺留下來的殘篇無法看出，究竟時間本身是由 apeiron（無限、無定）派生出的產物，還是時間本身具 apeiron 的特質，或者它根本就是 apeiron 之一。這也給後人重譯、重新理解的空間。

海德格認為，前人的翻譯忽略了阿納西曼德通過詞語想說的東西。但他並非主張作者企圖論，而是要存有論式地詮釋。他認為，若把 ta onta（存有者）及其全稱 ta panta 譯為「萬物」，會誤認它是指某種任意的或無限的多樣性。海德格著重存有者與存有的關係而認為，ta panta 指存有者之整全（All），所以 ta onta 是

另見於 Rapp, Christof (1997): *Die Vorsokratiker*. München: Beck. 中文翻譯參苗力田（1995）。《古希臘哲學》。北京：中國人民大學出版社。

[7]　GA 5: 322.

「多樣式的存有者」，且是「在場者整體」。[8]他從存有遺忘狀態的經驗，思考與理解這則斷簡，從在場者的在場和不在場，詮釋出他後期的存有觀點：「存有隱匿自身（entzieht sich，自行隱逸），因存有自行解蔽而入於存有者中。」[9]存有與存有者之間不再是單向關係（存有作為存有者的基礎），而是，多了存有者作為存有庇護者的雙向關係。在場者的在場意味著逗留者的逗留，而「逗留作為入於離開（in den Weggang）的過渡性之到達（übergängliche Ankunft）而成其本質」[10]。從「逗留在到來和離去之間成其本質」可看出，海德格不再以時間作為存有的境域，在場的逗留成了存有與時間之間的樞紐。

赫拉克利（Heraklit）側重現象觀察而受海德格重視。從現存的斷簡無法得知，他是因時間的本質而認為萬物都在流變，或者反之，因萬物流變而認為變化是時間的本質。綜合生成變化、對立統一與萬物流轉的敘述來看，赫拉克利的時間觀兼具循環式的環形[11]和歷程式的直線時間概念[12]。前者就變化的形式結構，後者

8　GA 5: 330, 353. 從海德格對箴言的詮釋，我們可看到他對箴言的熟稔。從海德格哲學中 Abgrund 概念（詳見本書第五章第一節）、世界之有限性與無限性的問題（詳見本書第六章第一節），亦可看到與 apeiron 的類似性。

9　GA 5: 337.

10　GA 5: 354f.

11　Heraklit 循環式的環形時間概念綜合自殘篇 76、KRS 217、219 和 KR 222、236 得出。從宇宙過去是、現在是、將來也是一團永恆的活生生的火（KRS 217），以及火生於土，土生於水，水生成於氣，氣生於火（KRS 219）可看出循環式的結構，於規律性以及由比例而來的和諧的基礎上，生成和永恆並存。

12　Heraklit 的直線時間概念綜合自 KRS 215 和 KR 218、219、228 得出。

就個別者的變化。從斷簡「時間是遊戲中的孩童」[13]，不易明白他欲說明的時間本質爲何，僅能略知，除了規律性和變化之外，時間還有任意性與某種支配的力量。

在卸下校長職位後重返學術研究的第一場講座課《形上學導論》（1935），海德格注意到赫拉克利箴言中存有與流變的直接關聯：「一切都『是（ist, is）』流變。」[14]一切存有著的都在流變著。他認爲這說出不同於巴門尼德斯的存有觀點，將存有、運動和時間（時態，現在正…）連結起來。這也啓發他從在場通達存有。1943、1944 年，海德格連續兩年夏季學期開設赫拉克利講座課，討論他的 logos 和 aletheia 概念。赫拉克利自此成爲海德格主要探討的古希臘哲學家之一。

海德格認爲，時間在西方哲學充任一種存有論上的準則，或更確切而言，存有者狀態上的準則。[15]柏拉圖是首位同時從運動和永恆出發說明時間，也是首位通過時態將時間和存有關聯起來的哲人：過去是，現在是，將來是。不過海德格詮釋柏拉圖多篇《對話錄》，也詮釋了柏拉圖的存有觀點及其與眞理的關係，卻從未詮釋《蒂邁歐篇》－西洋哲學史上首次完整闡述時間起源，並清楚交待時間與永恆之關聯的著作。

柏拉圖在《蒂邁歐篇》提到「實際上只有『現在是（ist）』在眞理中（in Wahrheit）」[16]。他確認時間的三種形式與存有的關係，以及在場的「現在是」與眞理的關係。基本上，時間三種形

13　DK B52.

14　GA 40: 104.

15　SZ 18. 對海德格來說，傳統哲學未做存有論差異的區分。

16　Platon (1998): *Timaios*. Translated in German by Otto Apelt. In: *Platon Sämt-liche Dialoge*. Band VI. Hamburg: Meiner. 38A.

式對柏拉圖都不是存有，與存有關聯也是錯誤的。他承認的存有僅存有本身，用以表示時間或生成變化的不能或不應關聯到存有。他視時間爲某種存有者，因此只有一直持續在場的時間形式（現在是）可能關聯到存有。不過這關聯也僅勉強成立罷了。持續在場的「現在是」屬於時間的生成形式。善的、神性的或幸福的、返回自身的「現在是」是不同時間形式的連繫者，亦是人立足於可見世界能否通往理型界或存有自身的關鍵。這想法在柏拉圖時間哲學雖未進一步發展，卻已爲後人揭示了思考的可能方向。

　　柏拉圖《蒂邁歐篇》的時間概念，與空間、宇宙的起源相關，但不是基於神話或物理學，而是論述者蒂邁歐從存有與生成的區別，開始敘述宇宙的生成：「什麼『**是**』永恆存有而沒有生成的東西，什麼『**是**』不斷生成而無存有於其中的東西？」[17]接著指出，存有是理智可認識的存有樣式，生成是感官可覺知的存有樣式。因此若抽離其中的宗教及神話色彩，並梳理跳動式的敘述[18]，我們

---

[17]　Platon (1998): *Timaios*, 27d. 作者爲強調其存有論式的追問加重並引號「**是**」。

[18]　古希臘人乃透過神話解釋宇宙及其起源，陳康於〈柏拉圖的有神目的論〉雖曾指出「《蒂邁歐篇》只是一個神話」（陳康〔1990〕，《論希臘哲學》，北京：商務印書館，頁 158）。不過他在另處指出，「《蒂邁歐篇》全篇只是一個神話，但我們不要因它是一個神話，便輕率地鄙棄它。著者…將盡可能地將它的神話氣味去掉，只舉出它在哲學方面的意義來。」（陳康〔1990〕，《論希臘哲學》，頁 40）以理型論爲探討主軸是他去除《蒂邁歐篇》神話氣味的方法，因「柏拉圖說創造宇宙的神以『相』爲模型，創造了宇宙」（同上，頁 182）。Gadamer 對柏拉圖 *Timaeus* 的敘述頗有微詞，認爲它不僅摻雜神話與理智敘述（logos）且結構鬆散，敘述時序上雖採取自然的直述方式，卻又時有重新考慮、自我修訂、重複與補充，敘述宇宙身體時突然插入更早形成的宇宙靈魂。筆者因而稱爲跳動式的敘述。（參 Gadamer, Hans-Georg [2001]: *Wege zu Plato*. Stuttgart: Reclam. S. 38-39）

可肯定，柏拉圖的宇宙論與時間概念始於存有論的追問。而且他將生成本身視為一種存有樣式，這觀點影響亞里斯多德及後來的哲學家，也啓發了海德格的存有學。

從時間作爲永恆的影像是「依數的法則運行並止於一」來看，柏拉圖的時間理解明顯具畢達哥拉斯主義之特徵。德國學者黑爾德（Held）認爲，畢達哥拉斯學派「二者在一之中（Zwei in Eins, Two in One，二合一）」觀點影響柏拉圖的時間理解，亦即，時間規定了靈魂與運動二者的原初統一性。而這也滋養了亞里斯多德的時間觀。[19]不過，柏拉圖不像亞里斯多德直接涉及時間的「二者在一之中」[20]，我們只能通過柏拉圖關於時間的形式、部分的雜多以及時間「止於一」的論述，推論出二者（雜多）在一之中。

柏拉圖規定時間的存有論式運動性，在不同存有層級論述時間與空間及宇宙的關係。他視時間和宇宙爲，基於善、理性與必然性而被造的存有者、生物。被造之初，宇宙即與時間相互依存。時間的運動不是起於宇宙靈魂的自動，卻因星辰的運行而確定它是依數運動。時間和空間的源頭不同，各自獨立。相對於被造的時間，空間本身對柏拉圖來說是某種自存者。不過時空的基本性質不同，源頭都不是宇宙。只是當天宇開始有序運動，立即啓動時空的依存關係。而這也意味，任何可見世界的存有者於任何時間都無法脫離空間。宇宙靈魂和身體的結構具時間和空間元素，而時間的區分與計量須仰賴宇宙中的星辰運動。自柏拉圖以後，

---

[19] 黑爾德（Klaus Held）（2009），《時間現象學的基本概念》，靳希平、孫周興、張燈、柯小剛譯。上海：上海譯文出版社，頁 3, 13。

[20] Aristoteles (1987): *Physik*. In: H. G. Zekl (ed.): *Aristoteles' Physik. Vorlesung über Natur*. Griechisch-Deutsch. Translated in German by Hans Günter Zekl. Hamburg: Meiner. 221a. 「存在時間中的含義是，二者在一之中。」

時間、空間與運動或生成變化相提並論，關係緊密。

　　柏拉圖試圖解釋宇宙與客觀時間如何形成，從可朽生物分享宇宙靈魂以及從二者的運動性質，可看出兩種時間觀並存：外在客觀時間與內在主觀時間。柏拉圖宇宙論以理型論爲核心並帶有濃厚的擬人化與道德色彩，因此，時間依定量的數的法則[21]，卻也奠基於善、美與理性，並具規律性。

　　柏拉圖的理型論以及對存有層級的區分，亦出現在時間起源的論述。他根據模仿說，闡明時間的建構環節有二。首先，爲近似善的理型而起於對自存者永恆性的模仿，時間成了「依數的法則運行的永恆影像（εἰκόνα, Abbild）」[22]，因而具運動性質，卻又類似永恆。再者，則是完成於星辰在自環與他環的運動。柏拉圖確立了運動的時間概念。而時間的運行，於抽象概念層級出現雙來源的雙重性，一、天體運動：行星的向前，與恆星的原地循環運動。二、心靈機制：靈魂的自動，以及感官覺知與理智判斷。而後者又意味：內含時間器（ὄργανα χρόνων, Werkzeuge der Zeit）的靈魂[23]決定內感時間，也能對客觀時間進行判斷。基於時間運動來源的雙重性，內感時間的知覺亦具雙重性，既能掌握客觀時間，且在意識、回憶等作用之際呈現出自由與多樣性。

　　柏拉圖在《蒂邁歐篇》對時間的論述，呈現神與人、永恆與運動的多視角特徵，以及有限性的人看待時間的一些根本性觀點，像是時間本身是否永恆？時間是被造物，不是自存的永恆者，但它近似永恆。因爲設計神（Demiourgos）建造時間的最初想法，

---

[21]　Platon (1998): *Timaios*, 37de.

[22]　Ibid.

[23]　Platon (1998): *Timaios*, 41e.

是希望宇宙能與永恆、善的理型儘可能相似。從時間的運行來看，時間有被造的起點，卻無法看到它的終點，因而具有始無終的無限性，因而類似永恆。以人的視角、從現象界向理型仰望的進路來看，時間的無限性造就了空間於現象界的無限性，亦即，空間於時間中的持續在場。

　　不過，作爲被造物，時間不可能無始、也不可能無終地永恆存在。無論「現在是」與永恆再如何相似，基於柏拉圖的理型論，時間與無限性、永恆存有之間仍出現某種斷裂狀態。人作爲有限者又如何能通達永恆？針對這問題，尼采試圖倒轉柏拉圖理型世界，基於有限性而以永恆再來（Wiederkunft，永恆回歸）回應。而海德格的看法則有前期與中期的差異。

　　柏拉圖主張，永恆自存的善之理型是存有者整體的初始與基礎。海德格於《存有與時間》則表示，在世存有之整體性的源初性與基礎在存有與虛無狀態。[24]他在《尼采 I》關於永恆的觀點較似柏拉圖，主張永恆不是停滯的現在，亦非無限展開的現在序列，而是「返回自身的現在」[25]。專注於自身與自身的自同性的當下，是有生滅者所能企及的永恆。但在《存有與時間》他注意到柏拉圖對「現在」的看法，認爲柏拉圖將現在看作一種現成的時間序列，儘管是不斷生滅的時間序列。而之所以不得不把時間稱爲「永恆的影像」，是因爲現在同時顯示出其自身持駐的在場性。[26]

　　一般認定無終的、不可逆的現在序列時間觀始於亞里斯多德，但海德格將柏拉圖時間觀評判爲現成的現在序列，打破以往一直

---

[24] SZ 283.

[25] GA 6.1: 17.

[26] SZ 423.

以來的評判。不過他未將一般時間概念回溯至柏拉圖，而是亞里斯多德。因為，他認為後世對時間概念的一切討論，原則上都依附在亞里斯多德的時間定義[27]。

第二節　亞里斯多德的時間概念

柏拉圖確立西方哲學從永恆和時間的運動探討時間的特質，亞里斯多德在《物理學》多次反省柏拉圖的時間觀，奧古斯丁則通過普諾提斯（Plotinus）而受柏拉圖影響。

亞里斯多德從物的運動和人的靈魂（意識）出發，觀察時間現象，他對時間的分析因而與當代現象學有一種親緣性。《物理學》第四卷第十章以「時間屬於存有者，或非存有者？」[28]開啟對時間本質的探索，亦即起於存有論式的提問。他捨棄柏拉圖的神學論點，不從神或從永恆自存者的視角，而是，一、對傳統和流俗時間概念的梳理與批判。二、對運動現象的考察，從物體的運動出發來考察時間現象。物體的運動對亞里斯多德來說，不單純是位移，而是一切類型的運動：生滅，消長，質變和位移。[29]

通過兩種視角，亞里斯多德給出兩種時間定義：一、從時間的同時性來看，一切同時的時間都自我同一。二、就發生的先後而言，「時間（χρόνος）是運動的數，且是連續的（zusammen-hängend）」[30]，一切的時間部分因而不同。從後者可看出，亞里

---

[27]　SZ 421.

[28]　Aristoteles (1987): *Physik*, 217b.

[29]　Aristoteles (1987): *Physik*, 223a.

[30]　Aristoteles (1987): *Physik*, 219b.

斯多德時間概念是一種數論，受畢達哥拉斯影響。但是，不同於柏拉圖，亞里斯多德認為時間本身連續而不運動，運動的是數，而將運動歸於數的屬性。自柏拉圖和亞里斯多德開始，對於時間本身的屬性，有了運動和不運動兩種觀點。

對亞里斯多德來說，「現在（νῦν）」是時間的樞紐亦是時間的本質[31]，運動和靈魂（意識）則是人能觀察並理解時間的要素。沒有靈魂無法意識到運動變化，但對運動現象的考察無法僅憑感性直觀、記憶或判斷，而需要能將之前的位置或狀態在心中產生相應影像的想像力。

在西方哲學史上，亞里斯多德是首位將想像力規定為靈魂的一種能力。他說明想像、感覺、思想三者的關係：「沒有感覺，想像（φαντασία）就不可能發生。沒有想像，自身判斷也不可能存在。」而且，表象（φαντασία）作為我們心中出現的某種影像，須仰賴想像力構成。[32]沒有感性知覺為前提的想像，亞里斯多德稱為幻相、幻想。不過，他對想像和思想之間的關係，想法搖擺不定。先是表示「想像和感覺、思想」三者不同，但卻又基於「想像和判斷顯然是不同的思想方式」，而將想像歸屬於思想[33]，並視之為判斷的前提：「憑藉它，我們進行判斷。」[34]且從《靈魂論》亦難

---

[31] Aristoteles (1987): *Physik*, 222a10.

[32] Aristoteles (1987): *Metaphysik*. Griechisch-Deutsch. Übersetzt von Hermann Bonitz. Hamburg: Meiner. 427b-428a.

[33] 亞里斯多德的「思想」包含了諸多概念，像是：意見，假設，表象，νοεῖν（思，理解），διάνοια（思辨），ἐπιστήμη（認識）等等。（Gloy, Karen [1984]: *Aristoteles' Konzeption der Seele in „De anima".* In: *Zeitschrift für philosophische Forschung*. Band 38, H. 3. Frankfurt: Vittorio Kostermann. S. 389）

[34] Aristoteles (1987): *Metaphysik*. Griechisch-Deutsch. Übersetzt von Hermann

以確定，想像力是否是靈魂中一種獨立的能力，或僅是較低的思想能力。[35]但可確定的是，亞里斯多德將想像力視爲在感性知覺和思想之間的中介能力。

亞里斯多德將時間、運動和靈魂本身規定爲永恆的：靈魂因不朽而永恆，而最初源頭的運動本身即最初推動者，且運動本身因連續地存在著而是永恆，時間則因無限且連續而是永恆[36]。但是，永恆自存者和非存有者不在時間中。若以時間來劃分，亞里斯多德給出兩種永恆概念，一是不在時間中的永恆自存者，一是在時間中，例如靈魂。

海德格評定亞里斯多德《物理學》爲西方哲學史上對時間現象論述最詳細的第一本著作，它「基本上規定了後世所有人對時間的見解」。[37]亞里斯多德從「現在」和運動討論時間，說明時間不是現在，也不是運動，但既不能沒有現在，也不能沒有運動。同樣地，現在不能沒有時間，運動也不能沒有時間。他認爲，運動存在於時間中。不過，時間、運動二者相互規定，不可或缺。他既從時間本身來考慮時間，也從現象或運動來觀察時間。從時間本身來看，現在源出於時間本身，沒有時間就沒有現在。若從現象或運動來看，時間與運動一致[38]，而現在對應於被移動的東西，恰似數目的單位，所以「時間既仰賴現在而得以連續，又通過現在得以劃分」。[39]從現象來看，沒有現在就沒有時間。

Bonitz. Hamburg: Meiner. 427b-428a.

[35] Gloy (1984): *Aristoteles' Konzeption der Seele in „De anima"*, S. 389.

[36] Aristoteles (1987): *Physik*, 222a, 251b.

[37] 參 SZ 27。

[38] Aristoteles (1987): *Physik*, 220b.

[39] Aristoteles (1987): *Physik*, 267b.

通過對亞里斯多德時間概念的闡釋，海德格間接地梳理了他對柏拉圖《蒂邁歐篇》時間觀的評論與闡釋。首先，海德格未貶低神話，反而捍衛神話具某種程度的眞實性。「一切的神話都以特定的經驗爲根據」，所以他肯定神話式的闡釋，斷非單純的杜撰。[40] 再者，亞里斯多德將柏拉圖的「星辰的漫遊構成了時間」詮釋爲時間等同天宇的運動，將建構天時所造出來的日、夜、月、年解讀爲天體本身。[41] 海德格則存有論地將前者理解爲存有者整體的運動，將後者理解爲「時間與天的周行有關，同時是一切存有者的存有於其中的處所」。[42]

若柏拉圖在時間概念上對海德格的影響隱而不顯，那麼，亞里斯多德的影響則顯而易見。早在十七歲學習神學時，海德格通過布倫塔諾的論文接觸亞里斯多德的存有觀點[43]。獲取博士學位後擔任胡塞爾的學術助理期間，海德格亦任職弗萊堡大學任編外講師（Privatdozent），授課方向主要是批判新康德主義，其次是有關胡塞爾的現象學計畫。自 1921/22 年冬季學期起，他開設一系列對亞里斯多德哲學現象學式詮釋的課程，借助亞里斯多德哲學，而走出一條不同於胡塞爾的現象學道路。德國學者費加爾（Figal）認爲，海德格是有意地轉向亞里斯多德哲學，藉以確立他自己的哲學及定位。[44]

直至後期，海德格仍持續地深思亞里斯多德哲學的 physis（自然）、energeia（實現）、ousia（在場）等。他有時認爲，亞里斯

---

[40] GA 24: 331.

[41] Aristoteles (1987): *Physik*, 218ab.

[42] GA 24: 332.

[43] GA 14: 93.

[44] 參 Figal (2007): *Heidegger als Aristeliker*. In: *Heidegger-Jahrbuch 3*, S. 54。

多德對許多時間問題僅觸及而未深入，有時卻又肯定他已展開一系列與時間相關的核心問題，後世哲學家對時間的理解「未實質地超越亞里斯多德問題處理的位階」。[45]

　　對亞里斯多德來說，運動與靈魂是時間概念得以成立的條件，但時間不是運動。這影響了《存有與時間》：海德格將時間性確定為出離自身，先驗想像力則可形象出時間本身的到時（Zeitigung）。[46]但海德格前期哲學強調生存的運動性（Bewegtheit，動盪，感動），也強調時間性因綻出而具某種運動性的特徵。

　　自二十年代開始，海德格一再詮釋亞里斯多德《物理學》、《形上學》、《尼可馬科倫理學》、《詩學》等著作，而在不同時期對存有與時間的理解有不同的斬獲。他在前後期著作都曾肯定，亞里斯多德的時間概念承先啟後[47]，但他對亞里斯多德時間概念的批判卻也最多。他明確反對亞里斯多德將時間理解為時間序列，但明顯受其方法的影響。一方面亞里斯多德在《物理學》對時間的討論，著重自然、運動和「現在」，基本的時間現象是現在。從自然與在場成為海德格中後期哲學的重要討論，可略見亞里斯多德時間概念對海德格時間哲學的影響。另一方面，從人的立場來看，亞里斯多德對時間的經驗等同對「現在」的經驗。時間是運動和靜止的尺度[48]，我們對「現在」的經驗可區分為停滯（靜止）的現在和流動（運動變化）的現在。流動而彼此相隨的現在，對海德格《存有與時間》將來的「到來」顯然有所影響，

---

[45]　GA 24: 336.

[46]　SZ 317f.

[47]　參 GA 8: 104。GA 24: 336。

[48]　Aristoteles (1987): *Physik*, 221b.

於《哲學論稿》的時間之時間化（到時）被經驗爲移離（Entrückung）等亦可見其影響。但海德格關於時間化的運動性，顯然較類似柏拉圖主張的存有論式的運動性，並根據存有層級而有區分。

　　海德格將亞里斯多德哲學歸於第一開端，對於他的哲學方法、能力和哲學成果予以高度評價。評定他是偉大的，既是古希臘哲學偉大的終結[49]，也是最後一位如此偉大的哲人：親眼觀察，「有將研究不斷反覆逼回現象與所視見的東西之能力」。他將亞里斯多德《物理學》及《論靈魂》的時間闡釋，定位爲時間概念史上「對時間現象本身最淵博的，且眞正主題化的研究」。[50]海德格大力肯定亞里斯多德對時間理解的貢獻，認爲在他之後，奧古斯丁和康德對時間的理解儘管突出，基本上仍固守在亞里斯多德的時間概念。[51]在哲學史上，亞里斯多德和奧古斯丁確立了後世兩種類型的時間闡釋：客觀和主觀的。海德格認爲，他們說出流俗時間理解所能說出的、最本質的東西，而亞里斯多德的時間概念則「更嚴謹，力道更強」。[52]

　　在《存有與時間》海德格也批判亞里斯多德的時間概念，不是根源性的理解，沒有說明如何源出於源初性的時間。[53]比起亞里斯多德，海德格反倒認爲奧古斯丁「以更源初的方式看到了時間現象的一些維度」。[54]

---

[49]　參 GA 40: 18。

[50]　GA 24: 327, 329.

[51]　GA 24: 336.

[52]　GA 24: 329.

[53]　SZ 18.

[54]　GA 24: 329.

第三節　奧古斯丁的時間概念以及對人的看法

　　神學對聖經的詮釋，影響了海德格哲學方法與哲學內涵。中世紀司各特（Duns Scotus）的存有概念影響了海德格《存有與時間》，亦即將存有視為本質或如是存有（essentia, Sosein）及可能性（possibilitas）[55]。奧古斯丁《懺悔錄》對海德格的思想內容與方法起到決定性作用，影響他對人以及對時間問題的提問與理解。有關人的本質特徵，奧古斯丁對記憶（memoria）、情緒、墮落與誘惑以及被關切（curare）等等的理解與詮釋，促成《存有與時間》在世存有的存有、生存真理以及曾在（Gewesen）、情緒、沉淪（Ver-fallen）和操心（Sorge，關切）等概念雛型。

　　在 1921 年講座課「奧古斯丁和新柏拉圖主義」（收錄於《宗教生活現象學》）詮釋《懺悔錄》第十卷時，海德格注意到奧古斯丁如何從實際生活經驗進行思考。[56]這影響《存有與時間》此有及與此有密切相關的自身性、時間性、歷史性、周圍世界、世界等概念，以及如何通過實際生活通達存有。其中「沉淪現象」在《存有與時間》成為在世存有的一核心環節，而情緒、感受性提供海德格探討時間與存有一突出的現象學進路。「被關切（curare）」作為實際生活的基本特質，在《存有與時間》則成為作為生存與在世存有基調的操心。

　　亞里斯多德在《形上學》提出視看和好奇對求知與哲學的重

---

[55]　McGrath, Sean J. (2004): *Die scotische Phänomenologie des jungen Hei-degger*. In: *Heidegger-Jahrbuch 1*, S. 243.

[56]　參 Pöggeler, Otto (1963/1994): *Der Denkweg Martin Heideggers*. Stuttgart: Günter Neske. S. 38。

要性[57]，奧古斯丁則是哲學史上第一位注意到「看」在知覺與好奇現象的優先地位，且是在闡釋欲望（concupiscentia）時注意到[58]。海德格以《懺悔錄》第十卷第三章「人總好奇地探聽他人的生活，卻疏於修正（corrigendam）自己的生活（vitam，生命）」，作為《宗教生活現象學》第二部分的開卷格言。顯然，奧古斯丁引領他注意到，好奇（誘惑的第二種形式）讓人離開自身而成為他者。海德格進而思考，誘惑在多大程度上是一種真正的存在性上的東西（echtes Existenzial），究竟它讓人遠離了什麼？而墮落（Abfall）如何被掌握，在生存狀態上又意味著什麼？[59]

　　海德格高度評價奧古斯丁對自身的探問，認為它「適用於此有存有者狀態和在前存有論上未被透視的情況，且更高程度上適用於存有論的任務：不讓這存有者錯失其現象上最切近的存有樣式，而且要使之在積極的特徵（Charakteristik）中得以通達」[60]。不過，海德格批判地審視奧古斯丁的觀點，認為他對「畏（Angst）」的現象僅進行粗略考察，而未專題地看待[61]，也未區分「畏」和「怕（Furcht）」[62]；對看的欲望提出本質性的洞見，卻未處理它的優先地位以及「此一優先地位本身在此有那裏具存有意義（Seinsbedeutung）」[63]。儘管如此，奧古斯丁已提出海德格意義下的「畏」之作用，亦即：人在畏之中可擺脫嘈雜的存有者，而實際、本真

---

[57]　Aristoteles (1987): *Metaphysik*, 980a23, 982b14.

[58]　SZ 171.

[59]　GA 60: 256, 259.

[60]　SZ 43f. 於此亦可看出，海德格從奧古斯丁《懺悔錄》看到進路、通達方式的多樣性，並應用於《存有與時間》。

[61]　GA 20: 404.

[62]　SZ 190，註 1.

[63]　GA 20: 329.

地生存。[64]

　　海德格以現象學詮釋奧古斯丁《懺悔錄》第十卷時表示，令他感到驚訝的不僅是感性對象的記憶之施行及施行的「如何（Wie）」，還有進入記憶內容中的東西，及其「如何」進入記憶的方式之多樣性。這影響他後來在《存有與時間》等著作中思考如何通達存有本身，多重進路如何並行。

　　奧古斯丁以不同的視角觀察，經特定的配置，得出不同邊界與見解。[65]這對海德格現象學在形成之初，在視角、視域和現象學觀察上相當重要。考察前人對奧古斯丁的三種見解（文化史、教義史和科學史的），海德格關注的也是它們的通道（Zugang）意義、進路和施行之動力因基礎，並注意到視角與觀點的關係。

　　奧古斯丁在《懺悔錄》第十卷將記憶內容分為兩類，一是通過感官而獲取，在記憶中保有的是表象。另一類是學術方面的知識，在記憶中的內容物是事物本身（Ding selbst）。[66]海德格將二者改寫為：一、通過感官對象而獲得的圖像（Bilder）和意義；二、通過知識的獲取，人擁有事物與客體對象的寬廣領域，並能擁有「我自身（mich selbst）」。[67]海德格不同意奧古斯丁主張的，進入記憶中的是事物本身，但這仍啟發他對存有意義的重視，思考「如何」從現象通達存有意義。

　　奧古斯丁表示，我可隨時召喚感官對象的表象，與他物進行區分。因他認為，「把親身體驗到或根據體驗而推定的事物形象，

---

[64] Pöggeler (1963/1994): *Der Denkweg Martin Heideggers*, S. 43.

[65] GA 60: 166.

[66] Augustinus (1888): *Bekenntnisse*, §10, Kapitel 9, 10.

[67] GA 60: 185f. 海德格將奧古斯丁「我向自身呈現（mihi praesto sum）」詮釋為「我能擁有我自身（mich selbst vermag ich zu haben）」。

加以組合，或和過去關聯，或計畫將來的行動」，而它們都「和
當前一樣」。[68]而海德格著重的是，圖像的當前化作為區分的基
礎。並且認為，感性對象在記憶中的內容物是事物的意義（Sinn），
不是事物本身。作為感性對象的事物本身，於記憶當前不會再現
（vergegenwärtigt，當前化），再現的是一些「圖像（Bilder）」，
我藉此而有能力進行區分。[69]

　　奧古斯丁顯然啟發海德格對時間圖式化的圖像式思考，以致
後來在《康德書》以圖像化、圖式圖像（Schema-Bild）取代圖式
化、圖式，作為概念感性化的方式。[70]他也啟發海德格思考時間與
存有的關係：對過去的一般性理解，轉而思考根本性的曾在；對
現在的理解轉為曾在的當前化。奧古斯丁通過現在連結過去和將
來，並將一切所造歸於上帝，時間亦因而無限。海德格離開神學
後，對時間的探討限定在生存之內，認為在有限的時間，將來和
曾在湧向當前。他們二者的時間概念顯然呈現對反的運動方向。

　　奧古斯丁的多視角、多重進路，對時間問題從各層面的反覆
提問及其心靈時間觀，對海德格皆有影響。他在《時間概念》、
《時間概念史導論》及《現象學基本問題》都提及奧古斯丁的時
間觀點。通過奧古斯丁提出的「我在測量時間就是在測量我的處
身感受（Befindlichkeit）」，他將奧古斯丁提問的「什麼是時間？」
轉化為「誰（Wer）是時間？」[71]

　　當柏拉圖從哲學神學出發，而亞里斯多德從人對運動變化的

68　Augustinus (1888): *Bekenntnisse*, §10, Kapitel 8.
69　GA 60: 183.
70　KM 96ff.
71　GA 64: 125.

意識出發，奧古斯丁則從宗教神學出發，融貫二者，並批判二者的時間觀點。他既從上帝的視角應答，亦從人出發，向上帝探問，還注意到中介者，神與人的「之間（Zwischen）」：聖經，耶穌，摩西，語言（無聲的召喚和字詞、他者的記載）以及智慧等等。這「之間」影響笛卡兒提出「我」處在上帝與虛無、絕對存有與非存有「之間（milieu）」[72]，也影響海德格前中後期哲學不同的「之間」和「居間（Inzwischen）」概念：從非本眞的生死之間，到存有、存有眞理發生的所在。

　　對奧古斯丁而言，一切都是上帝所創，時間也不例外。因此在上帝創造時間前，沒有時間。他藉此推論出，上帝在時間之外創造時間。不過，既然上帝永恆且無所不在，是否也存在時間中？針對這問題，奧古斯丁站在宗教立場提出的觀點是：上帝是永恆的，永恆的上帝超越一切時間。若在時間中則不是超越者，也無法超出時間。因此上帝不在時間中（in der Zeit）[73]，而是在一切時間前，超越過去和將來。上帝（永恆）作爲創造者，是時間的源頭，與時間界限分明。永恆的現在永不改變。時間本身則一直在消逝，瞬息即變。可見他承自柏拉圖觀點：現在是永恆和時間的連結。時間本身運動著，永恆「沒有過去，整個只有現在」，過去與未來出自「永恆的現在」。[74]

　　奧古斯丁留下不少疑惑：若時間源自永恆的上帝，過去和未來源自現在，過去是曾經在的現在，將來是將要來臨的現在，而

---

[72]　Descartes (1641/2010): *Les Méditations metaphysiques*, §4, p. 64.

[73]　Augustinus (1888): *Bekenntnisse*, §11, Kapitel 13.

[74]　Augustinus (1888): *Bekenntnisse*, §11, Kapitel 13, 14. Augustinus (2000/2009): *Was ist Zeit?*

超乎時間的永恆是沒有變化的、永久的現在,那麼,現在怎可能既是時間的本質與源初狀態,又是永恆(永久的現在)的基礎?再者,永恆作爲時間的源頭,它是時間的形式或根本就是時間本身?奧古斯丁提出了根本性問題,卻未提供解答。

藉屬性來看,永恆屬於自存的創造者,時間屬於受造物。上帝在時間外造了時間,是時間的源頭,存在時間之外,也存在時間之前。而受造物(包括時間)即使能超越時間,也不能和上帝同屬永恆,不能上溯到永恆。可見,永恆源出時間的運動方向是單向的,時間和永恆二者分屬不同的存有層級。

在奧古斯丁《懺悔錄》,永恆和時間的雙重關係出現既有關又無關的弔詭。二者有關,是因爲時間爲上帝所造,而且,永恆整個只有現在。時間也有現在,二者因現在而連結。但二者的現在性質不同,也沒有關係,因永恆的現在是永遠的現在,永不改變。再者,永恆的上帝在一切時間前,但祂又於現在超越一切過去,也超越一切將來。作爲時間形式之一的現在卻運動著,不斷走向過去。「時間不論是如何悠久,也不過是流光的相續。」[75]

奧古斯丁探問「時間是什麼?」並基於這問題,連續提出時間是否存在、如何存在、如何知道它的存在、如何度量等相關問題。他肯認時間的存在,也同意時間整體不可能是現在,但他不接受將時間分爲三種形式:現在,過去,未來。因爲時間「不能同時伸展延留」[76]。藉柏拉圖時間具運動屬性的觀點,他認爲過去的已經消失,未來尚未來到,所以過去和未來不存在,真正存在

---

[75] Augustinus (1888): *Bekenntnisse*, §11, Kapitel 11. Augustinus (2000/2009): *Was ist Zeit?*

[76] Ibid.

的只有不斷走向「過去」的現在。他因而表示，若將時間分爲過去的現在、現在的現在和將來的現在，他就肯認時間分爲三類。不過，他認爲時間只存在我們心靈中，別處找不到[77]，奧古斯丁的時間概念因而是主觀的時間觀。

　　不過，奧古斯丁不同意柏拉圖主張的，時間是日月星辰的運行。他接受亞里斯多德以現在作爲度量時間的基準，時間不是外在於心靈的物體運動，以及我們是通過靈魂和運動而意識到時間。但他不認爲現在是時間最小的基本單位，而是稍縱即逝的瞬間。因爲現在本身是延展，所以不具延展性的瞬間比現在還短暫。

　　對奧古斯丁來說，人以心靈測量時間，因心靈具測量能力。而時間作爲延展可以成立的原因，是由於人思想的三個階段：期望（預期）、注意力與記憶。通過這三個階段，時間在思想中向兩個方向展開。在活動開始前，我的期望集中於所期望的事物，而從當前向將來延伸；在當前有我的注意力，通過注意把將來引入過去。「直到活動完畢，期望結束，全部轉入記憶中。」[78]這暗示了，時間本身同時具同一性與差異性：源自上帝的同一性，以及人活動出來的差異性。除了神學上的不同，這觀點類似亞里斯多德提出的，時間形式的同一與內容的差異。而期望、注意力、記憶與時間的關係則類似亞里斯多德提出的，現在的長度是從活動的開始到結束，在現在的動態結構中還有初始的過去與尚未完成的將來。奧古斯丁通過期望（預期）而將時間向前延伸到將來。

---

[77]　Augustinus (1888): *Bekenntnisse*, §11, Kapitel 20. Augustinus (2000/2009): *Was ist Zeit?*

[78]　Augustinus (1888): *Bekenntnisse*, §11, Kapitel 28. Augustinus (2000/2009): *Was ist Zeit?*

期望（預期）在胡塞爾時間哲學成了內意識的前攝（Protention），海德格則注意到兩種「先」：一是在之前發生的「先前（vor-）」，像是他在詮釋時注意到的先前具有等等。另一是預期或預想的「先行（vorlaufend）」，像是《存有與時間》出現的「先行向死」。

　　奧古斯丁也思考了部分與整體的關係。音節作爲歌曲的部分，活動作爲人生的部分，而一個人的人生是整個人類歷史的部分。他將時間同時放入存有論（是什麼，如何而是）與人類學進行思考，開啓西方哲學史新的里程，影響康德與海德格等後人。

第四節　康德的時間概念

　　在時間概念的發展史上，海德格認爲，康德的時間概念在某些本質性的方面有所推進，也將時間現象劃歸主體，但卻未以此有（Dasein）爲專題探討存有問題，亦未對人的主體性進行存有論分析，因而無法深入時間問題。不過海德格仍肯定康德，是存有論史上第一位專題式結合存有的解釋與時間現象的哲學家，且已確定了對時間狀態（Temporalität）的提問方法。[79]即使後來在圖式論（Schematismus）止步，但康德指出圖式論與時間的必然關係，已暗示「圖式論必然發生在我們有限認知的基礎上」，而這也啓發海德格思考時間與人的有限性及超越性的關係。[80]

　　康德的時間概念受亞里斯多德影響，亦受同時代物理學家牛

---

[79]　SZ 23f. 海德格認爲，康德在指出導向（Orientierung）時需要某種「主觀（主體）的原則」，但「主觀（主體）的」於此卻意味「先天的（a priori）」。（SZ 109f）由此亦可看出，康德在探討時間、空間時，雖將之視爲主觀（主體）的形式條件，但他的目的都在於先驗哲學。

[80]　GA 3: 101f, 319ff.

頓影響。[81]在《純粹理性批判》康德主要在三個層次討論時間：先驗感性論、現象，以及在現象歸攝於範疇過程起中介作用的圖式論。康德指出，時間不是經驗性概念，而是先天被給予的「感性直觀的純形式」，它本身的形式是「一維」的。[82]對認識主體而言，時間是一種先於經驗的表象，且是爲一切直觀奠定基礎的表象；對現象（經驗性直觀未被規定的對象）而言，則是一切現象的可能性之普遍條件、先天條件。

　　爲兼顧先驗和經驗，康德的時間概念同時具唯一性與無限性。他將唯一性歸於時間本身，無限性則歸屬時間的「部分」。通過對時間本身進行限制劃分出部分，時間部分因此有量上的無限。而作爲基礎的時間本身，是唯一且不變動。但從時間部分和時間本身的關係，我們可推論出：時間本身作爲時間表象的本源能無限制地給出時間部分，必然具某種可無止境地連續源出之無限性。不過，無論時間本身或部分，二者同時具「一」與無限的特徵。時間部分因限制而無限，卻也因限制而有某種統一的狀態。而時間本身的「一」則是作爲整體的唯一性。

　　康德認爲，時間只是我們人的內感形式條件、直觀的一主觀條件，它規定我們內部狀態諸表象的關係，若沒有時間，我們無法表象，無法知覺。而且時間是一切現象之一般的先天形式條件，使現象得以可能的普遍條件，也是我們靈魂的直接條件。所以有了時間我們才能表象與知覺，且在時間中，現象（經驗性直觀的對象）的一切現實性（Wirklichkeit）得以可能。而空間僅是外部

81　Lin (2011): *Von den modernen zu den postmodernen Zeitvorstellungen*, S. 72f.

82　Kant: KrV A31/B46.

直觀的基礎與外部現象的條件。[83]由此可見,對康德來說,時間比空間具更高的普遍性和優先性。這影響海德格前期哲學[84],即使海德格自認在時空優先性上的意義內涵與康德不同。

《第一批判》以認識論闡明時間。人是認識主體,照理來說時間是被主體所認識與闡明的客體。康德是從時間出發,說明時間與人的關係:時間是直觀的主觀條件、主體的形式條件。但他卻又指出,超出主體「就其自在」來說,時間什麼也不是。[85]時間與人於康德哲學,顯然具雙向關係:主體需要時間才能直觀,但時間需要主體才能存有著(ist)、才是時間。這也啟發後人思考時間與人的存有之關係。

康德著重時間對先天知識的作用。時間作為一切表象和知覺的基礎,所以一切綜合判斷(包括先天綜合判斷)少不了時間。時間和空間作為純直觀不需任何思維機能[86],先天知性概念卻不僅需要思維機能,運用到對象時還需要作為內感純形式的時間。但對康德而言,時間不因為是主體的形式條件而是主觀的,或僅僅是主觀的。首先,透過「先驗」的普遍有效性,試論證時間具客觀性。再者,採取雙重視角,亦從時間和空間出發,來看時間和空間作為純形式對認識主體的作用:對象對主體的顯現必須且僅能憑藉時間和空間作為感性的純形式,而成為經驗性直觀的客體。因此,將這條件放入空間和時間概念中,時間和空間概念就成了作為現象(顯現者)的對象之可能條件:純直觀。而「在這

83　Kant: KrV A33, 34/B47, 49.

84　SZ 367.

85　Kant: KrV A35/B51.

86　Kant: KrV A91/B123.

些純直觀的綜合,即具客觀有效性」。[87]藉此,康德說明時間兼具主觀(作爲主體的內感形式條件)和客觀的雙重性。

不過這也顯示,時間和空間的表象需雙重條件:對象和認識主體的某種能力。康德指出,時間和空間的表象「僅是一永遠和再生想像力相關的圖式(Schema),這種再生想像力喚起經驗的諸對象。沒有這些對象,空間和時間就不會有什麼意義」。[88]而圖式本身「任何時候都是想像力的產物」。[89]這也意味,想像力是時間和空間表象在主體中的某種源頭。

康德視時間爲主體內感的先天形式條件,對時間的思考卻是一種物理學式和空間式的:瞬間(Augenblick)是某種邊界,是對量(quanta)「進行限制的位置」。[90]邊界、位置都是空間性的概念,他以空間思考並規定時間,而將時間本身的形式視爲一維的。而且本質上,時間對他來說即是某種空間或具空間性。

康德將時間的連續性標識爲「流動(Fließen)」及「流失(Verfließen)」,而連續的量是在先驗想像力中流動著的量之綜合,是「一種在時間中的進展」。[91]不過,他一開始即區分作爲整體的時間本身以及時間的部分,主張時間本身不流動也不變動,是常駐著;變動的是「時間中的現象」[92]。康德藉此在持存性(Beharrlichkeit)上修正前人對變化的理解,視變化爲一種實存方式,緊跟「同一對象的另一種實存方式之後」。變化發生在同一實體,而這也

---

87 Kant: KrV A89/B121f.
88 Kant: KrV A156/B195.
89 Kant: KrV A140f/B179f.
90 Kant: KrV A169/B211.
91 Kant: KrV A169f/B211.
92 Kant: KrV A183/B226.

意味，一切生成變化的東西都是「**保留著的**」，保留著自身等同，變化的只是「**狀態**」。[93]他注意到同一對象於狀態上的改變，但分析時需確定對象，因而略過物的持續運動狀態，著重「一切現象之一般都是連續的量」[94]。連續本身不可切割而成現象（顯現者）的整體，對運動中事物的知覺成爲對具相繼雜多狀態的顯現者之領會。康德亦注意到認識主體本身於認識時的變化，但著重客體作爲同一者的持留，以及主體對現象的知覺與理解是否具次序上的必然性。[95]因此對現象的看法偏於靜態，與海德格將現象理解爲動態的「自行顯現」大相逕庭。

海德格與康德另一差異出現在時間與經驗的關係。對康德來說，時間的三種樣態是持存性、相繼性（Folge）和同時存有（Zugleichsein）。基於相繼性，不同的時間部分並不同時。[96]而「諸現象的一切時間關係的這三條規則，先行於一切經驗」。[97]但對海德格來說，時間是在生存之際自行到時（sich zeitigen）[98]，並非先於經驗。

時間的三種樣態，對康德來說，只有持存性與相繼性是時間本身的樣態，同時存有則是針對同一時間中的所有事物而言。因

---

[93]　Kant: KrV A187/B230.

[94]　Kant: KrV A170/B211.

[95]　康德以靜止的房子（僅在時間中運動的物）和順水而流的船（在時間和空間中運動的物）爲例，指出靜止的房子本身之雜多乃空間上的，所以對其理解不在於先後相繼。即使需多次完成相關知覺，其中也沒有先後相繼的必然秩序。對於順流而下的船的位置的知覺，觀看者的知覺與理解受到相繼而來的秩序所約束，因而具必然性。（參 Kant: KrV A192f/B237f）

[96]　Kant: KrV A31ff/B46ff.

[97]　Kant: KrV A177/B219.

[98]　參 SZ 350。

此，時間在先驗上被闡明爲一維且前後相繼，在心靈上則被表象爲一直線，前後相繼、無止境地前進[99]，且不可逆、單向前進。不過時間不能單獨被知覺，能被表象的是作爲時間規定性的前後相繼或同時並存，所以時間「持存著並沒有變動」[100]，時間本身的形式被確定爲不運動的持存性。這持存性既是我們設想事物在現象中的存有（Dasein）方式，亦是在現象中諸事物作爲對象的必要條件。而持存的東西（實體）是「時間本身的經驗性表象的**基底**（Substrat），只有在這基底上，一切時間規定才是可能的」[101]，時間關係在持存的東西中亦因而可能。

對康德來說，圖式的主要功能是中介：時空作爲先天形式條件應用於經驗的中介，範疇應用於現象的中介並使現象歸於範疇。他以圖式區分感性的先天形式（時空）和感覺，數和量，並根據範疇的秩序闡明圖式的類別，表現「僅僅一種」時間規定。像是，量基於感性的先天形式產生，所以可通過感覺知覺到量。量的圖式是在對一對象的相繼領會中，包含並表現「時間本身的產生（Erzeugung）（綜合〔Synthesis〕）」。[102]量範疇，有單一、多和全的數的概念。圖式的數和量，則以純粹性和感官形式來區分。純粹圖式是數，量則被視爲感官形式的。

根據感官形式，康德將量的圖式分爲兩種：外感官的一切量的純形象[103]是空間，感官之一般的一切對象的純形象是時間。但

---

[99]　參 Kant: KrV B154。

[100]　Kant: KrV B225.

[101]　Kant: KrV A183/B226. 另參同處 A186/B229, A189/B232。

[102]　Kant: KrV A145/B184.

[103]　「想像力爲一概念取得它的形象的某種普遍處理方式的表象，我把它叫作這個概念的圖式。」（Kant: KrV A140/B179f）

在範疇的圖式分類上，無論是量、質、關係或模態，康德都僅提及時間。這意味，在範疇的圖式分類時，他將作為外感形式條件的空間內含於作為「一切」形式條件的時間。這使時間和空間具雙向的依存關係：空間內含於時間，時間則通過維度（且是一維）、直線、邊界等空間概念來思考。空間內含於時間的觀點，影響了海德格在《存有與時間》提出「此有式空間性的時間性」，或「此有式空間性的綻出時間性」。[104]但海德格不像康德細分圖式的種與類，而是以綻出或境域－綻出的作為其屬性，且企圖以時態性（Temporalität）和圖式－圖像（Schema-Bild）取代圖式。[105]

　　基於圖式既與範疇同質，又與現象同質，康德對圖式的闡明分為先驗和經驗的兩方面，後者是形象，而非圖式。將形象（Bild，圖像）表象為某種規則，才是概念的圖式。[106]概念的圖式又分為純粹感性概念的和純粹知性概念的。而就圖式本身任何時候都是想像力的產物而言，又有想像力的圖式。感性概念的圖式有量的純粹形象（空間）、感性對象的純粹形象（時間）和定量的純粹圖式（數）。而數作為同質直觀的雜多的綜合統一，是在直觀領會中產生出時間本身所造成的。[107]亦即，數不是時間的構成要素或規定性，而是直觀領會的產物，產生時間本身時的副產物。

　　康德在《第一批判》數處提及時間本身，卻未進一步討論。例如界定數和量時，他提到主體在直觀的領會中產生出時間本身；在說明圖式時，亦提到「模態及其諸範疇的圖式，這就是時間本

---

[104] SZ 367, 369.

[105] 參本書第三章第三節。另外，海德格亦欲以 Existenzilität 取代康德的範疇概念。

[106] 康德區分形象（圖像）與圖式，海德格卻合而為「圖式－圖像」。

[107] Kant: KrV A142f/B182.

身」[108]。若時間離開主體就什麼也不是，那麼，它必存在主體中且僅僅存在主體中。而作為「先天被給予的」感性直觀的純形式，時間應處在某種有待成為什麼的狀態。所以康德說，主體在直觀的領會中產生時間本身。這也給了後人進一步詮釋的空間。

海德格不認同康德認識論的主客體觀點：以孤立運行或集合式的主客體模式作為研究情境。[109]他指出，康德雖將時間現象歸於主體，對時間的分析卻仍以傳統對時間的通俗理解為準，而耽擱了此有的存有論。[110]他因而批判康德：「著眼於時間的非源初性本質，荒謬地欲藉某種自時間本身衍生的產物，從本質上規定時間本身源初所是的東西。」[111]不過，海德格自認對康德的批判其實是一種爭辨，藉此讓存有、時間以及人的存有問題，在其可疑難性（Fraglichkeit）中「成為可見的」[112]，而重新被提出。

康德未以永恆作為時間的原型，也未討論時間是否源自永恆。不過，由於他認為人可通過人格性獲得某種超乎時間的永恆性，而且永恆的上帝是人通達永恆的本體界之典範，涇渭分明的時間與永恆似乎有了某種關聯。不過這種關聯未被康德提及，僅隱藏著，並不明確。

---

[108]　Kant: KrV A145/B184.
[109]　GA 63: 81.
[110]　SZ 24.
[111]　KM 195.
[112]　KM 215.

第三章　海德格時間概念的發展

　　海德格在二十年代提出存有論差異並指出，它是建構存有論、獲悉存有的首要前提，而澄清存有論差異的前提在於「闡明時間性如何使存有與存有者的可區別性得以可能」[1]。當時間問題的探討決定海德格如何理解存有問題，在改變進路以通達存有本身之際，他對時間的理解必有不同。

　　若以前期的存有論差異爲線索，可從海德格對存有與存有者關係的思考看出，他對存有理解的轉變：在區分存有者與存有之後，自 1936 年以居有（Ereignis, Ereignen）作爲存有本身，海德格關注存有者與存有如何合一，居有概念成了海德格哲學的主導概念。五十年代通過存有本身作爲在場者的在場，以及存有藏匿自身於存有者，他轉而關注存有者與存有的同與異。通過將「區－分（Unter-schied）」詮釋爲分離與聚集[2]，說明二者既差異又統一的關係。

　　以下依海德格哲學前中後三期，探討其時間理解。不過，思想的發展是承前啓後的綿延，因此以下各時期的討論會往前向後延伸，以勾勒出海德格時間概念發展的脈絡。

---

[1]　GA 24: 22f.
[2]　GA 12: 24.

第一節　海德格早期對時間與歷史的關注

　　取得教授資格前，海德格思想受三方影響：神學，新康德學派，現象學。他的博士論文《心理主義中的判斷理論》[3]和教授資格論文《鄧・司各特的範疇學說與意謂理論》綜合了三者的影響。而他對時間概念的重視主要受到兩方面的影響：歷史學和現象學。

　　歷史學和歷史問題的影響來自兩方面，一是來自教授們，芬克（Finke）[4]和論文指導教授李凱特（Rickert）的歷史觀點。在李凱特影響下，他將自然科學和歷史科學分開。二是通過教授而注意到狄爾泰，並影響他日後現象學與詮釋學的發展。他在《存有與時間》等著作對狄爾泰都高度評價，視為偉大的歷史學家，為哲學奠基的重要思想家。他尤其看重狄爾泰對歷史的詮釋，及其致力於將精神科學的邏輯轉化為歷史生活本身，將先驗自我的分析轉變為於自身中的歷史生活[5]。

　　海德格現象學初始來自胡塞爾的現象學運動，並受狄爾泰和布倫塔諾影響。其教授資格論文《鄧・司各特的範疇學說與意謂理論》融合現象學和歷史學，〈結論〉則論定：「就『詞語的最廣義而言，那活生生的精神本身是本質性和歷史性的精神。』」[6]不過，融合亞里斯多德哲學和奧古斯丁神學後，海德格在二十年代初即走出不同於胡塞爾等人的現象學道路。二十年代中（1925/26）

---

[3]　海德格博士論文 1913 年完成，1914 年首版，1915 年部分發表於《哲學與哲學批判雜誌》（"*Zeitschrift für Philosophie und philosophische Kritik*"）。

[4]　海德格在博士論文〈前言〉，他特別感謝 Finke 教授喚起他對「歷史（Geschichte）的愛與理解」。（GA 1: 61）

[5]　Pöggeler (1963/1994): *Der Denkweg Martin Heideggers*, S. 30.

[6]　GA 1: 407.

逃到康德那裏，三十年代轉向尼采。通過對先哲的反省、批判與詮釋，海德格形成自己的哲學方法，提出創新的哲學思想。

　　海德格第一份關於時間的研究，《歷史科學中的時間概念》（1915）[7]，是在新康德主義和神學影響下對時間的理解，卻也隱約發出想告別新康德主義的訊息，因爲，「在單純的知識論中的那種停留」不再令他滿足[8]。於該論文中，時間概念意味「一種具體的範疇（邏輯的基本要素）」，而歷史是作爲具體科學的歷史科學，所以時間概念是用來指稱「歷史學的（historischen）時間」概念。他想知道：通過什麼方法能最確實地獲得「歷史科學的時間概念的邏輯結構的知識」？[9]他著重歷程時間概念，以範疇的質與量來區分歷史學和物理學的時間概念。[10]不過他也注意到，「時間在歷史中有一種全然原始的指涉意義（ganz originale Bedeutung）」，時間意識對歷史學則有喚醒其意義的作用。[11]

　　我們一般看到的是海德格對胡塞爾現象學嚴苛的批判，但在博士論文中，他針對那托普（Natorp）的批評，爲胡塞爾進行辯護：「正是胡塞爾那些原則性的、措辭極其出色的研究，才突破心理學主義的道路，爲邏輯學的澄清（Klärung）及其任務開闢了道路。」[12]胡塞爾 1916 年到弗萊堡大學接任李凱特教席，海德格成爲他的學術助理。海德格 1919 年 5 月給布洛赫曼（Blochmann）

---

[7]　爲取得大學授課資格在弗萊堡大學的試教課講稿。1915 年講稿，1916 年修訂後發表於《哲學與哲學批判雜誌》。

[8]　GA 1: 415.

[9]　GA 1: 417.

[10]　GA 1: 426, 431.

[11]　GA 1: 427.

[12]　GA 1: 64. 另參同處頁 19。

女士信中表示，他的學術工作在原則和具體上都集中於「現象學方法論的基本問題」，從「方法論」擺脫從前一知半解的立場所留下的殘餘，正「持續不斷地朝向真正的諸源頭（Ursprüngen）推進」。[13]這期間，首次授課的手稿〈宗教意識的現象學〉，「意識」一詞被劃掉，由「生活」取代。自此，生活對海德格是「存有的一種如何（Wie）」[14]。而在時間境域中讓一切自行顯現的生活，作為一種如何存有（Wie-sein），則是現象學探究存有問題的最佳場域。1929/30 年講座課《形上學基本概念》，他以「實際的、活生生的哲學活動（Philosophieren）」[15]，呼應自己十年多前的主張。

　　一次世界大戰後，1919 年起，海德格哲學出現新面貌。他反省新康德主義，通過胡塞爾現象學擺脫新康德主義的立場，開始思考如何以現象學作為哲學方法。神學和新康德學派的訓練，使海德格對現象、存有和時間的考察，比胡塞爾多了對歷史、傳統的重視與詮釋。新康德主義的邏輯判斷等訓練，則讓海德格注意到傳統方法論與現象學的差異，也讓他在探討存有問題時注意到「存有的如何（Wie des Seins）」[16]，且注意到這是與時態性相關的「正如何存有著（ist）」[17]。通過對奧古斯丁《懺悔錄》第十卷

---

[13]　Storck, Joachim W. (hrsg.) (1989/1990): *Martin Heidegger/Elisabeth Bloch-mann. Briefwechsel 1918-1969.* Marbach: Deutsche Schillergesellschaft. S. 16.(§8) 海德格在 1918/19 年冬季學期計畫 1920/21 年冬季開設「宗教意識的現象學」課程，但未施行。講稿〈宗教生活現象學〉成為全集 60 書名，收錄於《宗教生活現象學》第一部分。該書另收錄 1920/21 年冬季、1921 年夏季講座課講稿。

[14]　„'Leben' – ein Wie des Seins（「生活」─存有的一種如何）". (GA 60: 246)

[15]　GA 29/30: 87. 另參本書頁 103。

[16]　參 GA 60: 241f, 246。

[17]　GA 60: 194, 245f.

的詮釋，他以「實際 Dasein（生存）」取代實際生活，並提出形式顯示（formale Anzeige），以探尋存有意義的關聯。

海德格一開始即批判地並選擇性地接受胡塞爾現象學。接受活生生的體驗，捨棄內意識結構。《存有與時間》正式出版前，海德格詳讀並編輯胡塞爾交付的《胡塞爾內意識時間現象學講座》（1928 年出版）。而這是他研究興趣所在的存有與時間問題[18]，且似乎因此注意到內意識時間的對象，亦即被胡塞爾標示為時間的發生事件（Ereignisse）[19]。

受胡塞爾、狄爾泰現象學以及雅士培（Jaspers）生命哲學[20]啓發，海德格意識到哲學源自實際生活經驗，即使是科學的對象，也總首先以其「實際生活經驗的特徵」為人所知，而且哲學的出發點和目標都是實際生活經驗。[21]不過這不表示他將哲學視為一種經驗主義，或將經驗事實作為哲學的理論基礎。而是以實際生活經驗作為現象學研究的現象與哲學進路的出發點，目的在獲悉存有或眞理，再回到日常以哲學作為實際生活的根本性活動。

1918 年 11 月一次世界大戰停火，1919 年各國與德國簽定《凡

---

[18]　Bernet, Rudolf/Lohmar, Dieter (2001): *Einleitung der Herausgeber*. In: Husserl, Edmund: *Die Bernauer Manuskripte über das Zeitbewusstsein (1917/18)*. Hua XXXIII. Dorecht: Kluwer. S. XXXIII-XXXIV.

[19]　Husserl, Edmund (1928): *Vorlesungen zur Phänomenologie des inneren Zeitbewußtseins*. Hrsg. von Martin Heidegger. Halle: Max Niemeyer. S. 372. 另參 Husserl, Edmund (2013): *Vorlesungen zur Phänomenologie des inneren Zeitbewußtseins*. Hrsg. von Rudolf Benet. Hamburg: Meiner. S. 8。

[20]　參 Heidegger, Martin (2005): *„Mein liebes Seelchen!" Briefe Martin Heideggers an seine Frau Elfride 1915-1970* (後簡稱 *Briefe Martin Heideggers an seine Frau Elfride*). München: Deutsche Verlags-Anstalt. S. 104, 143ff。

[21]　GA 60: 14f.

爾賽和約》。在以生活作爲探究存有問題的最佳場域之下，時代的變動不僅影響海德格的生活，亦影響其哲學思維。[22]他在《宗教生活現象學》對歷史學、歷史學之物的關注，轉向歷史性（Geschicht-lichkeit）以及實際生活與歷史的關聯。這也意味在歷史問題的討論上，他同時注意到存有者歷史和存有論歷史。而時間問題上，他首度討論時間性（Zeitlichkeit），首次提問時間性的源初性：「在實際經驗中，時間性源初地（ursprünglich）是什麼？」[23]他將存有問題與時間問題關聯起來：實際性的意義（Sinn）被規定爲時間性本身[24]；時間性作爲本質性的時間，通過實際生活作爲存有活動來理解。早在前期，海德格就將時間與存有問題放回生活世界討論。時間性不是依照任何範本被造出來，也不是抽象或形式化的時間點，或先於經驗的形式條件，而是在世上生活出來的[25]。因爲，歷史源自實際生存、實際生活的意義。海德格亦因而循環論證地，將實際生活經驗的存有規定爲歷史性。[26]

第二節　海德格前期哲學：此有的時間性

海德格前期哲學始於《宗教生活現象學》（1918-1921），這之

---

[22]　海德格出生於德法戰爭、德國與丹麥戰爭（1864-1871）後統一德國的年輕德意志帝國，青年時遭遇第一次世界大戰與戰後威瑪共和國（1918-1933）的混亂、危機、國內鬥爭，以及短暫和平後的衰退與歐美經濟大蕭條。四十餘歲納粹時期開始，五十歲遇第二次世界大戰。晚年則歷經戰後重建，經濟起飛，科技快速發展的時代變遷。

[23]　GA 60: 65.

[24]　GA 60: 119.

[25]　參 GA 60: 80, 104, 116, 137。

[26]　GA 60: 53, 80.

前稱爲早期。在時間和存有問題上，早期主要在分判歷史性和歷史學，前期則詮釋存有論史，並對歷史之物、存有者狀態的發生進行現象學式的開顯，透過歷史擴大時間作爲存有理解的視域。二十年代是他討論時間與存有最密集的時期，也是討論亞里斯多德、康德等傳統存有概念最密集時期。若以《邏輯學》（1925/26）爲界細分，這之前以亞里斯多德的詮釋爲主，之後轉而詮釋康德哲學。通過《宗教生活現象學》、《對亞里斯多德的現象學解釋—現象學研究導論》（1921/22）、《存有論—實際性的詮釋學》（1923）、《時間概念》（1924）、《時間概念史導論》（1925）等課程，海德格以亞里斯多德哲學的詮釋爲主，從日常生活的存有活動出發，通過本眞性、源初性時間的詮釋，以開顯存有意義。他認爲，現象學的視看和通達對象本身，須借助時間性。[27]因爲，時間性雖歸屬於存有，卻也是存有理解的條件。

　　簡言之，海德格前期哲學對時間的理解，從生存活動出發，聚焦於 Dasein。Dasein 一詞從古希臘哲學 ὕπαρξη 而來，在傳統哲學的含義爲實存（Existenz，生存）或當下的存有。從德文字詞的組合來看，Dasein 由 da（此時此地，彼時彼地）和 sein（εἶναι，esse，存有）組成。"Es ist da." 意味某事物實存在此，康德因而將 Dasein 納入範疇表的模態範疇，與非存有（Nichtsein）對置。

　　在《宗教生活現象學》第一部分，海德格沿用古希臘以來的 Dasein 概念，批判歷史邏輯學和方法論，認爲它們「對吸收並消化到我們生存（Dasein）中的、活生生的歷史性無感」[28]。在以現

---

[27]　GA 24: 29f, 389. GA 63: 83.
[28]　GA 60: 33.

象學闡釋擔憂（Bekümmerung）如何作用於實際生活時，海德格
Dasein 概念的含義出現變化。對奧古斯丁《懺悔錄》的詮釋中，
他以實際性的 Dasein（生存，此有）取代實際生活。從「我的生
活是『真正的生活』，我生存著」[29]，以及〈生活的存有之如何〉
這一小節可看出，《宗教生活現象學》的 Dasein 概念已具《存有
與時間》兩個向度：生存（存在）與存有，二者都關涉到自身及
其構成。日常生活中對人事物的擔憂，連結了生存與存有，成為
自身與生存、存有的樞紐。因為在對自身的擔憂中，自身於「其
最本己的存有之如何（Wie seines eigensten Seins）」[30]構造著。

　　結合現象學和詮釋學，海德格在《宗教生活現象學》邁出不
同於胡塞爾意識現象學的第一步。繼《時間概念史導論》（1925）
提出「此有現象學」，在《存有與時間》提出「此有詮釋學」和歷
史性的此有，以此有現象學作為詮釋學字詞上的「源初含義」[31]。
在《康德書》（1929）則提出「此有形上學」[32]。二十年代可謂是
海德格哲學的「此有存有學」時期，基於此有的生存探討時間，
通過此有探索存有。

　　從《宗教生活現象學》經《存有與時間》到《康德書》和《形
上學基本概念》，海德格的 Dasein 概念在這十年間出現三次變化。
《宗教生活現象學》第一部分到第二部分出現 Dasein 概念第一次
變化，從「生存」轉向後來的「此有」之意。對實際性的 Dasein

---

[29]　GA 60: 249. „Mein Leben ist *eigentliches Leben*, ich existiere. (我的生命是
　　　「本真的」生活，我生存著。)"
[30]　GA 60: 245.
[31]　SZ 37.
[32]　KM 231.

（生存，此有），海德格已思及完整時間性與歷史性意義。一方面，Dasein 自身中「必帶有某種意義（Sinn），並藉此爲其自身要求一種規定性的法則性（Gesetzlichkeit）」。另一方面，「當前欲自行構築到將來中，構築到本己生存（Dasein）的創新，以及本己的新文化中」，而過去的文化基於對過去生活的超越而有新的意義。[33]但他認爲，迄今哲學家們尚未源初地、以哲學方式去解釋實際性的 Dasein（生存，此有）。他相信，若能以哲學方式對此進行源初性的闡明，即可完全打破傳統的範疇體系，實際性的 Dasein（生存，此有）之範疇也會徹底更新。這期間的論述，已具《存有與時間》Dasein 的概念雛形。[34]

　　到《時間概念史導論》（1925）此有（Dasein）的第二種概念內容成型，Dasein（此有）被規定爲發問存有問題的存有者（人）和在此存有（在世存有），並延續到《存有與時間》，此有現象學的目的也確定爲：通過開顯此有本身，以通達存有本身[35]。海德格在《康德書》強調，此有自身有一種對存有的明確關係，因此，此有形上學不是「關於」此有的形上學，而是「作爲此有而必然發生著的（geschehende）形上學」[36]，於存有論上具決定性的作用。受狄爾泰歷史學影響，海德格哲學重視「發生」與存有、時間、歷史的關聯性。海德格前期對存有和時間的探討，具循環論證的特徵：人們對存有的理解應該由時間著手，而時間問題則從人的存有活動著手。同樣地，對此有的理解影響著人們對存有與

---

[33]　GA 60: 52, 54.

[34]　GA 60: 54.

[35]　GA 20: 200.

[36]　KM 231. Geschehen 原意發生、出現、實現。

時間的理解，對此有的理解卻也隨著對存有與時間的理解而不同。

　　海德格的此有概念在 1928 年《從萊布尼茲出發的邏輯學的形上學始基》，出現第二次變化而出現第三種含義：主體性（Subjektivität）[37]。他藉由存有與此有的關係，說明並延續《存有與時間》對存有理解與時間的關係之觀點。到《康德書》（1929）則有第三次變化並延續到後期：Dasein 只作為在此存有。

　　奧古斯丁《懺悔錄》對海德格《存有與時間》影響深刻。在《宗教生活現象學》可見，海德格從誘惑（tentatio）的詮釋注意到周圍世界及其構成的方式：「寓於此在（Dabeisein）」、「共此在（Mitdasein）」等。[38]從煩憂（Molestia）我們看到操心（Sorge）的雛型，從「能（können, can）」作為生活的驅動力與可能性則看到此有作為「能存有」的雛型。他把煩憂詮釋為實際生活、生活的「存有之如何（Wie）」，而且煩憂能將生活的「能」從經驗的施行扯開。他注意到：當這種「能」一增長，對自我保存反而是一種負擔和危害。但同時，在它「最本己的、徹底的自我擔憂（Bekümmerung）」中，煩憂可予以自己「完全的、具體的、實際的『機會』以抵達本己的實際生活」，讓生活回歸生活。[39]這也是為什麼操心和非本真在《存有與時間》不是價值判斷，更不是消極性或負面的價值。

　　經歷一次大戰後，海德格在《時間概念》（1924）區分歷史性和歷史（世界歷史）、歷史和歷史學。他主張，時間就是此有，且是在「最極端的存有可能性」被把握的此有，這極端的存有可能

---

[37]　GA 26: 181.

[38]　GA 60: 228f, 293.

[39]　GA 60: 241, 242, 244.

性即是每個人自己的死亡。[40]於此，海德格從兩個面向來理解此有。首先是存有者狀態：作為存有者，此有須是自行顯現者，亦即須「成為現象」[41]。而且它不是孤立者，是在生存活動中關涉著他者。再者，存有論上，亦即根本地從其存有的基本機制來看，此有是時間性。此有因而有雙重義，在存有者狀態上是指可供現象學研究的現象，存有論上則是時間性。

美國學者薩里思（John Sallis）將此有僅解讀為存有者，認為《時間概念》中「時間是此有」[42]不意味前者等同後者，而是時間屬於 Da（空間性的），由事物自行顯示的敞開場域（Weite）。[43]但這出現了幾個問題。首先，若此有僅作為存有者時，這命題的謂詞應是「是此（Da）」，而不是「是此有」。否則，時間就成了某種東西。且若將「是」理解為「屬於」，有必要說明是單向或雙向的歸屬。再者我們發現薩里思的說法並不充分，此有作為存有者不足以確認前後的歸屬關係，也不足以確認，前後者不等同或不可能等同。唯一可確定的是，此有作為在此存有，因「在此（Da）」而有場域之意，因存有而具敞開之意。由此可見，海德格在《時間概念》以此有表達了存有者和在此存有。而薩里思忽略了，此有即「時間」不是存有者狀態的時間。而且，海德格在「時間是此有」後隨即補充：「此有不是時間，而是時間性。」[44]這也證實了，「時間是此有」的「是」不意味「屬於」。而此有不僅意味著

---

[40] GA 64: 49, 118.

[41] GA 64: 4.

[42] GA 64: 122.

[43] Sallis, John (2010): *Einbildungskraft*. Tübingen: Mohr Siebeck. S. 231f.

[44] GA 64: 123.

存有者，更主要地意味在此存有。

　　海德格在《時間概念》指出，此有作爲專有名詞專指「人的此有」，且分爲兩個層次的意義。存有層次上，意味「在這世界中存有」。[45]存有者層次則是在世存有的存有者[46]，且是我們向來已是的存有者[47]，所以狹義上指我們自己。海德格在《時間概念史導論》也明白指出，此有就是「我們自身所是的存有者」、「我自身向來所是的存有者」。[48]在存在性（Existenzialität）的存有論層次，操心在這時期都是作爲此有的存有，也是針對人而言。[49]

　　在《存有與時間》此有也用以表示「人」，且是人的自身。海德格通過「我們自身所是」的客觀性，避免我自身所是的主觀性，並兼顧群體性和個體性。他以自身所是，亦即此有的存有，規定人這種存有者。在存有論上，Dasein 的「本質」在於它有待去成爲其所是（zu sein, to be）的那個存有。[50]海德格以存有、存有方式標識「人」，以此有替代現成意義上的人，或人格（Person）、主體、自我意識等對人的本質之描述。[51]藉此，一方面指出人在生存活動中顯現的存有狀態，另一方面，這種有待去成爲的「本質」特徵，改變了傳統哲學的本質概念，從永恆不變或主體內在的固有性。此有通過其在此的生存活動彰顯出其存有意義，在世存有的存有意義。所以海德格表示，「此有本質上就是：在某個（einer）

45　GA 64: 19.
46　GA 64: 112.
47　GA 64: 113.
48　GA 20: 200.
49　GA 20: 200f. SZ 196f.
50　SZ 42.
51　參 SZ 12, 46。

世界中存有著」⁵²。因此廣義上，此有即在世存有。

　　德國學者黑爾曼（von Herrmann）指出，海德格使用此有一詞是要從人的存有關聯到一切存有者的存有。這目的在《存有與時間》顯然未達標。1929 年此有概念出現改變，不再指稱存有者（人），僅表達在此存有。黑爾曼從概念用法的起源分析，認爲海德格基於完整的存有論實事而在兩個面向考量此有。一是人的存有，二是基於生存的本質，亦即關聯到他者而超乎人的存有，此有因而指稱存有者整體的存有之爲存有。二者的開顯具本質性的關聯，後者需先對人的此有進行存在性暨存有論分析。從本質性的關聯來看，海德格用「此有的存有」一詞指稱生存，而此有的「此」具開顯狀態的存有論意義。黑爾曼指出，若僅就海德格此有概念的存在性及其存有論理解來看，有三點須注意：一、此有標識的存有者只有人，而非其他存有者。二、此有顯示的不是人這類存有者，而是其存有狀態（Seinsverfassung）。三、於存有論的本質性關聯，人的存有狀態即在此生存，被視爲存有者整體的存有之爲存有。⁵³

　　基於此有的雙重義，《存有與時間》將時間概念主要分爲：一、存有者層次上，僅作爲時間長度，是派生性的時間概念。二、存有論層次上，作爲綻出境域的時間性，是源初性的時間概念。

　　《存有與時間》出版後海德格擴大時間的概念內涵，既是存有理解的視域，亦是形成此有之存有的某種行動力。後者基於時間性的可能性：創建（Stiftung）與基地的取得，向來以其方式源

52　SZ 13.
53　Herrmann (1985/2004): *Subjekt und Dasein. Grundbegriffe von "Sein und Zeit"*. Frankfurt: Vittorio Klostermann. S. 20f, 23.

於對持存狀態（Beständigkeit，持存性）和持存（Bestandes）的操心，而「操心本身又只作為時間性才可能」。[54]

　　海德格在《現象學基本問題》（1927），以時態性（Temporalität）擴大時間性的概念內容。廣義上，時間性包含了時態性。時間性作為存有理解的一般的條件；當它作為前存有論和存有論的存有理解起作用時，稱為時態性。時間性使時間的到時（Zeitigung）得以可能，而時態性則作為時間本身最源初性的到時。[55]

　　在馬堡時期另一著作〈論根據的本質〉，海德格對時間性構成和到時的觀點，較《存有與時間》更具整體主義色彩，且有決定性的轉變：於時間的到時，將來不再占優先地位。時間的三種形式，將來、曾在（Gewesen）和當前同時自行到時，且僅當曾在和當前在時間的統一體中自行到時，將來才自行到時。再者，時間的「綻出－境域式的建構（Verfassung）」被視為時間的本質[56]。對到時的討論，則擴及此有自身性、此有的存有之到時。而時間性和根據（基礎）之間有某種循環論證：各種建基方式源自超越，超越根植於時間的本質中；作為建基方式，世界的籌畫和存有者被納入的狀態（Eingenommenheit）則共同構成了時間性的到時，並在這意義上向來歸屬於「某種（einer）」時間性。[57]

---

[54]　GA 9: 171.

[55]　GA 24: 378, 429. Herrmann 在〈編者後記〉表示，《現象學基本問題》（1927）雖未直接銜接《存有與時間》第二篇結論處，但「這講座課詳細研究了《存有與時間》第一部第三篇的核心問題，亦即，通過提出作為一切存有理解的境域，『時間』，回答引導著此有分析論的、對存有之一般的意義進行基礎存有論式的追問」，而可視為《存有與時間》過渡到第三篇〈時間與存有〉的中介（GA 24: 472f），可視為《存有與時間》一部分。

[56]　GA 9: 166.

[57]　Ibid.

海德格自言，《康德書》與《存有與時間》寫書計畫第二部分緊密相關[58]。不過二者有所延續，也有不同。由於是對《純粹理性批判》的詮釋，前者未繼續討論《存有與時間》發展出來的一些時間概念，例如作爲本眞當下的「眼前（Augenblick）」[59]，而在同時期的《形上學基本概念》深入討論，並被視爲此有的時間性本身。三十年代中期，《尼采 I》從 Augenblick（瞬間）思考永恆[60]。由此亦可見，Augenblick 從《存有與時間》作爲本眞當下的「眼前」，轉變爲某種存有論上的永恆性，「永恆」的某種特徵。

《康德書》的基本論點，人是有限性的，延續《存有與時間》的主張：人是時間性的存有者。海德格在《康德書》進一步主張，時間性是人的主體性之所以可能的基礎[61]，而「時間本身就有某種境域（Horizont）的特徵」[62]。海德格詮釋下的時間境域基於生存的綻出，雖不是固定不變的框架或界限，卻仍有範圍所及而成的界限，因而亦顯示出時間本質上是有限、有終的。

《康德書》也延續《宗教生活現象學》至《存有與時間》的主要觀點：從此有思考時間。不過，此有的含義只留下存有論層次的在此存有。海德格認爲，時間是古代乃至將來形上學於存有理解中「最內在的發生」。而且所有的科學與學術都是人的某種生存活動，都發生在時間中。哲學則是人的哲學活動，對存有的理解、理解上的自由籌畫和限制，發生在人的在此存有。[63]

58　KM XVI.
59　SZ 338. 海德格 Augenblick 概念之發展，詳見本書第六章第二節。
60　GA 6.1: 280, 281, 318, 325, 360.
61　KM 205.
62　KM 282.
63　KM 241f.

　　基於現象學和整體主義,《康德書》這種微觀的發生論是從宏觀獲悉。某種程度海德格仍採用基礎存有論探尋作為源頭的存有本身,但也「再次汲取(Wiederholung)」形上學史。海德格指出,基礎存有論的目標在將此有解釋為時間性,且惟通過將存有問題作為存有問題來激發才可能達成[64]。他為使時間性作為先驗的元結構(Urstruktur)於「在此－存有本身」變得清晰可見,而回到人的有限性。因為,人的此有是有限性的,對存有理解的有限性則是有限性「最內在的本質」。[65]但《康德書》也因而直面視域、理解等之有限性問題,以及人的有限性與時間的源初性之衝突。

　　海德格在《宗教生活現象學》即試從不同視角進行現象學視看,以不同通道走向實事本身。他在《康德書》則描述主、客體如何相融形成共同的境域,一方面討論主客體模式的形成過程與基礎,給出了從認識者通往被認識者本身的通道;另一方面,間接論證多元視角可行的基礎,提供從實事本身視看現象的可能性。同年在《形上學基本概念》對時間視域作為現象學視域的討論,既從人的視角、視看出發,也從時間視域出發,試圖兼顧微觀與宏觀。他一方面將時間視為「存有者整體的包圍者」,完整的時間視域因而是存有者整體「敞開的可能條件」。另一方面視時間為此有本身的整體,並且,由人的視角出發來看的時間視域(Zeit-horizont),因轉由時間出發而被視為在此存有的「完整時間」和吸引者(das Bannende)。[66]海德格欲以時間作為通達存有者整體的存有(存有本身)的通道,從此有本身的整體(時間)、個體的

64　KM 239.
65　參 SZ 330, 376, 386。KM 194, 228f。
66　GA 29/30: 219, 221, 226.

整體性，經時間作爲存有者整體的包圍者，而達到存有者整體的整體性。

在《形上學基本概念》之前，海德格從處身感受、情緒及日常的言談出發，通過不同於傳統的進路探討存有與時間，但內容仍以存有論史爲主，大多在詮釋與解構哲學史上的相關論述。而他批判與詮釋傳統哲學的時間概念，卻也受傳統影響。在《形上學基本概念》他有意識地想擺脫「學派的壓力」和「錯誤的學術性」[67]，改以自由且獨特的方式探討時間現象、存有和存有眞理的發生。認爲，唯當我們全然「按照心靈」生活，本質性的東西才因而產生，才能讓自己成功地開創「一個全新的開端」。[68]在中期，他通過詮釋尼釆的思想以邁向前述目標，比起《存有與時間》等前期著作更自由地思維，敘述方式亦擺脫學院的約束。這種近似文學式的敘述風格，延續至海德格後期哲學。

海德格反對傳統哲學將時間理解爲現在序列，通過此有持續活動其中而顯現的同時性，試圖擺脫三種時間形式並列的直線時間觀。[69]但他在《存有與時間》提出的、相互綻出的時間結構（曾在－當前－將來），基本上是傳統時間概念的直線結構（過去－現在－未來）之存有論變式。同樣地，他批判胡塞爾將時間視爲意識的構成，在《形上學基本概念》卻借用胡塞爾內時間意識構成的三個向度，保留（Retention，後瞻）－感知（Wahrnehmung，知覺）－前攝（Protention，前瞻），而將時間的三種形式變爲現象學

---

[67] Storck (hrsg) (1989/1990): *Martin Heidegger/ Elisabeth Blochmann. Brief-wechsel 1918-1969*, S. 34. (§23) 另參本書頁 180。

[68] Ibid., 33. (§22)

[69] GA 29/30: 218.

的三種視看：往後視看（Rücksicht，回顧）－直視（Hinsicht）－
預視（Absicht）。這三維視域緊密相連，構成統一的時間視域。

《形上學基本概念》延續《存有與時間》將時間視爲統一的
視域，時間本質根植在此有本身的本質，將過去理解爲曾在（Ge-
wesen，本質活動的聚集）、現在理解爲當前、未來理解爲即將來
到，而時間性的本質是在三者綻出的統一中到時[70]。不過，二者亦
有差異。

首先，在《形上學基本概念》，將來在時間的三維視域中不再
有優先性[71]。再者，在《存有與時間》，曾在－當前－將來每一結
構環節，皆從存有者狀態的非本眞性進行理解與詮釋而得出前存
有論結構，強調在世存有的整體性而開顯出源初性的本眞時間性，
以揭示操心、日常狀態、歷史、世界與世界之超越的存有論意義。
《形上學基本概念》卻不再強調時間三個環節在序列中的相互綻
出或並列，而是三者統一的狀態下，從無聊（Langeweile。海德格
詮釋爲 Lange-weile）作爲情緒如何感染人，亦即從三種無聊形式
的現象及結構，獲悉三種存有層級的時間特徵。

視角的不同，是造成二者差異的主因。《存有與時間》從人是
時間性的、人作爲此有出發，擴及相遇、照面的人事物。《形上學
基本概念》則直接從時間，既是情緒又是時間的無聊出發，探討
深度無聊作爲基本情緒與時間本質。雖早在《時間概念》海德格
即主張須從時間來討論時間，並提出「時間是時間性的」[72]。但要

---

[70]　參 SZ 329。GA 29/30 §26。
[71]　在同期著作〈論根據的本質〉（1928），將來亦不占優先地位，可見海德
　　　格對時間的思考在二十年代末已開始轉變，基本上和他哲學的轉向同步。
[72]　GA 64: 107, 124.

到《形上學基本概念》通過深度無聊，直接關涉到時間的基本情緒，才切實地從時間出發討論時間。從時間出發來討論時間，理論上看來理所當然，但問題是要如何確定「這是時間」而由此通往時間本身？這是以現象學作為哲學方法不免面臨的疑惑和困難：該從哪裏以及如何確定，那種須作為「實事本身」被體驗的東西？直到在《形上學基本概念》通過直接關涉到時間的基本情緒，無聊，海德格才從時間出發看時間現象、討論時間。

無聊（Langeweile）一詞在德文與言談無關，而是同時關涉到情緒與時間。它由「長的（lange）」和「片刻、時段（Weile）」組合，成了一種直接在字義上關涉時間的情緒現象。一般而言，人們無聊時最常做的事就是打發時間。若要打發時間，就得「有時間」來讓人打發。這意味，無聊時，人們以打發時間的方式直面時間現象和「時間」。

在《形上學基本概念》海德格從無聊現象第一種形式，最常見的被某事搞得無聊，通過第二種形式、不易覺察地在某事中感到無聊，描述並闡述需被喚醒的深度無聊如何作為基本情緒。無聊的三種形式看來類似《存有與時間》的存有三個層級：存有者狀態、前存有論結構、基礎存有（Grundsein）。不過《形上學基本概念》未討論在世存有的整體性或存有結構，也未出現前存有論和基礎存有一詞。它一方面延續《存有與時間》的情緒現象，並延續討論時間與存有、虛無狀態（Nichtigkeit）與個體化及其關係。另一方面，延續〈形上學是什麼？〉（1929）對無化（Nichten）與超越、超越與有限性以及世界與存有者整體本身的討論。通過無聊，海德格在《形上學基本概念》，以基本情緒的觸動（Ergriffen）作為哲學概念（Begriff）的掌握（Begreifen）基礎，以直面形上學

的方式貫徹《宗教生活現象學》以來主張的，活生生的、人的哲學活動（Philosophieren）[73]。

作爲基本情緒，海德格將第三種形式的深度無聊視爲時間性本身，也是人的此有（在此存有）之時間本身。時間本質具「無」的無化特徵，不是存有者，因而無法成爲認識論的認識對象，但卻與我們的一切活動、行爲休戚與共。海德格提出的這種時間性是構成人主體性的可能性之基礎，且深度無聊是時間性本身，因此當深度無聊被喚起時，我們就深切地活動在時間的本質中。[74]據此我們可以說，海德格以「時間是如何顯現其本質？」提問，也因此，現象學更顯重要。

作爲基本情緒，深度無聊能讓存有者整體自行隱逸（sich entziehen，自行抽離），但被深度無聊感染的人仍在存有者整體中，面對著存有者整體。[75]深度無聊作爲時間本身的強力，和基本情緒「畏」敞開的無及無化不同。在畏之中，存有者整體會崩落、退去[76]。但在深度無聊的瀰漫中，一切會變成同等有效的（gleichgültig）、一視同仁而漠然（gleichgültig）。基於時間性「向來就是此有整體本身」[77]，時間有巨大的強力。這和《存有與時間》的時間性顯然不同。無聊現象所揭示的時間，不是在世存有整體性的存有意義，而是關乎存有者整體本身，並基於漠然而使得存有者

---

[73] GA 29/30: 9f, 87. 直到中後期，海德格仍將「哲學」一詞保持於動態、活生生的思維活動，且與觸動、感觸息息相關（參 GA 40: 7-9），與情緒、激情（pathos）相關（參 GA 11: 23）。

[74] GA 29/30: 218, 237.

[75] GA 29/30: 221.

[76] GA 9: 112f.

[77] GA 29/30: 221.

整體的存有同等。藉此，海德格欲解決無聊作爲情緒的主觀性與個體性之疑慮。

　　時間在《形上學基本概念》作爲視域，主要不是作爲存有理解的視域，而是存有者整體敞開的可能性之條件[78]。在《存有與時間》海德格確定本眞的時間性是曾在、當前和將來三種時間形式的統一與綻出，這種綻出有其開放性，但被置於在世存有的整體性。在《形上學基本概念》則是向曾在、當前和將來三個維度的存有者整體之敞開。時間的整體範圍擴大，時間的力量和運動性也強化了。不變的是，海德格依然反對將視域或整體性視爲固定不變的容器。他的視域概念特徵是動態與開放性，時間因而是一開放的完整時間視域。三個維度統一著的時間視域保持存有者整體於敞開，同時也以吸引力束縛人的在此存有。

　　不過要到後期哲學，深度無聊的時間特徵，隱逸、瀰漫（一種寧靜的運動）及從漠然而來的在場與不在場的二合一，才因居有概念的轉變而再度受到重視。

第三節　海德格中期哲學：向存有時態性的過渡

　　《存有與時間》開顯出此有的存有意義，卻未達到原先預定的研究目的：存有本身。雖然前期和中期，海德格都在探討如何從遮蔽通達無蔽眞理，但自 1929 年，他對時間和存有的理解方式與理解出現轉變。根據海德格自述，他自己在〈論眞理的本質〉（1930）即明確地洞察到「從《存有與時間》到〈時間與存有〉

---

[78]　GA 29/30: 219.

的轉向之思」[79]。在《藝術作品的本源》他以存有眞理的發生和澄明[80]，替代《存有與時間》對此有之存有意義的開顯；以存有者本身在場地本質顯現活動，替代生存活動與在世存有；並基於存有者和存有的同時性，而以「之間（Zwischen）」[81]作爲敞開者，替代綻出和超越；著重大地與世界的超出自身和統一，避免從存有者狀態到存有的超越所造成的某種斷裂。

　　三十年代初，第二次世界大戰來臨前，德國政治局勢因納粹主義盛行而動盪，海德格也在這段期間遭遇重大變動。1931 年講座課「亞里斯多德《形上學》IX 1-3」，哲學重心從存有意義轉向存有眞理的發生，進而帶動三十年代對存有不同的理解。他注意到存有眞正的本質與存有眞理的發生有關，而這發生亦關涉存有與時間的問題。[82]這意味，他對時間的思考出現新方向，不僅從人的有限性，且從存有眞理的發生討論存有歷史[83]，從本質、動態化

---

[79]　GA 9: 328.

[80]　參 GA 5: 61, 69 註, 70。

[81]　GA 5: 96, 113.

[82]　GA 33: 31, 206. 該講座後收錄全集 33，《亞里斯多德《形上學》IX 1-3—論力的本質與實在性》。

[83]　根據 Herrmann 在《居有》（GA 71）〈編後語〉和 Coriando 在《關於開端》（GA 70）〈編後語〉所言，海德格自三十年代中期起，著手七大部存有歷史的著作：《哲學論稿》（1936-1938，GA 65），《沉思》（1938-1939，GA 66），《形上學的克服》（1938-1939，GA 67），《存有（Seyn）歷史》（1938-1940，GA 69），《關於開端》（1941，GA 70），《居有》（1941-1942，GA 71）和《開端的小徑》（1944，GA 72）。它們全都在討論存有歷史作爲居有歷史。（見於 GA 70: 198；GA 71: 343）這七本著作的草稿著手及完成時間，從 1936 至 1944 年這八、九年期間，海德格的思想集中在存有歷史的創立，以及這種開端性思想的本質特徵，例如，開端的開始需要的獨一性（Einzigkeit）。（參 Coriando, Paola-Ludovika [1941/2005]: *Nachwort*. In: Martin Heidegger: *Über den Anfang*. In GA 70: 199）

的本質（wesen，an-wesen）關涉到時間。

　　關於「本質」，1931/32 年《論真理的本質—針對柏拉圖洞穴之喻與《泰阿泰德篇》》（簡稱《論真理的本質》），海德格重新思考在場活動（An-wesen，在於本質活動）與存有者作為在場者以及與存有（ist, Sein）的關係[84]。他對在場的思考與詮釋，持續至中後期哲學。他在這門課接續前一講座課，對存有真理的發生與真正本質進行思考。中斷幾年，於 1935 年回到學術工作後，海德格持續地思考本質本身，直至後期。這也影響他對時間的理解，並且繼《現象學基本問題》（1927）從此有的時間性向存有的時態性（Temporalität）過渡，通過尼采的思想，展開其存有學的轉向。不過一般推測，尼采系譜學早就作用在海德格前期哲學。

　　在《論真理的本質》，海德格反對胡塞爾內意識現象學主張的在場者「先於自身的擁有（Vor-sich-haben）」。他認為，「這種在自身之前的擁有，並不直接於最切近的當前的在場者中」，也不必然是一種回憶。[85]繼《存有與時間》和《現象學基本問題》（1927）論及遺忘與回憶的關係，亦即回憶奠基於遺忘[86]，他在《康德書》將回憶解讀為「使之內在化（Er-innern）」的表象活動，且是讓所回憶的東西「越來越在其最內在的可能性中自行再次相遇」[87]。在《論真理的本質》則進一步說明回憶與當前的關係：回憶僅是再現、當前化的「一種特別方式」，而且「不是所有的當前化都必然

---

[84]　GA 34: 51.

[85]　GA 34: 297.

[86]　SZ 339. GA 24: 412. 另參本書頁 136f。

[87]　KM 234.

是回憶」。[88]當我們想像某處的湖，在我們「內在（Inneren）」不必然會產生和這座湖相同的表象，可以是單純的想像、給出圖像，而且我們大多時候都會自由地改造在當前和當前化中再熟悉不過的東西。[89]

雖像珀格勒所言，1929 年以後海德格在課程、演講中不再討論胡塞爾現象學，探討本源，不再探討「從這本源中產生的東西」。但他並未像珀格勒所言，以公開演講〈形上學是什麼？〉（1929）「告別現象學」，或提到「現象學」只因招牌，聊表敬意。[90]但我們不難發現，海德格一直在不同哲學家的啟發下，試圖尋找適合自己的思維方式。1933 年在給妻子的信中，他表示：「我想我現在才找到最本己的思想形式」，也越來越清晰認識到「真正有創造性的使命」。[91]而且，海德格在三十年代雖不提現象學一詞，卻仍以現象學為方法，也未曾停止建構並運用他自己的現象學和詮釋學。像是在《論真理的本質》，他沿續在《康德書》漸明顯的多視角主義，注意到「看錯」和「看走眼（Vorbeisehen）」的問題。通過在場者的在場與自行顯現，而從兩個面向思考存有：

（一）時間：一切對存有的思慮本身都涉及「時間」關係（Zeitverhältnisse）。他一方面延續《存有與時間》，對存有關係的各式追蹤都「指向將來，並在其指示中看到過去和當前」。另一方面從現象看到，一切存有關係在其自身中即「計量時間」。[92]

---

[88]　GA 34: 301.

[89]　GA 34: 302.

[90]　Pöggeler (1963/1994): *Der Denkweg Martin Heideggers*, S. 79.

[91]　Heidegger (2005): *Briefe Martin Heideggers an seine Frau Elfride*, S. 186.

[92]　GA 34: 226.

　　（二）存有問題的雙重義：在古希臘，存有意味著在場狀態
（Anwesenheit），但由於視看者的錯看或存有者的偽裝，自行顯現
本身即是某種自行遮蔽：顯像（Scheinen，閃現）。[93]

　　《論真理的本質》的存有與時間問題涉及，獲取存有者本身
之外觀後的保藏與當前化。通過當前化，我們自己所保藏的存有
者本身是「當前的」，但是，一來，我們可能遺忘，甚至竄改記憶，
二來存有者本身也可能自行發生變化。對曾認識它並保有它本身
當時的外觀的我們來說，它變成了另一個東西。因此，在保藏中
原本擁有的東西就「錯置（Verstellen）」、偽造了。[94]在《藝術作品
的本源》進一步思考遺忘、再度遮蔽和偽裝後，海德格提出存有
的雙重遮蔽。他在〈論真理的本質〉（1930）曾列舉多種類型的遮
蔽，《藝術作品的本源》則提出雙重遮蔽，指的是遮蔽本身的雙重
遮蔽，亦即，「遮蔽活動（Verbergen）」遮蔽並偽裝它自身[95]。而這
也預示了海德格後期的存有思想：存有喜藏匿自身於存有者。

　　在《論真理的本質》，海德格將當前的當下化（Gegenwärtigen）
等同在場者（Anwesenden），將具時間性與空間性的在場等同在此
（Da）[96]。在三者的等同關係中，時間性在《存有與時間》的優先
性模糊了[97]。時間與空間則基於在場而連結，這一來為三十年代中

93　參 GA 34: 320f。
94　GA 34: 301.
95　GA 5: 41. 在〈論真理的本質〉遮蔽（非真理）類型的列舉：存有者整體
　　的遮蔽狀態，存有者本身的遮蔽，錯誤和偽裝，謊言和欺騙，幻覺和假
　　象等。（參 GA 9: 186, 193ff）
96　參 GA 34: 296。
97　海德格雖在《存有與時間》表示空間不依賴時間，但是，取得空間的空
　　間化奠基於一種「屬於時間性的統一的當前化」或時間性的統一，時間
　　在基礎存有論上因而有較空間更根本的優先性。（SZ 369）

期時間與空間的並置共屬做準備，二來，基於時間與空間的雙重動態化，也為中後期的時間－遊戲－空間概念做了準備。不過「在此」雖不直接關涉時間性，卻等同「在這歷史中」：這個存有真理發生（Geschehen）與本質活動（Wesen，本質顯現）的歷史。[98]「在此（Da）」的含義改變了，而這也意味，海德格對此有、在此存有的理解有所改變。

海德格任職弗萊堡大學校長期間，嚴格來說並沒有從事學術研究。《形上學導論》可算海德格歷經 1932/33 年冬季學期休假、1934 年卸任弗萊堡大學校長，在 1935 年重返學術研究的首次學術活動。這對海德格的哲學發展具某種「重返」的意義，主要是回到在場活動（在於本質活動、本質化）的討論，並通過居有和離基式深淵（Abgrund，Ab-grund，離基式建基）開啓三十年代中期對存有與時間的思考：在《哲學論稿》，居有包含了離基式深淵，而離基式深淵則規定時間與空間。在後期哲學卻極少提及離基式深淵，居有和在場則成了思考時間與存有的主要概念。而中期和後期的共同之處在於，以居有思考時間和存有。在中期，居有是存有、存有真理的發生，後期的發生方式則是在場和本質顯現。在後期，海德格通過 eräugen 詮釋居有（Ereignen, Ereignis），後者因而是某種發生：眼前上演的某次發生。從前期以此有的發生來討論歷史性，到中、後期以居有來思考時間和存有，我們看到海德格的存有學中有一種發生學，存有的發生學，或發生的存有論。

《存有與時間》以時間性探討歷史性，歷史性根植於時間性。海德格到了中期以歷史探討時間現象，而歷史源自存有真理的發

---

98 GA 34: 322.

生[99]，通過開端性的思想而確立，因此被理解為一種眞理：存有本身的「澄明著的遮蔽」[100]。從人探索眞理的過程來看，存有眞理發生時，必然發生澄明與遮蔽的衝突，對立衝突的二者卻又以爭鬥的方式並存共屬。海德格中期哲學的存有眞理觀，因而呈現澄明與遮蔽爭執的動態，以及對立二者並存且共屬一體的弔詭。這弔詭性到後期提出存有喜藏匿於存有者，而獲得解決。

對海德格而言，藝術因眞理的發生而是歷史性的：當存有者整體進入敞開性的奠基，「藝術就作為創建而進入其歷史性的本質」。[101]他在三十年代意識到自己的「創造性使命」後，歷史觀也偏向創造、創立。《哲學論稿》的第一開端到另一開端或《藝術作品的本源》的創建與《尼采I》的爲未來立法，都是一種離開現有基礎，創立新基礎的離基式深淵。他這種強調創立的歷史概念，須面對歷史的接續與斷裂以及相關的異與同問題。

海德格表示，《尼采I》要解決的是《存有與時間》所追問的存有問題，二者對存有者的存有問題的主要視角一致[102]。不過，《尼采I》的多視角主義更明顯，思考方式和面向也有轉變：通過存有眞理的發生、無蔽眞理的本質顯現，創造性地開啓新的開端。《尼采I》探討生成（Werden）與存有，基本上仍以存有理解為基礎，以時間作為探討存有問題的切入點，目標在瞭解人如何可能通達存有本身，獲得眞理與自由。但問題核心變成：「唯一決定人

---

[99] GA 5: 64, 65. 存有真理的發生形形色色，除了藝術之外，海德格在《藝術作品的本源》列舉另外三種方式，建國活動、本質性的犧牲和思想者對存有的追問；在《哲學論稿》則是思想、本質性的創作和行動。

[100] GA 65: 61.

[101] GA 5: 63.

[102] GA 6.1: 17f, 244.

如何置身於存有者圓環中」的人之存有及其時間性[103]。在《存有與時間》本眞理解時間性的基礎在於向死存有的先行決心、在世存有整體性的先行開顯以及自身能存有；《尼采 I》則根據人本身「意願什麼以及能意願什麼」[104]，探討瞬間的再次來到與永恆於瞬間得到決斷，而這決定性的條件就是每個人自身[105]。

　　海德格於《尼采 I》延續《存有與時間》主張的，自身、本己性或本眞性不等同自我（Ich），而是「在此－存有」作爲我與他者相關涉的基礎[106]。類似性在於，人都出離自身。差異在於，出離自身在《存有與時間》是時間性的本質特徵，在《尼采 I》則是人本質中的眞理性要求人，超出自身以伸入存有者中而於存有者整體尋求解答。《尼采 I》也延續了《康德書》有限性論點，從人的有限性出發，基於人類理性的有限性，出現不可估量意義下的無限性，進而提出有限性與無限性統一爲一體並共屬世界[107]。

　　《哲學論稿》則出現離基式建基之時空觀，時間與空間都是某種動態的「離－基」，因離基式建基而產生而運動著。繼《現象學基本問題》（1927）以移離（entrücken）作爲時間化的本質活動，取代生存活動的綻出。時間以移離爲基底而有三種樣態：移離著的敞開者，時態性（澄明與遮蔽之間的移離）以及時間化的時間

---

[103]　參 GA 6.1: 357。

[104]　GA 6.1: 356.

[105]　GA 6.1: 358.

[106]　GA 6.1: 244, 520. Heidegger 於《尼采 I》多處顯示與《存有與時間》相同的視角與論點，可見海德格哲學的轉向期是轉變中有延續。

[107]　GA 6.1: 317. 於此的無限性並非無限者或無條件者的無限性，而是基於人之有限性而無法估量、計算次數或量的無限性。

性（移離）。[108]基於離基式建基，這三種樣態運動著。源初性時間的動態與時間的運動性，亦因離基式建基而提高強度與動盪程度。

時間在《哲學論稿》另一特徵是空間化（ein-räumen，置入空間）。時間因空間化而內含空間，空間亦因時間化（einzeitigen，置入時間）而內含時間，二者因而密不可分，成為相互共屬的時間－空間。不過二者的運動性質不同，導致本質性的差異：空間化的時間起移離作用，但不起空間的迷離（berückend）作用；時間化的空間起迷離作用，但不起時間的移離作用。[109]無論迷離或移離都是某種移動（rücken），且運動方向都指向離基發生處，但其運動方式不同。時間的運動方式是持留（Halt），且是聚集著的「環繞式持留（Umhalt）」；而空間則是聚集，環繞式持留著的聚集。從時間和空間作為離基式建基，可知離基式建基本身是雙向運動：一來，向內聚集的同時亦向外環繞，因而是雙重性的持留。二來，既向內深探又向外擴延地離基而建基。

海德格欲避免像以往哲學家通過空間或運動思考時間。時間與空間雖在「離－基」中統一為不可分離的時間－空間，或，時間－遊戲－空間。但這不同於傳統哲學的完成狀態之時空觀。而是，二者基於存有真理的發生而被思為統一，因存有真理未發生而被思為分離。亦即，基於追求存有真理之際的離基，空間化的時間和時間化的空間，二者被思為動態地統一著。但這不同於《存有與時間》的自行到時或在其自身的綻出。他認為這種空間化的時間更源初性，更切近存有的時態性，因而有時亦以 Temporalität

---

[108] GA 65: 192, 234, 324, 385.

[109] GA 65: 385f.

（時態性，境域時間）稱之[110]。

海德格在《現象學基本問題》（1927）首度提到 Temporalität（時態性），並歸屬於 Zeitlichkeit（時間性），但二者的功能和任務不同。Temporalität 雖意味著存有的時態性且作爲理解存有的境域時間，海德格並未特意運用該詞來表達空間化的時間或統稱動態的時間－空間，而是某種程度上欲以之取代康德的圖式概念。作爲先驗想像力的產物，圖式是範疇和現象（Erscheinung）的中介，既使範疇得以運用於現象，又使現象歸攝於範疇。[111]而在《現象學基本問題》（1927）Temporalität 實際作用於前存有論和存有論的存有理解，則是「顧及諸境域圖式之統一的時間性」，也是超越的基本條件。[112]

第四節　海德格後期哲學：居有與在場的時間

海德格於時間－遊戲－空間探問的是，時空基於什麼以及如何能共屬一體？他批判傳統哲學，未眞正思考時間和空間從何處、爲什麼以及如何在一起。所以在《存有與時間》改變對時間的提問方式，從傳統的「什麼是」時間？轉而提問「誰是」時間？在《哲學論稿》，源初性的時間處於動態的時間化，但時間源初性地並不存有著，而是本質化著（wesen）。[113]可見海德格捨棄以存有提問時間，而以時間提問「時間如何成其本質與顯現」？

110　參 GA 65: 234。
111　Kant: KrV A139f/B178f.
112　GA 24: 388, 436.
113　GA 65: 385. wesen 在海德格後期哲學具多重含意。

　　自三十年代中期到海德格後期哲學，時間和空間依然被理解爲共屬一體的時間－空間，但二者並不等同。時間－空間中間連結的「和」、「－」，連結的同時起到劃界作用，顯示出時間不是空間，空間不是時間。四十年代之後，海德格的存有與時間的觀點再次出現轉變。居有的概念內容改變，居有與存有的關係以及時間與存有的關係也隨之改變。而在此－存有也不再是時間性的，而是居有著的時間－空間。[114]

　　《存有與時間》出版後二十多年，海德格對存有的理解和通達方式不同。在〈形上學是什麼？〉〈導言〉（1949），他回顧並重新詮釋此有等關鍵概念。此有的「此（Da）」被理解爲敞開狀態。作爲在此存有，此有意味著「人之爲人置身其中的本質場域（Wesensbereich）」，以此有所命名的東西則是「作爲存有眞理的位置（Stelle）」，亦即作爲存有眞理的「所在（Ortschaft）」而被經驗，而相應地被思維。[115]

　　這期間海德格對此有的理解，亦從時間性轉向空間性的處所，符合他自稱的「思想之路」第三階段：存有的位置[116]。但從三十年代至後期海德格將時間和空間並置來看，這還不足以判斷他後期在存有的探討上，空間具高於時間的優先性。僅可確定，存有眞理和存有的關係因本質顯現而更加緊密，亦即，存有眞理因是「存有的本質因素（Wesende）」、本質顯現者，而是存有本身。[117]

---

[114] GA 71: 222.

[115] GA 9: 373.

[116] GA 15: 344. 另參 Pöggeler, Otto (1983): *Heidegger und die hermeneutische Philosophie*. Freiburg/München: Alber. S. 81。

[117] GA 9: 376.

　　到後期，海德格仍以居有詮釋歷史。但因以在場規定存有，所以對時間的觀點偏向某種流動性；再者，存有與眞理的觀點偏向存有的自行隱匿（sich entbirgt），需用存有者作爲藏匿之所，而隱匿到存有者中。從中期對存有眞理的發生與眞理的設立之關注，轉而注意存有的自行隱匿會造成存有者的迷誤而構成失誤的領域。藉此或可說明，人類歷史爲何總一再犯錯，甚至犯同樣的錯誤，卻也一再成爲歷史的本質顯現。

　　海德格認爲，歷史的基礎在於共同命運（Geschick，共命）的東西。這觀點從《存有與時間》持續到後期，但理解與詮釋的方式不同。在五十年代的演講與〈對技術的追問〉（1953），他將科技的本質視爲「集－置（Ge-stell）」，認爲科技是時代命運的重要一環，讓人處於遮蔽的危險中。不過，海德格借用荷德林的詩表示：哪裏有危險，那裏就有救星。他似乎「樂觀地」認爲，科技帶來的危險，反讓人感到揭蔽的急迫與必要。爲了存有或存有歷史，現代科技的本質將人類帶到共同命運，這時代中的每個人都被這共同命運所差遣，遣送到揭蔽的道路上。[118]

　　在三十年代中期海德格確定，時間與存有通過在場活動關涉到人。而二者關涉到人的存有本身之本質活動，則被確定爲居有（Ereignis）[119]：人通過存有眞理的發生被居有而與存有本身合而爲一。海德格將 Ereignen（發生，使之合適於…，使之具…特點）詮釋爲居有活動（er-eignen，使之本己化）。在中後期，海德格密集地思考居有，以理解存有、在場、讓其所是（Gelassensein）、泰

---

[118] GA 7: 25, 29. 另參 GA 79: 68ff, 72。
[119] GA 65: 7.

然任之（Gelassenheit）、四重整體、時間以及時間－遊戲－空間等。但自四十年代，居有概念出現轉變。

在《哲學論稿》，海德格欲藉中古德文寫法的 Seyn 區別《存有與時間》等前期受傳統哲學影響的存有（Sein）理解，並將居有等同存有（Seyn），將後者等同存有本身。一年後在《沉思（Besinnung）》（1939）存有與居有卻有所不同：存有中有著虛無，而居有是存有樣式之一，但不同於存有本身。[120]到了〈時間與存有〉海德格以居有規定存有本身，並通過對「它給出（Es gibt，有）」的詮釋而將存有歸屬於居有。

海德格在《哲學論稿》，將眞理與存有的源初性關聯理解爲居有[121]。而存有與時間之所以不可分，其中一重要原因在於：通過現象學以獲悉存有與眞理，而其存有論眞理觀會隨存有理解的方式不同而有差異。早在二十年代初海德格即確定人無法以上帝視角或絕對客觀的立場探討眞理[122]，並明確反對符應論眞理觀。就人的本質特徵來說，人源初地處在眞理和非眞理中，既由眞理亦由非眞理所規定[123]。基於有限性，人首先且通常處在遮蔽的迷誤

---

[120] 海德格重視「無」對存有、存有真理發生的作用，將之視爲「存有（Seyn）最高的贈禮」（GA 66: 295）。在本書第二部分，第四章關於「畏」和死亡之時間特徵，討論到「無」的本質和作用。第五章則在藝術的歷史性和藝術作品的時間性，接續討論「無」於敞開、澄明、居有、離基以及抑制的作用。第六章永恆與有限的時間，「無」的作用不是否定有限而使時間變成無限性的，而是作用於敞開與離基。第七章有關時間的源出和源初的時間，「無」不僅以虛無狀態標識出人的有限性和時間的有限性，且作用於時間的綻出與自身在生存之際的出離，因而作用於時間的自行到時和源出。

[121] GA 65: 356.

[122] 參 GA 63: 82。

[123] SZ 223.

狀態，存有的本質顯現對人通常也是遮蔽的。他在〈論眞理的本質〉指出，眞理和非眞理在本質上相互歸屬，非眞理來自眞理，而眞理的本質是「自行遮蔽著的唯一東西」。[124]這些觀點延續到三十年代。從人的視角出發，眞理的本質顯現被把握爲「自行遮蔽著的澄明」，有著遮蔽與澄明的爭執。這意味，「眞理絕不僅是澄明，而是同樣源初地作爲遮蔽而本質顯現」。[125]

海德格前期哲學已注意到，古希臘文 ἀ-λήθεια（a-letheia，眞理）的否定性前置詞 a-應與眞理的本質有關，但沒說明二者的關係。到了轉向期，他在《哲學論稿》的解釋是，命題「眞理的本質顯現是非－眞理」想表達的是，眞理包含「不」的性質，意味著「阻力」、「進入澄明本身中的自行遮蔽」。[126]眞理因而內含非眞理。這觀點到後期有所不同。首先，遮蔽在於 -letheia。後期則在 1949 年演講〈危險〉說明 a-letheia（眞理）字詞結構：lethe（遮蔽，非眞理）是古希臘文 aletheia（眞理）的字根，眞理（無蔽狀態）因此是去除（a-）遮蔽，否定（a-）非眞理的活動。因此，「唯當遮蔽狀態，亦即 lethe 發生之際，無蔽狀態才成其本質」。[127]所以，非眞理是眞理本質化的基礎。而且，眞理的本質化活動就在眞理本身中。

海德格在〈危險〉中指出，德文 Bergen（庇護）既是遮蔽（Verbergen）也是去蔽（Entbergen）的字根，庇護因而有兩種。當世界保持在非眞理的遮蔽狀態，這種庇護造成存有本質處於被遺忘狀

---

[124] GA 9: 191, 197.
[125] GA 65: 348f.
[126] GA 65: 356.
[127] GA 79: 49.

態。當在場者在場，解蔽活動的敞開會將在場者庇護入澄明著的無蔽狀態。[128]基於庇護的雙重義，居有的另一種發生狀態是存有本質被遺忘狀態的完成。

「如何居有」，亦即居有的方式在後期哲學和《哲學論稿》大同小異。在《哲學論稿》，海德格以 -eignen、-eignung 爲字根及其與 eigen（自己，本己）的相似，提出與居有的相關概念 enteignen（揚棄本己）、Aneignung（內化）、übereignen（轉而本己化，轉讓）、Zueignung（向本己）等，作爲居有活動的環節，以說明存有本身如何通過居有本質顯現，人如何將存有本己化爲自身的存有，成就自身的本質。

除了存有遺忘狀態的論述完成之外，在海德格後期哲學，居有活動不再限於人與存有，而是擴及物、情緒、世界和天地與諸神等等。而且，居有多了視看（Er-äugen）、道說（Sage）和顯示語言功能，而作爲道說的語言是居有的方式。[129]他在〈通向語言的路途〉（1959）進一步說明，各環節的活動內容及其與自身的關係。和中期哲學的主要差異在於，道說的顯示是居有，居有以道說作爲說話方式，因而改變居有與在場者的關係：居有著的道說，允許在場者「入其本己的本質中」，如其所是地全然顯露。[130]人不是通過被居有而與存有、存有眞理合一，而是「入於」居有而成其本質，並保持於其中。對人而言，居有多了規定性的屬性。

海德格在〈語言的本質〉（1957）保留了居有、在場、時間－空間和時間－遊戲－空間，但相關的概念內容卻有不同，離基式

---

[128] GA 79: 49, 50.

[129] 參 GA 12: 22ff, 202, 248, 249, 255。GA 7: 181f。

[130] GA 12: 255.

建基也消失了。再者，人的視角不再是最主要的。海德格在《形上學基本概念》和《藝術作品的本源》，都曾從時間本身或存有本身來視看。他在〈語言的本質〉和〈時間與存有〉等五、六十年代後期著作，試圖再度從存有與時間本身，探問它們的本質。不再因人的有限性而將時間思考為探問與理解存有的視域，也不再因而需不斷地離基、建基。

在《哲學論稿》，時間－遊戲－空間具多重屬性。除了作為離基式建基，還有作為存有（Seyn）的、在此－存有的、紛亂（Wirrnis）和暗示的，或是作為大地和世界爭執（Streit）之場域等等。從離基式建基的傳送（Zuspiel），跳躍（被拋的籌畫）以及由神化（Göttern）而來的顫動，時間－遊戲－空間充滿活力與動態。除了在真理本質顯現的居有提到「寂靜的場所」即諸神「掠過的時間－遊戲－空間」[131]之外，在時間－遊戲－空間中發生的「遊戲」大多是激烈的，像是「真理進入存有者中的庇護」，與「諸神的逃遁和到達」二者擊入彼此地交相搏動。[132]

在《哲學論稿》，海德格以基本情緒來定調開端性思想、理解時間性，通過預感（Ahnen）測度的時間性整體：在此（Da）的時間－遊戲－空間。被時間性本身定調的在此－存有自身，既驚恐又振奮。[133]在離基式建基中傳送的遊戲，因離開舊有的基礎探入更根本性的新基礎而激烈動盪。反觀在五十年代〈語言的本質〉，時間－遊戲－空間成了「寂靜的遊戲」[134]，並寧靜地活動著。而

---

[131] GA 65: 243.
[132] GA 65: 62f.
[133] GA 65: 22.
[134] GA 12: 202.

時間本身則從運動轉入不運動。

在〈語言的本質〉，海德格延續《存有與時間》的時間時間化（到時），但自行到時者不是湧現者或綻出者，而是「正湧現著－曾湧現者」，且是「相同到時者（das Gleich-Zeitige）」：「曾在，在場和當前，亦即『將來』」。[135]這意味，海德格在後著對時間三個維度及其優先性的理解不同：《存有與時間》的當前讓位給在場，將來不再是向當前而來，而是不斷湧來的當前，曾在也不是來自當前的無化。海德格後期強調時間的共時性與連續性，因湧現和共時，而類似柏格森（Bergson）的綿延（durée）。在〈語言的本質〉，曾在是相同到時者的一環，將來是正等待（Gegen-Wart）的當前。再者，時間時間化，空間空間化。《哲學論稿》主張的空間時間化消失了，只保留了相同到時者的空間化，且空間化為時間－空間[136]。但這不是《存有與時間》的綻出，而是延續《哲學論稿》的移離和開啓，不過有所改變。移離和開啓變成了在移離和向之帶來（entrückend-zubringend）之際，為相同到時者開闢一條能相同到時的道路，開啓出這三個環節的統一性，而成時間－空間。相同到時者因而成了時間與空間不可分離的原因與基礎，而時間－空間則成了闢路以切近存有真理發生的動態之處所。

到了後期，海德格似乎接受亞里斯多德和康德主張的，時間本身不運動。他在〈語言的本質〉確定，時間本質的整體（im Ganzen ihres Wesens）不運動，而是寧靜地安息著。[137]時間－空間的本質是寧靜（Stille）。時間－遊戲－空間以寧靜為基調，即使是運動開

---

[135] GA 12: 201.
[136] GA 12: 202.
[137] Ibid. Ruhen 有休息，安息之意。

端式的聚集也是沉靜（Ruhe）的[138]。海德格後期這種不運動的時間概念，逆轉了其二十年代運動的時間概念。寧靜的時空觀，也不同於三十年代時間和空間都具運動性質的時空觀。

在海德格後期哲學的道說（Sage）之居有活動，出現活潑的激動者（regsames Erregende）在道說的顯示中。不過海德格表示，對在場和離場（Abwesen，不在場）而言，這是一種生氣盎然中的寧靜，有如清晨的破曉。[139]在〈物〉（1950），時間－遊戲－空間的遊戲，是指天地人神四重整體之間相互轉讓、居有的遊戲，亦即世界的映照遊戲。海德格稱四重整體的這種居有遊戲爲「居有的圓圈舞（Reigen）」，而這舞的圓環（Ring）即是映照的遊戲，「在居有之際照亮四方，並使四方進入它的純一性的光芒中」。[140]

海德格在後期以居有活動[141]和在場活動，作爲通達存有的主要方式。這兩種方式相互關涉，在場者作爲存有者，通過居有活動而成其本質地活動著[142]。在二十年代末，他將「本質（Wesen）」動詞化，將一般理解爲在場狀態的實體（ousia）動詞化爲在場活動[143]，爲中後期的在場概念做了預備性思考。《形上學導論》首度確立在場活動及其與存有、存有眞理發生的關係[144]後，在場活動、在場密集出現在海德格中後期著作。

---

[138] GA 71: 315.

[139] GA 12: 246.

[140] GA 7: 181f.

[141] 海德格在〈關於人道主義書信〉註腳表示，自 1936 年起居有（Ereignis）即成了「我思想的主導詞（Leitwort）」（GA 9: 316）。

[142] GA 40: 66.

[143] GA 34: 51, 203.

[144] GA 34: 66, 189. 另參 GA 65: 286; GA 9: 290。

　　在《在通向語言的途中》，海德格將存有本身視爲在場者的在場，這一來顯示出喜藏身於存有者中的存有本身具在場和在場者二者合一後的二重性（Zwiefalt）[145]，亦即，在場不是在場者，但不能沒有在場者，而在場者之所以是在場者乃基於其在場活動。因此，二者合一卻各自保有自身。再者，海德格前期哲學重視存有與存有者區分的存有論差異，通過中期居有概念注意到二者的合一，到後期則同時關注二者的區分與合一。‧

　　《存有與時間》將時間和存有擺放一起的目的，是以時間作爲理解與闡明此有的存有意義之視域；二者的關係是雙向的，因存有理解的本眞和源初與否，亦影響對時間的理解。在〈時間與存有〉（1962）則同時從存有與時間出發，於存有說出的東西探討存有，在時間特有的東西中探討時間。[146]〈時間與存有〉原本是《存有與時間》寫書計畫第一部第三篇的標題，海德格當時對這主題無法充分闡述，寫書工作也就此打住。相隔三十五年重提時間與存有，他自認不是因當年的難題已解決，反而是因越來越成問題，且對時代精神（Zeitgeist）來說，時間與存有問題變得更陌生。[147]海德格感慨，現代技術進步神速，計時的測量日益精確，我們卻「越來越沒機會沉思時間的本己因素」。[148]

　　在〈時間與存有〉，海德格對時間的提問方式再度改變。早在《存有與時間》海德格已注意到，不能以「什麼是時間？」提問，因爲時間不是東西，不是物。他曾試以「如何是」、「誰是」來探

---

[145] GA 12: 116, 202.
[146] GA 14: 14.
[147] GA 14: 103.
[148] GA 14: 15.

問時間。在轉向期《形上學基本問題》和《哲學論稿》，時間的問題成了「如何成其本質，如何本質顯現？」到後期〈時間與存有〉，他仍規定時間不是時間性的東西，但視之為實事（Sache）。[149]問題因而變成：「時間在哪裏？」它存有著且有一方的處所嗎？[150]如何恰當地對時間本質進行提問，看來不比對存有本身的提問來得簡單，且與存有的提問方式息息相關。

　　海德格探問時間有無「處所」，究竟存有不存有著？他以雙重否定性，肯定時間以某種方式存在著：時間不是無（nichts）。從日常人們常掛嘴邊的「我有時間」、「我沒時間」，可看出時間以某種方式存在。但時間不是像一般的東西可被擁有，海德格因此謹慎地提出新的命題：「它給出時間（Es gibt Zeit. 有時間）」[151]。

　　「它給出（Es gibt. 有）」是海德格後期哲學的重要概念。這原是德文常見的動詞片語，意味著「有」，海德格詮釋為「它給出」，用以說明超乎人類可知的本源問題，像是存有本身、時間本身。繼前期哲學的源出性（Ursprünglichkeit，源初性），中期哲學的起源（Ursprung，源出）、發源於…（entspringen）、跳躍（springen）後，海德格後期以「它給出」結合居有與在場來追問時間與存有。

　　不過這大寫的「Es（它）」，作為以某種方式給出的「它」究竟是什麼？亦即，是什麼給出時間、存有？海德格否定這大寫的「Es（它）」是存有或時間。我們當然可推論，若它給出存有，也給出時間，就不可能是二者，而只可能是存有本身或其他。但這

[149] GA 14: 8.
[150] GA 14: 15. „Ist sie überhaupt und hat sie einen Ort?" 於此若直譯出 überhaupt（到底，究竟），句子反而難懂，筆者因而將之省略。
[151] GA 14: 16.

不是根本解答，因爲我們仍可繼續往下問：什麼是存有本身？海德格不以分析或推論，也不是從存有本身演繹出存有和時間。他在〈時間與存有〉仍從現象著手，從「從屬於『它』給出的特點出發，去思考『它』，亦即，從作爲共命的給出，從作爲澄明著的到達出發」[152]。

　　早在博士論文結尾，海德格就注意到在德文中慣用的虛主詞「es」，並驚訝地稱爲「神秘的『它』」，認爲要對這種非人稱的判斷進行歸置，是一種難以達成的「艱難考驗」。在這類命題頂多只能確定，「某事物『正在發生（etwas *geschieht*）』」。[153]歷經半個世紀，他終於在〈時間與存有〉找到答案，至少找出命題形式「它給出…」。「它」給出時間、存有。這個能給出時間、存有等一切存有者、非存有者的「它」，不可能是有限的或限定的現成者。海德格指出「它」是居有、在居有中的居有活動。[154]通過「它給出」，海德格區分時間和存有，卻也以之關聯二者。

　　再者，海德格以「它給出（Es gibt）」說明時間和存有的源出，而「它」是具隱逸特徵的居有，是居有給出了時間和存有。居有不是傳統形上學包羅一切的普遍概念，而是具在場地給出之動態特徵與限定。這種既給出存有又給出時間的居有，不是永恆地在著的「什麼」，反而是在到達和遣送（schicken）之際自行隱逸。海德格以「它給出」取代了在三十年代提出的自然或本源（Ursprung）的源出，進一步以「它」作爲源出的源頭。以隱逸取代無化和虛無，則避免陷入虛無主義的疑慮。但居有作爲「讓存有」、

---

[152] GA 14: 24.
[153] GA 1: 185.
[154] GA 65: 30.

「使發生」而本己化、成其本質,卻無法避免「它」的不明確和不確定性。不過,海德格無意取消這種不確定性。

在〈時間與存有〉,海德格以居有調協時間與存有,讓時間與存有在其本己活動中成其本質,讓二者共屬並相互歸屬,相互規定,停留並保持在相互歸屬的狀態。[155]而時間與存有二者的相互歸屬狀態是動態的:存有的遣送奠基於在場活動的時間之到來,而時間的到達又與存有的遣送一起奠基於居有。[156]

若根據存有和時間共屬一體且相互歸屬,邏輯上可判斷二者等同。高達美在《存有與時間》的脈絡下指出,時間被顯示為存有的境域,「凡稱為存有的東西應由時間境域規定」。但他認為情況不僅如此,而是,「海德格的論點即:存有本身就是時間」。[157]高達美的觀點頗值得商榷。《存有與時間》將時間性規定為此有的存有意義,但不是存有本身。若「存有本身就是時間」,海德格在《存有與時間》獲悉本真且源初的時間性即獲悉存有本身,也就不需轉向另尋他途了。海德格回顧《存有與時間》時表示[158]:

> 在《存有與時間》「存有」不是別的什麼,而是「時間」,只要「時間」作為存有真理之名(Vorname)被命名,而那種真理是存有的本質因素(Wesende),因而是存有本身。

---

[155] GA 14: 24.

[156] GA 14: 25, 28.

[157] Gadamer, Hans-Georg (1960/2010): *Hermeneutik I: Wahrheit und Methode.* Tübingen: Mohr Siebeck. S. 261.

[158] 以下引文出自 GA 9: 376。

一來通過名（Vorname）與姓（Name）的關係可知，存有和時間並不等同。而是，時間「作為（als）」存有眞理之「名」而歸屬於存有眞理。二來，時間「是」存有本身，「是」意味歸屬，且有前提：因眞理是本質要素，所以存有眞理等同存有本身。因此，時間歸屬存有眞理，並因而歸屬於存有本身。

　　即使在〈時間與存有〉，存有和時間共屬一體，且相互歸屬，並在邏輯上等同，但是這種共屬一體且相互歸屬本身不是邏輯關係。而是，二者在居有中居有著而出現的「根植於…（beruhen in...）」。二者的共屬一體和相互歸屬狀態是動態的。由於存有作為共命的遣送，根植於時間作為澄明著的到達。二者的相互歸屬，是在存有根植於時間的共屬一體之下，二者一起根植於居有中。在居有活動中，存有和時間入其本己中而成其本身[159]，並沒有進入對方或成為對方。而且基於「根植於…」，存有、時間和居有三者在這共屬且相互歸屬的關係中是源出的關係：存有源自時間，包含著存有的時間源自居有。所以海德格表示，時間和存有相互規定，但時間不是存有者，存有也不是時間性的東西。[160]

　　在〈時間與存有〉，居有活動通過在場和「它給出」關聯時間和存有。海德格以澄明著、護持著（verwahrenden）的「到達與遣送」[161]之二重性來理解居有，並將遣送和到達理解為一種「給出」的方式。「它給出」的它是居有，所以唯在居有活動中，它給出時間與存有。[162]但到達與遣送不是現成的具有或完成，而是具隱逸

---

[159] GA 14: 24.
[160] GA 14: 7.
[161] 參 GA 14: 26。
[162] GA 14: 27, 28.

（抽離）的特徵。海德格視隱逸爲居有的本質性特徵，不再像《存有與時間》從關聯或意義的關聯整體性來思考時間。從在場者與不在場者的持存與否，以及澄明和居有的不在場的在場，而提出存有作爲在場者的在場，退隱自身而藏匿於存有者[163]。而且，「在場者能入於澄明而持存，不在場者能出於澄明而在隱逸中保持其持存（Währen）」[164]。

在場狀態是時間狀態，且是時間的當前[165]，海德格將在場活動確定爲居有活動，並關涉到人。當「它」在居有活動給出存有與時間，居有就把人本身帶入「其本己的東西（Eigenes）」。而且，當他內立於本眞的時間中，即能聽見（vernehmen，獲悉，領受）存有[166]，聽到以寂靜之聲道說著的存有。在〈時間與存有〉的討論課海德格確定，與居有相關的「讓在場」的「讓（lassen，使，任）」意味「釋放到敞開之境（ins Offene）」，而在場者作爲一自爲的在場者，則被准許進入共在者的敞開之境。[167]

從居有活動的現象來看，存有作爲「讓在場」在居有活動中被遣送，時間則被到達（gereicht，被送達）。[168]而這種到達具「澄

---

[163]　參 GA 5: 337。

[164]　GA 12: 247. 從道說（Sagen）意味顯示活動（Zeigen）及《在通向語言的途中》對顯示作用的強調，我們可知海德格後期哲學仍運用現象學方法。

[165]　GA 14: 16.

[166]　GA 14: 28. 於此，海德格顯然改寫了奧古斯丁《懺悔錄》對上帝永恆話語（Worte）的表達：僅能通過理性精神聆聽，並包裹在寂靜沉默中（in Stillschweigen gehüllten）的話語。（參 Augustinus [1888]: *Bekenntnisse*, §11, Kapitel 6）

[167]　GA 41: 45f.

[168]　GA 14: 27.

明著－遮蔽著」的特徵[169]。海德格藉此規定時間和存有於在場狀態的連結方式：通過遊戲般的傳遞（Zuspiel）二者基於人的本質活動而有連結。同時，也確定在場活動和 wesen（成其本質，本質顯現）的關係：在場活動即正在成其本質而本質顯現。時間的到達，既澄明著又遮蔽著，但也可能澄明著或遮蔽著。這顯示出時間的到達本身處在源初性爭執，其統一成爲時間本質及其本質顯現。在時間自身中的居有活動，因而有澄明和遮蔽二者的鬥爭與統一之「辯證」運動。再者，時間自身中的這種源初性爭執即存有眞理的發生，澄明與遮蔽則是居有的兩種不同運動與狀態。

　　不過，這裏出現時間本身既運動又不運動的弔詭。「它給出」的它是居有，而居有是動態的、讓存有者本己化而成其本質的居有活動。但海德格在〈語言的本質〉卻指出，時間本質的整體並不運動，後來在〈時間與存有〉亦未修正。難道居有只是時間本身的給出者或給出的方式，而不是時間本身？或者，海德格接受了亞里斯多德的時間本身不運動，接受的同時改寫亞里斯多德推論出來的、本身不運動的第一推動者？或者，他在後期游移於柏拉圖與亞里斯多德二者的時間觀？關於這些問題，目前筆者尚未找出明確且完整的解答，有待日後從海德格後期著作的居有概念著手探索。唯一可確定的是，時間有部分與整體之分，居有給出時間，時間本質的整體不運動，但時間－空間的時間寧靜地運動著。若是這樣，海德格後期亦未超出亞里斯多德對時間的思考。

　　在場和「它給出」的時間性之基本主調不同。在場狀態的時

---

[169]　GA 14: 20.

間性是以當前[170]爲基調,「它給出」的給出以當前的「到達」而顯現,因「到達」而具將來特徵。因能源源不絕地給出,且根植於居有活動而由自行隱逸(sich entziehen,自行抽離)所規定,所以當前的「給出」以「曾在」爲基調。在本眞的時間和時間-空間中,曾在-當前-將來到達。從「到達」本身具自行隱逸的特徵,且是通過拒絕和先行持留(Vorenthalt)呈報出自行隱逸,讓時間三個維度的同時到達得以可能。並且,海德格從時間本身來看時間,曾在一到達即不再當前,因而將曾在詮釋爲當前的拒絕。將來的到達則是尚未當前(noch-nicht-Gegenwart),通過等待(wart)而自行顯現於先行持留。[171]基於在場,海德格後期著眼處在於當前,從當前去思考將來和曾經的本質活動。

通過居有與在場,海德格後期對時間的闡釋延續了《形上學基本概念》時間本身的整體境域,仍具整體主義的特徵。這動態的時間整體,到了後期成了不運動,卻延續時間自行隱逸的特徵,且多了到達與隱逸的同時性與雙重性。而視角不再基於有限性而以將來爲主,而是當前。再者,當前是多義的。一來,意味 Gegen-Wart,亦即,將來處於等待狀態,卻也持續到來。二來,當前以不同的方式到達,也以不同的方式逗留。它的隱逸不是消失,而是,即使抽離卻仍可能以某種方式自行牽引拉扯著[172]。像是基於作爲實事的時間於自身中具有澄明和遮蔽的對立活動,曾發生的事情可能讓人明白或誤解什麼,即使遺忘了,卻仍可能在當前作用著。

---

[170] GA 14: 16.

[171] 參 GA 14: 27。

[172] 自行隱逸(entziehen,抽離)的字根 ziehen,意爲拉、扯、引。

第四章　日常生活的時間

　　早在《宗教生活現象學》海德格即通過生活，探討存在（Existenz，生存）和存有（Sein）。他以實際性（Faktizität）標記其現象學，將生活視為存有活動的方式，而實際生活意味著，以存有特徵表達我們在這世上本己的「此有（Dasein，生存）」[1]。《存有與時間》延續《宗教生活現象學》，將生活（生命）視為「本己的存有樣式」，且只有此有可通達它[2]。而日常生活的生存活動是探討存有與時間的基地，對時間本質的探討則著重於人「如何」在世界中存活、如何存有。

　　海德格在《宗教生活現象學》發現，實際生活經驗可在取消預設後作為哲學進路的起點，亦可作為現象學研究的現象。他隨後轉向亞里斯多德，探索如何活生生地理解，以替代旁觀者般的考察[3]。他在《現象學基本問題》（1919/20）將現象學視為實際生活的源初科學，在《直觀與表達的現象學》（1920）則將生活視為哲學活動的「原初現象（Urphänomen）」[4]，以時間作為追問存有意義的視域，從熟悉的日常生活考察生活的實際性與存有活動。

---

[1]　參本書頁 89ff。
[2]　SZ 50.
[3]　GA 58: 189.
[4]　GA 59: 15.

在《存有與時間》，日常狀態被規定爲「自行揭露爲時間性（Zeit-lichkeit）的模態（Modus）」[5]，在《康德書》日常活動則被確定爲最具決定性的存有樣式與理解活動[6]。我們在日常的活動中，直接顯示出我們是如何看待與理解事物之於我們的意義（Bedeutung），而傳統觀念的影響也作用其中，並且經常表現在飲食、作息、工作態度，節慶乃至生死觀。即使不知傳統時間概念如何影響我們，或不清楚自己是如何理解時間，我們卻總依循某種時間觀過日子，根據某些時間模式工作。在日常生活中，我們「自然而然地」生活，建構出自己的生存狀態，也在不知不覺中顯現出我們自己「是怎樣」的人。

海德格在《對亞里斯多德的現象學解釋—現象學研究導論》（1921/22），一方面持續將生活視爲「一個現象學的基本範疇」，亦即「一種基本現象」，另一方面則將哲學納入生活，也將生活哲學化。他視哲學爲「生活本身的一種基本方式」，哲學因而「都在重新－取得（Wieder-holen）生活」，從「墜落（Abfall）」中取回，而「這種取回（Zurücknahme）本身作爲徹底的研究活動，就是生活」。[7]他將狄爾泰的生活關聯轉爲處境（Situation），並從施行意義（Vollzugssinn）注意到關聯意義和內容意義，進而注意到，可從現象顯現時的關聯性取得某種具普遍性的結構。所以海德格主張哲學的普遍性來自生活，普遍性（Universität）就是一種生活的關聯。但這種關聯不是沒有內容的純關係網絡，而是由

---

[5]　SZ 234, 371f.
[6]　KM 234.
[7]　GA 61: 80. 海德格《對亞里斯多德的現象學解釋》有二，一副標題是現象學研究導論（1921/22），另一是詮釋學處境（1922）。本書內文提及的大多爲 1921/22 年，後以《對亞里斯多德的現象學解釋》簡稱。

生活中的種種施行組建，並由具體的施行確定（bestimmt，規定）人事物不可見的關係，像是對…的依賴，於海德格則是某種關聯的指示[8]，以確定二者關係。因此，生活關聯是某種生活於其中的場域，在其中，我們「出自或在我們的『實際此有』中活出（leben）普遍性」。而詮釋的前理解即來自對生活本身與實際性的掌握程度，因為生活在其最本真的本己意義上就是「實際性」。[9]

海德格區分事實（Faktum）和實際性，前者是經驗性或存有者狀態，具分殊性；後者是存有論上的如何存有（Wie-sein），具普遍性。他將生活基本結構視為諸運動，視生活的實際性為「生活的存有」，或通過運動性而規定的「生活的存有意義」。[10]結合胡塞爾活生生的體驗（Erleben）和狄爾泰的生命哲學，在《宗教生活現象學》提出「實際生活」，而這成了他前期哲學的主導性概念，生活和日常生活亦成了哲學活動的基地。他以實際生活經驗作為「無預設的」哲學進路之出發點，藉以獲取「時間的意義（Sinn）」[11]，試圖解決以往認識論在概念和命題內容抽空後的平整化（nivelliert）問題[12]。從生活源初地體驗時間性，藉由這種以

---

[8] 參 GA 24: 212-214。

[9] GA 61: 76, 87. 動詞 leben 單獨時本無「經歷（durchleben）」和「體驗（erleben）」之意，但海德格顯然有意在「生活出（leben）普遍性」的同時，將「經歷、體驗」普遍性之意包含其中。亦即，將 leben 視為多義字，直接將諸前置詞的多層含義納入其中。並從動詞 leben 之語用，形成名詞 Leben（生活，生命）之語意及意義。

[10] GA 61: 114.

[11] GA 60: 65.

[12] 參 GA 60: 4。海德格從《宗教生活現象學》起即注意避免抽象造成的空洞化問題，尤其在討論存有概念時。他因而強調，「實際生活經驗完全地駐留在『內容』內，而『如何（Wie）』至多只是伴隨著進入其中」（GA 60: 12）。這成了海德格探究「如何存有」的主導性原則，其在世存有與

活生生的生存活動及其存有結構，海德格擺脫傳統以來從純粹意識討論時間，或將時間視爲任何形式的純粹觀念。

海德格慣以動詞以及語詞所屬的實際活動，理解語詞的源初意義。二十年代初在詮釋「生活」的意義結構時表明，他是從「生活」的動詞，及物與不及物動詞出發。[13]德文動詞 leben 和名詞 das Leben 皆具生活和生命之意。而人的生命（生活）是「以時間爲導向」，由他「日常的作爲和不作爲（Lassen）」所構成。[14]

海德格從動詞 leben 理解生活和生命，也藉此理解世界。他提高生活（生命）現象在現象學的重要性，而與「世界範疇」相提並論：將生活的內容意義刻畫爲世界，「世界就是生活現象中內容意義的基本範疇」[15]。香港學者關子尹因而認爲，海德格受狄爾泰「生命範疇」的影響，早在 1921-1922 年即嘗試以「基本生命範疇」概括後來在《存有與時間》強調的存在性（Existenzialität），後來在《存有與時間》則反過來以存在性取代範疇論，以存在狀態取代範疇。[16]

德文動詞常具多義性，且有多種名詞化方式。這予以海德格詮釋生活（生命）時，一方面可從生活的動詞及以生活（leben）爲字根的動詞組合，像是 durchleben（經歷，經受）、verleben（混日子）、erleben（體驗）等生活樣態，而且它們成了生活不可抹

時間圖式等概念深具「如何」的結構性，也都是著眼於「內容」，遵循從內容而來、不可取消內容的指導原則。這也是現象學作爲哲學方法與經驗主義的主要差異，不過也因此海德格後期哲學須面對同一與差異的問題。

[13]　GA 61: 81.
[14]　GA 64: 17.
[15]　GA 61: 86.
[16]　關子尹（2021）。《徘徊於天人之際》，頁 46。

煞且明確的表達。海德格自己表示,他「恰恰就是要保留並堅持這種表達」[17]。通過多義性,他將生活與生活中的言談等環節,還原至邏輯化、概念化前活生生的多元樣態,藉此看出生活與生命、以及二者與哲學活動的關聯。在現象學和詮釋學上,則從生活在不同領域的施行,找出生活現象的施行意義、關聯意義、內容意義以及存有結構。在《對亞里斯多德的現象學解釋》,海德格詮釋出生活三層名詞性的含義[18]:

一、所有生活方式的延續與實現之統一意義:所有的生活方式是從生活(leben)的及物和不及物動詞而來。其完整或各自有限的延伸之統一是其全部或部分施行多樣性的統一,也是各自的源出性(Ursprünglichkeit)或與源頭斷離的狀態(Ursprungs-abständlichkeit)之統一。

二、前述統一生活的有限延伸之分殊意義:就分殊意義而言,生活本身承載著諸多可能性。海德格認為,「生活本身是自行承載自己的東西,或者說,就是其可能性,它本身就是可能性」。通過生活本身作為可能性,海德格顛覆傳統哲學。從前期開始,可能性和「能存有(Seinkönnen,會是,可能是,能夠是,又譯「能在」)」即於海德格哲學,具高於必然性與實在性的優位。

三、前述兩種含義交織而來的意義:這種混合意義上的生活,在可能性中延展的統一體以及作為諸種可能性的這種整體者被視為現實性。這種現實性因其特殊的不透明性,無法看清,而被視為強力(Macht)。他稱這種強力為「命運(Schicksal)」。

受狄爾泰生活關聯、胡塞爾活生生的當下以及雅士培生命哲

---

[17] GA 61: 82. 這種字根的關聯是海德格詮釋學的基調,並「**堅持**」至後期。
[18] 以下三點及引文出自 GA 61: 84。

學的影響，海德格在初期以生活作爲哲學活動場域，提出胡塞爾在二十年代尙未看到的「實際生活」。德國學者甘德評判，實際生活在海德格思想第一創作階段中佔主導地位。[19]而他對日常生活和實際生活的重視，延續到三十年代。

　　不過自三十年代中期，「實際生活」一詞不再出現在海德格的著作。德國學者黑爾德（Held）比較海德格和胡塞爾三十年代的同期著作時表示，在《哲學論稿》海德格針對時代弊病開出的診斷是存有的遺忘，胡塞爾在《歐洲科學的危機與超越論的現象學》的診斷是生活世界的遺忘。黑爾德綜合二者，認爲通過胡塞爾的生活世界之遺忘，有助在現象學上具體化海德格開出的存有遺忘之診斷。[20]但黑爾德的評判忽略了海德哲學的發展脈絡。早在二十年代，《存有與時間》和《現象學基本問題》（1927），海德格即在不同的存有層次討論遺忘，不僅有具體內涵，且有不同種類，不同的時間樣態。而且，從〈物〉（1950）等對天地人神四重整體、對現代科技的描述則可看出，至後期海德格仍以生活、生活世界作爲哲學活動的場域，但對日常生活的描述著墨不多，而是，自三十年代中期益發專注於存有眞理如何發生以及詩（藝術）和存有的道說。這種轉變本身顯示出，海德格從生活中存有未被遺忘的場域，藝術創作活動與哲學活動，探索存有本身。

　　海德格在《存有與時間》指出，西方哲學自亞里斯多德即遺忘存有問題與人的存有，因而我們這年代須重提存有問題。[21]他將對某對象的遺忘，視爲庸常、派生性的遺忘。存有的遺忘發生在

---

[19]　Gander (2004): *Phänomenologie im Übergang*, S. 306

[20]　Held (2012): *Husserl und Heidegger über den Anfang der Philosophie*, S. 70.

[21]　SZ 2, 49.

日常生活中對自身的遺忘（忘失於常人狀態）、良知的遺忘，也發生在對死亡作爲生存的根本可能性以及最本己的能存有之遺忘。通過對赫拉克立斷簡的詮釋，遺忘意味著將…沉回遮蔽狀態，對反於 logos 的道出如何存有（Wie-sein）。[22]

在《現象學基本問題》（1927），海德格將非本眞理解存有所造成的存有遺忘，歸屬於實際性的此有，並稱爲「源初性的遺忘」。他將遺忘現象分爲三個環節，被遺忘者、遺忘者以及作爲動詞的遺忘本身。後二者是源初性的，前者是派生意義上的遺忘。而被遺忘的不僅是存有者狀態或生存狀態上過去了的事物，或是存有論上的曾在（Gewesen），更根本的是本己的能存有，遺忘因而具將來之時間性。並且因是對存有的遺忘，這種時間性是非本眞的。海德格指出，人們從非本眞的將來出發，規定當下的到時，亦即從諸物、他者出發來預期並籌畫自身的能存有，以致既不回歸本己的自身性，亦不接受實際性中的自己。派生意義上，遺忘被理解爲不持留。源初意義上，反而是持留的一種模態：將持留的存有沉回遮蔽狀態。[23]

二十年代初，繼《宗教生活現象學》提出形式顯示（formale Anzeige），海德格在《對亞里斯多德的現象學解釋》通過生活三層意義的相互關聯，另提出現象學的結構指示（Strukturanzeigen）。以生活作爲獲悉現象結構的基地，亦即從事物的關聯得出存有結構或整體意義之結構，並藉此建構其 Dasein 概念，詮釋其與時間、存有的關聯。

22 SZ 219. 常人狀態（das Man）的特徵之一爲逃避其存有和遺忘其存有。（SZ 44）
23 GA 24: 410-412.

在《對亞里斯多德的現象學解釋》，海德格表示生活即此有（Dasein），而這意味，存有者在生活中、通過生活而「存有（Sein）」。他也以同位語，將生活的實際性和在此存有等同起來。[24]在《時間概念》（1924）則表示此有是時間、時間性，且是在「最極端的存有可能性」被把握的此有。[25]基於此有作為存有者（人，我們自己）和作為在這世界中存有的雙重義，以及此有與時間的等同關係，可知時間亦具存有者層次與存有論意義的雙重性。他指出，時間若作為時段是無意義的（sinnlos）。他因而從時間出發，提出時間的基本命題：「時間是『時間性的（zeitlich）』。」[26]可見，他企圖由時間探討時間、規定時間。但卻又將時間性的存有意義，歸於此有的可能性與存有[27]。生活、時間和此有三者具某種等同關係。到了《時間概念史導論》（1925）他轉以生存作為此有的存有活動基地，關注的面向從生活轉向日常的生存活動，且生存和時間二者等同。某種程度上，這為提出《存有與時間》時間性的綻出（Ekstase）和本真時間性等存在性時間概念，做了預備。

綜合前述觀點，海德格在《存有與時間》提出「時間性」是此有的存有意義，又將之闡釋為操心（Sorge，關心，關切，在意，牽掛）的本真意義。「如何」操心、關切，成了時間的內容與特徵，時間與此有因而出現循環論證的雙向關係：時間性在「此有的本真整體存有、在先行決心的現象」被經驗到[28]。而此有生存活動的存有論結構之關聯性的源初基礎，亦即「存在性」的存有論

---

[24]　GA 61: 76, 85.
[25]　GA 64: 122, 123.
[26]　GA 64: 123.
[27]　參 GA 64: 124。
[28]　SZ 304.

源初基礎，則是「時間性」[29]，此有生存的基本可能性是根據時間性諸種可能而到時。海德格在《對亞里斯多德的現象學解釋》表示，可能性是「現象學嚴格可把握的領域，它們從一開始即與邏輯的或先天的可能性無關」。[30]海德格後來維持這觀點，並將存有論上的可能性稱爲「能存有（Seinkönnen）」。

第一節　日常生活中的流俗時間概念

在《存有與時間》，對時間的理解主要以存有層級，以及本眞和非本眞、源初和派生來區分。時間非本眞的理解包含來自傳統或一般流俗的看法，本眞的時間理解則關涉到自身性。我們今天承襲的時間觀，大多來自傳統對時間的理解。

對海德格而言，傳統本身並非固定不變的東西，因爲，哲學就是活生生的哲學活動（Philosophieren），且在哲學活動的當下形構著傳統。[31]「哲學」應動詞化爲哲學活動，以及哲學本質須通過活生生的哲學活動加以實現的看法，貫徹至海德格後期。再者，他將傳統理解爲一種傳送（Überliefern, Überlieferung）。在狄爾泰發生學的影響下，海德格認爲歷史是與他者相互共同在此存有之際，某些「過去了的」被「傳送下來」、流傳下來，且繼續起作用地「發生（geschehen）」在生活中。[32]所以在日常生活，我們既

29　SZ 234. 早在準備 1918/19 年的授課講稿中，海德格就通過思考 tentatio（誘惑）提及 Existenzial（存在性的。註：但字首大寫意味，形容詞名詞化）一詞。（參 GA 60: 256）

30　GA 61: 84.

31　GA 61: 46.

32　SZ 379.

生活在傳統與歷史中，也和共同在此存有著的他者一起活出某種傳統。共同地在存有活動中，再次取得本眞歷史性的可能性。海德格認爲，我們無法避免傳統的影響，也不可能擱置它而無預設地進行哲學活動。所以他的做法不是擱置，而是通過現象學闡明歷史處境，釐清先前具有的詮釋學處境。

對流傳下來的傳統時間概念，海德格持批判的態度。認爲它們未探及時間本身，和流俗的時間觀一樣，非本眞也非源初性的，而將它們歸入流俗的時間理解。不過這些基於非本眞的時間理解雖是派生的時間現象，卻仍是某種眞實的時間現象，仍可能開顯出本眞的時間性之到時。最常見的流俗時間概念大多來自傳統時間觀，並體現在日常生活。像是將時間劃分爲過去、現在和未來，主觀和客觀，內在固有（immanent）和先驗的（transzendental）。

海德格指出，現今流俗的時間理解主要來自亞里斯多德的影響。亞里斯多德將時間理解爲由一個個「現在」或運動的數連續不可分地構成，我們通過運動變化，意識到時間。這種理解下的時間是由「現在點（Jetz-Punkt）」所構成的現在序列（Folge），並成了最常見的時間概念：可計量的時間。海德格認爲這些流俗時間概念的問題在於將時間性的本質性特徵，綻出（Ekstase），敉平爲純粹的、無始無終的現在序列，並主張時間數目般地接續向前而無限，現在流逝而成過去。人們基於這種時間理解，將人生劃分爲不同階段，或以爲是現成事物組成我們的周圍世界，拼貼出我們在世界中的存有樣貌，以爲人生可以也應該提早規劃。或將自己確定爲現成的事實，以爲人隨時間生滅，往事如煙消逝。或把時間視爲某種東西，以爲可拿來交換，像是花錢買時間，或用時間換取金錢。這些是最常見，卻是非本眞的時間理解。

海德格在《存有與時間》闡釋的此有時間性，是一種兼顧存有論與生存活動的存在性時間觀：從生存的可能性出發，以生存活動作爲時間概念的實際內容，將存有的可能性作爲時間性的元結構。在生存現象上，時間性統一操心的三個環節：存在（Existenz，生存）、實際性與沉淪（Verfallen，落入）。[33]在基礎存有論上，時間性是連續不可分割的統一。當前、將來、曾在（Gewesenheit），都只是時間性綻出的樣式。[34]海德格命名這種時間性爲「綻出－境域式的（horizontale）時間性」或「此有式空間性的綻出時間性」[35]，用與傳統的時間點或延展的時間概念區別。

海德格用時間性一詞，表達存有論的時間概念。對他來說，一切未追問存有意義的存有者（非此有式存有者）[36]都不具時間性。海德格以此有的生存現象整體爲範圍，試圖通過此有與周圍世界打交道、與世界的照面而兼顧主觀與客觀的時間理解，並根據存有理解的三個層次，將時間理解分爲三層次：存有者狀態的非本眞時間概念，前存有論的非本眞時間性，基礎存有論的本眞時間性。這三者具接續的歸屬關係：非本眞的時間概念歸屬於非本眞的時間性，非本眞的時間性歸屬於本眞時間性，本眞的時間性則是最根本、最基礎性的時間理解。而時間與存有在《存有與時間》具循環論證的關係：時間是存有理解的視域，存有理解則

---

[33]　SZ 252.

[34]　SZ 329.

[35]　SZ 369. 又稱之「境域－綻出的」時間性。（GA 24: 463）

[36]　SZ 419. 在《存有與時間》海德格區分此有與非此有式存有者，二者最大的差異在於對存有的理解。德國學者黑爾曼指出二者的差異在於，此有的存有樣式是由它對本己存有的理解所刻劃，並由此關涉到對其他照面存有者的存有樣式之瞭解。（Herrmann [1974/2004]: *Subjekt und Dasein. Grundbegriffe von „Sein und Zeit".* Frankfurt: Vittorio Klostermann. S. 67f）

規定時間理解的本眞與否。

　　海德格從現象上最通常和最切近者著手，最先看到的是非本眞的時間概念，最後開顯出的則是最源初、最根本的本眞時間性。他一方面從現象出發進行觀察，得出存有結構，藉以探求基礎存有與存有意義。而思維則反向地，以存有作爲現象得以可能的基礎[37]。另一方面，由於時間性是此有的存有意義、本眞的操心意義。海德格指出，須具體研究操心的源初現象，通過先行決心得出整全的此有之存有整體性，才能看出非本眞的時間性源自本眞的時間性。[38]這種「源自」不是推論的根據，而是得以可能的「基礎」：根本者的存在，使派生者得以出現。因非本眞的時間性是本眞時間性的遮蔽狀態，認識與揭示進路是由非本眞而本眞，本眞性就在這意義上根植於非本眞性。存有者狀態的非本眞時間概念源自非本眞的操心，基於主客體模式而將時間視爲相對於認識主體的客體。但若本眞時間性不存在，就沒有遮蔽了的非本眞時間性。

　　海德格在《存有與時間》，將操心視爲此有的存有、存在性意義。當生活經驗處在存有者層次，我們總在自己關心在意的事務上環視尋覓，爲此而需要時間、花費時間，並因需用時間而計算時間。環視而有所計算的操心所顯示出的現象，可揭示流俗的時間概念以及時間的計量如何形成，亦即某種時間概念及於其中發生的實物之「如何存有」。時間的計量雖非本眞，但能讓被揭示的及手事物（das Zuhandene）和手前的現成事物（das Vorhandene）進入時間境域相遇，而對在世存有起到某種建構作用。他

---

[37]　由此可見，海德格於《存有與時間》仍保留傳統哲學的基礎主義。
[38]　參 SZ 327。

稱這種來自對日常生活理解所形成的知性時間概念的規定性爲「時間內狀態（Innerzeitigkeit）」，被視爲流俗與傳統時間的基礎，而它本身則奠基在時間性。[39]存有者隨著所操心的事物而尋視、估量、計算等等對時間的操勞，形成時間內狀態，海德格將時間內狀態視爲非此有式存有者的時間規定性。它將時間視爲可操勞的對象，雖不是本眞的理解，卻使計時對在世存有起到建制作用，使「公衆時間」得以可能。[40]海德格因而在《康德書》表示，時間內狀態是非源初性的，在經驗世界是矛盾律的前提，但卻也是經驗上可通達的事物之條件。[41]

第二節　從非本真到本真的時間性

海德格在《存有與時間》指出，「正是時間性使此有的『存有』得以可能」[42]。而爲使規定此有的存有結構，通過此有的存有方式在其自身、從其自身顯示出來，海德格的此有之存有分析以日常生活爲進路和出發點，著眼於日常生活的基本狀況。這種存在性的存有理解不是純知性的理解，也不是意識表象，而是基於實際生活的感受、理解和言談，開顯出「能存有」是實際生存的基礎。對海德格來說，日常生活狀態既顯現出存有樣式，亦顯現出時間性的樣態。而這從日常生活中的陳述不免涉及存有（Sein）及其時態，可看出端倪。所以時間現象的整體範圍，無異於生存

---

[39] SZ 333.
[40] SZ 412.
[41] KM 194f.
[42] SZ 372.

活動的整體性。高達美也因此注意到，在《存有與時間》操心的時間性結構即是存在性的結構。[43]

時間在《存有與時間》有一重要功能：作爲存有理解的「先天」視域。這種先天概念不同於康德先驗哲學，而是使之可能的在先者。後來在《現象學基本問題》（1927）海德格說明時間作爲可能性本身的本源，是所有在先者的基本條件，因而是比任何可能的在先者更在先的在先者。[44]

由於海德格同時注重生存與存有的「如何」與如何可能，《存有與時間》的時間概念呈現明顯的動態結構。時間性作爲綻出的統一性有如某種境域，「整體時間性的境域」規定實際生存著的存有者「何處去（Wohin）」和「向何處去（Woraufhin）」的開顯。海德格將圖式詮釋爲「綻出的何處去」[45]，這種「境域式的圖式（Schema）」是生存的綻出、移離的動態方向性。時間性因綻出而成境域，綻出與境域也因而成爲時間性的本質規定。

康德通過圖式將十二範疇統一於時間的向度，海德格則通過圖式顯示生存活動與存在性時間的「運動」方向。後者從生存活動詮釋出時間於存在性上的綻出，這種綻出因統一性而可確定不是向前的直線運動，而是某種移離（Entrückung）[46]。但在《存有與時間》尚未強調時間性的移離特徵，要到《哲學論稿》才將移離規定爲時間的運動性，並確定其運動方式爲圍繞式。這種圍繞

---

[43] Gadamer (1960/2010): *Hermeneutik I: Wahrheit und Methode*, S. 259, 267.

[44] GA 24: 463.

[45] SZ 482.

[46] Entrückung 原意：從某一領域或境況抽離出來。海德格藉此表達時間的運動方式，以替代傳統將時間的運動視爲被平整化的「現在」或「現在點」之接續。《哲學論稿》，海德格沿用移離（Entrückung）一詞。

式的時間運動不同於柏拉圖《蒂邁歐篇》的自環與他環之運行，一來不具規律性，二來這種移離不是星體運動，而是來自離基式奠基和跳躍（躍入深淵）的推動，亦即來自存有真理的發生與澄明之域的敞開，因而是持續，而不是連續性的運動。

類似柏拉圖的存有層級，海德格提出存有論差異。不同的是，其存有理解不是純粹的認識活動，而是與生存活動密不可分；也不是靈魂的單向提升，而是人的存有在本真與非本真的來回。海德格將生存的可能性分為兩個存有層次，一是通過日常的生存活動，與存有者狀態同義的 existenziell（生存狀態上），另一是透過存有結構對生存進行理論分析的透視，與存有論同義的 existenzial（存在性的）[47]。對前者的瞭解是存在性分析的基礎。生存方式顯示並確定（規定）存有樣式，而存在性則「提供此有自身持駐的存有論狀態」。[48]這種奠基於生存結構的存有分析與存有模態，具開顯的基本特徵。

而整體時間性的境域式圖式[49]既是生存狀態上的，也是存在

---

47 參 SZ 12。

48 SZ 322.

49 香港學者關子尹將《存有與時間》的境域式圖式稱為「生命圖式」，是一自創且具創意的概念，一來為了標示海德格承自狄爾泰「生命範疇」的改寫，二來作者認為海德格的生存（Existenz）概念是「『人類生命』現象的另一稱謂」。（關子尹〔2021〕。《徘徊於天人之際》，頁 249）筆者較保守地使用生存活動的圖式稱之，德文仍用名詞，除了強調海德格的名詞 Existenz 應以動詞理解之外，也是循海德格將生存詮釋為綻出（Ekstase）的脈絡。筆者亦認同關子尹的生命圖式之理解以及海德格從新康德學派知識論的範疇論、狄爾泰生命哲學的「生命範疇」以至《存有與時間》存在性（Existenzialität）之轉變。不過，筆者認為海德格對 Leben 的理解既是生命，也是生活，尤其海德格自己表示應將名詞 Leben 理解為動詞（GA 61: 8）。而且正是生活與生命的不二，使得敬重道德法則作為行動，無異於行動者對自身的敬重，而且是一種「特有的將自身

性的，它不僅包含了二者，並顯示出二者的統一。且通過指向性的介系詞 zu...、auf...、bei...等等，顯示出本真時間性的方向性與結構式形象。[50]這些介系詞指示生存活動與時間圖式的方向，而成了存在性時間圖式的動態結構之元結構。這結構式的圖式由生存和存有兩種維度交錯形成，且生存活動的展開、綻出和存有理解的開顯同時進行，時間理解因存有理解是否本真、徹底和全面而有不同。因此根據《存有與時間》從日常生活提供的本質結構可得出此有的存有結構，並可將這種存在性時間觀的動態結構[51]以雙主軸表示：

一、縱向結構：來自對存有不同層次的理解。這些不同的存有理解，揭示存有者狀態、前存有論、基礎存有論三層次的時間理解及其基礎，呈現垂直深度的時間動態結構。這種縱向結構，在良知（Gewissen）的見證與過渡清楚可見。對海德格來說，良知是一種在世的存有樣式，以某種呼聲的方式，呼喚在常人狀態的此有去聆聽本己的自身，並與確知（Gewissheit）相關，目的是把自己從非本真狀態帶到本真狀態。因此，良知現象不限於道德兩難或道德問題，更源初地是日常存有模態在非本真與本真間的掙扎。不過，此有在理解良知呼聲或開顯出本真的存有理解後，仍可能故態復萌而再次遮蔽。所以，縱向結構的運動方向是在本真與非本真之間的來回[52]。

提升為其自己本身，就公開了在其『尊嚴』中的我」（KM 159）。

50　SZ 365.

51　關於存在性時間觀的結構圖示，另參 Lin (2011): *Von den modernen zu den postmodernen Zeitvorstellungen*, S. 126, 147。

52　《存有與時間》出版後一年，海德格在《從萊布尼茲出發的邏輯學的形上學始基》（1928）提出的時間仍具運動特徵，而且，源初性的整體時

　　二、橫向結構：海德格以本眞和非本眞區分並分別命名此有的運動性。在非本眞的存有者狀態上，此有從自身跌出，落入日常非本眞的無根基與虛無狀態。他稱此有這種運動性爲「墜落（Absturz）」。[53]存有論上，此有本己的存有隨生存活動自行伸展（erstrecken），而這種存有論的運動性被稱爲此有的發生。[54]基於對死亡的理解本眞與否，橫向的伸展分爲兩個層次，一是存有者狀態，由生死規定此有在世上最本己的生存可能性[55]。在這層次上，生存本身由生向死單向伸展。這種單向、不可逆的直線時間，是對時間最常見的流俗觀點。二是存有論上，除了被拋於世的生存活動，還有存有理解上的先行向死，以及死亡作爲可能性先於自身且時時迫近。

　　於存在性上，此有作爲操心就是「之間（Zwischen）」[56]。有限的存有者其在世存有必然有終，而在世存有的存有意義就是時間性。海德格以有限性（Endlichkeit，有終性）作爲在世存有的規定性，決定時間的源出。這也意味，有終的將來是時間性的開端。在存有論的結構上，時間性由被拋的向前展開以及有終的將來不斷向自身到來的雙向運動構成，因而出現對立的雙開端[57]同時展

間性之運動方式是自由的「來回擺動（Schwingung）」（GA 26: 268）。這和《存有與時間》本真與非本真的時間之間的運動類似，也與此有的發生之運動性在基礎存有論的層次類似，有著來回運動的特徵。來回運動基本上是連續的，但運動方向不一定是規則性的。

53　SZ 178.

54　SZ 374f.

55　SZ 104.

56　SZ 374.

57　「只要此有實際生存著，兩個『終端』及其『之間（Zwischen）』就在。」（SZ 374）海德格稱爲雙「終端」，但基於有限性及運動方向，它們分別是時間在存有者狀態和存有論上的開端，所以筆者稱之爲雙開端。

開，並向彼此逼近。由於本眞地確知到死亡隨時可能終結在世存
有，存有論上的時間性既確定，卻又充滿不確定性。

　　從生存的整體結構我們看到，由生存活動和存有理解確定並
由介系詞指示出運動方向的存在性時間之圖式，呈現雙維度的雙
重運動：以生存爲引線的橫向動態結構，由存有理解決定運動方
向的縱向動態結構。而對死亡理解的本眞與否，既影響到橫向結
構落在生存狀態或存在性層次，亦影響到縱向結構的運動方向。

　　有限存有者一被抛於世上，死亡就與它同在，但只有人這種
存有者能在死亡來臨前預先瞭解到，自己會死、有限存有者都會
死。[58]因此，本眞的生存意義可以也必須預想地先行至死亡的存有
結構中探尋。爲透視生存結構以對此有進行整全與徹底的存有論
分析，取得生存的基礎存有，生存整體性須包含向死存有（Sein
zum Tode）。向死存有不是赴死，而是，一、存在性上，「實際
性的此有以出生的方式生存著，也已在向死存有的意義上，以出
生的方式死著」[59]；二、存有論上，對向死存有的本眞理解是「先
行向死」，預想地將在世存有開展到盡頭。

　　這種預想並非心理意識上對死亡的意向性，不是視死亡爲意
向對象，或在活著時想像死亡的可能樣貌，也不是在死亡來臨前，
決定自己何時死去。而是爲獲得生存現象的整體結構及其環節，
亦即獲取結構整體性的前理解，而在思想上先將生存現象開展到
盡頭。這意味，生存整體結構基於預期性思維的「先行」而整全。
相較於非本眞理解而產生對死之預期，在基礎存有論上的先行中，

---

[58]　有關《存有與時間》死亡的時間性，另參 Lin (2011): *Von den modernen zu
　　　den postmodernen Zeitvorstellungen*, S. 140-147。

[59]　SZ 374.

有一種「更源初性的向死存有」，而且「將來就本真地作爲先行到時」。[60] 基於源初性與本真能存有對自由籌畫的重要性，現實性（Wirklichkeit）依賴於可能性的實現，海德格主張，在現象可能性的優先性高於現實性。[61]

　　海德格提出「先行」的目的並非爲取得玄思的可能性，而是「回到實際的在此（Da）」[62]。這種實際性不是事實，先行的規定性也不是根據事實以時序進行測量。而是一種基礎存有論式的時間規定，在形上學上作爲基礎的在先者，於顯現和意義上卻是較晚或最後才被知覺。同理，在良知現象最後顯現的先行決心（Entschlossenheit）和具持駐性的罪責存有（Schuldigsein）是在先者，最先覺知到的罪責感反而是最外層的現象。當人們理解死亡的本真意義而選擇自身，以面對生存的本真意義，也就是理解良知呼聲而選擇「願有良知」。所以在基礎存有論上，先行就是選擇願有良知，而願有良知的選擇關涉到「作爲一整體的、明白透徹的此有，透過一種理解而實現的自我選擇」。[63]

　　因此基礎存有論上，先行是本真的將來。作爲可能性向來已在，且不斷向自身而來。是否本真且徹底理解死亡的意義，決定此有能否瞭解到自己是有終的、有限的，因而也決定能否理解到時間的有限性。對有限存有者來說，有終的將來產生出構成先行

60　SZ 337.
61　SZ 38.
62　SZ 383.
63　GA 20: 441. 對海德格而言，良知呼聲是不可期的，甚至與自己的意願相違，所以是無法掌控與選擇。另參 Figal, Günter (1988/2000): *Martin Heidegger. Phänomenologie der Freiheit.* Weinheim: Beltz. S. 252。

決心的存有意義之時間性[64]。

通過生存結構考察死亡現象,並要求就其本身所顯現的那樣以展示存有者[65],海德格對死亡的分析因而出現不同的視角與立場。波蘭裔美國學者霍夫曼(Hoffman)認為海德格對死亡的分析採取兩種立場,一是第三者,二是在我自己的(*my own*)第一人稱。[66]他認為海德格不滿足於第三者立場,但於第一人稱,從我自己出發卻又遇到整全的問題:只要我還活著,就還沒達到我自己的整體性。不過,霍夫曼忽略了「我自己的第一人稱」在《存有與時間》是歧義的:常人狀態的自身和本真的自身性都是「我自己的」。海德格對死亡的分析因而有三種立場。首先因本真與非本真理解而有兩種視角:對死亡的本真理解是以本己、自己的(eigen)為基礎[67],所採取的角度由此有本己的自身出發;非本真的瞭解則把死亡當作他者的死、某個事件,或生命跡象的消失,與活著的我無關。這種非本真的瞭解採取日常生活中最常見的他者或常人[68]視角,雖由自身出發,卻是常人狀態的、與他者無異的自身,雖說是他者,卻又是最通常與熟悉的我自己。亦即,海德格的常人概念雖與他者無異,但不是異化為他人。因此不能說常人狀態的立場是第三者。它的特徵是扁平化的平整(Einebnung)、

---

[64] SZ 329f.

[65] SZ 35.

[66] Hoffman, Piotr (1993): *Death, time, history: Division II of Being and Time*. In: Charles B. Guignon (ed.), *The Cambridge Campanion to Heidegger*. NY: Cambridge University Press. P. 197.

[67] 參 SZ 12。Pocai 指出《存有與時間》是以此有實踐性的自身關係(Selbst-beziehung)作為基礎存有論的基礎。(Pocai [1996]: *Heideggers Theorie der Befindlichkeit*, S. 29)

[68] SZ 114.

無關自身的平均狀態、與眾人無異卻又保持距離的立場[69]。海德格注意到日常人們對死亡的非本真瞭解是最常見的,但未取消非本真轉向本真理解的可能性,並且非本真和本真之間是漩渦式的運動狀態,而非「一勞永逸」式的直線運動。因此,海德格也在《存有與時間》討論常人視角所見的死亡現象。常人視角雖貌似第三者,也是某種我自己的立場,卻又和「我自己的第一人稱」不同,是不確定的第三人稱「人們(man)」。它是介於二者的第三種視角,也是人們首先且通常採取的立場。常人(das Man)具某種雙重性:既是自己又是他者;堅持著「自我」,卻在「大家都…」時混入他者的平整狀態,遇到責任問題時又逃到平均狀態,查無此人。所以這種常人視角是不同於客觀的第三者立場,也不是本己的自己,而是一種兩可的態勢,平時以事不關己的立場來看待自己的死亡,遇到某些境況又把自己的死亡當作「我的人生大事」,或是我個人的事,別人管不著。再者,海德格曾表示,人不可能完全捨棄自己的視角,而達到上帝視角或絕對客觀的立場[70],因此所謂第三者的視角並非全視,而僅是基於現象整體進行描述與分析而出現的綜觀。

　　透過生存整體性的結構來看,死亡並非生存的對立面,而是重要的環節。藉由向來屬我性(Jemeinigkeit)海德格一方面闡明死亡是一種最本己的(eigenst)存有方式,另一方面說明,只有透過死亡的本己性才能瞭解死亡的本真存有意義。死亡作為一種在世存有的存有方式,既是極端的可能性,又是不可能的可能性。

---

[69] SZ 127.

[70] 參 GA 63: 82。雖然我們會因視角而決定看法,但對視角的區分,不等於對存有模態的區分。

它的極端在於，它是人在世上最後的可能性。透過先行向死，在思想上將在世的可能性開展到盡頭。而其不可能性，在於終結在世的一切可能性。後者意味著，死亡作為根本的可能性，把在世的可能性規定爲有終的。只要還存活著，人的存在嚴格來說就還不整全，因爲死亡作爲事實總是尚未（Noch-nicht）來到。不過，這絲毫不減死亡終結生存在世的實際性。實際性並非事件已發生的實然，而是存有論上，事物在其自身存有的敞開性[71]和可能性。死亡以可能性的方式、「不（Nicht）」的特徵，未曾中斷地存在人活著的時候，且時時懸臨逼近，既無法超前也不能免除。因此存有論上，海德格視之爲迎面而來的存有，可能之存有。

　　生存結構上，海德格以「能存有」作爲在世存有的基礎，詮釋出死亡的存在性意義：不可替代的、「最本己的、無所關聯的、不可超前（unüberholbar）而又確知的（gewiss）可能性」[72]，具確定性與不確定性的雙重性。確知死亡及其必然性的方式有二：透過自己生存整體性的本眞確知，或透過他人死亡的非本眞確知。藉由後者並無法確知自己的死亡。而前者具本眞性，雖確知卻又不確定。可確定的只是人必有一死，只要死亡一到就不再在世。但死亡可能隨時來到，人無法確定自己的死亡何時何地來到，來到的那一刻究竟如何。在對死亡的本眞理解上，海德格保留這種不確定性，而這也是在世存有的一種特徵。通過對死亡的本眞理解，人可獲知自身存在的可能性、本眞性，以及生存整體性的規定。而這是一種確知在世存有的卓越方式。這種確知具雙重義。

71　參　Herrmann, F.-W. von (1961): *Die Selbstinterpretation Martin Heideggers*. Freiburg Universität Dissertation. S. 15, 17。

72　SZ 265.

一、存在性的源初意義，意味自行開顯，是此有本身具有的一種行為；二、派生意義，意指此有的被揭示狀態。[73]

　　死亡的無關聯性，會把人帶入最極端的個體化，因為死亡是「由其自身而來、出其自身而承擔起其最本己的存有」的可能性。而它也顯現出生存最極端的可能性：「給出自身」。[74]這一方面意味，此有決心探究自身的存有意義，為成就無遮蔽的自身，願把自身承擔過來，把自己交付給自己。另一方面，它確知自己的死亡無人可替代，只能自己承擔。確知死亡是最本己、無所關聯且無法超前的可能性，也就是以先行向死作為開顯方式，以相應的生存真理（開顯狀態）[75]來規定自身。

　　沒有人可超前取得自己整體的生存狀態，生存整體性也具不確定的運動性，而這使其確知的限度浮現。海德格將死亡作為最本己的能存有而納入生存和在世存有中，目的有二：一是為取得在世存有的整體性，二是讓「最本己的存有於其不可超前的整體性中被確知」。[76]通過向死存有的本真理解，讓死亡先行來到生存中，一方面，既可獲得生存現象的整體性，也可獲取良知現象的整體性。另一方面，能讓人認清自己是有限性的，受時間規定，但卻也可藉由「先行」開放出的可能性與本真時間性的綻出特徵，看到自己既具自由籌畫的可能性，又有某種超越性，進而能本真

---

[73] SZ 256.
[74] SZ 264. aufgeben 在德文同時具交付和放棄、停止之意。通過 aufgeben，海德格將死亡從一般的停止、終止，轉為交付，因而據 geben（給予）之字根，將 sich selbst aufzugeben 譯為「給出自身」。
[75] SZ 221. 可另參 SZ 264。
[76] SZ 264, 265.

地操心，也能「爲其本身而向其最極端的可能性開顯自身」[77]。

　　海德格將先行決心和先行向死納入向死存有的本眞理解，而先行決心是先行向死的首要環節。但若缺乏對先行向死的本眞瞭解，先行決心就不是眞正的先行決心，也無法將良知現象開展到盡頭，此有的本眞性亦淪爲空洞的名稱。在先行決心中，此有把自身作爲正存有著的、被抛的存有者承擔過來，在良知呼聲出現時基於本眞理解而喚起「能有罪責」，進而選擇願有良知。對海德格而言，本眞地傾聽良知呼聲即是將自己帶入實際行動，讓自己於敞開的自身中行動著（in sich handeln）。[78]

　　海德格反對傳統哲學將自身（自我）視爲某種像裝在容器裏的現成存有者，批判近代以來將主體表象爲莢、盒（Kapsel）般分爲內外的作法[79]，而試圖打破這種內外之分。在形式上，他以生存活動（zu existieren）作爲存有方式[80]來規定人的自身，以形式顯示爲方法，藉以看出生存環節如何交互聯結成生存結構。

　　海德格於《存有與時間》的存有觀點奠基於對生存的現象學式詮釋，因爲生存的「如何是（Wie-sein, how-to-be）」能公開出存有者的存有樣式。受胡塞爾「活生生的當下」和狄爾泰的生活關聯之影響，他以實是（dass ist）、什麼是（was ist）與如何是（wie ist）的存有樣式，作爲在世存有的現象內容。[81]就現象學來

---

[77]　SZ 263.

[78]　SZ 287, 288, 294, 295.

[79]　GA 26: 204f. 外爲肉身，內爲靈魂或意識。

[80]　SZ 267.

[81]　Herrmann 將《存有與時間》的存有樣式分爲 Wassein（Being-what）、Dasssein（Being-that）、Wahrsein（Being-true）、Möglichsein（Being-possible）、Wirklichsein（Being-real）和 Notwendigsein（Being-necessary）。並認爲，在《存有與時間》存有者乃由其存有樣式與存有結構所規定。

說，這三種存有樣式皆著重於展示現在式的「正是（ist）」與「如何是」，而非現成存有或已完成的事實，所以這種現象具某種動態的結構性，並因結構性而具某種普遍性。

這些「正是（ist）」與「如何是」都是基於自身而展現的存有樣式。對海德格來說，自身一直都在，但並非作爲現成或完成者，也不是亞里斯多德具內在目的論的潛能，而是基礎存有論上的自身能存有（Selbstseinkönnen）。能存有的「能（können, can）」具雙重義，或作爲能力本身的「能夠」，或作爲根本可能性的「可能…」。海德格著重後者，並以生存作爲能存有的前提：惟當此有生存著，才能讓自身以本眞或非本眞的狀態來到自身。可見對海德格而言，自身和自身性作爲人的本質並非先於人的存有或存在，而是同時性的：於生存之際每個人自己的自身能如此那般存有的可能性，成爲實際的、本己的存有而形成自身，並顯現出自身性。這也意味，人在生存活動中本質化，建構出自己的本質。海德格一直未能按計畫討論本質的眞理，但從其思路來看，非本質歸屬於本質，且是本質、本質化的基地：因非本質而有待本質化。他的主張顯然不同於沙特（Sartre）所主張的，存在先於本質。海德格在〈關於人道主義的書信〉批判沙特的命題只是顛倒柏拉圖以來傳統形上學命題「本質先於實存（existentia）」，卻仍是形上學命題，且與形上學一起掉入「存有眞理的被遺忘狀態」。[82]

此有於生存活動中通常處在遮蔽的非眞理中，但存有理解本身具開顯、揭示、公開等特徵。而此有的存有即其開顯狀態[83]，因

Herrmann (1974/2004): *Subjekt und Dasein*, S. 24.

[82]　GA 9: 328.

[83]　參 SZ 133。

此生存的真理活動（開顯，揭示）亦屬於此有的存有與可能性[84]。

海德格認為，符合論的真理概念僅是無蔽真理的派生，把真理標畫為符合雖十分普遍，卻也十分空洞。他以存有論的無蔽真理作為邏輯真理的基礎，前者必是無蔽的，後者可能揭示著，也可能遮蔽著。海德格指出，真理的普遍有效性僅根植於「能揭示和開放自在的存有者的情況下」。[85]另一方面，真理須仰賴人來揭示，否則，一如牛頓之於牛頓定律，即使定律內容作為自在者一直都在，卻因未揭示而無法被獲悉，對人就還不「是真的」（Wahrsein）。[86]

對存在性暨存有論的無蔽真理觀來說，若認識者要獲悉某存有者的存有，首要在於，如何把存有者從遮蔽狀態（Verborgenheit）取出，讓人在其無蔽狀態看它如何存有。對自身的存有之開顯，過程類似。從遮蔽到無蔽的揭示與開顯，本身有一種「從…（狀態）到…（狀態）」的轉化。展示這過渡式的揭示或開顯過程，也就見證了「能」以及「如何能」揭示或開顯。而這也是良知的過渡性質對本真能存有與時間性的重要之處。

海德格在《存有與時間》將時間性揭示為本真操心的意義，

---

[84] SZ 228.

[85] SZ 227.

[86] SZ §44. Herrmann (1974/2004): *Subjekt und Dasein*, S. 31. Hanley, Catriona (2000): *Being and God in Aristotle and Heidegger.* Maryland: Rowman & Littlefield. pp. 133-134. Herrmann 認為，開顯狀態（Erschlossenheit）的基本現象是海德格的存在性暨存有論分析為什麼不是存在哲學的關鍵之一。開顯狀態不是意識或自我意識，相反地，後者源自前者。它是人存有的存有樣式，組建了生存。（Herrmann [1974/2004]: *Subjekt und Dasein*, S. 32f）此有由開顯狀態所規定，因此海德格提出「此有本質上在真理中」的命題，並視真理為此有在世存有的基本結構的一部分。（SZ 226）

且時間性規定操心的三個基本結構環節：「先行於自身奠基於將來，已在…之中（Schon-in-sein）本就表示曾在，寓於…存有（Bei-sein）在當前化（Gegenwärtigen）之際成為可能。」[87]這意味，時間性是操心的規定性，操心則是時間性的概念內容，決定時間性「如何是」的結構。我操心些什麼，關切什麼，乃至如何操心、關切，那就是我的時間性內容。於本真狀態，將來、曾在和當前化作為源初時間性的三種樣式，規定操心的組建環節，而操心的結構則統一在時間性中[88]。時間性和本真操心具雙向關係：一來，本真操心的環節與結構即時間性的內容，對應著源初時間性的三種樣式；二來，本真理解了時間性，才能本真地理解操心的意義。若於非本真狀態，對自身存有與開顯的操心，會衍變成為事物操勞或為他人操煩（Fürsorge）。非本真的操心之組建環節，奠基在非本真的時間序列。這種時間觀雖以人的存有為中心，卻是從操心活動出發，以操心本身為核心，顧及操心者及被操心者，且以本真時間性作為非本真的基礎，以時間性作為操心的規定性。因此不宜判定為主觀的時間觀，亦不適用傳統的主－客體模式來區分其為主觀或客觀。

作為一種生存現象，良知現象具操心的結構環節，以及多重「從…到…」的過渡功能與性質，因而可看出存在性時間從何處來、向何處去的綻出式圖式。良知的過渡有四個基本特徵：

一、良知的呼喚將被呼喚者喚至某個境況，而於此際顯現出被呼喚者在動態橫向結構的生存狀態（existenziell）；縱向結構上，亦即對存有的理解，則處於存有者狀態。從在世存有與生存來看，

---

[87] SZ 327.
[88] SZ 327, 329.

良知呼聲將被呼喚者從非本眞喚至本眞狀態。對自身性而言，良知的過渡是從常人狀態到最本己的此有自身，從不是我自己（非此有自身，常人自身）到我自己（此有自身），同時又是「出於我而越過我」[89]。這種過渡看似出現一個人有兩個自身、既是我又不是我的矛盾，其實是人的兩種面向、狀態與可能性。針對傳統哲學重視本眞性而忽視非本眞的面向，海德格指出，常人狀態才是人們最常見、最通常的樣態，「此有首先是常人且通常就始終如此」，本眞的此有自身反而是特殊的。[90]

　　二、良知的過渡是單向的。在聽到或理解呼聲後，雖有停留在常人狀態或在兩種自身狀態往來的可能性，但良知僅能從非本眞過渡到本眞，從常人自身過渡到此有自身，反之就不是良知。所謂的常人狀態並非外在或外加於此有的東西，而是此有自身被否定性與限制性[91]的「非－」覆蓋時所呈現的存有樣式，屬於此有的本質特徵。而且，此有於常人狀態同時具本眞與非本眞的可能性，只是或不爲人所知或把非本眞誤認爲本眞。良知的過渡不是常人自身與此有自身二者之間的虛幻關係，也不是生存的中間狀態，而是一種須下定決心意願或不意願本眞自身的掙扎。因此，在願有良知而「越過（über）…」的瞬間，喚者、被喚者與過渡同時顯現。此有根本性的存有樣式與生存可能性現前，基於本眞的

---

[89] SZ 275.

[90] SZ 129, 130. 另參 Gethmann, Carl F. (1989): *Heideggers Konzeption des Handelns in Sein und Zeit*. In: Gethmann-Stiefertand/ Pöggeler (Hrsg.): *Heidegger und die praktische Philosophie*. Frankfurt: Suhrkamp. S. 161。

[91] 根據 Herrmann 對 Unwahrheit（非真理）Un-（非－）乃「真理的有限性」之詮釋，筆者認爲海德格於《存有與時間》以 Uneigentlichkeit 來說明有限存有者（人）的有限性，而且這觀點沿續至《康德書》。參 Herrmann (1961): *Die Selbstinterpretation Martin Heideggers*, S. 38。

自身能存有，此有在有限性之內超越：從「非－」的褫奪狀態與限制，過渡到「是」的積極狀態。

通過決心的兩種確知，可在非本眞到本眞的過程看到此有源初地處在眞與不眞這兩種基本的生存可能性中。而這兩種確知，一是「明確地把開顯的事物和揭示的事物占爲己有」[92]，這種有所確知的存有（Gewisssein）即是生存的源初性眞理。另一是，對此有閉鎖狀態（Verschlossenheit）的一種源初性確知。確知這種封閉後，若通過先行決心保持敞開，可看到落入常人境況的無決心狀態。[93]面對人的缺失、有限性等一般被視爲負面的東西，海德格並不爲了開顯本眞性，而在第一時間就剔除它們。相反地，唯當此有本眞地也把不眞（Unwahrheit）接受爲自己所有[94]，才眞地接受了日復一日失落在日常的自己。更確切地說，能接受那個逃避自己的自己，而不致自欺地認爲那不是我。從而認清自己的有限性，也認清自己具本眞性，卻因無決心而僅具貌似獲得自身的非本眞狀態。因此，確知自身的非本眞性對決斷和決心返回本眞的自身性，有其重要性。不過，海德格前期哲學著重於揭去遮蔽的「非」本眞，到中後期才明確地將迷誤與失誤等一般被視爲負面

---

[92]　SZ 307.

[93]　參 SZ 307, 308。海德格藉 Gewisssein 與 Gewissheit 具 Gewiss 字根而關聯到 Gewissen（良知），這不僅是奠基於瞭解、具開展特徵的良知現象所特有的關聯，而且對海德格而言，良知的本眞瞭解與開展（尤其是開顯至決心現象）乃是能否來到生存的源初性眞理之前的關鍵。（SZ 307）

[94]　SZ 299. 在《存有與時間》，在世存有由眞理和非眞理（不眞）所規定（SZ 222），此有源初地就處身於眞和不眞之中（SZ 298）。可見，海德格雖強調去蔽以開顯無蔽眞理，但並未主張剔除或切割屬於非眞理的東西，而是接受，以便進行開顯。

　　另外，海德格從自我迷失（Selbstverlorenheit）看出其中亦含有某種我自身的存有樣式。（SZ 116）

的性質納爲人本質的一部分。

　　三、良知的過渡也有橋接與統一的功能，橋接此有本眞的與非本眞的生存面向，因這橋接也統一了此有自身與常人自身。而這些功能顯示出，於海德格願有良知的選擇自身不同於齊克果（Kierkegaard）《非此即彼》（*Entweder – Oder*, 1843）的自我選擇。德國學者費加爾認爲，齊克果的良知是一種倫理式的「非…即…」的選擇：要不全然選擇自我，要不就自行迷失於多樣性的事物。且是不可逆的選擇；選擇者順從他的「心（Herzens）」來進行選擇而含神祕與隱喻性質。[95] 不過對海德格而言，此有同時具本眞性與非本眞性，所以願有良知的選擇是對兩種生存方式的選擇：遮或顯。但在瞭解良知呼聲、選擇去蔽後，仍可能再次遮蔽，而陷入漩渦式地在本眞與非本眞之間來回。藉由這種來回的漩渦和在世的有終，海德格同時解除了傳統哲學的直線時間觀與無限循環的環狀時間觀。

　　四、良知的過渡是一種喚回，而且「越過發生了的行爲，直回被拋的罪責存有（Schuldigsein）」[96]。這種過渡亦顯示良知喚回此有的方向性：良知並非以回憶的方式可逆地回到源初的被拋狀態，而是以向前指向（vorweisend）的方式引領聽到良知呼聲的此有，返回具「不（Nicht）」與有限性特徵的基礎存有。早在〈時間概念〉（1924）演講中，海德格即表示，此有是在「如何」中

---

[95]　Figal (1988/2000): *Martin Heidegger*, S. 257. Figal 表示，此有選擇自身與否的最大差異在於是否敞開而自由地行動。他認爲這種自由的行動是在自身之中的內在自由。不過筆者認爲這是否僅止於內在自身，仍有討論的空間。有關齊克果自我選擇（Selbstwahl）以及海德格與齊克果之比較，參 Ibid., 252-257。

[96]　SZ 291.

返回其過去，良知即方式之一。[97]

不同於傳統哲學家將良知置於神學或道德哲學範圍進行解釋，海德格在存有論和存在性，探討良知現象及其相關的確知。他反對傳統形上學將良知視為認識或意識，也反對將良知視為自我認識的「認識之聚集」或意識[98]。他認為良知的神學解釋無關良知本身，而且良知無法用來作為對上帝的直接意識。[99]

海德格反對近代認識論[100]，並通過現象學和詮釋學而離開新康德主義的認識論立場。他反對近代認識論將客體視為現成的存有者，或以現成的主客體模式進行認識，或將認識視為內在或外在於主體的活動。不過，他不反對人有「認識」自身的可能性。他將認識視為在世的一種存有樣式。基礎存有論式的「認識」方式是通過現象學和詮釋學，理解看似熟悉的事物，開顯出「建構著此有的存有」。[101]若良知可作為認識自身的方式，且「向來是

---

97 GA 64: 122f.

98 良知一詞於古希臘文 συνείδησις（共知，相關概念 συνειδέναι 'εαυτω 則有「自行意識到」之意）、拉丁文 Conscientia（con-scientia，共知，另有意識之意）和德文 Gewissen（Ge-wissen 可直譯為知之聚集或認識之聚集）都有「知」的含義。參 Holzapfel, C. (1987): *Heideggers Auffassung des Gewissens vor dem Hintergrund traditioneller Gewissenskonzeptionen.* Frankfurt: Peter Lang. S. 1-4。GA 5: 243。

99 SZ 269.

100 大陸學者倪梁康認為海德格反對認識論中心主義，到了幾乎反對任何形式認識論的地步。（倪梁康（2002）。《自識與反思》。北京：商務印書館，頁 517）不過，從海德格對符合論真理觀和主客體模式的批判可看出，海德格對認識論批判的要點在於未釐清使之成立的源初性基礎。

101 SZ 61. 後來在《物的追問》海德格亦曾透過對學習本質的追問提及，獲取知識就是學習，而源始的學習乃根本性的學習，從中所要獲取的是每一事物（Ding, thing）的根本所是，而且以特意的、明確的方式認識某種東西的所是，如此便能把握到那種我們真正已經擁有了的知識。（GA 41: 56）

我的（*je meines*）」良知[102]，它必然不是偶然現成的事實之聚集，而是在選擇活動的結構與聯繫中，透過某種在世存有的存有樣式，讓此有在其可能的本眞狀態中把可能性顯示給此有自己。

海德格提出良知的基本命題：「良知呼聲即良知本身。」[103] 基於呼聲，良知具言談（Rede）樣式以及說與聽的言談性質。言談（說與聽）的基礎在於理解。透過語言，理解到的東西與理解的可能性得以公佈與傳達。言談則直接展示可理解的東西，以在場狀態向他人說出自身，從而從遮掩中公開出言談及思想的內容，展示給人「看」到。所以，言談具「使之公開」與「使之看見」的本質特徵[104]，提供通達生存眞理的可能性。

在海德格的語言現象，沉默是一種眞正的言談。奠基於對在世存有的瞭解，沉默能展示並公開出自身。[105]德國學者黑爾曼區分了沉默和不語（Stummsein），前者有所展示與公開，因公開而有所開顯，所以是一種言談。後者不參與交談、不公開，是封閉性的，所以不是言談。[106]根據海德格的觀點，唯先有存在性的言談與聽，亦即奠基於理解，才能眞正地傾聽。[107]理解是聽與說的前提。若缺乏理解，說者言不及義，聽者不知所云，言談之間無法公開什麼，也無法使言談者看到無遮掩的在場狀態。海德格在前期注意到多種遮蔽狀態，但未注意到這種雙重遮蔽及其敞開。他在〈論眞理的本質〉討論多重的遮蔽方式與非眞理的關係，在

---

[102] SZ 278.

[103] SZ 277.

[104] SZ 32.

[105] SZ 165.

[106] Herrmann (1974/2004): *Subjekt und Dasein*, S. 196f.

[107] SZ 164.

《藝術作品的本源》則指出雙重遮蔽的否定屬於無蔽眞理的本質，並說明其解蔽方式：以遮蔽等爲基礎，通過決斷，而讓澄明與遮蔽的爭執發生，讓自行遮蔽著的存有被澄亮。[108]

　　基於對自身開顯的方式，日常生活中的傾聽可分爲兩種：傾聽常人與傾聽自己。前者是日常最常出現，會讓人不去傾聽自己而落入公衆的議論與閒談；後者是良知呼聲的特質，透過傾聽自己而打斷對常人自身的傾聽，而能將此有從常人狀態喚回到本眞的自身能存有。在這點上，大陸學者倪梁康認爲海德格「在初步意義上接受了良知就是內心呼聲的傳統命題」[109]。但不容忽視的是，海德格反對傳統哲學將良知視爲內心聲音，因爲，良知並未對被呼喚者說了什麼或傳遞什麼訊息[110]，良知作爲呼聲不在於聲音或表象，而是呼聲的召喚性質可作爲良知現象的標誌與指引。

　　再者，良知呼聲雖是自己召喚著自己，對習於常人狀態的此有而言，呼聲中首先出現的是一種陌生感。這陌生感來自三方面：

　　一、對沉默之聲的陌生：閒談、人云亦云和各式模棱兩可、嘈雜是日常生活的熟悉狀態。良知呼聲中止了日常熟悉的閒談，而以不付諸音聲的緘默方式言談，「且總以沉默的樣式言談」[111]。

　　二、對本眞的自己感到陌生，因爲「此有的誰（wer）首先並非我自己，而是常人自己」[112]。海德格區分兩種良知，「公衆的良知（das öffentliche Gewissen）」是一種「常人的聲音」[113]，眞

---

[108] GA 5: 41f.

[109] 倪梁康（2002）。《自識與反思》，頁 507。

[110] SZ 273.

[111] SZ 164.

[112] SZ 267.

[113] SZ 278.

正的良知呼聲來自「在世存有不在家狀態（Unheimlichkeit）的操心」[114]，來自本眞的此有自身。因此呼聲的出現容易讓人誤以爲那是來自他者，上帝或神祇。在確定呼聲來自自身的瞬間，此有發現自己有兩種生存的可能樣式，並發現對自己竟感到陌生。

三、對被「無」個體化的陌生：在熟悉的日常生活中，此有總操心勞神地與他者共在，同時躲入「大家都這樣」的保護色。良知呼聲的呼喚者卻是在「不在家狀態的根基處現身的此有」[115]。不在家狀態作爲基礎存有論上的感受性相當罕見，因爲，基於「畏（Angst）」與「無」而出現的「不在家狀態」規定個體化的在世存有。它雖向來已在，卻是隱蔽最深的規定性，對習以常人狀態與他者共在的此有，因而是陌生的。[116]

對良知呼聲的陌生與共在的形式有關。在《存有與時間》共在是此有的一種規定性，而共在可分爲兩類四種，與他者共在（共存有）、與他者共此有（共此在），以及與自己共在、與自己自身存有著（mit ihm selbst ist）[117]。海德格對他者的討論分爲物與人，與他者共此有僅就他人而言。他在《存有與時間》雖強調世界向來總是與他人共在，但對物與工具的共在之討論較多。

罕見地，海德格在《現象學基本問題》（1927）提出大寫的「你（Du）」，以顯示較他者切近的人際關係。但這不是人際間

---

[114] SZ 289. Unheimlichkeit 原意無名的恐懼、可怕、不安，海德格偶以 Un-zuhause（不在家）代之，並重新詮釋爲：相對於「逃避入公眾意見之之在家狀態（Zuhause）」（SZ 189）。「如果我們於存在性—存有論的意義上把此有的不在家狀態（Unheimlichkeit）解釋爲威脅，而這種威脅就是從此有本身來針對此有本身。」（SZ 189）

[115] SZ 276.
[116] SZ 277.
[117] SZ 270.

的某種道德要求，而是具體地與某人面對面、活生生的相遇。再者，這延續《存有與時間》決心與個體化、自由與敞開的關聯性：人在個體化中敞開，而敞開即是本眞的自由。而本己自身性的敞開是對他者敞開的前提，所以敞開的自由人才能對他者敞開：「唯首先從下決心的個體化出發，且於這個體化中，此有才是本眞自由的，才會對『你（Du）』敞開」。[118]《存有與時間》則是以本己的命運，作為與他人共在的共命（Geschick）之基礎。[119]

　　與自己的共在，在《存有與時間》分爲兩種狀況[120]：一、與常人自身共在，透過聽從或認同公衆解釋事情的方式來提供自己一些可能性；二、與本己的自身共在，向自身的種種可能性自行籌畫[121]。「畏」和良知現象的個體化都屬於後者。海德格區分個體化和獨在（Alleinsein）：獨在是與他者共在的一種殘缺樣式，以淡漠和陌生的樣式照面。個體化則是獨具一格的與自己、本眞的自身共在，敞開在此存有的一種方式。[122]

　　海德格認爲良知現象中包含了處身感受（Befindlichkeit）和情緒（Stimmung），且二者源初地包含著理解。[123]對呼聲的理解是否本眞，成爲良知呼聲能否開顯本眞的自身能存有之關鍵。

　　不過，雖可透過緘默確定呼聲的來處不是他者而是自己，但如何能確定那是良知呼聲而非自責，或錯覺產生的幻聽？海德格從呼聲的出現方式和「內容」，亦即以言談結構來判斷：一、良

---

[118] GA 24: 408.
[119] SZ 386. 另參本書頁 319ff。
[120] 學者倪梁康視爲兩種傾聽。（倪梁康〔2002〕，《自識與反思》，頁 507）
[121] SZ 270.
[122] 參 SZ 120f, 263。
[123] 參 SZ 164, 270。

知呼聲的出現「不是而且絕不是由我們本身計劃或有所準備或有意作出的」，而是「不期而來，甚至違乎意願」。[124]二、這種呼聲的言談方式不嘈不雜、明確，沒有任何歧義，不容好奇有立足之處。[125]三、內容方面，良知不給予任何具體的訊息或任何關於事件的知識。在源初狀態上，也不以警告或提示作用作爲內容，而是基於呼聲的言談方式，以對呼聲的本眞理解作爲內容。因此，海德格的良知概念無關道德判斷。德國學者費加爾表示，良知呼聲和此有一樣皆有某種「特殊的中性（Neutralität）」[126]特徵。

　　在《存有與時間》良知的現象內容與環節，不是各自獨立存在，而是相互關聯，並回到日常生活印證本眞性。從現象的開顯進路以及良知見證本眞能存有的作用來看，海德格的良知概念頗具功能與工具性。

　　海德格從罪責存有分析出虛無狀態（Nichtigkeit）[127]與本眞的能罪責存有，進而開顯出基礎性存有具「不」的特徵。而具「不」特徵的罪責公開出：一、死亡是生存的結構環節；二、在日常生活的行動者因忽略良知呼聲而沒了良知，與他者共在時必成爲「罪責的」[128]。此有在其根據處（Grund）就是有罪責的[129]，這並非如

---

[124] SZ 275.

[125] SZ 271.

[126] Figal (1988/2000): *Martin Heidegger*, S. 235.

[127] Nichtigkeit（無效，空虛，虛無，無價值）來自否定副詞 nicht（不）和形容詞 nichtig（空洞的，空虛的，不實在的，微不足道的，無效的，無作用的），並與 nichts（無）以及動詞 vernichten（消滅）具字根 nicht 的關聯。他藉 Nichtigkeit 說明在世存有具「不」特徵的性質，但 Nichtigkeit 不是消滅，也不是動詞。他在〈形上學是什麼？〉另創 nichten（無化）一詞，強化與具體化「無」的否定性作用與去除、揭示的力量。

[128] 參 SZ 288。

[129] SZ 286.

宗教闡釋的原罪或業報，或基於任何先天形式的闕失，而是基於某種生存的實際性，亦即，規定著有限存有者的虛無狀態。

　　海德格在《存有與時間》區分存有與存有者，並對存有進行分類，以本眞與非本眞區分存有模態（Seinsmodi），以基礎與否區分基礎存有（Grundsein）與存有樣式。基礎存有是在世存有的基礎與本眞的存有，規定著存有樣式。在最源初的基礎上，虛無狀態作爲具「不」特徵的否定性存有，與肯定性存有共同規定並支配此有的存有。基於存在性的特徵，海德格將虛無狀態納入在世存有，與存有共同作爲生存的雙重規定，共屬基礎存有，共同規定此有的基礎。[130]虛無狀態「在本眞的向死存有中向此有本身綻露出來」[131]。死亡對在世存有意味著「全然的虛無狀態」。

　　通過虛無狀態，海德格區分在世存有與傳統形上學所理解的存有本身，亦藉此闡明基礎能存有，說明此有之所以有時能如此，有時卻不如此或不能如此。不過，虛無狀態的存在性根據在於操心（此有的存有）[132]。這意味，此有不能僅以虛無狀態爲基礎而存在，虛無狀態也無法單獨作爲在世存有的基礎。因此，此有必須在世，死亡的虛無狀態才可能作爲生存的規定性。所以被虛無狀態所規定的此有，同時是自身虛無狀態的某種基礎。

　　早在〈時間概念〉（1924），海德格即注意到「無（Nichts）」。在《存有與時間》虛無狀態由「無」揭示[133]，「無」的揭示力量比虛無狀態還源初。在〈形上學是什麼？〉則肯定「無」在形上

---

[130] SZ 306, 308.

[131] SZ 306.

[132] SZ 285.

[133] SZ 308. 從講稿和著作可確定，海德格討論「無」是基於對西方傳統形上學的反思，早在翻譯《道德經》和認識蕭師毅之前。

學具重要地位。他指出「無」的本質是無化（Nichten, Nichtung），是否定和「不」的本源。而且，「無」源初地屬於存有者的本質、存有的本質化，在存有者的存有發生著無的無化。[134]

海德格對「無」的觀點，與黑格爾不同。後者認為虛無是完成了的「空」，無確定性或內容。[135]海德格則認為，虛無狀態和「無」不是完成狀態，而是有「不」的特徵之確定性和存有狀態，並以相關的生存環節作為內容。而且，海德格指出「無」的積極作用：，一、能讓無法認識到「存有者整體」的有限性的人，通過個體化而獲悉；二、超越，使人得以超出自身伸入存有者整體，亦能超出存有者整體，進而獲得自身性與自由。[136]

受齊克果和尼采[137]的影響，「無」於海德格前期哲學即具重要地位。「無」不是非存有（Nicht-Sein），而是，與存有同屬生存的規定性。二者具雙重關係：一、某種對立。「無」具「不」特徵，存有具「是」特徵。[138]二、部分與整體。但不是循黑格爾的絕對者進路而同化[139]，而是基於存有具層級上的區別，「無」與存有共同建構了基礎存有。雖無法立即辨識這是否就是存有本身，但對海德格而言，作為生存結構的基本界定以及生存環節的

---

[134] GA 9: 114-116.

[135] Hegel, G. W. (1831/1969): *Wissenschaft der Logik I*. Frankfurt: Suhrkamp. S. 83.

[136] 參 GA 9: 114-118。

[137] 參 SZ 190, 264。

[138] 根據海德格將 Grundsein 分出 das nichtige Grundsein 以及 Herrmann 曾提出的 Seiendsein（Herrmann [1974/2004]: *Subjekt und Dasein*, S. 30），筆者進一步推論，與 das nichtige Grundsein（虛無性質的基礎存有）相對的基礎性存有為 das seiende Grundsein（存有著的基礎存有）。

[139] Hegel (1831/1969): *Wissenschaft der Logik I*, S. 83.

基礎性規定，虛無狀態不只是派生地作爲持駐的靜態屬性，且源初地作用於本眞的能存有。從虛無狀態貫穿操心[140]和時間性，海德格開顯出虛無狀態是在世存有含「不」特徵的基礎存有。因此，基礎存有本身具某種辯證運動。

奠基於當前化的操心本身自始至終貫穿著某種虛無狀態，這在在顯示出這些最本己的的可能性是由「有限性」規定[141]。但因落入日常生活的瑣事，以及「大家都這樣」的平均狀態而蒙蔽。良知呼聲喚起罪責存有，亦即喚起存有論的可能性，有所理解地聽命於最本己的生存可能性。對海德格而言，正確理解良知呼聲無異是於生存之際以自己當前的存有作爲根據，只出於這根據並作爲這根據而存有著，進而能本眞地爲將來籌畫。所謂當前的存有，雖是現在式的 ist（is），卻不是生存的片刻，而是敞開性的當前，而且，曾在與將來作爲生存本質性的環節，統一於其中並在現前（Augenblick，瞬間）湧現。海德格強調開顯性，以呼應無蔽（眞理）。因此，開顯狀態統一時間的三個環節，而在瞬間讓開顯了的處境在此現前，展現出生存眞理體現的時刻。

從存在性的根源來看，「本眞的能存有」是此有在世存有的基礎，同理，「能罪責存有」作爲某種本眞能存有則是「罪責存有」的基礎。因此，罪責存有或「是罪責的」只存在當下實際的能存有，在日常則以指責、警告等非本眞的派生樣式出現。若要瞭解呼聲進而以最本己的本眞方式成爲「有罪責的」，還須「願有良知」作爲前提，並在選擇願有良知的同時，先把本質性的沒良知（gewissenlos）承擔過來。本質性的沒良知並非僅因行爲難

---

[140] SZ 285.
[141] 參 SZ 264。

免會有的過失或道德咎責，而是，有限存有者根本上具「不」的
特徵，籌畫、存在性與共在時的行爲亦因此含「不」的性質。在
源初性上，它不是用以指稱缺失或匱乏或惡，而是有限性。

　　從良知呼聲到願有良知，決心與選擇是關鍵。處在常人狀態
的此有即使下了判斷與決定，卻總是模稜兩可，好像輕而易舉就
負起一切責任。但常人是並「無此人（Niemand）」，且從無此人，
實際上就是某種「無」。[142]處在常人境況的此有帶有與他者無異
的平均狀態作爲保護色，總可在責任前溜走，不負任何責任，也
無法爲自己負責。海德格認爲，眞正瞭解良知呼聲就會選擇自己
生存的根本可能性（本己的能存有），而這即是選擇了本己的自
身，也選擇了願有良知。此有理解呼聲，讓最本己的自身出於所
選擇的可能性而自在地行動，「只有如此，它才能『是』負責的
（verantwortlich *sein*）」。[143]從海德格存有論的「負責」來看，若
處在常人狀態、僅因逃避不了後果而承擔後果，則無關乎在自身
的自在行動或選擇。所以並非做出決定就是負責，或承擔後果就
算負責，而是首要能回應自身，讓自己本眞地能是自己。

　　從「願有良知」字面上來看，易將良知誤解爲某種現成的東
西或可欲求的對象。相反地，「願有…」是生活上常見的、某種
出於自身的展示，海德格以「願有良知」替代良知，除了與傳統
良知概念有所區別，主要是強調行動。良知的行動是與他者共在
的行動，亦是在自身的行動。於基礎存有論，願有良知作爲生存
活動意味著，此有與他者共在時，明白自己的罪責存有是從自身
而出，因而收回湮沒在眾人中的自己，讓最本己的自身在自身中

---

[142] SZ 127f.
[143] SZ 288.

行動（in sich handeln lassen）」。在這種他者無法關涉的個體化狀態下，此有自身本眞地開顯。[144]

願有良知的「讓在自身行動」，已使本眞的能存有與自身能存有（Selbstseinkönnen）不證自明。因爲，須先有本眞的能存有與自身能存有，在常人狀態的此有才能重新選擇而本眞地在世行動。所以海德格將良知視爲具開顯性質的存有方式，並以良知見證此有向來就是自身能存有，且由「此有本身在其生存可能性中」見證[145]。海德格在《存有與時間》進行的良知之見證並非理論性的分析或論證，而是在生存可能性中的施行。所以每個人只能在生存活動中，通過自己的良知呼聲見證本眞的自身能存有。

關於行動或在自身中自由地行動，海德格二十年代的著作討論不多。《存有與時間》僅在良知現象和先行決心的詮釋與分析中談論，在《康德書》則通過敬重作爲行動和根本性的敞開活動，敬重道德法則的我因具高度的創造性，能在自身中爲自身地自由行動，以構成自己的本質，立於敞開領域的同時具體展現自主性。自三十年代中期，通過創立、美化、開啓另一開端等，海德格哲學中的行動主義逐漸明確。他在〈形上學是什麼？〉〈後記〉（1943）和〈關於人道主義書信〉（1946）提出「本質性的思想是一種行動」和「思想行動著」[146]，可見海德格後期哲學之行動主義特徵。

在良知現象，良知與決心具相互依存的關係。一方面，海德格將決心視爲本眞的開顯狀態[147]，以它界說願有良知的存在性結

---

[144] SZ 295.
[145] SZ 267.
[146] GA 9: 311, 313.
[147] SZ 296f.

構。透過先行決心，罪責存有則可開顯至最本己的能存有而擊入良知[148]。另一方面，良知呼聲對決心是特殊卻必要的條件[149]。當此有徹底瞭解到本質性的「有罪責」，並作為罪責存有這種虛無狀態的根本性存有而存有，它會為了罪責存有而決心要有良知。「決心本就是向這種罪責存有籌畫自身」[150]，而非在某個行動前得做決定才臨時或被動地做出的決定。

在《存有與時間》，良知現象並不侷限在自身中的過渡或橋接，而是擴及與他者本真地共在。當此有決心接受罪責存有並籌畫自身，它的決心就是「只作為理解著、自身籌畫著的決斷（Entschluss）」。而斷然朝向自身的決心，使此有能自由地面對世界。當決心不是基於外在條件，而是出於選擇自身的本己能存有，此有就能本真地「把自身帶到當前操勞著（besorgende）而寓於及手事物的存有，把自身推到有所關切地（fürsorgende）與他者共在中」[151]，而與他者一起存有著的實際生存。不同的是，決斷前，此有以常人自身（熟悉的「他者」）與他者共在；決斷後則以本真的此有自身，並對常人的無決心狀態保持敞開，而能確知當下實際可能性所開顯出來的東西，自由地籌畫。基於決心狀態的自身存有（Selbstsein），此有能與他者本真地相互共在，也可能讓共在的他者以其自身最本己的能存有，而本真地在世存有著。[152]

---

[148] SZ 307.

[149] Figal (1988/2000): *Martin Heidegger*, S. 259.

[150] SZ 305.

[151] SZ 298.

[152] 海德格批判傳統的主體哲學，不過他在前期哲學關於此有和決斷的哲學思想呈現了一種主體性哲學。德國學者 Heinz 認為，海德格欲以此有和決斷替代一種主體哲學，而海德格的哲學以一種「含蓄的方式」和尼采的「強力意志學說相疊」。（Heinz, Marion [2005]: *"Schaffen". Die Revo-*

但這不意味不再落入非本真的狀態，對海德格而言，人就是本真和非本真的「之間」。

此有下定決心之後即從常人境況收回，回到最本己的能自身存有，當前化地把自身帶入開顯了的處境（Situation）[153]而能承擔起罪責存有。早在《宗教生活現象學》海德格即將處境納入現象學術語，用以表達「從屬者於施行意義上的理解活動」[154]。在《存有與時間》，處境於存在性上指的是向來已在決心中開顯了的此時此地（Da）。[155]

海德格認為，「只有在一種自由的、事先不確定卻對可確定性敞開的自行決定中，處境才開顯」。[156]自由才能自行決定，而自行決定是處境開顯的前提，但是，開顯才能成為本真的而成為自由的。由此可見，自由、自行決定和處境的開顯之間有著循環論證般的依存關係。

但具開顯性的處境，對常人卻是閉鎖著。常人狀態下的此有只知一般的形勢，努力想抓住眼前的機會，反而不自由地隨波逐流或與世隔絕。相反地，下定決心的此有選擇自身並掌握自身，在沉默中準備面對「無」及其帶來的開顯狀態（生存真理），而

lution von Philosophie. Zu Heideggers Nietzsche-Interpretation [1936/37]. In hrgs. von Denker, M. Heinz, J. Sallis, B. Vedder, H. Zaborowski: *Heidegger-Jahrbuch 2*. Freiburg/München: Karl Abel. S. 182）

153　SZ 326.

154　GA 60: 90.

155　SZ 299. 對海德格的存有論而言，Da（此）奠基於時間性（存有）的開顯而作為空間的基礎。空間雖也參與世界的組建，但「只有基於世界才能揭示空間性」（SZ 113），而世界是於指引網絡中向來已對尋視開展了的 Da，是「此有作為存有者向來已曾在其中的『何所在（*Worin*）』，是無論如何轉身而去…也還向之歸來的『何所向（*Worauf*）』」（SZ 76）。

156　SZ 307.

能自由地面對世界、籌畫自身，而本眞地在世。在處境中，此有或仍爲自己或他者操心，卻能對當前實際的可能性保持自由與開放，而本眞地操勞與關切自身與他者。[157]因此，決心或個體化的決心作爲本眞的開顯狀態就是本眞地在世。[158]而規定否定性的「無」與虛無狀態，不僅具消極意義（確定人的有限性），亦具積極意義，予以此有超越與自由的可能性。

　　整體而言，從一開始感到罪責到先行決心，良知現象伴隨著源自自身的行動：畏、決心與選擇。海德格的良知概念是自己對自己的覺察，而且是對自己的行爲有所要求，但不像康德視良知爲人對自身的義務。

　　良知呼聲出於本眞的此有自身。自身不是靜態的完成狀態，而是生存活動的一種方式[159]。所以良知呼聲源自本眞的自身能存有而能選擇，本眞地能成爲如是這般的可能性。由此亦可得知，良知的過渡是在下定決心並做出選擇後，從常人自身的轉爲此有自身的生存方式。因此，良知即是對在世方式的選擇，選擇以此有自身的存有樣式與他者共在。

　　若沒有自身能存有，此有無法進行選擇，所以選擇前的決心必處在源初的能存有。而先行決心包含了對先行向死的本眞理解，所以可把能存有開顯到最大的極限（本眞的整體能存有）。此有藉此而能於生存上徹底且具體明白，罪責存有出自持駐性的罪責存有。基礎存有的虛無狀態，因而本眞地綻露出。

---

[157] SZ 308, 300. 另參 GA 24: 407f。

[158] SZ 298. GA 24: 408.

[159] SZ 267.

第三節　「畏」與良知現象的時間性

　　「畏」作爲良知呼聲的情緒，從一開始即伴隨良知現象，是其結構環節，亦是良知的保證。[160]確保此有能明確地瞭解呼聲，而與世界有了敞開性的定調。唯有如此，良知呼聲才能在日常生活中出現，呼喚常人狀態的此有，讓它在敞開性中接收到實際性的可能性。[161]

　　在《存有與時間》，海德格透過區分害怕（Furcht）說明「畏（Angst）」：一、畏並非害怕。二、害怕的原因來自具體威脅者（人事物）的威脅；但在畏之中找不到威脅者，一時難以確定爲什麼而畏。因爲，畏沒有對象，僅有對象性。其威脅不是來自任何世內的存有者，而是世界本身與「無」，亦即在世存有本身。若缺乏對死亡與生存結構整體性的本眞理解，易將「畏」視爲日常的害怕，而無法通過畏開顯出在世存有本身，畏也無法成爲卓越的開顯方式。三、害怕會使人陷入恐慌；畏讓人感到不在家狀態的陌生，但不會使人陷入恐慌。畏的開顯反而會讓人清醒[162]。

　　在海德格詮釋的良知現象，畏不是基於倫理學上的原因而出現，亦即，並非因應做未做或不應做卻要去做，而感到焦慮不安。作爲莫名的不在家狀態，「畏」顯露出，此有從熟悉的日常狀態轉入某種陌生的個體化境況。而「畏」作爲一種存有論式的情緒，貫穿海德格前中後期哲學。

　　在《存有與時間》畏被視爲此有的基本處身感受，能將此有

---

[160] SZ 277, 296.

[161] 參 Figal (1988/2000): *Martin Heidegger*, S. 249。

[162] SZ 310.

帶至世界本身和「無」之前，但主要作用是將此有個體化。海德格在〈形上學是什麼？〉將「畏」稱爲基本情緒[163]，主要作用在於敞開作爲無化的無本身，而另一作用是通過退避的方式，而讓存有者整體顯現。德國學者珀凱（Pocai）因而指出，於《存有與時間》情緒或基本情緒並非天生的也不是情感激發的現象，而是思想處理存有的認知及意願上的行爲與態度，且是開顯狀態以及世界與自身現況初步反映的卓越方式。[164]不過，筆者認爲這說法只對了一半。就現象本身而言，《存有與時間》所討論的情緒現象和心理學並無不同，不同的是，通過現象學視看，情緒被視爲基本的存在狀態（das Existenzial），目的是找出情緒現象在心理學討論前的本質結構。再者，海德格不是從心靈或行爲探討情緒，但從其哲學的整體主義特徵來看，他並沒有將感受性或心理狀態從情緒現象剔除，亦未將情緒現象分爲情感、感受、理性或思想而加以分析。[165]

在「畏」的個體化中可確定，良知出於此有自身，且是某種「不得不」的約束，而非出自任何他者或宛如他者的常人自身。這種出於自身的不得不，類似康德以自身爲前提的定言令式、出於在自身的自發性的無條件義務。[166]但海德格良知概念的「不得不」並不是道德義務的強制，而是對自身的回應（責任）。二者良知觀點的主要差異在於，康德以「在人類內在的正義法庭之意

---

[163] SZ 251. GA 9: 111, 112.

[164] Pocai (1996): *Heideggers Theorie der Befindlichkeit*, S. 20.

[165] SZ 134.

[166] Kant: KpV 22f, 115.

識」[167]為主導的良知解釋，傾向於德性法則及相關的批判[168]，且傾向道德性的批判。海德格認為，康德以「正義法庭」作為良知解釋的基礎，但真正的基礎與存有論前提卻是未被康德道出的「此有與生存的存有論」。[169]他認同良知有某種批判作用，但更傾向於基礎存有論的作用。而且他不像康德那樣把人區分為認識主體和行動主體，也沒把理性分為理論理性和實踐理性以便分析。德國學者葛特曼（Gethmann）認為，海德格當然有看到認識與行動以及知（Wissen）與「能（Können）」之間的差異，他只是反對區別理論理性和實踐理性，因為二者在實際行動時混而為一，其區分只是派生的抽象化。[170]

每一生存活動都帶有本真或非本真的情緒、感受和理解，良知現象所要瞭解與確定的是呼聲之為良知呼聲，其所揭示的則是生存同具本真與非本真性，以及本真的罪責存有與最根本的本真能存有。海德格以基礎存有論評判傳統的良知理論，認為以往對

[167] Kant, I. (1797/1907): *Die Metaphysik der Sitten*. In: Bd. VI. Hrsg. von Königlich Preußischen Akademie der Wissenschaften. Berlin: Georg Reimer. S. 438.

[168] Kant: KpV 114.

[169] SZ 293. 日本學者 Arifuku 於比較海德格與康德的良知概念，指出二者有幾處類似：一、操心作為生命／生活基本的「如何」（Grundwie）和康德以慎思（Besonnenheit）、實踐智（phronesis）作為善與應然的核心；二、海德格以決心作為願有良知的選擇以及康德以定言令式作為良知聲音。Arifuku, Kogaku (1989): *Heidegger und Kant*, S. 165-166.
香港學者張祥龍注意到海德格良知概念與康德的相近在於，二者都只與人本身相關，但不同的是，海德格並不將良知解釋為道德的聲音，而是視為道德之源。（參張祥龍〔1996〕，《海德格爾思想與中國天道》。北京：三聯書店，頁 125-127）

[170] Gethmann (1989): *Heideggers Konzeption des Handelns in Sein und Zeit*, S. 145ff.

良知的闡釋有雙重遮蔽，一是把良知視為裁判和警示者，以計算估量的方式與之交涉。二是，理論上把良知視為體驗或心理過程的序列，而這種序列的存有方式大多或全然未加規定。[171]他重新檢視良知呼聲的過程，確定此有須先下定決心傾聽呼聲才能理解良知呼聲，也要決心願有良知、選擇要有良知，並承擔最本己的罪責存有，才真正進入良知的「過程」。當康德為便於分析而將理性分為理論和實踐的，海德格則是未區分地、作為彼此相互作用的同一個理性，作用於良知的每一環節。[172]

　　人無需等到死亡到來才面對「無」，處身畏之中所感受到的即虛無狀態。由於「向死存有的本質就是畏」[173]，海德格通過畏闡明先行向死與本真能存有、整體能存有二者源初性的關聯。畏之所以具威脅性的最根本的原因在於此有的能存有[174]，畏會將此有拋回為本真自身而畏的根基處：「此有的本真能存有」[175]。

　　在《存有與時間》，「畏」這種根本性的處身感受，能將來自在世存有本身持續又完全的威脅保持於敞開狀態[176]。一方面，在畏之中所受的威脅，是在最本己的、個別化了的存有中湧現，但源頭是將死亡包含在內的在世存有本身，且主要來自「無」。

　　海德格通過分析死亡和畏而討論「無」，並認為畏的分析較徹底。而其原因有三：一、死亡的分析還需在畏之中開顯[177]。二、

---

[171] SZ 293.

[172] 海德格藉同時代學者 Heimsoeth 的論文指出，康德極少重視或考慮到「理論理性和實踐理性之間密切的彼此作用」。（SZ 320 註 1）

[173] SZ 266.

[174] SZ 251.

[175] SZ 187.

[176] SZ 265f.

[177] SZ 308.

通過畏可看到「無」的積極性作用，亦即，畏具將…保持於敞開狀態的能力，能使本真能存有與「此有實際存有著」的事實裸現出來，使此有處於敞開著的自由。三、畏對「無」的敞開力量比死亡更大。死亡敞開的是在世存有的虛無狀態。在〈形上學是什麼？〉海德格將「無」動詞化，認爲「無」的本質是無化。畏能敞開作爲無化的「無」本身，此有在「畏」之中也就處身於「無」。所以海德格在《康德書》表示，唯有理解了「無」或「畏」，才可能理解存有。他追問「無」是爲了存有理解，且「若『無』無法理解，存有也就無法理解」[178]。唯當此有自身進入「無」，存有者的存有才可理解，而且「超越最深刻的有限性就在其中」[179]。因此，「無」成爲存有理解的前提，能敞開「無」的畏就成了存有理解的前提之前提。對海德格的形上學命題而言，畏則有使之完整並使之成立的重要性。

　　基於「無」，有限性和超越性在海德格前期哲學成了一組發生學上相應的概念。而「存有者的存有中，發生著無的無化」[180]，「無」作用於存有者狀態，也作用於存有。在時刻生成變化的現象界，唯基於無的無化一切存有者才可能處身於此，才能與存有者發生關係，與自身發生關係。[181]無的無化能讓人超越，因而能越出自身、走向存有者，深入其中，也能超出存有者整體之外而存有。[182]所以無的無化具源初性的否定性力量，卻有積極性的作用：超越，敞開，使之成爲自由的。

178　KM 283f.

179　KM 238.

180　GA 9: 115.

181　KM 238. GA 9: 115.

182　GA 9: 114f.

　　1929 年，通過《康德書》、〈形上學是什麼？〉等密集思考「無」與無化的一年，海德格在給布洛赫曼女士的信中表示，在探尋、思維時，我們「始終在根本上被支配性的操勞及其成果及後效誤導，誤以爲在建構本質性的東西」卻忘了，惟有完全按照心靈生活，才會產生本質性的東西。此時起決定性作用的是「無」的原始力量和否定性，它能「阻礙」此有墜入深處。[183]

　　死亡的無化作用，則是瞬間抽離生存的一切可能性，使此有處身於生存的「不可能性」中。基於死亡的不可超前性質，先行向死一來使此有最本己的存有在其整體性中被確知，二來把此有徹底個體化，使它確知其能存有的整體性。[184]所以透過確知死亡的不可能狀態，此有可確定自身具「不」特徵的能存有，並開顯出最極端的可能性。畏與死亡的共同性在於具向來屬我性，並藉個體化與虛無狀態把此有從常人狀態拉回本眞的自身性。但是二者亦有差異，死亡的本眞理解需要本眞地理解向死存有與在世存有的整體性作爲前提，「畏」卻不可預期地升起，直接將人帶到「無」的面前，而不同於一般的情緒僅能把此有帶到實際生存的「在此（da ist）」。

　　通過畏的個體化而出現的「無」，具清理與區隔的作用，卻不會阻斷與他者共同在世。因爲個體化是共在別具一格的樣式，當此有在畏之中，不管它是獨自一人或與他者在一起，都仍在世界中，只是共在的他者無法關涉到它，它也不去關聯共在的他者。作爲在自身行動的個別化個體，此有透過自身能存有，而在日常

183　Storck (hrsg.) (1989/1990): *Martin Heidegger/ Elisabeth Blochmann. Briefwechsel 1918-1969*, S. 32. (§22)

184　SZ 266.

的爲人處世，讓自己能做本眞的自己。尤其在決心狀態，個體化的此有準備好讓自己成爲一名「能畏者」，在下定決心後實際地在畏之中面對「無」而畏著。正因爲他者無法關涉，「此有才能本眞地是它自己」[185]，雖個體化卻能爲其生存開顯出敞開狀態的時間性與空間性。畏的這種個體化「把此有從其失落狀態取回，並使此有看清本眞和非本眞狀態」[186]，下了決心之後，此有才能把這兩種狀態都接受下來。

在《存有與時間》，由畏而獲悉的「無」是奠基於在世存有的「世界的無」[187]。畏的威脅既來自死亡的「無」，亦來自把死亡包含其中的在世存有本身。處在畏的「無」中，本眞能存有與「實際存有著」二者能裸現的主要原因在於：一、此有一旦被拋入畏的「無」就個體化地在世，他者無法關涉。二、畏使人處於在世存有與死亡的「無」的界限[188]，而得以標示出此有能存有的整體性。三、畏的「無」、無化，能把加在此有自身上的遮蔽清理掉。[189]所以通過「清醒的畏」，此有被帶到個體化的能存有前，坦然地樂於面對諸種實際的根本可能性。[190]

---

[185] SZ 263.

[186] SZ 191.

[187] SZ 276.

[188] 筆者於此並非如雅士培（K. Jaspers）視死亡爲邊緣狀態（界限處境，Grenzsituation）的引線（SZ 249 註，301 註），而是循海德格對畏與死亡的概念分析所指出的極限處境（Grenz*situation*）（SZ 308）。筆者因而認爲，畏之所以能將此有帶到「無」面前而透視此有能存有的整體性，是因畏處於在世存有與「無」的界限上。藉海德格在〈語言〉對「之間」、區分和門檻的詮釋，可說明畏的這種於在世存有與無之間，既起分離作用亦起聚集作用的特質。（參 GA 12: 22ff）

[189] SZ 276, 308.

[190] SZ 310.

　　基於個體化、去蔽的活動以及整體能存有的顯現，畏的開顯公開出自由存有（Freisein）。[191]這種自由存有是此有在實際生活中不致落入常人狀態的根據。在良知現象，畏所公開的自由讓「選擇罪責存有」、願有良知與決心等在自身的行動得以施行，同時也敞開當下的處境，使此有自由地面對世界。而先行決心源自「對此有諸實際的根本可能性清醒的瞭解」。因此，追隨對良知呼聲的本眞瞭解，向死亡開放出兩種可能性：「掌握生存」的可能性，以及「把一切逃避式的自身遮蔽徹底摧毀」的可能性。[192]

　　在良知現象，決心與畏二者具依存關係。一方面，畏「本眞地只能在一個下定決心的此有中升起」[193]，才能將此有帶回到純粹的存有而且是有限存有者的不得不存有，帶回到最本己的、個體化的被拋狀態。另一方面，決心作爲願有良知是向著最本己的罪責存有，而隨時準備好畏著的自身籌畫，這既因爲畏、理解與緘默等活動，建構了願有良知的開顯活動，也是基於畏能去蔽而顯現出自身與本眞能存有及其整體性。因此，畏的顯現保證了良知對先行向死和本眞能存有的聯繫，畏的時間性也因而關連到良知現象的時間性。而畏作爲處身感受，有著獨特的時間性。它源初地奠基於某種曾在狀態，當前和將來在這基礎上自行到時。

　　畏和害怕作爲處身感受，二者的時間性基礎都在曾在狀態，但在操心的整體上，二者的源出處不同而可從時間性區分二者：畏的時間性從先行決心的將來源出，害怕則從迷失的當前。[194]作

---

[191] SZ 188.
[192] SZ 310.
[193] SZ 344.
[194] Ibid.

爲本眞的時間性，畏的時間性是曾在、當前和將來三者綻出地統一。但從處身感受以及從操心的整體兩種不同的視角出發，我們可發現其到時的基礎（曾在）和源出處（將來）並不相同。

在良知現象，良知的過渡性質與畏所引發的奇特陌生感，使良知當前化的特殊狀態（常人自身和此有自身的同時顯現）引起注意。不過良知在《存有與時間》的主要作用是，在生存的可能性中見證本眞能存有，並於先行決心將「能存有」開顯到其終結處，使此有基於決心而本眞地成爲它所能是者。而「這保持住別具一格的可能性的東西，且在這種可能性中讓自身來到自身的，就是將來的源初現象」。所以將來，是此有藉以「在最本己的能存有中來到自身的那個來到（Kunft）」，也是良知現象最主要的時間性特徵。[195]若從呼聲作爲言談來看，當下湧現的良知呼聲因言談的公開性質而有在當前綻出的特質，但其源初的綻出處卻是有終的將來。唯有基於將來（先於自身的本眞能在），曾在（被抛狀態）與當前（從非本眞狀態到本眞狀態）才自行到時。

《存有與時間》的良知現象深具結構性，海德格的詮釋細微而複雜。德國學者布魯斯特（Blust）曾分析良知現象的時間性，他著重本眞性（開顯功能）與呼聲的言談性質。基於良知呼聲爲「向前呼喚的喚回」，亦即因「向前」呼喚的屬性，布魯斯特認爲良知呼聲的時間性奠基於將來的綻出；願有良知則因包含本眞的向死存有於其中，而具本眞整體能存有的時間性。他也注意到，應區分良知呼聲和願有良知的時間性，二者並非僅奠基於將來的綻出或僅具綻出的統一性。不過他僅由二者的現象內容處理良知

---

195 SZ 325.

的時間性，而未注意到結構及各環節的關聯性，導致其分析詳細，卻因現象內容的複雜而雜亂。再者，他忽略了良知現象第三環節，雖注意到補做選擇而具「再次－（wieder）」的時間性，卻未注意到良知現象的過渡性質，而忽略非本眞性的時間性。[196]

基於良知是由非本眞轉入本眞，因而具強烈的綻出與推進式運動特徵，藉助良知現象推進式的歷程，亦即，從良知呼聲的出現，到本眞地在世而自由地面對世界，我們可將良知現象分爲三階段，解析各環節的時間特徵。

第一階段：良知呼聲出現到選擇要有良知。

總體而言，良知呼聲基於言談與理解而有當前化的特質。不過，從其三個環節（陌生感，呼聲作爲言談的樣式，選擇並決定要有良知）來看，當前化的綻出與基礎各自不同。第一環節的陌生感出現於操心的當下，卻是基於從本眞能存有傳來的呼聲，因此，其當前奠基於將來而向曾在（被抛狀態）的綻出，也是形成綻出境域的初始階段。

第二環節是呼聲作爲言談的樣式。眞正的言談必有某種對話而來的理解，因此這環節的時間性是在場的當前化。理解到的是對罪責存有的初步理解，因而有操心的三個環節[197]，且在確定呼聲之際具呼喚的實際性（曾在）與聆聽的存在性（將來）[198]。因此，第二環節的圖式由當前化向曾在與將來綻出。第三環節（選擇並決定要有良知）的時間性是當前，且是奠基於被抛的曾在而

---

[196] 參 Blust, Franz-Karl (1987): *Selbstheit und Zeitlichkeit. Heideggers neuer Denkansatz zur Seinsbestimmung des Ich.* Würzburg: Königshausen + Neumann. S. 292, 298, 302, 315。

[197] SZ 282.

[198] SZ 275.

向將來綻出的當前。

　　第二階段：從非本真過渡到本真。

　　基於本眞理解最本己且一直持駐的罪責存有，此有選擇願有良知並下定決心從常人狀態收回，讓自己在自身中行動，這也意味它選擇了本眞的自身能存有。因此，這種收回而補做選擇的行動，具再次取得（wieder-holt）、再次籌畫與再次投入特質[199]。補做選擇的再次投入，是以願有良知這種在自身行動的方式，再次投入在世的生存活動。它與被拋不同。這種投入是基於對罪責存有的本眞理解與決心，亦即基於虛無狀態而能在自身中行動：自行決定並再次投入。本眞理解呼聲後的再次投入明確地指向本眞性，而揭示著本眞的時間性。此有基於生存的實際性而籌畫自身，開啓了超越活動。實際性的時間性奠基於曾在[200]，良知現象第二階段的時間性因而奠基於曾在而由本眞的當前投向將來，這也是在世存有的超越之時間性。

　　第三階段：喚起本眞的自身能存有，而在自身中行動。

　　這階段的關鍵前提在於先行，先行決心與先行向死。基於先行，第三階段的時間性奠基於有終的將來，而且：

一、先行決心與先行向死涉及有限性的生存整體性，因而是奠基

---

[199]　參 Blust (1987): *Selbstheit und Zeitlichkeit*, S. 304。Entworfen 和 Entwurf 都與 sich entwerfen 有關，前者是過去分詞，後者是名詞。而 entworfen 和 geworfen 有所不同，二者雖然都有完成式和被動的意涵，前者於海德格概念用法偏向基於 sich entwerfen（自行籌畫），後者則是偏向身不由己、無法自行決定。確切而言，此有於本真狀態不再是不由自主地被拋或落入日常生活之中，而是自行籌畫後自由地自行投入。Figal 則認為，是否自由，乃此有處在本真與非本真狀態最大的差異。（Figal [1988/2000]: *Martin Heidegger*, S. 253）

[200]　SZ 328, 338, 344.

於將來的綻出之統一。

二、先行向死的開顯基於先行決心，良知現象因而具再次取得的
時間性，且具現前（Augenblick，瞬間）與「持駐地『存有著
（ist）』」[201]的特質。現前是本眞的當前，在決斷中自行到
時，並與開顯了的處境相關。[202]

受齊克果影響[203]，海德格在《存有與時間》即已注意到「Augen-
blick（現前，瞬間）」的特性，視爲某種本質性的時間。但因著
重有終的將來作爲源始的時間現象，並未深入討論。要到《形上
學基本概念》才深入討論，並將作爲瞬間（Augenblick）視爲此有
的時間性本身[204]，在《尼采 I》則討論瞬間的永恆性。

除了通過良知的過渡，海德格在《存有與時間》以綻出說明
時間性的超越特徵：時間性是環環相扣的綻出[205]，在綻出的敞開
中，將來、曾在與當前同時向另兩個環節綻出，相互作用。綻出
具持駐性與虛無狀態，因而在綻出中同時出現「一直都還是」、
「又再次」與「不在此」、「不再…」等特徵。海德格在二十年
代著重綻出式的超越，以時間性的綻出作爲超越的基礎。從此有
的生存與在世存有來看，此有基於時間性的綻出而超越。在《存
有與時間》，時間性「自行到時」（sich zeitigen）的結構中即具
超越的特徵[206]，在《康德書》超越在其本身中則是「綻出－境域

---

[201]　參 SZ 305f。
[202]　SZ 338, 386.
[203]　參 SZ 338 註 1。GA 29/30: 225。
[204]　GA 29/30: 237.
[205]　參 GA 26: 268。
[206]　SZ 337.

式地」[207]，亦即，超越在其本身中是時間性的。海德格因而在《存有與時間》表示，時間性使此有的超越得以可能[208]。海德格的基本論點：人是有限性的，所以是時間性的。因此「時間性使此有的超越得以可能」的前設是，有限性使超越得以可能，而且這種超越是在有限性之內的超越活動。它不同於傳統哲學，後者的超越指向不朽的永恆或不變動的本質，超越到時間之外。海德格在《康德書》表示，在時間的本質中有某種在有限性中的超越性[209]；時間性進一步被視為「超越的內在可能性之基礎」[210]。他將超越動詞化，而時間性的綻出、有限性的認識活動不得不的向外走出（Hinausgehen）、無化的超…之外（über ... hinaus）或超逾（Übersteigen）都被歸屬於人的超越活動。

若時間的綻出是良知現象橫向結構的主軸，存有理解則是縱向的。動態的二者構成良知現象的整體性。在良知現象的存有結構出現兩種運動：第一種，明確地從非本真到本真的單向移置[211]。第二種出現在第二階段，在先行決心與先行向死的本真理解後，此有出現兩種可能性：從本真的理解過渡到本真地在自身中行動，

---

[207] KM 119.
[208] SZ 364.
[209] KM 282.
[210] KM 205.
[211] Sallis, John (1990): *Echoes: after Heidegger*. Indianapolis: Indiana University Press. S 113. Sallis, John (1995/2012): *Heidegger und der Sinn von Wahrheit*. Translated from *Echoes* (1990), by Tobias Keiling. Frankfurt: Vittorio Klostermann. S. 147. 美國學者 Sallis 將綻出詮釋為移置本身（displacement itself, Verschiebung selbst），而這種移置也可用來說明時間性即 Dasein 源初的 Außer-sich（SZ 329）。不過筆者認為移置本身不具本真或非本真性，只是表明 Außer-sich 的運動方式。

或退回常人狀態[212]而解除良知的過渡。在後者，可能暫處無差別狀態，或者退回非本眞而進一步解除良知現象。而海德格分析良知現象的目的，主要是爲見證本眞的整體能存有，所以著重從非本眞到本眞的論述。再者則是著眼於「此有的本眞存有」，藉以更源初地把握並分析此有的「在此（Da）」之開顯狀態。[213]

　　關於海德格對此有的存有模態之區分，學界有兩種看法，一是分爲本眞和非本眞兩種，二是共三種，即前述兩種再加「無差別樣式（die modale Indifferenz）」[214]。第一種看法，主要根據《存有與時間》第一章第九節[215]。不過第一章被指派爲準備性的分析工作之概說，一般會在第二章之後的討論進一步細分。而且，之所以分爲本眞和非本眞是根據「此有根本上是由向來屬我性（Jemeinigkeit）來規定」[216]，而非根據存有層級或以眞理爲判準，因而這區分一來不意味價值的高低，也不意味眞或不眞。二來，若有根據其他規定性來區分，也可能有多於兩種存有模態。因此，海德格在第二篇第四十五節回顧第一篇的成果時，提到無差別樣式而予以第二種看法（分爲三種存有模態）可成立的論據。

　　不過，海德格並未特別說明無差別樣式的存有模態，這可能因爲他的目的在於，如何通達本眞的存有而找出源初性和基礎存

---

[212] 對《存有與時間》良知現象的研究都會注意到良知呼聲對處在非本真狀態的此有的呼喚，大多學者也注意到誤解呼聲的可能性。但是，未慮及良知現象「從⋯到⋯」的過渡性質，因此分析都偏重良知見證了「本真能存有」及其如何可能，而忽略了在良知現象的第二和第三階段都有退回常人狀態的可能性。

[213] SZ 270.

[214] SZ 232.

[215] SZ 42f.

[216] SZ 43.

有。根據海德格在《存有與時間》導論提供的線索：「此有向來生存在這種或那種樣式中，或生存在這兩種（本眞和非本眞）樣式的無分別樣式中。」[217]筆者認爲海德格的說法模糊[218]，致使學界這兩種區分都可成立。根據前文，既可將無差別樣式視爲二者尚未區分前的樣態，區分後是本眞和非本眞兩種；亦可將無差別視爲無法根據「向來屬我性」而加以確定的灰色地帶，如此則有三種存有模態。而海德格對兩可的論述也給予三分的可能性，因爲兩可（Zweideutigkeit）「不僅自行伸向世界，而且同樣地伸向與他者共在本身，甚至伸向此有自己本身的存有」[219]。但廣義而言，常人對海德格來說是一種非本眞狀態，而他將兩可歸於常人狀態的特徵。良知呼聲是要將此有從常人狀態喚回到本眞的自身性，退失決心後，此有極可能退至兩可的狀態：對有覺察的事物

---

[217] SZ 53. 括弧內文字是筆者爲讓讀者易於理解，於符合文本原意下所加。

[218] 香港學者關子尹認爲，Indifferenz 一詞在《存有與時間》用法含糊，導致兩種或三種「存活模態」（註：生存模態）都屬可能。但他認爲，「三種模態」的說法意義不大。他提出四個理由，一、海德格未視之爲一獨立的模態。二、Indifferenz 或 indifferent 有時只用來指人際關係的互不關心。三、在《存有與時間》明顯提及的是兩種。四、他認爲本眞和非本眞對海德格來說，有如兩個理想的模型一樣。（關子尹〔2021〕。《徘徊於天人之際—海德格的哲學思路》，頁 262f）筆者同意第三種存有模態在《存有與時間》的意義不大，因爲海德格著重的是本眞和非本眞的區分，以及如何從非本眞開顯出本眞性。不過，海德格的論述確實予以第三種存有模態（無差別樣式）成立的可能性，而這並非基於 Indifferenz 的用法，而是基於海德格對兩可的描述：既伸入世界，同樣（ebensosehr）伸入相互共在本身，甚至伸向此有自己的此有（SZ 173），這予以無差別樣式作爲第三種存有模態的可能性。但我們也須注意到，「兩可」嚴格來說應歸屬於非本眞性。再者，筆者認爲無差別是否爲一獨立的有樣式，在良知現象的過渡而言，有其重要性：在本眞理解先行決心與先行向死後，退回無差別究竟僅是暫時性的，或已然回到常人狀態？

[219] SZ 173.

要實際轉入行動時,兩可又立即扼殺了實現的興趣[220]。

在良知現象的每一階段,都有退失決心而返回有待發現自己的常人狀態,乃至返回非本眞性的可能性。從第一向第二階段推進時,可能誤解良知呼聲,也可能確知良知呼聲後,迫於現實生活而選擇以常人狀態生存。即使本眞理解良知呼聲後,基於先行決心而選擇願有良知,打算將「罪責存有」承接過來,但一面對日常生活的境況仍可能臨陣脫逃,而回到非本眞狀態。也可能將良知呼聲理解爲自我意識或某種現成的「知」,或認爲可透過什麼方法消弭罪責,或把良知視爲某種在主體內的現成存有者(例如,與生俱來的本性或內化的教條),而使人在日常中獨處或關切他者時迷失自身,無法在自身中行動。

惟當進入第三階段,決心接受罪責存有、籌畫自身後,此有理解其中開放出的可能性。而且,它一方面通過朝向自身的決心,自由地面對世界,本眞地把自身推到有所關切地與他者共在中。另一方面,在與他者共同生存時,它依然是在自身中行動。如此才不僅是在存有論方法論上的討論,而是以此有於存有者狀態上的可能性爲根據,眞正地完成良知在生存狀態上的見證。[221]基於本眞的自身能存有,這階段的時間性是本眞且源初的,並在瞬間自行到時,其圖式則是從曾在的、本眞的將來向當前綻出。

---

220 SZ 173f.
221 參 SZ 309。

第五章　藝術的歷史性與
藝術作品的時間性

　　藝術在傳統哲學的地位搖擺不定。柏拉圖要把詩人趕出理想國。亞里斯多德主張詩比歷史更接近哲學、更具普遍性，不過仍認定藝術是一種模仿，詩人憑藉模仿才成爲詩人。[1]到了近代，黑格爾在《精神現象學》（1807）視藝術爲心靈最高旨趣之一，地位僅低於宗教和哲學。當藝術作品作爲精神性形態，即是「一種回復到自身的外在現象或一種從自身出發並在自身內表現著自己的某種內在東西（Inneren）」，也就是「自己產生自己」的思想，那麼「精神就是藝術家」。[2]到了《美學講座》（1835-1838）黑格爾卻宣判藝術不是體現實在性的最高方式，不是精神最高之需，也不是眞理的基本發生方式[3]。

　　早年受康德、黑格爾及新康德學派影響，海德格通過尼采於

---

[1]　Aristoteles (1981): *Poetik*. Stuttgart: Reclam. 1451b5-30.
[2]　Hegel, G. W. F. (1807/1970/1986): *Die Phänomenologie des Geistes*. In Werk 3. Hrsg. von Eva Moldenhauer und Karl Markus Michel. Frankfurt: Suhrkamp. S. 512.
[3]　參 Hegel, G. W. F. (1835-1838/1986/1994): *Vorlesungen über die Ästhetik I*. In Werk 13. Hrsg. von Eva Moldenhauer und Karl Markus Michel. Frankfurt: Suhrkamp. S. 140-142。

三十年代脫離康德等的美學主張，不再認為美是正確性的形式[4]，不再限於賞心悅目。他不把藝術劃入文化領域，亦不視為某種精神現象，而是提出一種存有論的藝術觀。他認為從存有問題出發才能獲得藝術的存有論規定，而將藝術作品的本質規定為存有真理的置入作品。當大多數人主張藝術是感性的，否認藝術是存有真理的顯現，海德格卻將藝術歸屬於居有（Ereignis）－存有真理的發生，並以之作為藝術及藝術作品的本質顯現活動[5]。這對當代藝術與當代哲學，皆有重大影響。一方面為當代藝術帶來藝術、美和真理關係的新規定，也使美與真理有了新關係。另一方面，一如德國學者海恩茲（Heinz）判定的，透過對藝術創作的論述，海德格進行了一場哲學思維的革命[6]。

　　1931/32 年，海德格寫了一篇從未演講過的文章〈論藝術作品的本源〉，1934 年接續寫了筆記草稿〈克服美學—關於《藝術作品的本源》〉，1935 年 11 月開始《藝術作品的本源》演講，並在 1936 年出版單行本[7]。同期間尚有〈荷德林與詩的本質〉演講、《哲學論稿》手稿和尼采講座（1936-1940）等關於藝術和創作的討論。四十年代起，海德格的藝術論述仍涉及建築、繪畫等藝術形式，但集中於詩歌的詮釋。再者，海德格後期仍以居有和在場思考藝

4　Kant: KdU, S. 39-41, 48f, 59f, 77.

5　參 Herrmann, F.-Wilhelm von (1994): *Wege ins Ereignis. Zu Heideggers "Beiträgen zur Philosophie"*. Frankfurt: Vittorio Klostermann. S. 198ff。

6　Heinz, Marion (2005): *"'Schaffen.' Die Revolution von Philosophie. Zu Heideggers Nietzsche-Interpretation (1936/37)"*. In: *Heidegger-Jahrbuch 2*, S. 174.

7　《藝術作品的本源》於 1936 年 1 月即出現盜版，1936 年 11 月正式出版單行本。本書沿用書名號。另外，〈論藝術作品的本源〉於海德格過世後，1989 年首次刊登在《海德格研究》。

術、存有與時間，不過，居有的概念內容已有轉變[8]。

海德格在《藝術作品的本源》演講同期間開設《尼采 I》課程。他深受尼采影響，與尼采觀點的論爭長達十年。而論爭的目的是使尼采思想保持其價值，因為海德格主張，思想是否以及在何意義上、要以怎樣的廣度保持為值得思想，都要「通過爭－辨（Auseinander-setzung）來澄清與裁定」[9]，而且爭辨就是「真正的批判」[10]。他在 1935/36 年著手的草稿《哲學論稿》，明顯模仿尼采格言式的詩文風。通過尼采，他反對柏拉圖的藝術模仿論，認為偉大風格的藝術創作伴隨著源初性而直接進入存有之中[11]，而且他將藝術地位提升到真理之上。尼采思想對海德格哲學的轉向具決定性的影響，但從何時開始作用於海德格哲學，至今學界尚無定論。據海德格晚年自述，他與尼采的爭辨最早可推自 1930 年，並持續至 1946 年〈關於人道主義的書信〉發表前。[12]

尼采嚴肅對待藝術與真理的關係，海德格通過尼采在藝術本質的範圍內解答真理問題，探討真理的本質問題。一來尼采的藝術觀未曾貶低感性，真理對他來說是「符合真理本質的真實之物（das Wahre）本身」[13]，因而可通過感性探討真實之物本身。這種真理觀不致因抽象化或僅肯定超感性之物，而出現虛無主義（尤其是「對生命的否定」）[14]的危機。二來，海德格接受傳統主張美

8　參本書第一章，以及第三章第三、四節。
9　GA 6.1: XI.
10　GA 6.1: 3.
11　參 GA 6.1: 224。
12　GA 6.1: XII.
13　GA 6.1: 151.
14　GA 6.1: 161.

是情感上的，但更傾向尼采的觀點，而將美視為「我們本質的榜樣來讚賞和尊敬的東西」[15]，且能將人置入陶醉感的形式。在《尼采 I》，海德格將美詮釋為規定我們和我們行為、能力的規定性，藉此將美提昇到與道德法則同等的地位。他在詮釋尼采時表示，「通過美，我們最高度地要求（beanspruchen）我們本質，亦即，我們超脫了我們自己」。[16]從「最高度地」可看出，於人的本質規定，美對海德格具高於真理的優先地位。

　　通過對阿納西曼德箴言以及荷德林（Hölderin）、特拉克（Trakl）、葛歐格（Georg）等詩作的詮釋，並通過荷德林後期詩作連接到先蘇時期的巴門尼德斯及赫拉克利的思想，海德格終在四十年代脫離尼采在語言與思想上的影響[17]，創立屬己的新開端。通過存有與詩的道說，海德格在《基本概念》（1941）、《居有》（1941/42）展現自己的藝術觀點，並走向後期的語言哲學。在後期，他將靜默的存有道說（Sagen）轉為悅耳之音，詩人的作詩則是聆聽這孤寂精神的悅耳之音，而跟著存有道說。[18]他不再將藝術的真理經驗置回形上學的基礎，而是將風格本身視為特殊的「形上學之本質顯現」[19]。不過這有一部分仍得歸因尼采的影響，讓他注意到藝術、風格與真理的關係。

　　海德格在《藝術作品的本源》提出「藝術是歷史性的」[20]，並

---

[15]　GA 6.1: 113.

[16]　Ibid.

[17]　參 Pöggeler, Otto (2002): *Bild und Technik. Heidegger, Klee und die moderne Kunst*. München: Wilhelm Fink. S. 93f。

[18]　GA 12: 66.

[19]　GA 53: 28.

[20]　GA 5: 65.

將藝術視爲一種存有眞理發生的根本方式，主張藝術即「眞理的自行置入作品」[21]。從藝術的雙重規定，我們可得出新的命題：存有眞理是歷史性的。但這有違傳統主張的，眞理是無時間或永恆的。連海德格自己也質疑：「眞理眞能發生，且歷史性地存有著嗎？」[22]更明顯的矛盾是，同期間他在《尼采 I》表示，最高的創作活動可達諸神聖者的永恆，且可固定於藝術作品中。藝術和藝術作品，究竟是歷史性的，抑或永恆？

爲釐清前述問題，以及藝術與藝術作品的時間問題，以下先討論藝術與藝術作品的存有問題，再根據海德格存有眞理觀，分別探討藝術作品的時間性與藝術的歷史性。

第一節　存有真理觀的藝術論與藝術作品

海德格在三十年代提出一種存有論的藝術觀，使藝術與哲學有了更多的對話空間。當代哲學、藝術史與文學領域，不少當代藝術作品、詩作、詩人，以及藝術史家的學術著作等與海德格有關。[23]像是策朗（Paul Celan）、史陶斯（Botho Strauß）和韓德克（Peter Handke）等當代作家研讀海德格著作，並在作品中反映其哲學思想[24]。

---

[21] GA 5: 25.

[22] GA 5: 23.

[23] Pöggeler (2002): *Bild und Technik*, S. 81. 海德格與德國藝術史家 Hans Jantzen 有所交往，以其藝術觀爲依據，而且 Pöggeler 認爲以 Jantzen 的看法可補充海德格的藝術觀點。

[24] Figal, Günter (Hrsg.) (2012): *Heidegger und die Literatur*. Frankfurt: Vittorio Klostermann. S. 7. 有關 Celan 受《存有與時間》影響及其和海德格的會

　　海德格自己對藝術也涉獵廣泛，觀賞克立（Paul Klee）、塞尚、梵谷等現代畫作，閱讀古希臘品達（Pindar）等的詩歌和悲劇，詮釋荷德林、特拉克等詩作，也朗讀過策朗的現代詩。他通過現象學詮釋藝術作品是存有眞理的發生以及如何發生，主張思維於藝術活動有其重要性。藝術作品和藝術，對他不是任何形式的模仿。不是對現存物惟妙惟肖的模仿，也不是心靈或精神事物作爲絕對對象的表現，而是「物普遍本質的再現」[25]。所以，梵谷畫的鞋能讓天天穿鞋的我們，懂得什麼是眞正的鞋。但這種懂得不是認識論上的。而且，若藝術要呈現出眞理在存有者中的每一種守護（Bergung）[26]，創作時須將存有者的存有帶入作品中。

　　德文 Bergung 出自動詞 bergen，具拯救、感到安全、掩蓋、隱匿、包含等多義。藉 Bergung 的多義性，海德格打破傳統和他自己前期關於存有與存有者二者關係的觀點，亦即存有對存有者的單向優越性。轉而主張二者相互需要，因而是相互依存的雙向關係：存有是存有者的規定性，存有者則是存有的藏匿處，而且存有需用人以本質顯現。早在《時間概念史導論》（1925）海德格即嘗試以在場狀態（Anwesenheit）替代存有或「存有著（ist）」一詞，而將世界的在場狀態等同世界作爲（指涉性的）意義性（Bedeutsamkeit）的世界性[27]。在《存有與時間》則將 ousia 理解爲在

面和書信往來，以及 Celan 的自殺可能和不滿海德格有關等討論，另參 Cesare, Donatella di (2012): *Übersetzen aus dem Schweigen Celan für Heidegger*. In Figal, Günter (Hrsg.): *Heidegger und die Literatur*. Frankfurt: Vittorio Klostermann. S. 17-34。

25　GA 5: 22.

26　GA 65: 24.

27　GA 20: 292.

場狀態。[28]三十年代，他詮釋在場並動詞化爲「在－場（an-wesen，在於－本質化）」，用以說明存有本質顯現、本質活動於存有者的「什麼－存有（Was-sein）」。[29]在《形上學導論》（1935）§33，他將 ousia 詮釋爲在場狀態，說明古希臘人是從在場狀態的存有著（ist）出發來理解存有，存有就因而被理解爲在場狀態。[30]

　　自四十年代起，他以「在場（Anwesen）」討論存有。通過存有隱匿於存有者中，而與存有者共同在場，說明存有與存有者共存的關係，也點出現象學之所以可通達存有本身的基礎。從藝術（存有眞理的自行置入作品）、藝術作品（存有眞理的保藏）和人（創作者、保藏者）三者的連結，亦可瞥見其中隱藏著存有和存有者的雙向關係。而藝術作品（保藏活動）與人（創作者、保藏者），則爲「在場」作爲「在於本質的活動」提供了肯定性的範例。不過海德格後期對在場的理解，與中期不盡相同。他在後期將ousia（實體）一詞回歸柏拉圖哲學中 ousia 的存有論用法，亦即，帶有加強語氣符號時 ousia 等同「存有」、（物的）「本質」之意[31]，而且，結合了亞里斯多德第一義和第二義的實體，而將存有本身詮釋爲「在場者的在場」[32]，強調在場者與在場的二重性。

　　根據海德格存有論的藝術觀，更確切地說，存有眞理觀的藝術論，只要能保藏存有眞理的發生於其中即是藝術作品。藝術作

---

[28]　SZ 25.

[29]　GA 9: 225.

[30]　參 GA 40: 97f。

[31]　參 Nails, Debra (1979): *Ousia in the Platonic Dialogues*. In: *Southwestern Journal of Philosophy*, Vol. 10, No. 1 (Spring, 1979). Fayetteville: University of Arkansas Press. P. 71ff。

[32]　GA 12: 116, 202.

品的形式因而擴大，創作過程也可被納入作品的一部分。這促使不少當代藝術創作成了哲學思維的另類表現，例如德國普普藝術家波爾克（Sigmar Polke）1969 年作品，他在白色畫布右上角塗黑，畫布中下方寫著兩行小字：「較高的（存在）本質命令我：把右上角塗黑！（*Höhere Wesen befahlen: rechte obere Ecke schwarz malen!*）」這件作品脫離純粹感受，觀賞者無法通過凝視黑白的對比與符號而感到美，反倒升起一連串的困惑。觀者被作品的道說帶入沉思、驚奇，感受不到美又看不懂之餘，開始懷疑自己的藝術素養，卻又不得不思索：「什麼是命令創作者如何創作的存在本質？」「誰是這較高的存在本質？高於什麼？」於創作者精心設計下，這件作品早在完成時即以自身的言說罷黜了創作者作為創作者的最高地位和權力。且在觀者困惑、思維時，創作者再次「被迫」退場，被自己創作的作品逐出作品世界。

　　波爾克這作品貫徹海德格對創作者和保藏者（觀賞者）的要求：沉思藝術的本質（存有真理自行置入作品）。但也挑戰海德格主張的，對藝術本質的沉思無法強迫藝術及其形成，只能是不可或缺的準備、途徑和駐地[33]。在對藝術本質的沉思中，創作者和保藏者進行創作和再創作。面對波爾克這件作品，觀賞者不得不思維，並進入某種奇特的情感。在波爾克停筆後，這作品並未完成，而在觀賞者疑惑不已地觀看與沉思之際仍繼續「創作著」。

　　海德格顛覆傳統藝術觀，卻和柏拉圖、亞里斯多德頗多相似。他們肯定美本身的地位崇高，都以真理論定藝術的本質。不同的是，海德格引入尼采的觀點而沒有貶低感性能力或獨推知性理性，

---

[33]　GA 5: 66.

也不像柏拉圖認爲藝術無法達到眞理。不過，海德格未直接論定藝術和眞理的地位高低。若從藝術作爲存有眞理的自行置入作品來看，藝術與眞理地位相同。若從「藝術是使眞理源出（entspringen）」[34]來看，海德格已將藝術地位推到眞理之上。

作爲存有眞理發生的活動和場域，藝術作品不是模仿或再現的結果。海德格以技術（technē）詮釋藝術及創作，以作詩（Dichtung, poíesis）作爲藝術本質。他詮釋出技術的兩種含義：製作（herstellen）和「向前帶出（hervorbringen）」。一般技術性物件及器具的製作只有製作，且在製作過程賦予某質料以形式；而藝術創作同時有製作和向前帶出的活動：製作大地並建立世界，製作時向前帶出存有者整體的存有。[35]海德格從作品、作品存有走向物，但突破先驗哲學的反思框架，避免用先驗或表象方式理解存有。對海德格來說，表象僅具虛假的直接性，他因而以進入無蔽眞理（alétheia）的直接性取代反思。alétheia 於古希臘文具眞理、眞實、眞實的事物、眞話、眞相、眞誠、眞心等意。這多義性顯示，無蔽眞理（alétheia）不限於純思。基於眞實之物、眞話和眞誠等意，具有通過感官或感受獲悉它的可能性。

海德格強調從藝術作品本身來審視作品的產出，但非採取經驗主義或純然體驗的路線，而是多視角的現象學觀察，試圖更全

34　GA 5: 65. 在《藝術作品的本源》海德格延續《康德書》將 ursprünglich（源初性的）詮釋爲「讓源出（entspringenlassen）」（KM 30），因此本書將 ursprünglich 中譯爲源初性的和源出性的，並依上下文關係選用。Ursprünglichkeit 之中譯亦採相同作法。另參本書第七章第三節。

35　GA 5: 20, 45. hervorbringen，生產，產生。海德格以 Ge-stell（座架）、herstellen（製作，製造）的聚集，作爲現代技術的支配性本質。這觀點延續到其後期哲學有關現代技術問題的討論。（參 GA 7: 23ff。GA 12: 252）

方位地觀察藝術作品，以理解藝術本質。對他而言，藝術家創作出作品，藝術作品卻不因此成爲藝術家的附屬品。因爲藝術作品完成時，即進入自身的「純粹自立（Insichstehen）」。自立性越高，其中發生的眞理就越明晰，越易於作品中讓存有眞理發生並進行保藏。[36]這意味，作者自我消亡了。爲了藝術作品的誕生，作者在創作中自我消亡。作品一完成，創作者即從藝術作品「退場」，無法再干涉眞理如何在作品中發生，也不該爲作品言說。藝術家是作品的創作者，而非主宰者。是藝術作品在爲未來立法、創立「標準」者，所以應取消外加於作品的標準或權威，觀賞者不應透過藝術家的自我解釋來理解藝術作品。而作品中現成的只是固定下來的形態，但其中的敞開領域並非現成，須在遮與顯的爭執後，於其統一中被爭得。

在《藝術作品的本源》，藝術具雙重規定性，一是作詩，一是眞理的自行置入作品。從藝術規定性的動態特徵，我們看到，通過藝術活動和存有眞理的發生活動，海德格將藝術動詞化。

從作詩（Dichtung）被規定爲藝術的本質，我們看到海德格不是從人的活動（藝術家的創作），而是從藝術（作詩）出發來看藝術，而將藝術視爲藝術作品和藝術家的本源。不過，他仍不得不承認三者具相互依存的循環關係：藝術在藝術作品中本質顯現，藝術作品要通過藝術家的創作才能出現，藝術家則須通過其作品中的藝術才成爲藝術家。但藝術作品再如何就是某種被造物，其存有因而具「被造」的特徵。正因如此，作品的美作爲存有的閃現（Scheinen），和自然的美的展現方式不同。

36　GA 5: 25, 26.

　　存有眞理不是現成者，藝術家無法直接將它置入作品，只能通過創作，亦即通過大地（遮蔽）與世界（澄明）在作品中的爭執，讓存有眞理在作品中發生。從眞理的自行置入作品來看，藝術創作是將在場者顯現的東西「帶入其外觀的無蔽狀態」[37]；於藝術作品中，眞理則被標記爲「在被抛中抵達敞開性」的籌畫[38]。

　　而這在作品中的爭執意味著，遮蔽與澄明必以某種方式並存於作品。當藝術作品建立了敞開的澄明世界，同時必也製作了遮蔽的大地。通過世界的澄明，讓大地的本質性遮蔽顯現出來。在藝術作品中，大地與世界因而都是敞開性的。一如澄明和籌畫（Entwerfen），被抛（Geworfenheit）與遮蔽亦是作品本身的存有性質，二者並存，在作品中爭執不休。

　　採存有本身的視角來看，被抛和籌畫具同時性：在創作和作品中，被抛狀態的被支配與束縛、籌畫的主動性和自由同時發生。這顯示出海德格中期哲學與前期不同。《存有與時間》從人的視角出發，人被抛於世後，通過向死存有的本眞理解而有所決斷後才出現籌畫，才有被抛的籌畫，被抛與籌畫二者是相繼的。

　　藉助籌畫的自由，海德格強調被造的藝術作品具某種基於敞開而來的自由，亦有移置存有者（創作者、觀賞者、藝術作品所呈現之物）至敞開場域的「主動性」。這種主動性不是對對象的支配性或出於自身的行動，而是相對於被移置者的「被」移置而言。而且，藝術居有人。在藝術的居有活動中，作爲創作者和保藏者

---

[37]　GA 5: 47.
[38]　GA 5: 59. Entwerfen（原型動詞作爲名詞）可理解爲開始去抛擲、投入（Ent-werfen），相對於「被抛（Geworfen）」的被支配的狀態。

的人成了被居有者。[39]海德格顛覆傳統美學中創作者對作品的主宰地位。西米諾（Cimino）等學者因而認為，《藝術作品的本源》激進了去主體化（entsubjektiviert）。[40]惟當藝術作品的敞開領域不受限於創作者或評論者的有限性，存有真理才可能在作品中發生。存有本身作為居有，方能本質顯現。去主體化，意味創作者和觀賞者都不是作品的主體。創作者不須為符合畫風或學派而作，觀賞者也無須受限於作者或評論者的權威，而無法進入作品敞開的澄明。作品不再以人為主體，創作者和觀賞者反而能在創作和欣賞時獲得更多的自由空間。

　　海德格從藝術作品本身出發，以大地和世界在作品中的源初性爭執與居有活動，取代作者中心論的創作活動。他將藝術詮解為真理的「自行」置入，並予以藝術作品立於自身的自主性，避免藝術家於作品完成後主宰作品。雖將藝術作品的引人入勝，詮釋為藝術作品具投向觀賞者的主動性，卻又強調人作為保藏者的必要性。再者，海德格強調藝術的自立性、以藝術為中心，但基於人和真理的關聯性，其藝術觀點仍帶「人化」及理性主義色彩。這意味，海德格在三十年代仍無法解決人與存有本身的關聯之難題。事實上，藝術作品也無法脫離人（存有的探求者和創建者[41]）而全然自立。歷經《哲學論稿》和〈世界圖像時代〉（1938）以存有為視角，在《尼采 I》試圖通過人化與非人化突破主觀與客觀的

39　另參 GA 65: 251。

40　Cimino, A./ Espinet, D./ Keiling, T. (2011): *Kunst und Geschichte*. In: *Heideggers Ursprung des Kunstwerks. Ein kooperativer Kommentar*. Hrsg. von Espinet und Keiling. Frankfurt: Vittorio Klostermann. S. 127.

41　參 GA 5: 11。

限制，後期則提出存有需用人、人歸屬於存有的雙向關係與多元視角，海德格哲學才擺脫以人為中心的主體中心主義。但他在《藝術作品的本源》〈附錄〉（1956/60）反省「真理置入作品」的主張隱含了《存有與時間》以來的難題，亦即存有和人的本質之關聯，導致無法提出「誰或什麼以何種方式『置入』」。[42]

於海德格存有論藝術觀，決定作品形態的是存有及其外觀，而不是質料、題材或藝術流派。作品的形態被視為存有外觀固定下來的界限，不可見的存有因而能通過感官能力領受。而這難以一般現存的事物達成。它們首先得無化為「非存有者」才能進入作品，例如用來穿的鞋子被無化成不能穿的畫作或銅雕。成功的作品能敞開鞋子之為鞋子的存有，幫助觀賞者將目光從存有者引回存有。不過鞋子原本的功能喪失了，鞋作為鞋的尺度也隨之喪失。尺度與界限的對抗，帶出敞開領域的規定和限定。

由於藝術形態的固定與大地自行閉鎖的本質，作品中敞開的領域會再次落入遮蔽狀態，存有真理的發生因而須一再重新開始。而且人是有限性的，無法在終極的基礎上把握存有本身，只能一再離開原先發現、建立的基礎，亦即透過離基式的建基（Ab-grund），讓更源初的基礎自行開啟。因而在《哲學論稿》，海德格將離基式建基規定為「基礎的源初之本質顯現」[43]。

離－基的離－（Ab-）具無化、自…開始、出發三種力量[44]。

---

[42] GA 5: 74. 有關人化問題，另參本書第六章第一節。

[43] GA 65: 379.

[44] 參 GA 5: 64。另，海德格於《沉思（Besinnung）》給出虛無、存有（Seyn）、本源和離基的關係：「無是存有（Seyn）最高的贈禮；作為居有（Ereignis），存有與其自身（mit sich selbst）將作為自身，而贈予作為離－基的本源之澄明。」（GA 66: 295）

Ab 與 Grund（基礎）並列爲離－基時，Ab 既具「起點」的肯定作用，亦有「離開、脫落」等否定作用。1929 年海德格哲學開始出現轉向的跡象，〈論根據的本質〉（1929）和《形上學基本概念》（1929/30）首度論及 Ab-grund、Abgründe（離基式建基，離基式深淵）。[45]在《哲學論稿》，原意「深淵」的 Abgrund 通過開啓另一開端，確立 Ab-grund（離基式建基）之含義。海德格自創動詞Abgründen 和動名詞 Ab-gründung，加強 Ab-grund 摧毀或離開原有基礎、爲新開端重新建立基礎的動態。後來在〈詩人何爲？〉（1946），海德格仍將 Ab-看作「基礎的完全缺失」。[46]

海德格的 Abgrund 概念集否定與肯定、離基與建基於自身，頗類似阿納西曼德的 apeiron（無限定者）：限定者與無限定者共屬一體，apeiron 本身永處於否定對立的運動中。一來基於對 peiron（限定者）的否定（a-）而超乎限定，二來因作爲本原（arche），亦即作爲開端、使一切得以可能生成變化的基礎與源頭，apeiron於自身中包含限定者。最後，作爲概念 apeiron 須先肯定限定者的存在，再加以否定成爲超越限定的無限定者。藉亞里斯多德的運動觀點：「一切變化就其本性而言都是脫離原有的狀況」[47]來看，Abgrund 和 apeiron 既脫離原有的狀況，且自身永遠處於否定對立

---

[45] GA 9: 174. GA 29/30: 220. 海德格〈論根據的本質〉一文寫於 1928 年，1929 年發表。〈形上學是什麼？〉則在 1929 年發表。Ab-grund 概念基本上是海德格基礎存有論（Fundamentalontologie）的後續發展，於《存有與時間》之後，海德格漸少提及基礎存有論或 fundamental 一詞，並逐漸改以 Grund、Abgrund 論述，但他關注的仍是使存在、時間、真理等得以可能的基礎、存有本身爲何。

[46] GA 5: 269f.

[47] Aristoteles (1987): *Physik*, 222b15.

的運動變化。二者都是起點，但屬性不同，apeiron 被視為萬物的起點與終點，Abgrund 則是創立者的起點與基礎。

　　自胡塞爾開啟現象學運動，現象學即致力於取消形上學的預設，重新考察並確定知識獲得的基礎，以避免陷入懷疑論，或因懸設不可證知而喪失知識的合法性。海德格前期從實際生活經驗，找到非預設式的哲學起點。中期則通過「離－基」摧毀終極基礎的預設，避開傳統形上學的基礎主義以懸設為基礎所形成的假設性、派生的真理體系。在海德格的存有論藝術觀，存有對作品的形成具優先性，但這並非出於預設，而是遮蔽與敞開的爭執。

　　海德格表示，作品中敞開的澄明本身像「無（Nichts）」。「無」在海德格哲學不是空，也不是空無一物，其本質是動態的無化。受尼采和齊克果的影響，「無」在海德格哲學成為重要概念。在《存有與時間》虛無狀態（Nichtigkeit）和存有同為在世存有的基礎，自〈形上學是什麼？〉（1929）將「無」動詞化為無化後，「無」在海德格哲學更形重要。無化作為根本性的否定力量，將存有本身、居有、離基式建基等主導性概念動態化。且「無」作用於存有本身，被規定為存有本身的本質性顫動（Erzitterung）。在作品中「無」持續圍繞存有者運行，使存有者無化為非存有者，並打開遮蔽，進而「向存有走來（Zum Sein kommen）」。[48] 所以海德格的「無」不是靜態的虛無，而是可直接作用於存有與存有者的敞開力量。再者，通過敞開、澄明、居有、離基以及抑制，「無」的否定與阻隔力量，則作用在藝術的歷史性和藝術作品的時間性。

　　受亞里斯多德潛能與實現的理論影響，海德格認為作品的存

---

[48]　GA 40: 70. GA 5: 40. GA 65: 266.

有是實現[49]。但他未接受潛能到實現的必然性原則 entelecheia（內在目的論）。存有作為可能性既不是現成地實存，也不必然實現為形式。無論從有到無或從無到有，或從遮到顯，或從顯再度遮蔽，海德格對現象界中有限存有者的觀點與傳統哲學明顯的差異在於，對他來說，現象界的物在變化的同時也在形成自身、成其本質。他主張能存有（Seinkönnen）以某種方式存在自身，再將自身推至邊界，持存於界限。存有者因界限而擁有自己的形態，出於自身而存有著。[50]當存有真理在作品中設立自身時，存有者本身即占據了真理的敞開領域。而存有在本質顯現時，作為肯定性的力量，它就像黑暗中的亮光，向自身的極限擊去（schlagen），擊出自身的邊界並充盈其中，所以藝術的本質與發生是「作詩」，存有的充盈。海德格以存有論的運動性與發生學討論藝術，以藝術作為一種存有真理的發生。

海德格所規定的「作詩」或藝術創作，其存有真理發生的方式不是工作意義上的創作（Schaffen）或造物主般地創造（Schöpfen），而是創建（Stiftung，創立），且具贈予、建基、開端三種意義。[51]除外，海德格從德文 Dichten、Dichtung 的含意（作詩、詩、充滿）以及古希臘文 ποίησις（poíesis，創造），並運用 Dichtung 的多義性詮釋詩與存有的關聯性。

受柏拉圖對命名與事物本質的關係之觀點影響，海德格在《藝術作品的本源》表示語言的命名使存有者「源於其存有而達乎其

---

[49]　GA 5: 71.
[50]　GA 40: 64f. 由此可見，儘管海德格自三十年代即很少提及基礎存有論，但仍維持以動態的存有作為存有者存有著、能如是的基礎。
[51]　GA 5: 65.

存有」，而「語言是詩」。[52]在同期的演講〈荷德林和作詩的本質〉亦表示，作詩既是語言的創建，更是語詞的存有之創建，並以語詞方式呈顯出物之本質。[53]可見在三十年代中期，海德格對藝術本質的理解和討論已開始轉向存有的道說，以存有的道說作為詩的道說、藝術本質（作詩）的源出處。海德格自三十年代中期轉向藝術，自四十年代漸以詩歌的詮釋為主，在詩與思的往來對話之間形成後期的語言哲學。

作為藝術本質，作詩於存有論上即存有的充盈，因滿溢而能贈予。從存有充盈自身可知，海德格受巴門尼德斯存有觀點影響，但二者不同。對巴門尼德斯而言，界限來自否定性（非存有）而由必然性所規定。海德格強調能存有和可能性，界限則是存有本身盡其所能地擊向極限，肯定地自行形成存有論上的界限。於巴門尼德斯，存有充盈、連續卻不運動；於海德格則有一再擊向邊界的運動變化。這種存有的界限並非僵化或堅不可破的閉鎖的，而是像光的照亮所能及而形成的界限，「無化」則能促使存有者敞開其存有。基於離基式（ab-）的建基兼具無化的否定性和作為起點的肯定性，這種存有的界限具開放性，且具創建的根本性。

界限在藝術作品中，還兼具存有論與存有者狀態的含義。通過大地與世界爭執後出現的裂隙（Riss，線條），海德格將藝術作品中的界限詮釋為使在場者得以顯現的界限。線條即是界限，而界限意味某種規定性。基於這界限來自源初爭執後的裂隙，能讓澄明在作品中湧現，這種規定性是無蔽領域的形式；海德格透過

52　GA 5: 61f.
53　GA 4: 41.

尼采美學進一步將這種形式詮釋爲形態（Gestalt）。

綜合海德格的詮釋來看，藝術作品中的界限具敞開與限定的雙重性，實現了作品的存有，並保持於可見的界限之內。藝術作品的形態因而完成，存有外觀亦得以展示。而且，也限定了無蔽領域[54]。因藝術作品的形態是具包圍作用的界限和邊界，能把存有者帶入其所是的東西中，使之立於自身，所以是一種具規定和限定作用的形式。基於界限的開放性，這種限定性本身具敞開、開放的特質。除了規定性和限定性，海德格詮釋下的藝術形態和哲學意義上的形式，不盡相同；前者尚有兩個含義：

一、形式的外顯：使存有者立於自身，並使它本身持留於其本質。確立於其所是的敞開領域，而外顯爲直接可感的樣態。[55]

二、存有外觀：存有充盈於這種形態，極盡可能達可達到的邊界，顯現爲外觀。不可見的存有通過形態而可見，存有者則在其中「敞開自身，自行閃爍，且進入純粹的閃現中」而展現出來。[56]二者共屬一體，彼此需要。而這已具後期思想雛型：存有喜藏匿於存有者。

通過多元視角（人、作品本身、存有者以及存有的視角），海德格在中期試圖兼顧視角與視域的整全，直接由存有活動出發，以獲得存有眞理發生的整體性。但這存在一些根本性的問題：

一、人不可能有作品本身的視角，也無法任意地轉換視角或擁有毫無立場的客觀性。

---

[54]　GA 6.1: 124. 另參 GA 40: 64f。《藝術作品的本源》對此後來才以〈附錄〉（1956）說明。（GA 5: 73）

[55]　參 GA 6.1: 119。

[56]　GA 5: 54.

　　針對這問題，海德格在〈實際性詮釋學的現象學道路〉即曾主張，要批判地確知人是以自己的視角在視看，而不是客體的；但在《康德書》表示可通過對象化，視看者在自身綻出形成的境域與對象合一。[57]而這主張又衍生一些問題：

　　（一）這種融合僅於視看者自身中，通過對象化而在同一境域，並和對象在表象活動中合一，而非眞的擁有了客體的視角。何況綻出是從有限性的視看者出發。即使於《現象學基本問題》（1927）提出現象學從解構、建構（自由籌畫）到還原且三者共屬一體的一套方法，試將視看目光引回到存有者的存有。問題是：什麼是那個能將存有把握引回存有的方式？

　　（二）通過自由籌畫，存有才能被帶入現象學視看的目光中，而自由籌畫是基於本眞的存有理解才可能[58]，那麼，海德格的現象學方法本身出現了循環論證的難題。若本眞的存有理解與自由籌畫互爲前提的話，二者的前提如何成立？[59]

　　（三）海德格指出，通達對象本身和現象學視看須借助時間性或歷史性[60]。他前期主張歷史性奠基於時間性，而陷入另一循環論證：時間性和歷史性歸屬存有，存有是二者的基礎，而時間性卻是存有理解的條件，存有意義的獲悉受時間作爲視域之限。

　　前述這些問題，到三十年代通過「離－基」獲得某種程度的解決，亦即，在還原的同時進行解構和建構，並一再脫離原有的

---

[57]　KM 119. 另參 GA 63: 82f。

[58]　海德格二十年代從人出發，視看、理解和開顯存有。到了三十年代其觀點改變：人被居有而進入存有敞開的澄明，於存有真理的發生上，人不具主導地位。

[59]　參本書頁 40ff。

[60]　GA 24: 29f, 389. GA 63: 83.

基礎而創建歷史，在一次次的修正與突破中進行現象學還原。

　　二、現象變動不居，相關效應可能一再向後展延，該如何確定現象整體？

　　為獲得存有者整體的整體性，有必要先取得現象整體。海德格在《存有與時間》已察覺到不易確定現象的完整範圍，若要獲悉現象整體，有必要將現象開展到盡頭。在世存有的整體性，可透過向死存有預想地先行開展到盡頭。而在藝術作品，現象整體看似創作者、觀賞者、作品和藝術的組合，但海德格不以它們作為環節結構出藝術作品的整體性，而是通過既是存有者又非存有者、既被創作卻又決定創作活動的藝術作品之本質來思考、給出作品的存有和整體結構：以大地概稱存有者、存有者整體及其遮蔽，以世界指稱存有的澄明，藝術作品的整體存有則是二者持續的爭執。一方面，藉此取消存有者狀態和前存有論的區分。另一方面，海德格不再以生活作為現象學觀察的主要場域。而其論述漸略去現象描述與解釋，改以較抽象的論述。

　　製作大地和建立世界，是作品在存有論上的兩個基本特徵。《藝術作品的本源》述及的大地具五種含義：一、一般意義上，指人類賴以築居的基地。二、自行閉鎖者。自行閉鎖是大地的本質。被自然照亮的大地，是予以安全感的庇護者。現象上看來，大地上一切湧現、袒露。存有論上是指萬物的存有之遮蔽狀態。三、萬物的庇護者。大地於萬物湧現後提供返身隱匿之處。四、大地整體本身即大地上的萬物及其生存活動。五、於藝術領域，大地是指藝術作品於自身回歸中顯現出來的東西。因存有真理的

發生，大地的遮蔽敞開地被澄亮，作爲大地自身顯現出來。[61]

藝術作爲存有眞理的發生，是一種持久性的運動。這是因藝術作品誘發大地和世界的源初性爭執，二者在作品中保持爭執狀態。首先，二者既對立競爭又相互彰顯對方的本質，同時超出自身包含另一方，而進入彼此的本質顯現活動。不過二者仍基於對立而分離，而自我確立。再者，二者相互依存：世界立基於大地的堅固閉鎖，大地透過世界的敞開領域而聳立。[62]二者本質不同，因爭執相互彰顯，而緊密結合爲藝術作品。

受赫拉克利「對立統一」影響[63]，在這種對立又合爲統一體的居有活動，「對立」既不拆散亦不破壞統一，而是確立自身地形成統一體。大地與世界的對立，不同於辯證法的對立。藝術作品是大地和世界同時並立的整體性，其關係類似太極圖的陰陽：對立二者相互依存，又相互涵攝、彼此作用。且具雙重的同時性，當一方本質顯現時，另一方也本質顯現，並出現遮蔽與澄明源初性的爭執與合一。再者，在這源初性的爭執，眞理沒有取代非眞理，世界也沒有超越或消解大地。非眞理與眞理對立，但眞理源初地是本質顯現的敞開活動，能敞開非眞理的遮蔽。

從大地和世界的對立，可見澄明（世界）與遮蔽（大地）的居有活動。通過大地和世界的爭執，海德格使藝術作品成爲存有眞理發生的領域，而這也可說明藝術作品中「力」的來源：張力、震撼力、爆發力與移置等等。

61　GA 5: 27f, 32, 34.

62　GA 5: 35.

63　GA 40: 66. 另參 Nietzsche (1988/1999): *Die Geburt der Tragödie*, S. 155, 204, 206。

　　通過無蔽的尺度在作品中開放出的自由領域，大地與世界之爭歸於某種形式的統一。但若抗爭無度，會造成對立者斷然分裂或消失，作品也就無法成爲藝術作品。因此，海德格以抑制貫通藝術作品中的爭執以調諧對立者，讓二者進入居有過程。

　　海德格對抑制的討論，大多在《藝術作品的本源》同期的《哲學論稿》。抑制的逗留（Verweilen）能「讓被創作的東西成爲所是之作品」[64]，也決定藝術作爲創作式保藏活動是否得以施行。不過，藉由抑制（Verhalten, Verhaltenheit）的字根 halt，海德格詮釋出一系列相關的概念。抑制含義計有：（1）持留、保持（halten），海德格進一步詮釋爲「守護（hüten）」[65]並視爲抑制最基本的含義，像是守護存有者整體於無蔽，或守護作品中眞理的發生。這是（2）扣留（einbehalten），亦即把 A 保留在 B 之中，像是大地把世界扣留於自身中[66]，或藝術家的活動被扣留在創作的本質中[67]。（3）持留於自身（ansichhalten）的克制，像是克制一般流行的行爲和評價、認識和觀看，以便持留於自身而逗留在作品發生的眞理。[68]

　　《哲學論稿》對抑制本身的性質與特徵討論較多，且視之爲居有的一種基本情緒（基本的調性）。抑制不是壓抑，而是存有者最本己的「意志」：想保存存有者自身以及與自身的關聯[69]。通過基本情緒與規定性、定調（stimmen，調諧）的關聯，海德格將抑制詮釋爲開端性的風格，而抑制本身的風格則是居有「回憶著的

---

[64]　GA 65: 54.
[65]　GA 5: 43.
[66]　GA 65: 35.
[67]　GA 65: 47.
[68]　GA 65: 54.
[69]　GA 65: 15.

（erinnernde）」期待（Erwartung）。[70]回憶（erinnern，記憶）將某事物內化於自身中[71]，因而是遺忘的對立與對治活動，而居有的回憶則對治存有的遺忘。抑制貫通存有眞理的發生並定調存有的內立狀態（Inständlichkeit），使之內化（回憶）。因在當前即對將來有所期備，所以回憶著的期待之時間性是當前化的將來。

　　作爲基本情緒，抑制的作用在於規定和定調、調諧：規定「另一開端的開端性思想之風格」[72]。抑制貫通並定調世界與大地的爭執，也調諧著居有過程突發的紛爭，亦調諧居有時對存有眞理的歸屬。在居有過程因猶豫而欲拒絕居有時，抑制起到克制作用，讓人持留於自身而能決斷。藉此，時間－空間就作爲「決斷的瞬間之所在（Augenblicksstätte）」而得以自行建基。[73]抑制可主導世界對大地之決斷與尺度的要求，使對立的二者得以共在，並持留於作品。在大地與世界的爭執中，世界力圖高出大地，作爲守護者的大地也總傾向於把世界攝入並扣留在它自身中[74]。在這源初性的爭執，因克制而沒有誰超越誰。

第二節　存有的發生與藝術作品的時間性

　　海德格在《藝術作品的本源》並未論及藝術作品的時間性，但在時間領域提出藝術的命題：藝術是歷史性的。而藝術是藝術

---

[70]　GA 65: 69.
[71]　參 KM 234，本書頁 107f。
[72]　GA 65: 15, 33.
[73]　GA 65: 382.
[74]　GA 5: 35.

作品的本源。因此可以說，藝術作品的時間性基於藝術的歷史性
而來。而這也意味，藝術的歷史性具高於藝術作品的時間性之優
先地位。由於歷史性的藝術是存有真理的自行置入，源自藝術的
藝術作品，其時間性只可能是存有論的，亦即作品存有的發生運
動，以及藝術作品中存有、存有真理的「如何」發生。

　　對海德格來說，歷史性是某種存有論的時間概念，在其存有
學與現象學皆具重要功能。在《存有與時間》時間性是使歷史性
可能的前提，而歷史性是「此有本身的時間性之存有方式」[75]；且
是從基礎存有論的發生，討論人的歷史性此有。到三十年代中期
轉而取徑居有活動、存有的發生，以避免停滯在人的存有。

　　在《藝術作品的本源》藝術是「根本意義上的歷史」[76]，作為
存有真理的自行置入作品及保藏，所創建的是存有歷史，且著重
於民族、國家的歷史性此有[77]，視角、內容上都和《存有與時間》
不同。在歷史性的探討進路上，則由基礎存有論的、生存活動的
發生，轉向存有、存有真理的發生。

---

[75]　SZ 19.

[76]　GA 5: 65.

[77]　大陸學者倪梁康認為，海德格在二戰前後下降到存有者歷史的沉思，並
涉及對種族、國家、民族等存有者的思考。（參倪梁康〔2016〕《胡塞爾
與海德格爾》，頁176）不過，海德格早在一次大戰就注意到歷史學之物、
存有者歷史，視實際生活經驗及其歷史學之物為基本現象，並將相關的
現象關聯規定為歷史學處境，是現象學闡釋的第一步驟。但他並不停留
在存有者或存有者狀態，在前期，歷史學處境是用以理解歷史處境、詮
釋學處境，在中後期存有與存有者具有雙向的依存關係，而歷史之物、
存有者歷史則為闡述共命（Geschick）的形成、特徵，及其與存有發生的
關係，像在《藝術作品的本源》所言的，歷史性民族在「共命」中的本
質性決定（GA 5: 35），或者，像在《赫拉克利》要求的，經驗唯一共命
的整體（GA 55: 123）。

　　《藝術作品的本源》以存有眞理的本質顯現、敞開，替代《存有與時間》此有之存有意義的開顯，以存有者在場地本質顯現活動，替代在世存有。海德格在中期以離基式深淵（離基式建基）、澄明和「之間（Inzwischen）」作爲敞開者，替代前期哲學主張的超越，以避免從存有者狀態到存有出現某種斷裂。

　　時間性在《存有與時間》被視爲此有的存有意義，是人作爲此有在日常生活中操心的存有論之存有意義。在《哲學論稿》，時間是「自行澄明著又遮蔽著的移離之源初統一性」[78]。在《藝術作品的本源》沒有日常生活的操心，反倒有股力量能將人從日常生活的操煩抽離。藝術作品與時間性都是存有論的發生，且都基於澄明與遮蔽的居有而發生，但二者的運動方向性不同。時間性的移離朝向離基式深淵，藝術作品的抽離則朝向敞開的澄明。

　　海德格觀察到，藝術作品具敞開的衝力。這衝力雖不起眼，但作用力驚人，能將人從日常生活的遮蔽移出，置於敞開領域。且當歸入敞開領域的衝力越根本，作品本身就越令人驚訝。[79]而這股力量與藝術類型無關，它來自世界（澄明）與大地（遮蔽）再次發生源初性的爭執。移置至敞開領域本身即是一種居有活動：觀賞者被居有而進入藝術作品敞開的澄明，與敞開性合一並將之化爲本己的。海德格不談藝術創作和欣賞中常被討論的共通感，但從其存有眞理觀反倒可獲得共通感的存有基礎：進入作品敞開的澄明並處身其中，因澄明而有共同的處身感受性，同時也因每個自身的個別性而有領受上的差異。不過，觀賞者走近藝術作品時

---

[78]　GA 65: 234.
[79]　GA 5: 53.

要有超出自身的意願與決心，才能被移置到藝術作品發生的敞開性，而被帶入法則的規定性（確定性）與尺度的設立中。[80]

藉同字根「setz」，海德格將眞理之自行「置（Setzen）」入作品以及作品保藏的將人「從…移出而置放（Aussetzen）」至無蔽眞理，關聯到法則（Gesetz）作爲本質性設置之聚集。古希臘人以「設置（θέσις, thesis）」指稱與 φύσις（自然）相反的現象。海德格進而詮釋：設置源初意義上是一種使…站立（stehen），法則因而不是外在規範或限制，是使之立於存有的澄明。[81]基於自由與傳統的取向，道德法則涉及行爲態度（Haltung）、人類歷史性的存有之形態化。[82]藝術創作上的設置則顯示出，藝術創作是奠基於自由的一種歷史性存有之形態化，而這是「在無蔽領域中的一種建立」[83]。創作者所站立的「其中」，正是這種存有眞理的自由及其形態化（法則）的確定性，創作者藉此而可爲未來立法。

三十年代，海德格從存有、存有眞理的發生來看空間和時間。以下將針對藝術作品的空間化時間性與獨一性的時間性，探討：一、藝術作品作爲存有眞理發生的場域，其與時空的關係。二、用以區分藝術作品與一般作品的獨一性，是怎樣的時間性？如何可能既是獨一又是時間性的？三、藝術作品可能永恆嗎？

1. 空間化的時間性

藝術作品設置空間。從現象來看，繪畫、雕刻、裝置藝術、

---

[80]　GA 5: 55.
[81]　GA 5: 21.
[82]　GA 40: 18.
[83]　GA 5: 70.

建築或戲劇明顯需要空間作爲展現的基地，音樂作品需要呈現樂音或靜默之處。詩文與空間亦密不可分，因爲「詩人的語言是圖像式的語言（Bildersprache）」[84]，總建構出什麼。於現象上，空間化是藝術作品最顯著的特徵。但對海德格來說，作品的空間性不是源自物質性的構成，而是存有論的空間化。

不同於傳統由廣延規定的物理空間，在《存有與時間》空間性是基於在世存有的目的性（Wozu, Wofür），而由去遠（Entfernung）和定向（Ausrichtung）所規定。於《藝術作品的本源》通過澄明敞開，《哲學論稿》通過迷離著的（berückender）離基與建立新基礎而空間化，於《沉思》（1938-1939）則是由澄明創造出的存有本身或存有眞理之處所（Stätte）[85]。

作品的空間化具雙重的構成意義，一是一般意義，爲「廣袤（Geräumigkeit）」而在作品中設置空間。二是存有論上，作爲存有眞理發生的場域：一啓動藝術創作即開始藝術空間的設置，存有眞理亦開始發生在作品中。藝術作品的空間設置，將在作品中「開放敞開領域之自由，並在其結構中設置這種自由」[86]，透過自由的設置而提供「使…發生」的場域，讓存有眞理自行置入作品，使作品成爲藝術作品。存有眞理則藉此在作品中公開並設立自身。存有論上的設置空間因而意味，透過存有眞理公開自身而敞開「在此（Da）之澄明」。[87]

藝術作品的空間化之時間性，正是這種使存有眞理的發生得

---

[84]　GA 39: 114. Bild 的動詞 bilden 有圖像化、構成、塑造、培養等意。
[85]　GA 66: 91f.
[86]　GA 5: 31.
[87]　GA 5: 49.

以開啓與完成的「使⋯發生」。所以藝術作品具運動性也有變化，但不是指作品的產生或老舊損壞，而是存有眞理的發生運動：從遮蔽到無蔽的移離。亦即，從「遮蔽」阻隔眞理，到「遮蔽」歸屬於澄明而在澄明的開端或在澄明中被澄亮，以致作爲源初爭執的存有眞理之發生等等轉變。

這些移離與轉變，屬於形成時間的「離－基」運動。不同於《存有與時間》的良知現象，這種移離不是過渡。作爲存有眞理本質顯現的開啓和建基，藝術作品的「使⋯發生」是一種敞開遮蔽、進入澄明的運動，因藝術形態的固定而持留在藝術作品中。由於這種「使⋯發生」是保存著曾在者並爲將來者預備著的移離，所以也是某種逗留活動。[88]而這敞開性的逗留活動包含了三種時間形式。若以一般的時間概念來理解，每當藝術現前，亦即，存有眞理在藝術作品本質顯現的當下，同時向過去與將來展開。

加上形態的固定化，藝術作品的時間性之「逗留」具空間化特徵，並有如「永恆化」的瞬間，澄明的瞬間。但是存有本身自行遮蔽，且是一切遮蔽中最遮蔽的，因而唯在瞬間「最深」的澄明中，才能照亮深淵般的遮蔽，遮蔽才本質地顯現爲遮蔽。[89]

基於存有作爲居有，海德格在《哲學論稿》將時間視爲「移離著－開啓著的東西」[90]，和空間並置爲動態的時間－空間或時間－遊戲－空間。這種空間化的時間，有時被稱爲境域式時間性

---

[88] 參 GA 65: 73f。

[89] 自 1929 年，海德格不再強調開顯及其首要工作—揭去遮蔽，〈論眞理的本質〉（1930）保留了解蔽與遮蔽中都有迷誤（GA 9: 197），在《藝術作品的本源》則將遮蔽的阻隔歸屬於無蔽眞理的本質（GA 5: 41），在《哲學論稿》遮蔽於眞理即是這種澄明著的遮蔽（參 GA 65: 342）。

[90] GA 65: 192.

（Temporalität）。這和海德格於 1927 年提及的 Temporalität（時態性）不同，在《現象學基本問題》（1927）是存有理解與概念掌握的實際作用之條件，用以和作爲存有理解之所以可能條件的 Zeitlichkeit（時間性）區別。[91]而境域式時間性在《存有與時間》主要因 Horizont（視域，境域）而來，指時間性作爲理解、詮釋存有與存有意義的界限。在《哲學論稿》則反過來，境域式時間性的空間化基於存有眞理的本質顯現而來[92]。

藝術通過源初性爭執在作品中開啓澄明，通過創建爲未來立法：以離基方式在作品中建立新的基礎。每件藝術作品因而都是創建，開啓新的開端且獨一無二。作爲存有眞理發生的開啓和建立新的發生基地，藝術與藝術作品的創建是一種敞開遮蔽的移離活動，保存著曾在者，並預備著向將來者的移離。

時間性作爲移離著並開啓著的東西，本身的動態結構（移離和開啓）就有空間化的活動，時間的時間化和空間的空間化同時發生。在藝術作品中，空間化和時間化亦同時發生。二者本質不同，在藝術作品中卻因空間的時間化而有源初性的統一。且二者，時間性的移離與空間性的迷離（Berücken）同時作用而成離基式的運動。不僅藝術的創建是離基活動，藝術的「讓眞理發生」亦是一種離基，「離」開大地的庇護、探向虛無般的澄明世界時，時間和空間的存有運動同時展開，並作爲眞理的本質顯現被指引在一起成了時間－空間。而這種時間的空間化特徵延續到海德格後期，成爲具運動性的時間－空間，其運動是「爲相同到時者（das

---

91　GA 24: 389.
92　GA 65: 376.

Gleich-Zeitige) 設置空間的那東西開闢道路」[93]。不過在後期，本質上時間本身整體不運動，而是寂靜地作爲發生與運動的基地。

　　在《存有與時間》雖出現 Lichtung（澄明，照亮）一詞，但那是受傳統哲學理性的光影響，用以說明在此存有的存有作爲在世存有通過開顯而被照亮，現成存有者藉此被帶到可通達的澄明處。[94]在海德格三十年代的思想，光來自澄明的動詞 lichten（照亮）[95]，含義更廣。澄明（Lichtung）是「一切在場者和不在場者的敞開處」，對人來說並非現成地亮著，而是遮蔽和無蔽對抗後「自身遮蔽著的在場性」。[96]作品中建立的世界，是一個讓遮蔽著的存有者之存得以本質顯現的發生場域，海德格以密不見天的森林中淨空而開放出來的場域—「澄明」比喻自由的敞開之境。在其中，不是全然的明亮。來自動詞的照亮，讓光「可以湧入澄明中，讓光亮和黑暗在澄明中遊戲」[97]。因此「澄明」不只是存有真理發生的所在，而且，首先是其發生活動。作爲 Lichtung 的中譯，澄明的「澄」應作動詞來理解。

　　基於澄明是使敞開的敞開性，德國學者費加爾（Figal）認爲澄明即存有論的空間性[98]，因而主張空間性於海德格中後期哲學具優先性。但筆者認爲這優先性在海德格中期哲學不存在，在後

93　GA 12: 202.

94　SZ 133. 另參 Pöggeler (1983): *Heidegger und die hermeneutische Philosophie*, S. 81。

95　GA 14: 80.

96　GA 14: 80f, 88. 由此亦可看出海德格的本質概念偏向赫拉克利主張的現象與 logos 既相抗又合一。（參 GA 65: 29; GA 40: 121f, 134ff）

97　GA 14: 80.

98　參 Figal, Günter (2006): *Gegenständlichkeit*. Tübingen: Mohr Siebeck. S. 152ff。

期雖較爲明顯，卻因時間－空間並置而削弱。因在海德格中期哲學，澄明不是終極性的「使…敞開」，是顯與蔽源初性的爭執、遊戲之「使…敞開」。所以，一、澄明作爲敞開著的處所（Stelle）是因敞開活動的顯現而出現[99]，並因而具敞開性，而非本身就是敞開性。這也顯示，澄明並非終極基礎或自在的現存者。二、作爲空間性，澄明是基於存有眞理的發生。而存有眞理發生時，時間和空間的移離和迷離同時發生。三、惟當澄明本身是先於一切的預設，空間性的優先性才成立。但澄明作爲源初性爭執後的敞開活動不是現成的，作爲敞開著的處所也不是不變地在著。再者，自行遮蔽者進入敞開領域後，首先被看到的是遮蔽狀態（非－眞理）。所以對有限性的人所能採取的認識進路而言，眞理不是先於一切自在地現存著，存有眞理對人來說也不是自明的，而是某種動態的爭執。早在〈論眞理的本質〉（1930）海德格對眞理本質（自由）的理解，就有解蔽著又遮蔽著的特徵。而這種非眞理作爲眞理某種本質的眞理觀一直延續到後期。[100]而這意味，澄明和眞理沒有一直在著或先於一切的優先性。要等到四十年代以後，海德格的存有問題轉向而從存有出發，探問存有的發生及其位置，緣此，空間性於海德格哲學才有其優先性。由此亦可見，海德格三十年代的思路與基地確與四十年代後有所不同。

　　存有者的存有眞理一旦發生，首發的衝力（Anstoß）[101]會使敞開與遮蔽爭執不斷。但是，敞開與遮蔽、籌畫（眞理的自行置入作品）與被拋（被創作存有）的對抗須被協調，才能於作品中

---

[99]　參 GA 5: 39f。
[100]　GA 9: 192, 194. 另參 GA 5: 48f。GA 65: 30, 356f。GA 14: 88。
[101]　GA 5: 53.

合一。具抑止與持留作用的抑制因而被視為居有的基本調性，貫通居有過程。它同時有否定性與肯定性力量：抑止對立雙方超出自身，而持留在自身中以作為自身而顯現。抑制的兩種力量也展現在藝術作品的時間性，對立者（大地和世界）自身因此得以本質性的展開，進而成就偉大的風格[102]。再者，「抑制」讓對立與爭執持留於作品中，它的消極性力量因而起著持留、保藏、守護的積極作用，守護創作力的自由，免於退化為盲目欲望的某種單純、不滿的驅動。[103]創作時須藉助抑制的持留所起的調節作用，使自由的創作力維持於強烈卻清晰明白的意願中。

　　於藝術創作，抑制的否定性、阻隔（verweigern）力量亦顯現為拒絕（Versagung），但拒絕也是遮蔽的方式之一。作為拒絕的遮蔽並不在澄明的領域外，而是在其開端。作為偽裝的遮蔽則在澄明的光亮領域中。透過抑制的拒絕，拒絕清除遮蔽，進而才能把遮蔽歸於澄明，而讓澄明與遮蔽的源初爭執在作品中發生，這也意味，讓真理作為它本身而成其本質。[104]因此抑制的拒絕在藝術創作中起了多重作用，既面對遮蔽並保留它，而讓遮蔽與澄明的源初爭執在作品中發生，亦對隱匿於存有者的存有進行釋放。在保藏活動的守護下，使作為源初爭執的存有真理持留於爭得的敞開領域。海德格因而表示，拒絕是「一種最高貴的贈予和自行遮蔽的基本特徵」[105]。它讓人看到作為藝術源頭的存有真理之本質顯現（澄明），也照亮遮蔽。

---

[102]　參 GA 6.1: 137。
[103]　GA 5: 249.
[104]　GA 5: 40, 41.
[105]　GA 65: 406. 另參 GA 5: 41f。

　　抑制作爲居有的基本調性，使基於敞開的衝力而來的移置得以作用，亦即，抑制而停留於自身（Ansichhalten）。這可免除一般流行的行動與評價之影響，讓作品中發生的眞理將人們移置敞開的澄明中，亦即，使進行創作或再創作者得以被居有。

　　透過抑制的拒絕，事物去除僞裝，藝術作品得以敞開大地的遮蔽，進入無蔽眞理並持留其中。而存有眞理透過抑制，則在作品的自由之境設立自身，並持留於作品。這種持留不是某穩定狀態的持續，而是處在來回的衝盪，「之間」因而動態且不確定。這是由於對立者「之間」的源初性爭執。對立者在爭執時往往不自覺地顯現或形成某些本質，爭執因而是本質顯現活動，其敞開並持留的「之間」不是一成不變地在著，而是一再地待保藏者敞開。

　　作爲存有眞理發生的場域，動態的「之間」、「此（Da）」成爲海德格後期哲學探討的核心問題（存有的處所）。存有論的空間性是物理空間概念的基礎。透過遊戲（爭執，離基式建基，居有）與時間化連結，形成時間－遊戲－空間。到了海德格後期哲學，遊戲概念更加完整，它並非人的能力（感性、知性和想像力）的互動，而是天地神人四重整體在對立中轉讓（Vereignung）而有所居有，同時又是相互支持、相互環繞、相互映照的遊戲。[106]但也可看出，後期的遊戲概念不再有三十年代離基式的高強度運動性，「之間」的概念內容也隨之改變。在《哲學論稿》出現對立又共屬一體的四重整體之概念雛型，在後期哲學中相互轉讓的是世界和大地以及人與諸神，而它們相互轉讓的、動態的「之間」與「在此」即是居有著的存有發生之所在。

---

[106] 參 GA 7: 181f。

2. 獨一性的時間性

海德格以獨一性（Einzigkeit）判別一件作品是否為藝術作品，並以時間規定藝術作品的獨一性：「先前尚未存有（noch nicht war），此後也不再生成變化。」[107]因此，獨一性的時間命題成了藝術作品時間性的基本命題，獨一性的時間性也成為藝術作品時間性的主調。但這是存有論上的命題，所以不表示，作品被創作出來後就永不損壞地存在於往後的無限時間。而是，這種獨一性是存有論上的獨一無二，須具不可重複性，亦即，創新上它是頭一遭，日後同樣的作品是模仿，不是創新。任何在存有事實或存有真理發生方式的模仿，都無法成為藝術作品。而藝術作品完成後，便不需創作者的補述，因為：

一、創作活動將藝術作品呈現的東西置入敞開領域，而這藝術作品在真理置入時會自行照亮。由於形態的固定與限定，這敞開領域的敞開性是素樸地無變化，但不取消作品本身的生命力。

二、從藝術作品本身的存有事實來看獨一無二，作品自行敞開得越本質，作為澄明領域，它存有著（而非不存有著）的獨一性就越明朗[108]。

三、藝術作品的不可重複性也是開端性且獨一，並不發生第二次。這不可重複性主要針對兩方面：（一）針對存有真理的發生運動，開端性的發生來自爭執的源出性（Ursprünglichkeit）。這種源出性的取得方式無法重複，一重複就不是開端式的創立。（二）就存有真理固定於形態而言，藝術作品不可重複。每次創作活動

---

[107] GA 5: 50.
[108] GA 5: 53.

向前帶出的敞開領域，都是獨一無二的存有事實。它基於藝術作品的生產活動而來，而具存有活動之實際內容（dass es sei），亦即，從存有活動的發生、實行，到完成存有眞理的置入作品，而這就是，從大地與世界的源出性爭執到形態的固定。[109]

藝術是藝術作品眞正的本源，而藝術是存有眞理的自行置入，那麼存有眞理的創建即是藝術作品獨一無二的保證。獨一性鞏固了存有事實的獨特性及其於藝術作品的發生方式，因而在存有事實上，存有外觀固定後是不可重複書寫或再創作。而這與將來創作性的保藏活動似乎互相矛盾。

從藝術是對作品中的眞理進行「創作著的保藏」[110]看來，藝術作品是可「再」創作，且在完成後須一再經歷再創作。由於視角的固定或作品成爲被固定者等緣故，作品中的敞開領域會再被遮蔽，存有與眞理的發生運動須一再重啓。但他在《藝術作品的本源》並未說明這種再創作的方式。我們若藉後期〈詩歌中的語言〉（1952）來補充，這種再創作是通過思維與解釋進行的「創作」，一種「使那種在一切詩意地被道說的東西中通澈閃亮的純性（das Lautere）首度顯露出來」的解釋（Erläuterung）。海德格將這種解釋視爲「眞正的解釋」，以此爲前提才能與獨一的詩歌本眞地對話，而且是「詩人之間的詩意對話」。[111]

純性和解釋（Erläuterung）來自動詞 läutern（使純潔、淨化、使改善），這種解釋所釋出的純性之閃亮，來自澄明的照亮，因而顯示海德格中後期哲學以澄明作爲存有、存有眞理發生的特徵。

---

[109] GA 5: 53.
[110] GA 5: 59.
[111] GA 12: 34.

藉由這種眞正的解釋，觀賞者成爲創作者、詩人。這意味，創作出這藝術作品的創作者，亦可通過對自己或他人作品進行詩意的對話，讓自己保持在創作活動中。這種以使之清澈而顯露的解釋，將探討者帶至語言本質的所在－澄明敞開處，顯然不同於與前期的解釋（Auslegung）：人作爲此有，把存有意義中的可理解性釋放出來。於後者，人對存有意義的開顯積極性高。前者則是，存有眞理的發生本身對人作爲眞理探求者，具某種支配力量。

3. 永恆的瞬間[112]

基於形態固定並呈現在作品中，藝術作品具一直現前的（present）時間特徵。[113]這種現前並非隔斷或定格的時間，而是在場顯現的「當前（Gegenwart）」：持久性（Ausdauer）的聚集。且是動態的，亦即在曾在和將來之間移離而產生的持久性。[114]由於敞開性，藝術作品這種一直現前的時間性包含了曾在和將來，並基於形態固定於作品中，激似無始無終、不變的永恆。但它卻是有存有活動上的變化，從僞裝、遮蔽到澄明的開啓。海德格在《尼采 I》稱之爲永恆的瞬間。

在《尼采 I》，永恆的瞬間既是獨一的亦是某種空間化的時間，所有的有限存有者中，只有人能置身於這種永恆[115]。海德格將返回自身而成「永恆」的瞬間，視爲一種動態的「之間」的時間。

---

112 另參本書第六章，針對永恆與時間與有限性的關係，及從永恆回歸學說的詮釋，討論永恆的瞬間。

113 GA 6.1: 278.

114 GA 65: 192.

115 參 GA 6.1: 318f。

在這種境域式時間中，「聚集了一切重新生成和返回的條件」。[116]
而抑制的另一環節，返回式的克制（Zurückhalten）能起近似的作用。本質性的克制是返回自身的界限內。創作與保藏藝術作品時，這種克制作用使創作者、觀賞者以及作品涉及的事物三方，返回到開端性的敞開活動，並因而返回自身中，且持留在大地與世界爭執後的澄明。

　　《藝術作品的本源》從藝術作品本身出發，走向藝術本質。海德格將「作品是被創作的」和物因素等存有事實歸屬於作品的存有（Werksein），而以自立性作為藝術作品的規定性。這種自立奠基於自身（Aufsichberuhen）而自立地持留著，所以是根源性的自立。他在《尼采 I》也表示，藝術具「向存有者整體伸展的恆定性（Stetigkeit），並在本己的掌握中抓住自己、注視自己，將自己逼入形態中」[117]。因此，從藝術作品本身出發來看其時間性，藝術作品作為「將自己逼入形態」的在場者，其在場的時間性是瞬間的永恆。那是返回自身、聚集一切於自身的永恆。它不是靜止也不是空洞的形式，亦非傳統哲學主張的無始無終之永恆概念。它是人能達到的永恆。由於它是在相對的時間，過去與將來的對撞中而達到的瞬間[118]，所以具強大的力量。而且它是居有活動的時間，是「在最明亮之光亮的最大美化（Verklärung，明朗化）中，一切時間性的東西之最高統一的瞬間（Augenblick），亦即永恆的瞬間」。[119]

---

[116] GA 6.1: 358.
[117] GA 6.1: 102.
[118] GA 6.1: 278. 詳見本書第六章第二節。
[119] GA 6.1: 360.

　　當藝術作品在居有活動中達到澄明的最大美化，它即確定了達到自身的方式：敞開活動本身。立於敞開活動本身，藝術作品的永恆瞬間意味著，通過持續的敞開活動而包含一切時間形式。作爲敞開活動本身，作品的美化予以觀賞者美感的共同基礎，讓不同的觀賞者能在同一作品中各自感受到美，經驗到某種敞開性。

　　藝術作品的時間性，具當前、曾在與將來三種時間形式且於存有事實密不可分的特徵。但其源初性的統一，聚集的本質顯現（Ge-wesen，曾在）固定於形態而現前，這種曾在不是指創作所經歷的時刻，其當前化也不因作品形態的固定而停止。相反地，形態的固定是透過具鞏固作用的界限，以確保將來發生的源初性爭執，並在自身中聚集無法計量的運動。基於藝術作品本身是存有眞理的首位保藏者，作爲聚集本質的「曾在」守護著存有眞理再次發生的可能性與急迫性，所以「曾在」現前的同時，也投向將來。另一方面，從現前的非眞理狀態，躍入存有眞理的本質顯現活動，作品才成爲藝術作品。這意味，藝術作品本身是某種自由籌畫，能把自身置回澄明，否則就僅是一般作品。籌畫於本質上有此特徵：在實行中，須把自身置回所敞開的東西中。[120]海德格顯然在《藝術作品的本源》展示了一種藝術的存有論發生，將存有眞理的發生視爲藝術發生的「動力」，而以存有眞理的自行置入作爲藝術創作源出性的「動機」，以敞開澄明爲目的。自由、籌畫基於這動力和動機而來，所以亦須符合這相應的目的。

　　藝術作品的「將來」實現於保藏活動（Bewahren）。對海德格而言，保藏並非收藏，而是一種「保眞」，保持（Be-）於眞理活

---

[120] GA 65: 56.

動（wahren）。藝術作品因存有眞理的創建而擁有「曾在」，因開創性而屬於將來，並基於作品是首位保藏者，既是保持者、持留者，亦是將來眞理活動的場域。藝術作品的「將來」因而具雙重義，一是因開創性而來，一是因保藏活動而一再實現的將來。由於藝術作品所包含的開端總投向將來的保藏者，將來每次創作著的創作性保藏，都會通過保藏者而實現。而保藏者有雙重義，一是觀賞者，一是作品本身。因此，創作性保藏活動意味著：通過被固定了的存有外觀，汲取曾經本質顯現的存有，讓曾在的存有眞理再次現前發生。憑藉藝術作品的現前，觀賞者將來進行存有眞理的保藏時，曾在的時間性即能再次開啓源初性爭執，並使之本質顯現。這也意味，藝術欣賞作爲保藏活動，即是對作品進行再創作：讓存有眞理再次發生。

第三節　藝術中心論與藝術的歷史性

在《藝術作品的本源》，海德格以藝術作爲藝術作品和藝術家的本源，並基於存有眞理的發生而提出：藝術是歷史性的，歷史性的藝術是對作品中的眞理進行創作性的保藏。他從三個向度論證藝術的歷史性：最主要從藝術的本質是作詩，而作詩是贈予、建基、開端三種意義上的創建。再者，從對作品中的眞理，進行創作性的保藏。他在〈附錄〉（1956）說明，從「藝術歸屬於『居有』」，且唯從居有，藝術的「存有意義」才能獲得規定。[121]由此看來，藝術的根本源頭是居有活動，是存有眞理的本質顯現。在

---

[121] GA 5: 73.

三十年代中期，海德格的居有概念包含著離基式建基，通過存有的本質顯現和離基，居有而開創另一開端，因而是源初性的歷史本身。這三個向度相互關涉地出現在論述中，在闡明藝術之所以是歷史性的同時，顯示出歷史的諸多含義。

（一）真理的創作性保藏

　　海德格將藝術規定為真理自行置入作品，而這規定具雙重義，一方面是真理固定於形態中，另一方面是作品存有（作品的無蔽狀態）進入運動與發生。海德格將後者作為保藏的規定性。[122]因此，藝術作為真理的創作性保藏，意味著在作品中開啟存有真理的運動與發生，並在歷史性的創立後持續不斷地指向將來。而這種創作性的保藏顯示出藝術的歷史性含義：創作性的傳承，對存有及其真理的守護。歷史的本質特徵不是過去而是將來，由現前不斷地投向將來。這和《存有與時間》存在性的時間性，將來向當前迫近，運動方向恰好相反。

　　藝術對存有真理的保藏，首先發生在作品中。海德格在三十年代再次注意到歷史學之物和歷史之物，並不是要將歷史性「貶低」到存有者層次，亦未貶低存有者的歷史，而是現象學式地從存有者著手，並重新思考存有、存有真理與存有者的關係。[123]

---

[122] GA 5: 59.

[123] 學者倪梁康批判，海德格預定了存有問題和存有歷史的優先地位，而貶低存有者歷史的沉思。（參倪梁康〔2016〕。《胡塞爾與海德格爾》，頁176）海德格確實認為存有者層次的歷史學或世界歷史不夠源初（尤其在《存有與時間》第二篇第五章），而以存有、存有真理的發生為歷史性的源頭，又以歷史性作為歷史學和世界歷史的基礎。不過，筆者認為不能忽略海德格對歷史學和歷史性的思考是雙向的，亦即，歷史處境和歷史性的思

　　藝術作品作為存有真理的保藏者，顯現出不同的歷史含義。首先，歷史性意味著存有真理的發生，且這發生保存在藝術作品中。在不同年代的人們欣賞、吟誦中，體現出歷史的傳承。歷史作為傳承，既承接了《存有與時間》的歷史觀點，又有轉變。歷史在《存有與時間》是根據實際性和本真性或生存的源初真理，對承接而來的遺業有所選擇地保留或捨棄。人們被拋入歷史與傳統而受支配與約束，但是，一來，人們也因此擴展了時間的視域。二來，基於歷史性奠基於時間性，時間性本身具綻出式的超越，而這也意味，海德格隱晦地通過歷史性暗示了超越的方式和可能性。再者，《藝術作品的本源》對歷史的討論，著重在開創與傳向將來後世。藝術和藝術作品日後是否被保留下來，是根據存有真理的發生是否具開端性。而且人們須先抑制流俗與不合時宜的觀點，才能在明晰中達到自身，看出藝術作品中的源出性爭執，而下定決心，對傳統事物與思想進行持留與否的選擇。

　　藝術作品雖是被造（被拋）的，但其創作本質最終由作品的藝術本質（存有之自由籌畫）決定。通過藝術作品的自立性，海德格將「審美」從孤立的私人體驗，提升到「讓作品成為作品」的存有真理之保藏活動。藝術作品的保藏活動有兩種，一在作品

　　考，是基於歷史學處境和歷史學之物的思考成果而來。而且，海德格在《宗教生活現象學》提出的現象學闡釋由歷史學處境和歷史處境組成。（GA 60: 83f）

　　再者，海德格在前期強調存有論差異，存有的優先地位明確存在。在《哲學論稿》，海德格反省傳統形上學，他不再著重存有的優先地位，而主張將來的存有歷史應該是：「存有本身自行居有著思想。」（GA 65: 431）從三十年代中期開始到後期哲學，存有與存有者的雙向關係，確定存有對存有者的依賴，消解了任何一方的優先地位。

中，而且「唯有作品本身，才能予以並先行確定合適作品的保藏方式」[124]。另一在藝術欣賞活動，當觀賞者開啓存有眞理的發生運動，他就成爲敞開者和創作性保藏者。作品透過將存有眞理固化於作品以守護作品中的眞理，觀賞者則對作品中的眞理進行創作性的守護。保藏活動會再次引起作品中存有眞理的發生，不過，由於這不是任何方式的模仿，不致損及藝術作品的獨一無二。

　　藝術作品本身是大地與世界源出性爭執的首位保藏者，但其中所敞開的領域被固定，而成爲由線條色彩或音符構成的現成存有者。僅從已固定的藝術形態，觀賞者或許感受到什麼，但大多難以處身感受（sich befinden）存有眞理的發生。而作品中的澄明不是純然的敞開性，藝術作品仍需要人作爲保藏者，通過觀賞時的再創作，重啓源出性爭執，讓作品維持於大地與世界的爭執。作爲創作性保藏（存有眞理的再次發生），藝術欣賞是基於作品而來的創作活動。一如所有本質性的東西，這種爲守護存有眞理的自行置入所施行的再創作本身是不可逾越，亦不能免除。

　　因此對海德格而言，眞正的藝術欣賞是對存有眞理的保藏，對作品進行再創作，亦即再次開啓源出性爭執。這也意味，創作性保藏的再創作不是重複或確認藝術家的創作理念，而是藉藝術作品的形態，觀賞者將自己「置身於那種『已』被作品嵌入裂隙的爭執中」[125]。不將形態已固定下來的存有眞理視爲永恆不變的實在性，而是通過再次啓動存有眞理的發生並完成它，以守護藝術作品的本質。這種保藏活動因而能居有人，亦即，能把作爲保

---

[124] GA 5: 56.
[125] Ibid. 雙引號乃筆者爲強調所加。

藏者的人們「推入與作品中發生著的眞理之歸屬關係中」而合一。這意味，保藏者自身因而本質化（wesen），存有眞理則獲得守護。

　　保藏者與藝術作品、大地與世界之間的關聯活動，被確立爲「出自無蔽狀態之關聯的在此－存有（Da-sein）之歷史性的懸欠（Ausstehe）」[126]。歷史在這意義下，非純然完成狀態的傳承，而是不斷投向將來的發生，願意承擔歷史的保藏者，通過創作性的保藏而讓存有眞理再次發生。因此在現象上，流傳下來的藝術作品與觀賞者的保藏活動體現出歷史性。傳承時，因再次開啓存有眞理的發生運動而重啓歷史新頁。歷史於存有者狀態有所差異、區隔，但歷史的發生乃基於存有眞理的發生，因而基於存有於異中有同，區隔的同時亦有所延續。而歷史性的懸欠並非匱乏，是爲重啓存有眞理發生運動的清空，爲之預備的可能性與急迫性。海德格因而視之爲比永恆還偉大的時間衝力：開端性的創建。

　　繼二十年代指出，哲學長久以來遺忘存有而須重提存有問題，在三十年代，海德格認爲存有的遺忘讓存有問題變得急迫[127]，而存有眞理的發生總基於存有的急迫性。思想者與創作者因而須回到開放、卻因固定而隱匿在思想與作品中的存有眞理，重新開啓其中曾發生的開端性敞開活動，開啓另一開端。藝術和藝術作品的開端性時間，也因此具第一開端和另一開端的雙重義，在藝術和藝術作品中現前的敞開活動，既投射出曾在（第一開端），且投向將來（另一開端）。

---

[126] GA 5: 55, 57f, 62.
[127] 參 GA 65: 107。

（二）藝術的本質是作詩

　　海德格將藝術的本質規定爲作詩，將作詩的本質規定爲眞理的創建，且是贈予、建基和開端三種意義上的創建。存有眞理的發生不僅決定了歷史，也決定了美的發生。因此每當藝術發生，即有眞理的創建，也就有一開端確立而進入歷史。[128]經過創作和保藏活動等共同的發生（Geschehen，歷事），共在的族群完成共同的命運。因此，這種歷史性關涉到藝術，且關涉到人類的歷史，既關涉到個人，也關涉到共在的群體。通過存有的道說，藝術予以共在的族群本質性的特徵，而成爲某種歷史性的標識。藝術的歷史性是風格的開創與完成，這種歷史性也有空前絕後的特徵。

　　詩人通過作詩道說出存有：大地的存有，世界的存有。海德格在《哲學論稿》表示，語言和人類都歸屬於存有。當人從存有的歸屬狀態創造出自己最源初性的本質時，也就歸屬存有，成爲存有的守護者。[129]因此對海德格而言，藝術活動是一種對存有的思維，通過藝術活動，人可創造出自己的本質，爲自己開創新的開端。而藝術的本質（作詩）源自存有的道說（Sage），亦即「澄明之籌畫」[130]，所以能道說存有者的無蔽，能使人溯源存有本身，並藉此達到其自身的存有。因此，藝術創作者、詩人基於存有的道說而道說大地與世界的存有，也道說出人的本質。海德格認爲，眞正的語言或語言的本質即是存有道說的發生，於其中，一個「歷史性民族的本質」先被賦形了（vorgeprägt）[131]，語言因而亦成爲

---

[128] GA 5: 63, 65.
[129] GA 65: 499f.
[130] GA 5: 61.
[131] GA 5: 61f.

各民族歷史形成的重要條件與特徵。

在後期著作〈詩人何爲？〉（1946），海德格以同時具「汲取」與創造之意的 schöpfen 來理解與詮釋創作[132]，近似《藝術作品的本源》觀點：存有本身的充盈、溢出，所以能給出、贈予。這也顯示出，在創作活動，創作者如何從閉鎖性的基礎（大地）引出存有眞理發生運動的可能性，直面根本性的遮蔽狀態，以最充沛的追尋力量，直接躍入存有。在這既離基又承受著的基礎上，藉由藝術創作一再向存有本身的泉源，汲取無蔽眞理的澄明。於此可看出，海德格受尼采「超人（Übermensch）」影響並有所改寫。於尼采，超人是大地的意義，對海德格而言，照亮大地之爲大地則意味建立世界。二者的超越的形式相同，都不是離棄式的超越。於尼采是向大地紮根，以滋養向上伸入天空的力量；於海德格，藝術世界的澄明奠基於大地遮蔽狀態之照亮。

藝術作品一完成，意味著存有眞理現前，且立即投向即將來到的保藏者。它所投射的東西不是先前的東西，而是「曾在」，亦即，「歷史性此有先前含有的規定性」[133]，曾發生的本質活動。重複的是存有的急迫性，而非先前成型的什麼東西。當存有眞理在作品中的發生一再重啓，並以相似的方式重啓，以相似的形式固定成形態，也就形成了某種藝術風格。

海德格提出一種存有眞理論的藝術觀，並以其現象學指導原則作爲「公式」，形成了藝術中心論：創作者與觀賞者須走向藝術本身。藝術風格不是創作者的獨特形態或人格特徵，相反地是藝

---

[132] GA 5: 298.
[133] GA 5: 64.

術成就了藝術家的獨特風格，而藝術風格的獨特性則基於存有的獨特性。在偉大的風格裏，藝術本質只獲得「預先的描畫」，決定藝術本質的是存有、存有眞理。海德格這種存有論藝術觀雖和柏拉圖大不相同，但仍可見其影響。

對海德格來說，即使到了後期，作詩從創建轉爲跟著道說，強調詩人要聆聽存有道說的寂靜之音或孤寂精神的悅耳之音，然後跟著道說。但藝術不是模仿永恆自存者，亦非以理型爲標準。藝術的美與存有眞理有關，卻與善無關。他三十年代提出的是，讓存有的獨一性重新變得急迫，讓存有眞理在藝術作品中再次發生。這觀點隨著藝術中心論延續到後期。他在〈詩歌中的語言〉（1952）主張，衡量詩人偉大的標準在於，詩人在多大程度將自己託付給那獨一無二的詩而作詩。[134]

海德格詮釋尼采的「偉大風格」時，確定它爲藝術的本質，其特徵在於具最高的強力感，讓人以超出自身的方式意願自身，而能從有限性的束縛中「產生未來的法則」。[135]不過這種立法不是天才或主體提供規則給藝術，而是藝術本質具開創的特徵。基於這種作爲第一開端、能爲未來立法的開創性，藝術作品開創新的時代，確保於其所處時代的獨一無二。若說尼采有別於傳統，在藝術學理上開創了藝術觀點的另一開端，那麼，當海德格走出尼采的藝術觀，在藝術學史上又再開創了新的一開端，尼采思想對海德格而言即是第一開端。

海德格同時以差異性和同一性，作爲開端性思想與藝術創建

---

[134] GA 12: 33.
[135] GA 6.1: 137f.

的特徵。亦即，以獨一無二的差異性與存有的自身等同，在創立歷史新開端之際，維繫歷史的延續。他認為，本質性的藝術創作作為創建，每次都是躍向存有的泉源汲取存有。基於人的有限性，這種創建不是無中生有的創生，而是基於存有溢出而贈予的創建。基於創建，藝術作品具開端性的時間性，這種開端性具空前絕後的特徵。絕後是因無蔽真理的敞開性可包納一切，後來的藝術作品只可能再次向存有的泉源汲取，以及作品形態固定後的獨一無二。空前則因為「在作品中開啓自身的真理，絕不可能從以往的東西得到證明及推導」[136]。從這種存有論的空前絕後亦可看出，藝術的歷史性為何會在離基式建基出現斷裂之疑慮，尤其離基式建基具離開、跳躍之特徵。不過，這疑慮因離基後的跳躍是躍入本源（存有本身）而有某種持續式的關聯，而獲解決。

　　藝術風格的歷史性有兩個開端（第一開端和另一開端），並同時發生在宏觀的藝術史上與創作者個人藝術發展雙重層面。這也意味，藝術風格的歷史性具雙重的雙開端：一、藝術史上的。最初的第一開端無可追溯。不過每一藝術風格若不是在傳統中改造傳統，就是從傳統中走出，創造出新的傳統。因此藝術風格作為第一開端，其實是開創藝術史的另一開端。二、個人的藝術創作。當詩人、創作者一次性道說出存有，他就正在開創個人藝術創作上的新頁。但若無法形成風格，則無法開創藝術史上的新開端。為了能有偉大的藝術風格，詩人和創作者須以超出自身的方式，一再汲取並基於存有的道說而道說出存有。藉此以突破現況，一再開啓自己在藝術創作上的另一開端。

---

[136] GA 5: 63.

　　在《哲學論稿》海德格將空間化的時間與時間化的空間並置，成為不可分的動態統一體，離－基。而擁有偉大風格的藝術作品具強大的張力，以海德格的說法：將一再離基地躍入存有之源，而能「保藏地掌握生命最高的豐富性」[137]。因此無論是創作或保藏，每次總能展現出一個「新的、存有本質顯現的世界」，每一次「都必然通過真理固定於形態、固定於存有者本身而建立存有者的敞開性」[138]。亦即，存有本質顯現的藝術世界因創作者與保藏者的分殊性，形態固定的方式不同而有不同展現。偉大風格的最高豐富性，亦顯現在藝術發生的境域式時空，並呈現出基於現前而同時向曾在與將來移離的瞬間。藝術發生的這敞開瞬間，必包含「開端－現前－完成」的同時性，以藝術為本源的藝術作品因而亦具這種同時性。藝術創建的開端本身開啟時，真理的置入即完成，所以包含無蔽真理的所有豐富性。而這也標畫出，藝術歷史性的「空前絕後」特徵：既是開端性，亦是完成的。

　　海德格通過澄明詮釋美與美的發生。首先，當作品中被描繪的東西越不假修飾，越純粹地於其本質顯現活動出現，那麼它們就越直接有力地更具存有者特性。因為存有者是「『如此這般地』於持存狀態和在場狀態中顯示自身的東西」，它的在場亦即，在於本質活動（An-wesen）即意味著存有。[139]於是，「自行遮蔽的存有被澄明照亮了（gelichtet）。這光亮將其閃耀嵌入作品中」，而「這種被嵌入作品的閃耀便是美」。[140]於海德格的存有論藝術觀點，藝

---

[137]　GA 6.1: 127.
[138]　GA 5: 65.
[139]　GA 65: 191. GA 6.1: 174.
[140]　GA 5: 43.

術作品的美不由外在形式決定，或通過感受或反思而來的愜意、愉快情感決定，而是存有眞理的本質顯現。美的藝術不是天才的藝術，而是居有活動的，歸屬於「眞理的自行居有」[141]。進入澄明中的居有活動是一種存有論上的運動，它在人的身心中體現出觸動、感動。美規定人的本質，也規定人的行爲與能力。藉此，海德格把藝術的美提昇到與道德法則同等地位。

海德格以存有本質顯現之澄明照亮（Lichten）作爲美的本質。基於創作是存有的充盈和創建，藝術創作是開端式的創新、陶醉的本質，透過尼采的「陶醉」概念，海德格將尼采《悲劇的誕生》中人與自己、他人、自然的和解[142]，轉爲創作與審美時的情感狀態：基於對美的感情，陶醉能衝破主體的主體性，呈現出所謂主、客體渾然一體的源初歸屬狀態。這種源初的歸屬狀態並非一片混沌，而是具形式的規定性。無論是藝術創作或欣賞（再創作），藝術和藝術作品對海德格都不是認識論或任何一種形式的客體，而是開啓存有眞理的發生運動。

在帶著陶醉的情感進入澄明前，觀賞者須重新敞開藏匿在作品中的存有。唯在形式建基的敞開領域，陶醉之爲陶醉才成爲可能。海德格所詮釋的陶醉，是以帶有心情的肉身性來對待存有者整體。作爲藝術的基本現實性，陶醉具有雙重力量，一方面作爲肉身性的情感，這是直接的感染力。另一方面則是作爲感情狀態，擁有對美的感情顯示出，「寓於自身又超出自身」[143]的提昇力量，

---

[141] GA 5: 69.

[142] 參 Nietzsche (1988/1999): *Die Geburt der Tragödie*, S. 28ff。

[143] GA 6.1: 100. 於此，海德格企圖暴力地將尼采的酒神精神（陶醉）顚覆爲阿波羅的美學態度。參 Därmann, Iris (2005): *"Was ist tragisch"? Nietzsche*

它能將人的在此存有提昇至高度的充實性[144]。藝術因而能讓人超出自身原有狀態，並於存有的最高明見狀態（Durchsichtigkeit）成就自身、達到自身[145]。陶醉既是一種具規定性的情感狀態，亦是規定心情的對待方式。[146]因此比起偉大風格的歷史性，陶醉的歷史性除了有形式的規定性，還多了肉身性的特徵。

　　在三十年代中期海德格的存有理解發生改變，從存有單向地作爲存有者的基礎，變成二者雙向地互爲基礎。因爲存有需要存有者以藏匿自身，並且需要人作爲探尋者、建基者和保藏者，藉此本質顯現。藝術作品作爲存有眞理發生的場域，同樣也需要人。藝術作品在存有論上自立，在存有事實上則是被造物，需要人作爲創作者與保藏者。人則須歸屬於存有，才能完成作爲歷史性此有最重大的規定性和使命，亦即，「成爲存有眞理的建基者和保存者（Wahrer）」。[147]這類似《存有與時間》，人在歸屬於存有或在本眞理解存有後承擔起人類的共同命運。不同的是，在《存有與時間》存有與存有者是單向關係，討論的是人的歷史性。《藝術作品的本源》則藉存有眞理在藝術作品中的發生，直接訴諸存有歷史；在《哲學論稿》，人操心的並非只爲了人的存有，而是爲了存有者整體的存有[148]，而且歷史性的人們要決斷的不是回到本眞的自身性，而是「眞理的本質是否本質性地顯現」，以及這種本質顯現是

---

und Heidegger Erfindungen der griechischen Tragödie im Widerstreit. In: *Heidegger-Jahrbuch 2*, S. 219。GA 6.1: 140f。

[144] 參 GA 6.1: 106。

[145] GA 6.1: 214. Durchsichtigkeit 於德文具有透視、透視性、透明之意。

[146] GA 6.1: 106, 119, 124.

[147] GA 65: 16, 251.

[148] GA 65: 16.

否引導歷史性的人們（知識者、行動者、創造者等）[149]。從前期
哲學的人的歷史，到中後期著作中的存有者整體的存有歷史，海
德格試圖通過歷史性克服人的有限性。

在《存有與時間》，歷史是此有的發生學：歷史性是指「此有
『發生』的存有狀態」，針對先行決心中的發生，則被稱爲「此有
的本眞歷史性」。[150]爲獲得本眞的歷史性，有限性的人必須理解死
亡的本眞意義，理解到「本眞的向死存有（亦即，時間性的有終
性）是此有歷史性隱藏的根據」[151]，而能從喪失於常人狀態的他
者境況喚回自己，告別非本眞性而決心選擇本眞的自身性，而爲
此有的「整體能存有」保持自由，本眞地在世。人作爲在此存有
者，實際上是與他者共在世上，於本眞地投入日常生存活動與他
人共在時，將與有著同樣決斷的人們相互共在。這群人根據實際
性和本眞性，對繼承下來的可能性進行選擇與取捨，而於本眞的
共同歷事中成就共同的命運（Geschick），共同開創人類的歷史。
海德格因此表示，「此有的歷史性本質上就是世界的歷史性」[152]。
而這也可看出，他於二十與三十年代的進路不同。

通過存有眞理在藝術和藝術作品中的發生，海德格於三十年
代試圖連結人的歷史與存有的歷史：存有眞理的發生即存有歷史
的開創，個人的居有活動關涉人之本質的創建。而規定開端性思
想風格的抑制，則能「聚集人的本質和人向自身的集中」[153]，且

---

[149] GA 65: 369.

[150] SZ 386.

[151] Ibid.

[152] SZ 388.

[153] GA 65: 34.

因調諧著歷史的建基時機，而直接關涉共在的族群或人類全體。

（三）藝術歸屬於「居有」

　　對海德格而言，藝術是共在群體的歷史本源，但不是靜態的現象或文化成果，而是存有運動的根本方式。因為，藝術的創新基於存有真理的創建而來。這創建的贈予、建基和開端三種形式彼此緊密關聯。贈予式的創建直接從開端汲取存有，並投向將來。藝術的歷史性因而具動態的豐富性和圓滿性。

　　不過這種無蔽真理的再次汲取不是模仿永恆自存者，或單純地重複不具內容的某種形式，而是，讓存有的獨一性重新又變得急迫。所以相同的只是，存有的獨一性與急迫性；不同的是，向存有本身汲取更源初的存有真理，或敞開更明朗的領域。因此藝術的創建不是完成後靜止不變的永恆，亦不是源源不絕的線性推進，而是具「出於直接者的跳躍（Sprung）特性」[154]。並基於人的有限性，須跳躍地一再離基。歷史性的開創因是一種離基式的建基而與本源保持某種關聯。但若要探入更根本處，不是陷入反思或玄思，而是直接進入存有本身作為居有的發生。

　　這種跳躍式的離基，並未離棄自行閉鎖的大地和終有一死的人。相反地，因移離和敞開而能建立新的基礎，讓大地和人的存有如實地顯現。因而，作為大地和世界源出性爭執的時間－空間成了動態的時空：時間－遊戲－空間的統一體，而澄明與遮蔽於其中爭執、遊戲。基於出於自身與同時性，離基活動的跳躍式汲取，於變化之際仍與本源（存有本身）密切關聯，在異中基於存

---

[154] GA 5: 64. GA 65: 73.

有而同。某種程度上，解決了海德格前期因超越造成的斷裂問題。

　　立於自身的藝術作品，其時間性是存有眞理發生的移離。它既不是靜止，也不是排除自身的對立運動，那麼就只能是包含了運動的寧靜，而「運動的內在聚合，也就是最高的運動狀態（Bewegung）」[155]。居有活動的離基力量將走近藝術作品的人們移置到敞開的澄明中，建基的力量則讓被居有的人占據存有眞理，與之合一。這種移置是一種立於自身中的運動。藉 Aufsichberuhen（奠基於自身）一詞中的 Ruhen（靜下來，休息）及 Ruhe（寧靜），海德格說明藝術創作時，存有眞理的特殊運動狀態與性質。這種運動亦發生在審美之際。藝術將作品中敞開的澄明轉讓給人，人因而作爲被居有者敞開自身的遮蔽，領略立於自身的寧靜，在這寧靜中感受、感動或被撼動。

　　海德格視藝術爲開端性的創建，也視爲讓存有眞理在作品中一躍而出的泉源。而「眞正的開端作爲跳躍，始終是一種向前跳躍（Vorsprung），在此向前跳躍中，後來的一切東西都已被越過了」。[156]這種跳躍確保藝術作品的空前絕後、「前無古人後無來者」的不可逾越性和獨一性。不可逾越性和獨一性使藝術作品中敞開的瞬間，成爲獨一無二的瞬間。

　　不可逾越性是基於藝術創建的開端一躍到將來，且隱藏了某種終結。這種終結並不停止什麼，而是完成。首先，完成的是自行遮蔽著的澄明之開啓與形態化。不過，不應以相繼或因果法則來理解這種完成或創作與藝術作品的關係，或誤以爲開花必有結

---

[155] GA 5: 34f.
[156] GA 5: 64.

果。畢竟創作能產出作品，但不必然是藝術作品。再者，所有開端本身是不可逾越的完成者，其完成的是動態的豐富性與圓滿性。

透過對作品的創作性保藏，藝術的開端和完成是同時的，而且都處在動態的向前跳躍。藝術一再地從存有本身汲取，通過把某物帶入存有中，完成存有眞理在作品中的敞開與發生。藝術這種源出性的、創建著的跳躍，即是海德格對藝術作品本源的「本源（Ursprung）」一詞之詮釋。[157]不過，藝術的開端與完成之同時性，卻也再次凸顯出人的視角之有限：存有本身不斷溢出且圓滿豐富，人因自身的有限性而無法視見。

基於存有眞理的急迫性及存有的獨一性，藝術創建的開端所開啓的是存有論上的根本性發生，因開端而是歷史性的。對海格而言，這種存有論的開端必包含對存有的重新提問以及沉思「什麼是存有者？」海德格在《尼采 I》指出，藝術本身的首要和指導性基本經驗是歷史性的，原因是「藝術有一種爲歷史奠基的意義，藝術的本質就在這樣的一種經驗中」。[158]因此，藝術的重要性不在於完成式的成果，而是爲了歷史的開創而創立基礎。

在《藝術作品的本源》海德格將藝術從個人體驗，提高爲民族歷史的存有論基礎與起源。每當藝術發生即開啓一新的開端，就有敞開的衝力進入歷史，造就歷史性的族群、民族。海德格在三十年代深受尼采影響，而於《哲學論稿》指出，開端本身是「時間的衝力」，比永恆更偉大[159]。這種開啓新開端的時間衝力，溯源而回衝到存有發生運動的初始，藝術因而被視爲一個民族的歷史

---

[157] GA 5: 66.

[158] GA 6.1: 141f.

[159] GA 65: 17.

性在此存有的本源[160]。它回到不可通達的東西，重啓開端性的根本提問並使之成為必要，歷史才開始或重新開始。因而，藝術是讓存有本身的眞理來到而在場的發生，且是「眞理進入存有的突出方式，也就是眞理歷史性地生成的突出方式」。[161]

　　不過，重啓開端於海德格不表示時間具存有者狀態或事實層面上的可逆性，而是藝術的這種時間性是離基式的存有之敞開。並且，一來因敞開的當下回衝到歷史開端的同時，也投向將來的保藏者；二來因敞開的是存有者整體的存有，存有運動的境域性時間具曾在－當前－將來的同時性，以及整體性的特徵。

　　藝術能將存有者整體帶入敞開領域，所以藝術作品中雖呈現個別存有者的外觀，但敞開的不只是個別存有者，而是存有者整體（大地）的遮蔽狀態與存有，因而具普遍性。基於形態的固定與大地的本質，這種時間性帶有某種封閉性，造成藝術創作須一再從自行閉鎖的大地引出，並向藝術本身直接汲取創作的泉源，讓眞理以突出的方式顯現。

　　「離－基」本身內含根本性的無化力量，藝術創作與保藏因而能打破傳統，一再回到歷史的開端，重啓存有眞理的發生運動。而存有眞理的發生固定於作品中，並不是僵化不變：藝術具形態固定的限界，但仍開放地保藏存有眞理，而能將觀賞者移入無蔽領域。藝術作品的時間性亦不因大地的物因素而全然封閉，反而基於作品即首位保藏者以及將來者的創作式保藏，而一再地敞開。

　　人與存有眞理的居有活動隱藏地貫穿《藝術作品的本源》，而

---

[160]　GA 5: 66.
[161]　GA 5: 65f. GA 65: 17.

「居－有就是源出性的歷史本身」、「存有的本質顯現是『歷史地』被把握」[162]。因此,「藝術是歷史性的」意味著,藝術歸屬於源出性的歷史本身。西米諾等學者認為,由於居有特徵的歷程狀態,藝術的歷史性有具體(konkret)、整體性和無蔽真理三種特徵。[163] 不過筆者認為,「具體的」特徵不適用於藝術的歷史性。因為,儘管藝術的經驗具體可感,因而約束了藝術經驗的關聯性,但正如西米諾等注意到的,海德格對神廟、農鞋和詩等的分析與闡明,強調的是形式指示所構成的關聯性意義,並不侷限於具體可感,而是擴及抽象可思的。[164]再者,海德格雖以「具體者(Konkrete)」指稱「es so ist」[165],以「dass es sei」表示藝術作品存有事實的獨一無二,但不是用來指稱藝術的歷史性,甚至不是存有者的歷史。因為,存有者在作品中被無化,以敞開其存有,因而顯現出的具體者是存有論上「Wie-ist(how-is)」與「Dass-ist(that-is)」並重的「具體」。再者,這種藝術和藝術作品的具體性給出的約束力,在形式的明確性上指出初始的施行方向,以獲取被指示者的源初性充實。它指向藝術經驗的源初狀態(即,源初性的爭執),觀賞者日後能藉此施行創作性保藏。

　　海德格於《宗教生活現象學》表示,宗教生活是「實際性的」生活經驗,因為實際性(Faktizität)是就事物在其自身存有的敞開

---

[162] GA 65: 32.

[163] Cimino/ Espinet/ Keiling (2011): *Kunst und Geschichte*, S. 128f.

[164] 由此可見,海德格並未如珀格勒所言,於 1929 年以〈形上學是什麼?〉告別或放棄現象學(參本書頁 29f 及註 92,頁 107),而是貫徹現象學作為哲學方法,由存有者著手以視看其存有,進而通達存有本身。

[165] GA 61: 33.

性而言。[166]同樣地，藝術作品既然基於藝術而來，就不該基於藝術作品是具體的，從而由藝術作品或人的經驗性出發，誤以爲藝術的歷史性，及其歷史性經驗等同具體的什麼。相反地，藝術的歷史性具實際性的特徵，是基於存有眞理在藝術作品的發生，而不是指藝術作品的物因素，或藝術作爲具體的史料。對海德格而言，藝術作品一旦進入博物館成爲史實資料展出，無異宣告該作品之死。因爲藝術作品只要一遠離其本質顯現的空間，其所敞開的世界就頹敗了。[167]一旦淪爲被認識或僅僅被觀賞的對象，藝術作品原有的源初性爭執也隨之閉鎖。

　　海德格在同時期著作《形上學導論》指出，時間僅在人存有著的情況下才成爲時間，且僅作爲「人的－歷史性的此有」才到時[168]。藝術是存有眞理的發生，且是開端式的發生，那麼必有人類的歷史性此有隨之發生與形成。此外，當藝術爲歷史創建的基礎越根本，就越能爲將來提供法則[169]。藝術因而既是藝術作品的本源，又是創作者與保藏者的本源，同時亦是人類各族群之歷史性的本源，以及在此存有的本源。藝術的歷史性所開創的是新時代的歷史，涉及共在之族群，民族的藝術經驗之發生及居有活動，亦即：涉及共在族群、民族的共同命運，尤其是藝術及藝術作品相關現象的施行意義（Vollzugssinn）上。[170]從希臘神廟、歐式教堂、回教清眞寺與亞洲廟宇等可直接看到，藝術經驗作爲實際性

---

[166] GA 60: §3. 另參 Herrmann (1961): *Die Selbstinterpretation Martin Heideggers*, S. 15, 17。

[167] GA 5: 26.

[168] GA 40: 90.

[169] GA 6.1: 137f.

[170] Cimino/ Espinet/ Keiling (2011): *Kunst und Geschichte*, S. 128.

的生活經驗，以及建築藝術如何開啟人類歷史性的在此存有。廟宇提供存有真理發生的場域，將人移出日常生活的遮蔽，讓人在真理開啟的澄明中，與諸神、諸神聖者相遇。

海德格前期強調存有論的差異，自三十年代在區分存有與存有者的同時，重視二者的同與統一。《藝術作品的本源》延續《康德書》部分與整體的觀點：同質的同一性，使部分等同整體。[171]而藝術作品建立澄明的藝術世界，可將「存有者整體帶入無蔽並保持於無蔽中」[172]。通過藝術經驗，人們經驗到存有真理的發生，而被帶入無蔽的敞開性，開啟歷史性的、共同的在此存有。存有真理曾發生、正發生，也會在將來發生。這種歷史性的發生，使歷史形成、延續。當人們吟唱著流傳下來的詩歌或虔敬地進入神廟，而移置入其所敞開的澄明時，也就進入先人曾在的本質性領域，而與他們的存有共在，承擔了共命並共同形構這族群的存有。因此世界是藝術作品開啟的敞開性，亦是歷史性民族的世界及其敞開性[173]。藝術的歷史性因居有大地與世界、遮蔽與無蔽、存有者與存有，而具整體性的特徵，亦基於敞開性而有整體性的特徵，亦即敞開存有者整體以及藝術世界與歷史性民族的世界。

---

[171]　參 KM 46f。現象學由某存有者的實際經驗著手，以通達存有本身，同一性因而成為能普遍化的基礎。海德格自《康德書》後在《物的追問》、《同一與差異》、討論班等等，多次藉康德和巴門尼德斯等思想討論同一性。晚年，他仍接受胡塞爾的本質同一性作為普遍化的基礎，視之為同一者（das Selbe）本身的同義反覆（Tautologie），並強調同義反覆的思想是「現象學的源初性意義」。而同一性與非同一性（差異），則通過同一化而共屬，如此意義下的同一性則包含了同一與差異。（GA 15: 23, 397, 399. 另參 Husserl (1984): Hua XIX/I, A392ff）

[172]　GA 5: 42.

[173]　參 GA 5: 35。GA 40: 112。

第六章　永恆與有限的時間

　　自古希臘以來人們對永恆的仰望，造成時間、存有與永恆三者關係曖昧不明。海德格在教授資格論文指出，時間與永恆有關係上的問題，且「以知識論的方式反映在『歷史』（價值形態）和『哲學』（價值有效性）中」。[1]從哲學的發展史，不難看出時間和永恆的關係如何反映在歷史。

　　對柏拉圖而言，時間不是源自永恆，而是模仿永恆。永恆屬於理型、存有本身等形式的自存者，不是人所處的境地，我們只是不經意地將過去和將來誤用於永恆的存有。永恆止於一而不運動；時間有組成的部分，雜多且不斷運行，因永恆運動而有類似永恆的無限性。但除了因模仿而來的類似性，二者之間界限分明。

　　亞里斯多德對時間與永恆的觀點一大部分承自柏拉圖，而認為永恆沒有生滅，不被時間度量，例如數學定理[2]，而這暗示了人和永恆的可能關係。不同於柏拉圖的是，他認為時間作為無限的連續，本身不運動，且是某種永恆的東西。為避免推論的無窮後退，亞里斯多德在《形上學》提出「最初的永恆」[3]。作為自身不

---

[1]　GA 1: 410.

[2]　Aristoteles (1987): *Physik*, 222a5. 亞里斯多德於該處提出兩種不存在時間中的樣式，一是非存有（例，對角線的可通約性），一是永恆之存有（例，對角線的不可通約性）。

[3]　Aristoteles (1987): *Metaphysik*, 1072a33.

運動的第一推動者，它是理智完滿的實現與實現活動本身，沒有積量（Quantum），只有形式（Form）。[4]沒有生滅，是一切實體的原因也是時間的原因。從這規定性來看，亞里斯多德認爲，與永恆自存者完全對立的不是時間或存在時間中的東西（有生滅的東西），而是過去、現在和將來都不存在的虛無。他把時間本身與永恆本身視爲不同的永恆者，第一推動者本身聚集了不動的永恆性與使運動的原因之永恆性，是具雙重永恆性的永恆者，人則是時間中的生成者，與永恆的連結在於理智的實現活動。人作爲本能、慾望、理性等的組合物總存在某一時間中，但也有永恆的可能性：思維自身的思想，亦即主動理性的完全實現。[5]不過無論從哪一角度出發，亞里斯多德的永恆概念都無生成變化，「認爲永恆的東西有生成是荒謬的，甚至是不可能的事」[6]。

奧古斯丁在宗教的基礎上接受柏拉圖的永恆概念，及其與現在的關係。他將永恆歸屬於上帝，「沒有過去，整個只有現在」，因此似乎可通過現在關聯到永恆。而時間是上帝所創，若時間「源自」永恆的上帝，永恆則成了永久的現在，現在則成了過去和未來的源頭。而這意味，過去是曾經的現在，將來則是即將來臨的現在。但奧古斯丁指出，沒有任何時間屬於永恆，因爲，永恆只屬於上帝。[7]而上帝恆久不變，所以永恆對奧古斯丁是不生成變化。奧古斯丁顯然有兩種現在概念，時間、現在和永恆的關係因而出現矛盾：現在既是時間的本質與源初狀態，又是永恆的基礎。難

---

[4]　Aristoteles (1987): *Metaphysik*, 1072a25.

[5]　Aristoteles (1987): *Metaphysik*, 1075a10.

[6]　Aristoteles (1987): *Metaphysik*, 1091a13.

[7]　Augustinus (1888): *Bekenntnisse*, §11.

道永恆是時間的形式或根本就是時間本身？對這些問題，奧古斯丁未提供解答。唯一確定的是，他主張永恆的上帝自存在時間之前、在時間之上。

前述是最常見的永恆概念，其中三種是神學和兩種非神學觀點。首先，二種哲學上的神學觀點：柏拉圖通過演繹作為原理、典範的自存者；亞里斯多德對永恆的基本論點是無生成變化，其作為動力與目的的最初推動者、自身不運動的自存者，是推論得出的設定。而奧古斯丁的永恆概念是宗教上的神學觀，僅歸屬創生一切的上帝。再者，亞里斯多德另提出兩種非神學的永恆概念：通過思維得出無生滅的原理本身，與通過觀察得出有生無滅、規律且無限的連續運動本身。

康德未說明時間起源，也未直接闡明時間與永恆的關係。對他而言，現象界和超時間的本體界涇渭分明。上帝、自由意志與靈魂的不朽性屬於永恆的本體界，受時間制約的有限存有者則屬現象界，而人是其中唯一能關聯到本體界的。敬重道德法則的人於尊嚴中贏得超感性、普遍客觀有效的法則式自由（Autonomie），具體展現無法直接認識的意志自由。但當自身於敬重中提升至超乎時間和感性限制的境地時，卻意味敬重者分屬兩個世界，現象界和本體界，也二分為感性和理性的我[8]，前者屬時間性的現象界，後者為非時間性的本體界。因人不具完全純潔性（Reinigkeit）的神聖性，其道德意向一直處在掙扎、奮鬥狀態。[9]康德提出靈魂不朽以保證有限性的人具實現至善的可能性，以神聖性的上帝提供

---

8 參李明輝（1990）。《儒家與康德》。台北：聯經出版有限公司，頁 48, 119, 122。

9 Kant: KpV 99.

人實現至善、通達本體界的典範[10]，卻未能解決人作爲道德主體既屬永恆本體界又屬現象界（時間）的二分問題。

海德格對康德哲學的根本質疑在於，忽視人的有限性，進而忽略「形上學奠基活動在時間的基礎上發生、形成」[11]。他在《現象學基本問題》（1927）和《康德書》對人分屬時間與永恆的二分問題，提供解決的可能性：敬重道德法則的行動中，理性的我和感性的我統一於敞開的本眞時間性道德法則的實踐則是本眞時間性的開顯，因而不超出時間。因爲對海德格而言，時間本身既是實際生存活動的綻出，亦是生存的存有意義。針對人在道德行動時的統一性，海德格的基本論點有二：一、人透過生存活動彰顯自身的存有意義，其存有屬於存有本身。[12]二、人的本質不是先天被給定，是在生存之際建構起來。[13]在海德格的闡釋下，敬重是人作爲有限理性者通達德法則的特有方式。他認爲在敬重中，人以道德行動自我克服、自我提升以造就自身，於尊嚴中敞開本眞的自身性，而非提升到超乎時間的本體界。他在《康德書》對人的存有與敬重之詮釋，已給出時間關聯到「永恆」的可能途徑，一種人可企及的永恆。

海德格在《康德書》也指出，以往哲學對於「自我（Ich）」爲什麼是無時間性和永恆，並未明確回答，這問題在先驗論的問題範圍內甚至還未被提出。他堅持人是時間性、有限性的，而其

---

[10] 上帝希望人和祂一樣是聖潔的（〈利未記〉11:44。〈彼得前書〉1:16），但是，是希望透過樹立榜樣（上帝之子）而達到。（Kant [1793/1922]: *Die Religion innerhalb der Grenzen der bloßen Vernunft*, S.73）

[11] KM 203.

[12] Herrmann (1974/2004): *Subjekt und Dasein*, S. 30.

[13] SZ 42, 199, 233. GA 24: 325.

存有具持駐性（Beständlichkeit）和持續性（Ständlichkeit）的特徵，但非傳統意義上的永恆不變。在他的詮釋下，自我作爲人的存有，於超越意義上有「駐立（Stehen）與逗留（Bleiben）」活動，以及從這些活動而來的持駐性和持續性。這種持駐性和持續性非內在固有於人的存有，而是基於生存與生成。這使傳統意義上的永恆，亦即僅作爲持續不斷的現在，能從時間獲得把握。[14]三十年代中期詮釋尼采的永恆回歸（Wiederkunft）[15]、強力意志和藝術觀點時，海德格進一步提出一種人可企及的永恆概念。

第一節　永恆與人的有限性

　　基於人是時間性與有限性的，二十年代海德格在《時間概念》即表示，人不可能從永恆思考時間，只能從時間思考時間，否則會陷入哲學困境。[16]而這也奠立他在三十年代從時間思考永恆的根本立場，並延續到後期。受亞里斯多德和尼采影響，他在六十年代將時間視爲某種永恆[17]。秉持從時間出發來探討時間，海德格

14　KM 193f, 240.

15　Wiederkunft 一詞的直譯應是「再來」或「再次來到」，因海德格於其中偏重返回自身，本書採「回歸」之中譯。

16　GA 64: 107.

17　參 GA 15: 22。海德格早在《形上學基本概念》（1929/30）即從時間來探討時間，這觀點（時間是永恆的）既然不是從計量上的無限性而來，很可能是從人的視角走向時間本身，嘗試從時間本身來探討而產生。但問題是，人不可能擁有實事本身或時間本身的視角，而僅能切近，否則就逾越了人的有限性之界限。因此海德格僅能以否定性的疑問句（Ist nicht...?），提出這觀點。再者，海德格六十年代通過詮釋 Heraklit 斷簡中的閃電作爲最短暫的時間而提出這觀點，但他早在三十年代詮釋尼采的「現在」、「將來與過去碰撞的刹那」等時間觀時，即以最短暫卻最

在前期以時間作爲視域思考存有，在三十年代則顛覆傳統哲學從永恆討論時間的基本立場，反過來從時間思考永恆。藉尼采的視角，他以人的自身、時間性的「自身」，改寫傳統哲學的永恆自存者，而將永恆詮釋爲「返回到自身中的現在」。永恆不再是不可企及的本源或時間的對立面，而是時間「隱蔽的本質」。[18]這也修正《存有與時間》的探討方向，從自身的綻出探向源初性，修改爲從自身探討時間，再回到自身。

　　不過，海德格並非無批判地接受尼采的觀點。首先，他反對尼采對永恆和無限時間的看法，在《形上學導論》間接批判尼采的無限時間觀是一種日常理智的結果[19]。再者，他認爲尼采把時間理解爲主觀的表象，時間因而被規定爲空間的某種特性，永恆則是與事物現實過程相應的無限時間。海德格立論於時間和有限性，在時間和有限性之內批判傳統，比尼采以有限性爲立足點卻走向超乎時間的批判，更加徹底。他認爲尼采「對空間和時間的思考十分不足，並沒有超越傳統觀念」[20]。美國學者鮑威爾（Powell）贊同海德格對尼采的批判，且進一步指出，尼采超越傳統的作法「簡而言之就是跳出時間之外」，而這種觀點其實「未跳脫出存有－神學的傳統」[21]。

　　在探討海德格三十年代的永恆概念前，仍有些問題須先釐清。

充實標記瞬間的永恆。（參本章第一、二節）因而在六十年代，時間是永恆的觀點其實是海德格三十年代觀點的延續。

[18]　GA 6.1: 17.
[19]　參 GA 40: 18。
[20]　GA 6.1: 310f.
[21]　Powell, Jeffrey L. (2005): *Die Nietzsche-Vorlesungen im Rahmen des Denkweges Martin Heideggers*. In: *Heidegger-Jahrbuch 2*, S. 127.

他在《尼采 I》指出：「永恆不是停滯的現在，也不是無限展開的現在序列。」[22]那該如何理解「返回自身的現在」中的「自身（sich selbst）」和「現在」？若從語句分析來理解「現在」，時間不就成了海德格所反對的容器般之存有者？海德格不把時間視為某種存有者，這裏的自身也不應僅止於存有者層次的現在本身。那它究竟是怎樣的自身、「誰」的自身？若是人的自身，永恆不就是人的主觀幻想？而自身所返回的現在既不是永久的停滯，也不是無限的接續，這個現在是怎樣的時間？

在《時間概念》，海德格藉奧古斯丁的「時間測量就是測量自身的處身感受（Befindlichkeit）」，將時間問題從「什麼是時間？」轉為「誰是時間？」而主張時間是此有（Dasein），且是在「最極端的存有可能性」被把握的此有。[23]但時間不是此有的「什麼」，而是它的「如何（wie）」。因此若返回的自身是此有自身，也不是現成意義上，而是由其「如何存有」組建的自身。根據海德格的存在性時間觀，作為長度、可計量的時間概念，其源頭在於作為綻出境域的時間性，而時間性意味著在世存有的存有意義。現在作為時間的樣式之一，在非本眞意義上作為時間點的現在，本眞意義上是人在世存有的某種存有意義。

而永恆作為返回自身的現在，前設問題是：「誰的永恆？」答案的關鍵在於「返回」：處身在這種永恆的「誰」不可能是永恆自存者，因為，永恆自存者一直在其自身，無需出離也無需返回自身。而作為創造者的上帝從自身創造出一切被造者，不出離自身，否則就有生成與變化。因此，有待「返回」自身的永恆概

---

[22] GA 6.1: 17.
[23] GA 64: 118, 122, 125.

念，既不是哲學上也不是基督教的永恆者，答案僅可能是某種有限的存有者。

再者，海德格將尼采的永恆回歸學說思考爲強力意志，並將強力意志視爲一切存有者的基本特徵，而現象界的存有者整體之基本特徵則是生成（Werden）[24]。而且，當永恆的時間性被視爲「人置身其中的時間性」[25]，那麼這種永恆所返回的「自身」是有所生成變化的生成者的自身，且是有能力與意願返回自身者，更確切地說是人的自身性。因強力意志意願自身存有而形成的這自身性，因而取代「現在」成了時間與永恆的樞紐，它是時間與永恆發生關係的場域，也是解答二者關係問題的關鍵。

早在《存有與時間》和《康德書》，海德格即提出時間與自身、自身性的關聯。在《康德書》，時間作爲純直觀是出於自身、返回自身而形構對象的本質外觀的形構活動。但問題是，若以人的自身或自身性作爲時間與永恆的樞紐，強把人的觀念加到所要認識的對象（時間和永恆）也就落入人化的主觀立場，以人的方式干預或解說世界、時間與永恆及其關係。

海德格在《康德書》論及人化問題，在《尼采 I》則明確化對「人化」的立場。

首先，關於人化問題，海德格在《尼采 I》提出判別的兩個前提，而它們卻又互爲前提地循環：一、須先解答「人是誰」，才能談論人化。二、只有人本身才能提出並解答人是誰，所以「人是誰」的問題須通過人化，亦即通過人眞正地擁有自身才能解答。且因人處在存有者整體中，所以須同時根據「存有者整體是什麼」，

---

[24]　參 GA 6.1: 16, 592。
[25]　GA 6.1: 318f.

亦即超出「人」的範圍而非人化地來探問與解答。[26]因此，從第二個前提來看，人化和非人化皆不可避免。而且它們並非相斥，而是相互要求。海德格認為，人是有限性的生成者，要達到非人化客觀看待事物須先真正地人化（成為人），亦即真正地擁有自身，具人之為人的本質後成為歷史性的，才能真正地基於人在存有者整體中的立場，明白自己的立場，而與存有者整體本身關聯一起，藉此達到非人化的客觀性。

再者，海德格不像尼采要求嚴防人化。他不反對人化，但反對人化的主觀。因為只要是人就無法避免人化，應避免的是主觀化對探求真理的阻礙。延續《存有與時間》的論點，人的存有奠基於在世存有的敞開性，他認為，若越源初地取得本質性的立場，人化對真理的危害就越不具實質性。但若反過來，想要達到最高的人化而擁有自身性和人的本質，則須先超出個體者自身，藉此將一切的主觀「非人化」為人的自身性、人的本質。[27]藉由人化和非人化，他一方面延續前期對認識論的主客體模式之反省，另一方面則解決人們對《存有與時間》陷入人類中心主義的指責[28]。

早在〈實際性詮釋學的現象學道路〉（1923），海德格即指

---

[26] GA 6.1: 322, 326.

[27] 參 GA 6.1: 340。海德格欲藉此從人的視角探討時間本身、永恆的時間性和藝術，並超越主觀及客觀，因為無論主觀或客觀的視角都不足說明。他也因此批判尼采的藝術觀「侷限於現代主體概念」（GA 6.1: 124）。在《存有與時間》海德格亦強調「時間既不在『主體』也不在『客體』之中現成存有，既不『內在』亦不『外在』」，而且「時間比一切主觀性和客觀性『更早』『存有』」。（SZ 419）於〈物〉（1950）他也呈現類似的思考模式：人作為（天地神人）四方之一，為了居有（ereignet）四方，須先開放自己、去本己化地轉讓（Vereignung），才能透過居有而成就自己的本質。（GA 7: 181）

[28] 參 GA 9: 162 註 59。

出哲學研究的兩種主要誤解,一是主體－客體模式:將主、客體視爲現成而孤立的二者,再將二者聚合。另一誤解是無立場,企圖以客觀性把無批判狀態上升到原則,卻把我們賴以視看的立足點和立場視爲主體性的敗壞。相反地,他視立場的形式爲「存有中的大事」。基於有限性,人不可能沒有特定的視角或立場。若欲避免假客觀之名的主觀,首要任務在認清有限性。正確的做法在於「必須認清偏見(Vorurteil,前判斷),不僅是在內容上,且在存有中」。[29]

　　繼前判斷和詮釋學處境三個環節的釐清,海德格在《尼采》討論人如何面對理解與判斷可能的境況與侷限,通過「眞正的人化」及其所達到的非人化,而能以一種明確經批判而擁有自己的視角,明白自己的視角所受的限制,把「先前具有」和相關考察一併收入視域,而在現象自行顯現的同時,在每個當下順從不同的視角,讓自行顯現者顯現而獲得某種客觀性。[30]

　　海德格要求兼顧並超越主、客體的視角,形式上和尼采的視角主義有親緣性[31],但也不同於尼采。首先,他要求從人作爲觀者出發,達到現象的整體性、有限的世界或存有者整體。尼采則從每個個體,確切而言,從每個生命體的視角出發而有視角的多樣性。再者,尼采以去人化(Entmenschung)爲志,批評人化並呼籲避免人化,避免由人的角度看待自然和其他事物[32],但在藝術觀

29　GA 63: 82.

30　參 GA 6.2: 297f。

31　Seubert, Harald (2005). *Nietzsche, Heidegger und das Ende der Metaphysik*. In: *Heidegger-Jahrbuch 2*, S. 299.

32　參 Nietzsche (1988/1999): *Nachlaß 1880-1882*. In KSA 9: 11[205], 11[211]。

上卻又強調肉身性的陶醉而限於人的視角[33]。

　　海德格認為，尼采在形成永恆回歸的思想時期，是最堅決地力求思想達到非人化和非神性化。因為人化往往同時涉及道德意義上的世界基礎，以表象相關的觀念，人化因而是一種神化。非人化是防止任何以人為中心或表象基礎對自然物和自然的干預，不會發生前述問題，所以非人化即非神性化。在海德格的詮釋下，尼采的強力意志雖要求「最高的人化」，卻也要求人要以「純粹的、重新發現和挽回的天然本性」來自然化我們人自身。這「最高的人化」因而意味著，「不允許自己有什麼隱匿之所，不再蒙蔽自身」。[34]

　　顯然地，海德格與尼采對應人化採取的作法不同。海德格沒有去人化，因為，關於存有者整體的思想必同時涉及到思考者，而相同者永恆輪迴的思想即涉及存有者整體的「人化」。而任何非人化的努力本身，同樣涉及思考者，所以非人化是一種「潛在的人化」。[35]海德格其實是暴力地詮釋，而將尼采的人之特徵從個體關涉到存有者整體，從非人化觀點轉而兼具人化和非人化。

　　不過，就像他有意識地對康德學說暴力且過度的闡釋，以「走向康德」及其遺留的「形上學問題」[36]，同樣地，他在《尼采》要做的是「傾聽尼采本身」，與尼采一起或通過尼采貫徹追問，並「因而同時反對他」，這種追問的目的是「『為了』對西方哲學來說唯一的和共同的最內在之實事」。[37]海德格指出，回到第一開

---

[33]　GA 6.1: 124.
[34]　GA 6.1: 315.
[35]　GA 6.1: 319.
[36]　KM 302.
[37]　GA 6.1: 21.

端的思想本身就自行帶上「暴力的所有標記」[38]。他認爲,爲了開
創另一開端,這種暴力不得不爲之。在回顧學界關於海德格對尼
采的詮釋多大程度上和尼采一致時,美國學者鮑威爾爲海德格辯
護,並指出,海德格這種「思想的暴力」是爲了「充分理解文本」,
進而「讓文本向思想敞開,釋放(befreit)文本而成爲思想,而不
是單單地把文本還原成一種毫無生命的闡釋套路」。[39]

　　海德格遺稿顯示,相同者的回歸的「相同者」意味「個別(Ein-
zelnen)」的相同者,歷史性地,這個別的相同者就是「人」。[40]
而這並非我等同我的同語反覆,也不意味人的本質如原理般地在
每一個體都相同。而是,若作爲「生命」,人向來在被掩蔽者中,
也就是在存有的離棄狀態,而這必然導致存有的遺忘[41]:遺忘自身
存有,亦遺忘存有。相反地,當人完全是他自己、在自身中擁有

38　GA 51: 88.

39　Powell (2005): *Die Nietzsche-Vorlesungen im Rahmen des Denkweges Martin
　　Heideggers*. In: *Heidegger-Jahrbuch 2*, S. 118. 海德格這種暴力式的闡釋,
　　與其說是對尼采或康德哲學的探討,倒不如說是和他們對話而借用他們
　　的視角或提問,釋放他們文本中的思想,成爲海德格自己的思想。
　　Pöggeler 指出,海德格不是要給出「尼采的形象(Nietzschebild)」,他
　　與尼采思想的爭辨,其實是海德格對自己思想的決斷。(Pöggeler [1963/
　　1994]: *Der Denkweg Martin Heideggers*, S. 105, 108)不過海德格這種暴力
　　地將文本向自身的思想釋放的力道,卻快把他自己衝倒了。根據當時與
　　海德格一起編寫《尼采》的 Pöggeler 記載,海德格自己曾說,尼采把他
　　搞垮了。海德格夫人甚至擔心造成他再次崩潰,而「要求他不要寫那兩
　　冊《尼采》」。(見於 Zimmerman, Michael E. [2005]: *Die Entwicklung von
　　Heideggers Nietzsche-Interpretation*. In: *Heidegger-Jahrbuch 2*, S. 105)

40　Heidegger, Martin (2005): *Aus dem Nachlass: Zu Martin Heideggers Ausein-
　　andersetzung mit Friedrich Nietzsche*. In: *Heidegger-Jahrbuch 2*, S. 19. 年鑑
　　中的遺稿出自 1936/37 年冬季學期與 1937 年夏季學期。

41　Ibid.

自己時，不再允許自己有所隱匿之處或蒙蔽自身[42]，也就處身在「存有者整體中歷史性此有的各種本質性關聯」[43]。海德格在《尼采 I》具體化《存有與時間》的共在（Mitsein）概念：每個人個體地存在著，卻不是作爲隔離的個別者，而是，始終「與共在他人（Mitmenschen）打交道，被事物包圍」[44]。無論作爲個體或群體的人，對存有的理解是我們與他者、事物及自身等三方，單一或多重關係的基礎。

既然存有理解是基於每個人自己的生存境遇而來，人的本質又基於存有理解，那麼人的本質就不可能是固有的屬性，亦非先驗或永恆不變的什麼。早在二十年代海德格就認爲，人的自身和自身性是在存活之際的生成變化中組建起來的，而這也是人的本質性特徵。他在《康德書》表示，時間作爲「純粹的自身感觸」，並非某種涉及現成自身的感觸，而是作爲形構著的自身之感觸。從自身的自行關涉，時間形構出人的本質和主體性。但只要（時間）屬於有限主體的本質，且作爲自身而可被關涉，那麼，時間作爲純粹的自身感觸就基於自行關涉與被關涉的雙重性，而「形構著主體性的本質結構」。[45]當時間具形構的力量，並在自身感觸時形構著人的主體性，那麼，瞬間的永恆所返回的自身是人自身，亦即某種本質性的存有（人的存有、自身存有）。它既不是現成的東西，也不是人幻想的結果。

在《康德書》海德格將人的存有方式稱爲生存（Existenz，存

42　參 GA 6.1: 315。
43　GA 6.1: 244.
44　GA 6.1: 520.
45　KM 189. 括弧內文字乃筆者爲易於理解且不妨礙原意而加。

在）[46]，而存在性（Existenzialität）在《存有與時間》則是「提供此有自身持駐的存有論狀態」[47]。基於人的存有論基礎特徵是有限性，人的存活是有終的，人自身存有的可能性因而也是有限。人的有限性是在世存有的有限，還包括認識能力、理性、對將來可能性的想像、期望以及對責任義務的承擔等方面的有限性，而存有理解就以人的有限性為界限，也以之為基地。海德格認為人類理性最內在的旨趣是，針對「人是什麼？」的三大根本提問，「我能知道什麼？」「我應該做什麼？」「我可以希望什麼？」，將之統合於人類理性本身來探問，因在追問過程中，人類理性會自行暴露出有限性。對他來說，讓這有限性變得明確，對人自身、對於哲學活動都很重要。[48]而理性的有限性促使人針對「人是什麼？」提出根本性追問。有限性對海德格不是固有的內在性，而是動態的有限化。這有限化作為驅動力，並非侷限，而是「為了『能－是－有終的（Endlich-sein-können）』而操心」[49]，而超越。

正因為人是有限性的，為了存活就必須超越[50]，超出自身與他者往來。但也因為有限性，人易隨眾而迷失自己，所以得經常超越常人狀態的自身，回到本己的自身。因此認識自己是會死、有限的，認清並接受自己的有限性（亦即，有限化），而在有限性之中自我超越、自我克服。海德格前期哲學將超越視為人作為主體的主體性[51]，主張哲學應以人的主體性（超越）作為哲學的核心

---

[46] KM 227.

[47] SZ 322.

[48] 有關有限性，可另參本書第七章第一節。

[49] KM 217.

[50] 參 KM 236。

[51] KM 205.

開端，藉以認識有限性如何決定主體性的內在形式。而海德格的超越概念，是在有限性和時間中越過先前的界限，不同於傳統哲學那種超乎有限性而向超乎時間的本體界超越。

到了三十年代中期，海德格從哲學史上的主體概念，亦即從自發呈顯者到近代主體主義和自我主義，看到其中引發的主觀化問題，而主張須區分「個別自我的偶發之見這種惡劣意義上的『主觀』」和「作爲存有者之存有狀態（Seiendheit）」或在場狀態（ousia）的主體性。後者是人在存有論與存在性意義上的主體性。他從尼采的新主體性概念，具肉身性之大理性、超人與重估一切價值的強力意志，試圖提出一種超乎主觀與客觀的存有論式之「無條件的主體性」。[52]而他所謂的「無條件」並非絕對化後的結果，亦非作爲演繹的、先於經驗的原因性，而是：一、因一切立足於自身的對象，其客體性都是存有者的存有狀態，所以客體性無異於主體性；二、通過詮釋康德的自我立法，他認爲「存有是存有者之可能條件意義上的存有狀態」。但作爲這樣一種條件，存有不能由存有者來界定，「只能由存有本身來界定」，所以無條件的主體性作爲無條件的自我立法即「一切存有者的存有」；三、藉由對黑格爾的絕對精神和「現象學」的詮釋，海德格主張，無條件主體性的自身顯現即完的自身顯現。之所以無條件，是「一切」顯現的諸條件「於其最本己的自身表象和揭示中」被帶入絕對理念的「可見性」。[53]

海德格所說的無條件者不是超乎時間或先於經驗的懸設，而是基於強力意志。強力意志將自身送入自身的法則中，使人得以

---

[52] GA 6.2: 296f.
[53] GA 6.2: 297ff.

自我立法。亦即讓人得以自行確認自己的自身性，藉此爲自己贏得自身的持存與「駐立（Stand）」[54]。海德格存有論地將強力意志詮釋爲「存有最內在的本質」，也是「存有者之爲存有者的基本特徵」。[55]進而將尼采的超人概念或新的主體性詮釋爲以新的方式思考自己、意願作爲強力的自身，並作爲由強力意志的無條件主體性，爲自己樹立自身的「最高與唯一的主體」，也是「重新奠定存有基礎」者[56]，亦即沒入深淵的離基式建基者。作爲人的新本質，超人「超出自身而進入其無條件者中，即進入存有者整體」，且願意把存有者的存有當作強力意志來意願。[57]

《尼采》上下冊延續《存有與時間》對自身的基本論點：人出離自身，與他者有所關涉。不同的是，自 1929 年起，海德格關注的不是在世存有的整體性，而是人與存有者整體的關聯性，藉以回應傳統形上學整體主義的要求。他這時期主張，人本質中的眞理性質要求人超乎自身，伸入其他存有者，以於存有者整體尋求解答。他在《康德書》展示主客相融的可能性[58]，主體如何通達

---

[54] 參 Heinz (2005): *"Schaffen". Die Revolution von Philosophie. Zu Heideggers Nietzsche-Interpretation (1936/37)*. In: *Heidegger-Jahrbuch 2*, S. 182。

[55] GA 6.2: 264, 592.

[56] GA 6.1: 224. „der Mensch, der das Sein neu gründet."

[57] GA 6.2: 303.

[58] 參 KM 49, 71, 72, 74, 77, 191。另參 GA 24: 187。於此，主客相融在存有者狀態上指共在同一境域，存有論上則是主體通達客體的自身性並將之表象出來。海德格於《康德書》和《現象學基本問題》（1927）都未直接提到主客相融，但於《康德書》說明如何使主體通達客體的本質以開展自身存有的規定性的可能性時，已展示出主客相融的過程。亦即，於對象化的過程中，與我在同一境域的存有者轉過面來、從自身出發地與我照面相遇。我與對象化的存有者（客體）共同隸屬於純直觀與純知性合一的統一境域。從《康德書》和《現象學基本問題》所說明的意向活動可明白，我越出自身通達從自身出發來相遇的對象，直接發現並通達

客體的本質以開顯自身存有的規定性；在《現象學基本問題》（1927）對意向活動的分析，說明人超出自身，通達同樣從自身出發來相遇的對象，並於返回自身時讓對象自身在表象活動中表象出來。他欲藉此避開主觀化問題；在《尼采 II》則直面主觀化和自我中心主義，並有意識地區分主觀化和主體性。主觀性和主體性在德文同一字，Subjektivität。但海德格有意識地區分二者，為區分二者而在〈黑格爾的經驗概念〉（1942/43）、〈尼采的話「上帝已死」〉（1943）等新創 Subjektität 一詞以表達主體性。[59]

　　海德格的永恆概念是一種人化的理解。他從人的有限性出發，將永恆從超乎時間限制的超越者，移至生成變化著的存有者中，而將永恆回歸的永恆解釋為時間性的，使之成為人的「永恆」，並形成弔詭的永恆概念：「瞬間的永恆」[60]。這種永恆不是靜止的時間，也不是空洞的形式或上帝置身其中的恆久不變，而是基於人的有限性而作為克服的思想才出現[61]，因而受限於人的有限性，且有生成變化。再者，雖然所有的有限存有者都生成變化著，但海德格認為只有人能置於這種時間性中，「因為人在決定將來事物、保存曾在事物之際，形構並承受著當前事物」[62]。所以瞬間的永恆是一徹底人化的時間概念，而非超乎時間的什麼。基於人的有限性以及強力意志的力之有限，有限性與不斷返回自身成為這種永恆的基礎結構，這種被時間性所規定的「永恆」亦因而有限。

被感受者後，於返回自身時，讓作為對象的存有者自身於表象活動中表象出來。

[59] GA 5: 133, 146, 154, 176, 180ff, 238, 243ff. GA 9: 396.

[60] GA 6.1: 360. 另參同處頁 318, 325。

[61] 參 GA 6.1: 399。

[62] GA 6.1: 318f.

海德格《尼采 I》延續《康德書》的有限性論點，從人的有限性出發思考時間與世界。基於有限性，有限存有者不斷生成，且無法綜觀、也無法估量存有者整體而出現無限性，他因此提出有限性與無限性統一爲一體並共屬世界[63]。不過這不表示世界達到均衡、寧靜或靜態的對立或統一。相反地，正因二者並存且共屬於世界，在世界中平衡與靜止從未出現。而有限性與無限性共屬一體，是指有限的世界於無限定的多次自行回復（sich wiederholt）中無限地生成[64]，而根本原因在有限性：一、基於人的有限性不能綜觀存有者整體。二、由於總體特徵的變化，可能性是有限的：某些變化的可能性，隨可能性的實現而不再可能，另一些則錯失時機或未被選擇而消失，最後，所有可能性將隨死亡告終。三、有限者的力本質上是某種於自身固定的、確定的東西，所以力的本質及力整體本身是有限的。有限者所形成的世界，其本質是力構成的，世界也因力的有限而有限。[65]

不過，世界作爲力的整體本身儘管有限，卻不斷地生成變化，因此必存在某種對有限的無化與否定作用。海德格這觀點與阿納西曼德的 apeiron（無限定者）、畢達哥拉斯「宇宙中的自然由無限和有限構成和諧，宇宙是全體，一切都在其中」[66]，有異曲同工之處。不過畢達哥拉斯沒有說明，宇宙中的自然如何由無限和有限構成和諧，只表明二者共屬宇宙中的自然。海德格與阿納西曼

---

[63] GA 6.1: 317.

[64] GA 6.1: 308f, 317, 330. sich wiederholen 有重複、取回、自行再次取得之意，於此皆適用。海德格於《存有與時間》已注意到 Wiederholen 的時間性。

[65] GA 6.1: 307.

[66] KRS 424.

德觀點的類似性在於，限定者與無限定者共屬一體。但 apeiron 本身是由 a- 對 peiron 的否定運動構成，而具無限定性。海德格則以人的有限性爲論點，將有限性與無限性視爲相互作用的辯證關係：人因有限性而無法估量所處的世界之整體，而將有限的世界整體視爲無限。有限性與無限性的共屬一體，因而是部分（有限性的人）與整體（無法估量的世界）的歸屬關係。

海德格在《尼采 I》延續前期哲學主張的，時間本質上是有限的，更確切而言，有限性的時間性是基礎存有論層次的時間理解，無限性的時間是存有者層次，而前者爲後者的基礎。不過在《尼采 I》，這有限的時間卻又不同於《存有與時間》的基本論點，有終的將來。後者是基於對死亡的理解，易產生以一己的主觀或以個體論時間整體的疑慮。在《尼采 I》時間本身的有限性亦基於人的有限性，但更徹底並全面地考量到，人類理性的有限性無法確定時間的整體性，有限存有者整體特徵的變化可能性之有限，以及力的本質與總體之有限、世界之有限。

但是，有限的力如何可能自行回復？有限性中又如何形成永恆的回歸？對於力的自行回復，海德格僅推測「必定是靠某種『剩餘』維持自己」[67]，並未進一步說明如何靠剩餘維持，亦未指出什麼是剩餘。他轉而由積極性著手，詮釋尼采的 chaos（混沌）和吞食（einverleiben）概念，將 chaos 詮釋爲「裂開、裂開者、分裂開來」[68]，進而關聯到自身開啓的離基式深淵、aletheia（無蔽）的本

---

[67] GA 6.1: 307. 於此，海德格可能受亞里斯多德的影響：「無限性」意味總有剩餘（Aristoteles [1987]: *Physik*, 207a），總有剩餘才能無限地生成，但有限性的人僅靠自身的剩餘卻不足以維持自己，所以必定有所吞食。

[68] GA 6.1: 312. 海德格主要針對尼采《快樂科學》：「相反地，世界的總體特徵乃永遠混沌」而對 chaos 進行詮釋，目的在於對世界解釋之人化提

質。或可如此理解海德格的詮釋：自行回復的動力來自向離基式深淵扎根，伸入存有者整體的超越活動，存有與存有眞理的發生活動，以及先驗想像力的源出。思想與思想肉身化雙重意義上的吞食則維持有限的力，使永恆回歸得以持續。

　　海德格認爲，尼采的吞食概念並非只是日常的進食，而是汲取一切「使身體──我們肉身──變得結實、穩定和可靠的東西，是我們從中汲取力量的漿汁」[69]。吞食因而涉及雙重層面，不僅是食物，更多的是根本性的謬誤、經驗、激情、知識，甚至是詆毀打擊。爲了增強身體與精神合一的肉身，而由思想決定要吞食什麼補充有限卻不斷耗損的力[70]，以身體與思想合一的肉身進行再次自我克服（überwinden）、自我提高的超越。海德格認爲這種兼顧肉身性和精神思想的「克服」，立基於強力意志的重估一切價值和永恆回歸學說，而可克服尼采提出「上帝之死」、罷黜最高價值所造成的虛無主義。

　　取消一切源頭的最高者（上帝、最高價值），也就虛無化了一切。尼采因此自認是「歐洲第一位完全的虛無主義者」[71]，並以重估以往價值，與「不完全的虛無主義」區分。從三十年代到四十年代，海德格對尼采與虛無主義之間關係的看法一直搖擺不定。在《尼采 I》在對永恆回歸的詮釋時，海德格認爲尼采對世界整體的規定是「一種沒有基督教上帝的否定神學」。[72]在《尼采 II》則把尼采詮釋爲神學家，認爲其形上學也是一種神學，「一種獨特

出辯護。
[69]　GA 6.1: 295.
[70]　參 GA 6.1: 242。
[71]　Nietzsche (1988/1999): *Vorrede. Nachlaß 1887-1889*. In KSA12: 11[411].
[72]　GA 6.1: 315.

的否定神學」，其否定性表現在「上帝之死」，且是「眞正的虛無主義」的完成。[73]但在四十年代卻又改變看法，認爲尼采和他之前的形上學一樣，「根本沒認識到虛無主義的本質」[74]。

即使將尼采定位爲形上學家，海德格在視之爲第一開端或另一開端之間亦搖擺不定。1936/37 年，他將尼采定位爲開創另一開端的形上學家[75]，隨後卻表示，尼采雖顚倒傳統形上學，「返回到西方哲學在其歷史過程中已然習慣所認爲的那個開端」，而且「也參與促成這個習慣的形成」[76]。1939 年又將尼采評定爲第一開端「最後一位形上學思想家」[77]。對海德格而言，尼采顯然是在新舊之間開創與盤旋的思想拓荒者。

美國學者鮑威爾指出，海德格與尼采的爭辨發生了某種確定的「移離」；但與其說這種移離是把海德格拖入「存有的離基式

---

[73] GA 6.2: 348. 由此來看，海德格應是認爲尼采在宗教上是個無神論者，但荷蘭學者 Vedder 卻認爲，「在海德格看來，尼采並非無神論的宣告者」，他引用海德格在《尼采：作爲藝術的強力意志》（1936/37, GA 43: 191）「『上帝死了』不是一句否定的話，而是對於未來者的最內在的肯定」，而認爲尼采對存有的理解基於這背景：「一歷史性此有不能沒有一歷史性的神和歷史性的諸神。」（Vedder, Ben [2005]: *"Gott ist tot." Nietzsche und das Ereignis des Nihilismus*. In hrsg. von Denker, M. Heinz, J. Sallis, B. Vedder, H. Zaborowsk: *Heidegger-Jahrbuch 2*. Freiburg/München: Karl Abel. S. 173）但是，我們可看到海德格在《尼采 I》對諸神是否再度出現並不是完全肯定。因此，雖是同期著作，海德格對尼采的神學觀念卻不全然一致。我們確定的是，他對尼采神學觀的詮釋，保留了諸神作爲將來者出現的可能性，但是基督教的上帝作爲人的創造者、道德標準與規範以及形上學的神作爲超感性世界的根據，則被取消。

[74] GA 5: 264. 另參 GA 6.1: 391。GA 6.2: 54。

[75] GA 6.1: 2. 「思考眞正奠基性的基本問題（亦即，存有本質的問題）本身在哲學史中是未曾展開的。」

[76] GA 6.1: 16f.

[77] GA 6.1: 431.

基礎」，倒不如說是把他拖入「虛無（Nichts）」。[78]他認為，海德格用「過渡」來思考尼采的「克服」，冒著混淆的「危險」[79]。但筆者認為眞正的危險在於，海德格未說明超越、過渡和克服三者的關係。究竟是因超越和過渡等同克服而有了怎樣的關聯性？或在什麼意義上三者相互等同？若超越和克服的努力都是須被捨棄的過渡，是否用以克服虛無主義的強力意志反而陷入自行罷黜的虛無？而這是否也會引發 Ab-grund 相同的問題，亦即，離基式的建基並沒有「建基」，只有持續不斷的「離」（過渡），造成 Ab-grund 僅是無底的深淵？再者，想要「克服」人的存有本身興許意味著「徹底改造人的本質」[80]，而有限性是人的本質之一，且是最根本的本質規定，那麼，有限性究竟是引發超越活動的基地，還是該被克服、徹底改造？若是後者，其隱含對人的有限性之貶低，那海德格就自行動搖了自己的基本論點。這是在討論尼采對海德格的影響時，不免看到的危險。

　　海德格將尼采的永恆回歸學說歸屬於有限性的世界。從力與整體都是有限的，卻又一刻不停地生成變化著看來，吞食以供肉身性和精神、思想、知識所需成了必要。通過吞食與混沌的裂開活動，海德格展示永恆回歸的前提：有限存有者的世界特徵是有限的力，所以須吞食讓身體結實有力，讓意願自我克服的人能有足夠的力量進行超越。在海德格的詮釋下，這種超越與自我克服並非僅出離自身或離開原有的境況，而是爲了敞開自身、確定與

---

[78] Powell (2005): *Die Nietzsche-Vorlesungen im Rahmen des Denkweges Martin Heideggers*. In: *Heidegger-Jahrbuch 2*, S. 130f.

[79] ibid., S. 126f. 另參 GA 6.2: 29。

[80] GA 6.2: 366.

持存自身。基於永恆回歸的「再次來到」[81]，吞食發生在兩個層面，一是一般身心狀態上的再次吞食，汲取力量以補充超越所需的力，使有限的力得以持續。另一是存有論意義上的再次自行回復[82]，但每次的吞食不是單純地由匱乏到補償式的回復，而是以先前建構的本質（剩餘、能耗損）為基礎，再次自我超克以便向自身伸展、回到自身，以合乎其本質的方式占有、吞食，亦即，進行居有活動而本質化。因此，雖是「相同者」的永恆回歸，每次再來的前後既有相同之處也有差異。

《存有與時間》未強調返回自身中的永恆或瞬間，不過從良知現象由常人狀態收回、再次取得自身可知，本真的時間性已含返回自身之意，而瞬間亦與自身相關。再者，於現象結構及生存論上，時間性具回復、再次發生、再次取得的特徵。[83]當此有本真地理解最本己且一直持駐的罪責存有後，它選擇了願有良知並下定決心從眾人中收回。這一方面意味，它選擇了本真的自身可能性，讓自己在自身中行動。[84]這種收回而補做選擇的行動基於本真的解釋，具再次取得、再次籌畫與再次投入之特質。另一方面，先行向死的開顯是基於先行決心，良知現象最後環節因而是再次取得的時間性，具瞬間與持駐地存有著[85]的特質。而瞬間並非可測量意義上的時間延展或長短，而是本真的當前[86]。

在《尼采 I》瞬間的永恆是在場狀態，所以其時間性是現前

---

[81] Wiederkunft，即永恆回歸的「回歸」。

[82] GA 6.1: 330.

[83] SZ 308, 339, 350, 385f, 390ff.

[84] SZ 228, 295, 296f, 300.

[85] SZ 386.

[86] SZ 338.

（present）。瞬間是將來與過去碰撞的剎那，並「決定一切如何回歸」[87]，因而是永恆回歸的先決條件。而將來與過去具決定現前的優先地位。因意願著自身的意願，而類似《存有與時間》的決斷[88]，但以預先思維（vorausdenken）及其預先（voraus-），替代先行向死或先行決斷及其「先行」，以強力意志替代決斷。不過德國學者穆勒－勞特（Müller-Lauter）認爲，《存有與時間》的「決斷」已受尼采強力意志影響[89]：在常人狀態的人們願收回並自行承擔自身，並在意志中託付給將來。

　　與《存有與時間》類似處尚有：《尼采 I》亦探討「曾在」的再次取得，但偏重曾在的東西作爲「將再次到來」與如何再次到來。《尼采 I》也論及曾在與將來在當前的統一，但主要是說明再次取得：曾在的東西只要在下一個及從此以後的每一瞬間，塑造出一個「最高的瞬間」，這瞬間就正在回歸著，且將回歸到相同的時間形式—最高的瞬間。在這瞬間，「曾在的東西就將以曾在的方式存有著」。[90]一切時間性的東西統一在最高瞬間的形式中，而這統一性亦成了永恆瞬間的特徵。所以，海德格在《尼采 I》沿用《存有與時間》對時間性探討的成果，持續對存有的追問。

　　在《存有與時間》，本眞理解時間性的基礎爲向死存有的先行決心、在世存有整體性的先行開顯以及自身能存有。在《尼采 I》核心主題變成了：「唯一決定人如何置身於存有者圓環中」的

---

[87]　GA 6.1: 278.

[88]　Heinz (2005): *"Schaffen". Die Revolution von Philosophie. Zu Heideggers Nietzsche-Interpretation (1936/37)*, S. 181.

[89]　Ref. ibid. 21.

[90]　GA 6.1: 356f.

人之存有及其時間性[91]。而這個決定性的條件，簡言之是每個人自身。不過，瞬間作爲時間亦是人自身存有的條件。永恆的瞬間作爲一種「之間的時間（Zwischenzeit）」，就時間序列的無限性來看，是最短暫的，近乎沒有時間。但就存有論而言，永恆的瞬間作爲返回自身中的「現在」是一個偉大的時刻，「聚集了所有重新生成和返回的所有條件」，也包含每個人達成自身的條件。[92]人本身「意願什麼以及能意願什麼」[93]，則是在瞬間得到決斷。

海德格從尼采的立場出發並循其時間觀，論證時間不是無限時間，瞬間是無時間性（Zeitlosigkeit）[94]。但這卻落入尼采的時間觀而造成論證無效：一、既然永恆概念建立於存有論上，且是存有本身使時間序列的時間與時間計量得以可能，就不能反過來，由派生的時間序列作爲尺度來計量永恆瞬間的大小。二、以永恆、瞬間作爲尺度度量億萬年或時間序列的無限性[95]之所以無效，是因永恆瞬間作爲「之間」雖命名爲「偉大時刻（eine große Minute Zeit）」[96]，卻是存有論式的環節，而非時間序列上一分鐘的長短或積量，因此無從比較。

根據海德格的詮釋，瞬間的永恆包含一切於自身中，我們可進一步得知，這種能納「一切」於自身中的，不可能是某種存有者，不應也無法以存有者狀態的時間點度量其大小，因而只可能

---

91 參 GA 6.1: 357。
92 GA 6.1: 359.
93 GA 6.1: 356.
94 GA 6.1: 358.
95 《尼采 I》中的「億萬年」（GA 6.1: 358）是時間序列之無限性的一種譬喻之說，因爲「無限不是在它之外全無什麼，而是在它之外總有什麼」。（Aristoteles [1987]: *Physik*, 207a）
96 GA 6.1: 358.

是敞開性或敞開活動本身。而這才是永恆瞬間之所以無時間性的原因，亦即：無論這瞬間於客觀時間的估量上多長多短，只要返回自身並包含一切於自身中，即是永恆的瞬間；而當時間序列的計量對永恆瞬間失效，永恆瞬間才被認為是無時間性。

一如《存有與時間》，海德格《尼采 I》以時間作為探討存有問題的切入點，目標在於瞭解人如何以及如何可能通達存有本身，以獲真理與自由。在《現象學基本問題》（1927）與《康德書》中，海德格未特別說明敬重的時間性，但若與《尼采 I》返回自身的現在置放一起，不難看出講的是同一件事：於敬重所敞開的本真時間性即是返回自身的現在，即是永恆。不過就實際狀況來看，人可能在返回自身後一直持駐於自身嗎？從人的存有特徵和有限性來看，海德格視生成為人的存有特徵，人的存有則展現在生存活動；為了存活須，人出離自身而伸入存有者中。這意味，人所能達到的永恆不是時間序列上的無限延展，也不是不變的片刻。那麼，在時間性上它是怎樣的「現在」？

第二節　瞬間與永恆

海德格由生存現象中的存有樣式探討存有意義，但不表示返回自身後就完成了自身的完善而在每個「現在」都持續地在自身中。由於人的有限性，返回自身必然是人在世上的某種持續活動，因而具持存性。對他而言，存在基於存有而可能，基於存有理解而能闡明有限性，因此，這被尼采稱為偉大的時刻，被海德格詮釋為返回自身、達成自身的「現在」，它不是時間序列的時間點，而是存有論意義上的時間性，海德格稱為瞬間（Augenblick）。

受齊克果（Kiekegaard）影響，海德格很早就注意到，瞬間是某種特別的時間性。[97]他在《存有與時間》以瞬間作為本眞的當前，並在決斷中自行到時。[98]在《形上學基本概念》瞬間被規定為自我決定的時刻，也是決斷的目光，這目光中因決斷而能視見「一個行動的完整處境敞開並保持敞開」。[99]這觀點作為轉向期之初的過渡性理解，延續《存有與時間》的決斷與處境，而更接近《尼采 I》的瞬間：「那種時間，於其中，將來與過去突然碰頭，於其中，那時間由人自身決定地支配與施行。」[100]《形上學基本概念》和《尼采 I》的瞬間概念於時間形式上具類似性，但後者多了意志對自身的支配與施行的強力，以及人的有限性對瞬間的限定。

瞬間在《尼采 I》和《存有與時間》，具某種間接的類似性。在《尼采 I》瞬間作為永恆的時間性，是在當前統一並敞開的境域。[101]在《存有與時間》，瞬間被視為存在性的現象，並被稱為「開顯了的處境」，於歷史性分析則被稱為「在此（Da）的歷史性」。[102]除此之外，二者於瞬間與時間性尚有以下的關聯性[103]：

一、延續性：在《尼采 I》有所轉變，但仍可看到《存有與時間》對時間性及瞬間等的思考及延續，亦即，以人的有限性、存活時出離自身以及人首先是某種他者（常人自身）。在《尼采 I》，一個人之所以成了某種他者，是為存活須走出自身，也可能因情

---

[97] 參 SZ 338 註。但海德格認為，齊克果僅看到生存狀態的瞬間現象。

[98] SZ 328, 344.

[99] GA 29/30: 224.

[100] GA 6.1: 318.

[101] 參 GA 6.1: 318f。

[102] SZ 299, 408.

[103] 從《尼采》和《存有與時間》的異、同與類似性可看到海德格前期哲學到中期的延續與轉變，藉以一窺海德格哲學的轉向。

感的雜多或意志的薄弱，而迷失於大眾中，所以有必要藉意志（決心通往自身）[104]而返回自身。求強力的目的是爲了持續在自身中，而「對源初和先行籌畫的展開」[105]。這籌畫是存有者作爲相同者回歸的源初和先行籌畫，求強力而有強力則是相同者永恆回歸的前提。

　　二、差異性：透過存有者整體的特徵，海德格在《尼采 I》對存有（意義）的討論，從《存有與時間》此有個體之整體存有（存有意義）的開顯，轉向存有者整體的存有之敞開。對時間性的探問，則轉向自身顯現的在場，或敞開存有的瞬間[106]，而且，二者的運動方向相反：瞬間在《存有與時間》是曾在、當前和將來這時間三維的統一，卻也是時間性的綻出或出離自身（Ekstase, Außer-sich）；在《尼采 I》則是聚集於自身的永恆瞬間，同時具永恆性與時間性的返回自身，而成爲最高統一體的瞬間。

　　三、於時間性、自身及他者的關聯性具類似性：在《存有與時間》，人是在世上存有著的此有，而在世存有始終、源初地即是一整體結構。[107]在《尼采 I》，海德格的整體主義從此有在世的整體性，擴及存有者整體。永恆的瞬間作爲時間性的「點」，不

---

[104] 參 GA 6.1: 38。意志對海德格「並不是指某種決斷（Entschluss）意義上的意志行爲」，而是指「通往自身的決心」。

[105] GA 6.1: 382.

[106] GA 6.1: 173f. 海德格認爲個別事物作爲「在其外觀本身的視野中顯現出自身的東西」乃柏拉圖的發現。他將柏拉圖的理型說翻轉爲自己的在場學說、存有論：「在外觀中，這或那個事物不在其特殊性中呈現、在場，而是在其所是中呈現、在場（Anwesen）。在場（An-wesen）意味著存有。」（Ibid）有關《尼采》作爲海德格哲學的轉折點，可參 Pöggeler (1963/1994): *Der Denkweg Martin Heidegger*, S. 86, 106f。

[107] SZ 180.

是計量上的時間點，而是在相同者永恆回歸意義上的存有者整體中的時間點。在最明亮的光亮中最大美化（Verklärung）[108]過程裏，它是「一切時間性的東西最高統一性的瞬間」。[109]海德格從居有（Ereignis）來理解瞬間的時間性，並基於存有者整體中的時間點，進一步將瞬間的時間性詮釋爲時間本身。[110]

海德格認爲，瞬間與永恆的聯繫對尼采來說，是在二者合一的統一體，亦即，永恆「是」在瞬間中，也就是在那個把一切包含於自身中的瞬間，海德格因而稱之爲瞬間的永恆，也稱爲永恆的瞬間[111]，永恆和瞬間相互歸屬。這種瞬間是「最快過往的東西」，但它卻不是稍縱即逝的現在，也不是單純的過去，而是「將來與過去的碰撞」[112]。因爲，海德格不在存有者狀態思考這種永恆，既不是時間序列上的無限延展，也不與計量上的時間相關，而是對反的時間在存有論上的某種「對撞」。在存有者狀態上看來，這種永恆極短暫，但本質上是「最充實的東西：於其中閃現（auf-blitzt）存有者整體最明亮的光華，瞬間，在這瞬間回復的整體變得可把握」。[113]

不過對瞬間的永恆，海德格的思考不僅是存有論上有限性的人可達到的永恆，且具行動主義特徵：人所能行動出來的永恆。

---

[108] 美化（Verklärung）一詞於德文有「使之煥發光輝」之意，於宗教用法則有「神化」之意。

[109] GA 6.1: 360.

[110] 參 GA 6.1: 360。

[111] GA 6.1: 280, 360.

[112] GA 6.1: 278.《存有與時間》的 Augenblick 作爲本真的當前（曾在與將來在當前湧現），類似尼采的瞬間概念。由此亦可窺見，尼采的思想早就作用在海德格前期哲學。

[113] GA 6.1: 280.

但不是每個人都處在或都能處在這碰撞的瞬間，而是對「本身就是瞬間的人」來說，才有由時間對撞出來的永恆瞬間。[114]而前提是決斷與強力意志：唯決斷者與擁有強力意志的人，才能行動出這種瞬間。因此，海德格提出的永恆瞬間是一種主體性的時間。基於有限性，人不得不吞食與聚集強大的力量，以經受從過去與將來彼此對立行進的雙重方向襲來的力量，而讓自己的行動深入將來，決斷將來生成的東西，又不讓過去消失，而經受著過去。也因此，在這瞬間擁有二者（過去和將來）相對而行的雙重時間。所以作為對撞中心的瞬間不是靜止的，本身是瞬間的這人亦不可能是永恆化或石化成靜止者。而是讓瞬間在「將來與過去碰撞的剎那」達到自身，並擁有能「決定一切如何輪迴」的力量。[115]

　　這種「永恆」包含一切並在瞬間中閃現出存有者整體，海德格認為，它必然也包括了曾在、當前和將來的時間三維的統一。因閃現出存有者整體最明亮的光華，這光華作為類似無的狀態，意味著敞開的不僅是整體狀態或存有者整體，也敞開了存有者整體的存有。海德格以有限性修正這種永恆的瞬間，並通過澄明，詮釋存有者整體的存有在這瞬間的敞開。

　　首先，整體在這瞬間變得清晰可見，那麼其中必有其生成變化，也有對立者的爭執，所以這種永恆性不是任何平衡狀態或靜止。於敞開的瞬間，生成者在生成活動中生成變化，基於認識而於某種視角固定下來。所以須通過持存化讓敞開活動持續著，否則會再度遮蔽。即使將敞開的永恆瞬間固定並持存於藝術作品，其敞開境域仍有待欣賞者於欣賞時讓真理置入作品（再創作），

---

[114] GA 6.1: 277.
[115] GA 6.1: 277f.

而再度敞開。敞開活動是每個敞開者自己的敞開活動，因此海德格詮釋下的永恆性首先是個體性的，因而帶有某種主觀性。不過，他強調敞開本身（無蔽眞理）、自身性與深淵於每個敞開活動者的身上都有，永恆性因「每一個都…」而具某種普遍性與客觀性。它不是諸如柏拉圖主張的理型（eidos, idea）或存有自身之獨立自存。海德格現象學從存有者著手，基於每個性（Jediesheit）而來的普遍性，偏向存有者之存有的敞開。[116]這種兼具個體性和普遍性、主觀性和客觀性的永恆概念，不應視爲狹義或惡劣意義上的主觀性，而是一種主體性的永恆。

再者，這種匯集了時間和永恆性質的瞬間，本身具多種弔詭性：一、最短暫，卻又最充實。二、最高的瞬間，卻也是沒落。因而又出現雙重弔詭：（一）最高的瞬間是探入根基處的深淵，（二）這種永恆是既持存化又活動著的敞開。[117]而持存化保留了永恆概念於傳統哲學的核心特徵，卻又有所改寫。

首先，對有限存有者來說，這永恆的瞬間本身有一種弔詭的雙重肯定性與雙重否定性：個體性的自身包含一切，並能閃現出存有者整體；而這瞬間既不是稍縱即逝，也不是單純地成爲過去。既然會成爲過去，那麼，人可達到的這種永恆，其永恆性何在？根據什麼而可稱爲永恆？海德格認爲，這種永恆是在「回到自身並向自身先行的環行（Kreisen）意義下的持存性之持存化（Beständigung）」[118]。確切而言，這種持存化的永恆性是一種持續的返回自身之敞開活動。因爲，強力意志將自身送入它的意志法則，

---

[116] 參 GA 41: 14f。

[117] GA 6.1: 279f.

[118] GA 6.2: 11.

意願著自身。德國學者海因茲（Heinz）認爲，自身在持續的「自我識別（Selbstidentifikation）」中成爲持存的，而強力意志的意願「無限制地意願著自身，它就絕對地意願著生成，將之視爲永恆者」。[119]而生成本身作爲永恆者，是在求強力的過程中持續不斷的生成活動。

再者，從「沒落（Untergang）」的雙重義[120]來看，海德格將瞬間視爲某種過渡或離開，不斷自我克服、提高[121]。但離開現有的狀態是過渡到離基式深淵（Ab-grund），因而被視爲某種下降或沒落。在〈論根據的本質〉「離基式深淵」是使一切得以躍起、開始的「原始運動（Urbewegung）」之基礎，因爲人有必要在那種對存有者狀態的超逾（Überstieg）中超過自身，「以便能從這種提升首要地把自身理解爲離－基」。[122]離－基（Ab-Grund）在《尼采 I》被思考爲存有：存有是讓一切事物獲得起點的基礎，即是最先的東西。[123]因此，下降到深淵並非墮落或沉淪，而是回到存有，也回到承受一切存有活動的自身。回到這種存有本質的深淵即處於瞬間的永恆，人們即能承擔並完成爲了眞理本質之探求與價值評估標準之重設二者，而奠定更源初的基礎。[124]

---

[119] Heinz (2005): *"Schaffen". Die Revolution von Philosophie. Zu Heideggers Nietzsche-Interpretation (1936/37)*, S. 181f.

[120] GA 6.1: 280.

[121] 提高是一種「超出自身」，並意味「在提高中，生命把它自己更高的可能性拋向自身之前，並把自己預先引入一個尚未達到、首先還得達到的東西中」。（GA 6.1: 439）海德格對強力意志的詮釋，明顯地陷入啟蒙運動主張的進步觀，可見他於三十年代仍未脫離現代主義。雖有深淵的向下奠基，但目的仍在自身與本己本質的提高。

[122] GA 9: 174.

[123] GA 6.1: 520.

[124] 參 GA 6.1: 483, 484。

　　離基式深淵作爲持續創建著的、更源初的基礎，讓生成者有所根據地持續於生成活動與自我克服，又可讓瞬間保持於動態的敞開活動。《存有與時間》的基礎存有論，循傳統形上學基礎主義，著重在基礎存有（Grundsein）的開顯，以之作爲使存在、時間、超越等得以可能的基礎；雖具虛無狀態，但不像離基式深淵同時具「起點」的肯定作用與「離開、脫落」等否定作用的 Ab-。離基式深淵的否定作用，較《存有與時間》的虛無狀態更強烈。在《哲學論稿》，海德格將基礎主義的基礎視爲傳統形上學的存有眞理[125]，而非存有本身之眞理或本質顯現。

　　海德格自稱《尼采》上下兩冊是檢視其於 1930 年至〈關於人道主義書信〉「所走過的思想道路」[126]，由此可證實尼采對海德格的轉向有其決定性作用。不過從海德格 1972 年自我回顧可知，他在 1910 至 1914 年間即研讀了尼采《強力意志》[127]，1915 年，「尼采」一詞首度出現在海德格著作（教授資格論文）[128]，可知海德格很早就注意到尼采的思想。

　　關於尼采思想從哪一時期開始作用在海德格哲學，學界並無共識。德國學者梭依柏特（Seubert）認爲，尼采的系譜學在海德格教授資格論文中的方法特徵產生明確的影響，結論中有關主體性的觀點也是受尼采的影響，而且尼采的思想，系譜學、歷史觀、眞理與存有問題，在二十年代前即作爲海德格〈卡爾·雅士培《世界觀的心理學》書評〉和一戰後 1919 年講課稿的基本色調。[129]美

---

[125] 參 GA 65: 382。
[126] GA 6.1: XII.
[127] GA 1: 56. 海德格在 1972 年的自我回顧。
[128] GA 1: 196.
[129] Seubert, Harald (2000): *Zwischen erstem und anderem Anfang. Heideggers*

國學者齊默曼（Zimmerman）認為，1919 年前後，尼采思想作用
在海德格哲學雖有跡可循，卻是海德格閱讀德國作家榮格（Ernst
Jünger）三十年代著作〈總動員〉和《勞動者》後，尼采對海德格
的作用以及海德格對尼采的闡釋才邁向新的方向。[130]不過美國學
者鮑威爾認為，海德格一遇到尼采，思想即發生巨大轉變，但「始
終未超出《存有與時間》的跑道」，且主要作用於與《存有與時
間》對話的《哲學論稿》。他認為，海德格把相同者永恆回歸的
根據，建立於在此存有的轉化中，因為「在此－存有（Da-sein）
讓深淵－無（Nichts）－敞開，從而存有（Seyn）與存有者之間的
可能關聯得以可能，進而使再次取得得以可能」[131]。

　　的確，離基式深淵敞開了「無」，但鮑威爾似乎認為離基式
深淵顯示出「無」比存有更基礎，所以能關聯存有與存有者。但
他忽略了 Ab-和 Grund（基礎）共同組建 Abgrund 概念。這意味，
是「無」和存有的同在使存有與存有者得以關聯，使再次取得得
以可能。而且，Abgrund 以原有的基礎為起點，再無化它以敞開
更源初的基礎。這既是對自身的否定，亦是對自身的超越與肯定。
因此，有限性與無限性於世界中共屬一體，存有與無同在 Ab-
grund，才可能作為時間的基礎。再者，從存有與無在《哲學論稿》
的關係來看，無的無化對存有的作用是使喜藏匿自身的存有顯現
出來，而非產生它或使之得以形成。所以，「無」比存有更基礎，

Auseinandersetzung mit Nietzsche und die Sache seines Denkens. Köln:
Böhlau. S. 31f, 35ff.

[130] Zimmerman, Michael E. (2005): *Die Entwicklung von Heideggers Nietzsche-
Interpretation.* In: *Heidegger-Jahrbuch 2*, S. 97ff.

[131] Powell (2005): *Die Nietzsche-Vorlesungen im Rahmen des Denkweges Martin
Heideggers.* In *Heidegger-Jahrbuch 2*, S. 122, 129.

這說法無法成立。

　　海德格認為，由於：一、生成者的有限性，二、生成者的在場性（Anwesenheit），三、在無法估量的無限時間中，生成卻有限又持續，相同者的回歸因而不可避免，永恆回歸因而發生。[132] 他透過相同者的永恆回歸和強力意志改寫「永恆」，將不生成變化的永恆置於時間性中，並將人逐入力求自我超克的強力意志，通過強力意志的意願自身，而與瞬間的永恆關聯一起，並根據瞬間來思考相同者的永恆回歸[133]。瞬間的永恆基於對永恆回歸的詮釋而來，且可視為永恆回歸的最後環節，但二者永恆性的基本特徵有所不同。最大的差異在於，瞬間的永恆是最短暫而不連續，永恆回歸的永恆則是持續的歷程。

　　海德格分別動詞化通向強力的意志（Wille zur Macht）之通向強力和意志。一來，動詞化 zur 而將通向強力詮釋為動態的求強力，以取得強力並提高強力（Er-mächtigung，賦權）。再者，意志不僅是意願的堅決化，且是去除閉鎖（Ent-schlossenheit）的敞開活動，以及對自身的命令，命令自身提升本己的本質。[134]為此，人須克服虛無而在每個瞬開求取並提高強力，強力和意志因而不可分地相互作用。在海德格的詮釋下，強力意志作為意願著自身的存有，取代「現在」作為三種時間形式的樞紐，而且它作為本己的本質之意願，亦是這兩種不同特徵的永恆概念的樞紐：通過求強力、取得強力、提高強力的過程，連結最短暫的時間與持續性的歷程，也連結了不連續與連續性。因意願與轉化能力，強力

132　參 GA 6.1: 280。

133　參 GA 6.1: 326。

134　參 GA 6.1: 39, 45, 49, 588, 592。

意志以意願生成本身的持存化連結存有與生成，以意願自身連結非自身（超出自身）與自身（返回自身，在自身），也連結了永恆回歸的約束與自由。

第三節　永恆回歸的約束與自由

尼采的相同者永恆回歸是一種環狀思想，具相同者與永恆的必然性，亦因而具相關的約束力，就像薛西弗斯的石頭。但是海德格詮釋下的永恆是返回自身的瞬間，具敞開的、無蔽的自由，以及如其自身所是與在自身的自主式自由。因此，相同者的永恆回歸無可避免地面臨必然性與自由的衝突。[135]而海德格的解決方法是離開康德，通過尼采而詮釋出自己的自由概念。

首先，他不將永恆回歸學說強行置入「已預先給定的自由與必然性的『二律背反』中」[136]，而是解除人的本質在傳統形上學被預先給定、不變的現成性。再者，他改寫尼采的觀點。通過意願自身的意願活動，將人從被造的被給予與現成者，轉為自行決斷與籌畫的創作者：將永恆回歸的思想作為一種與存有合而為一的居有活動，於創作時達至存有的澄明，並嵌入由永恆回歸的思想本身創造出來的存有者整體之循環中。[137]永恆回歸的約束力，變成強力意志對自身的意願、支配以及對自己發出提升本己本質的命令。海德格也解除支撐法則式自由作為懸設的必然性（Not-wendigkeit），改由人的自身持駐性（Selbstständigkeit，自主性）

---

[135]　參 GA 6.1: 355。
[136]　GA 6.1: 359.
[137]　參 GA 6.1: 224, 359。

之困境或急迫性（Not）出發，思考相同者的永恆回歸。[138]

當人可控制、支配並駕馭自己，在本質性的意志中把自身納入這種意志，並因此獲得自由，那就達到自身[139]，也就自由了。自由對海德格不是先於一切經驗的無條件者或預設，而是作為一切存有者之存有狀態或作為存有本身的無條件主體性所欲，並通過自身敞開而達到的自主式自由。這是任何通過在場（Anwesen）成其本質、為自己樹立人之本質者都可能達到的自主式自由，因每個性（Jediesheit）而具某種客觀性以及有條件的普遍有效性。

海德格的自由概念不是從懸設出發，而是行動出來的存有事實：「只有當我們成為自由的，我們才是自由的。而又只有通過我們的意志，我們才能成為自由的。」[140]他未論述自由的必然性，但從 Notwendigkeit（必然性）和 Not（急難，急迫）的關聯性可看出，他反轉了法則式自由及自由意志的必然性，將前者反轉為自主式的自由。而且，也反轉自由與意志的關係。對他而言，意志是成為自由的前提，人對自身存有的急迫性與意願，才是自由得以實現的基礎。而存有的急迫性，來自存有的離棄狀態與對存有的遺忘。於永恆的瞬間，人敞開自身、駕馭自身，將法則式自由的支配化為本己的自我構成法則以展現本質。[141]

海德格這種回到自身並向自身先行的「環行」，雖關係到時間本身（永恆的瞬間），卻不同於柏拉圖《蒂邁歐篇》由不變的規律性所促使的原地循環之圓圈式繞行[142]。海德格這種環行同時

---

[138] 參 GA 6.1: 361。

[139] GA 6.1: 358.

[140] Ibid.

[141] 參 GA 6.1: 129, 131, 137。

[142] Platon (1998): *Timaios*, 39d, 40c. 柏拉圖的環行概念強調時間運行的規律

具永恆性與時間性,且在生成變化中。它是超越自身後回到自身、於再次克服自身時,先行向自身的循環運動。生成者在這種環行中一再生成變化,所以這種環行只是某種形式(即,出離自身－返回自身－向自身先行－出離自身)的同一與循環,實存的內容卻存在差異,於存有者狀態上的發生則是不可逆。

在《時間概念》,海德格曾以「再次汲取(wiederholen,回復,重複,再次取得)」回答歷史與時間的可逆、不可逆問題,並暗示因重演而可逆的是,對時間問題的再次提問以及時間的「如何(Wie, how)」。[143]

筆者認為,基於實存內容的差異,嚴格意義上永恆回歸不是在同一圓圈的循環,而是不規則的螺旋式環行或震盪。海德格在《尼采 I》,基於存有論與基礎主義[144],而將永恆回歸的運動形式

性,以日月及五行星作為概念層級的時間器(Ibid., 41e)來「區分和確定時間方面的數」(Ibid., 38c),所以在時間概念層級的時間生成形式不僅依數的法則,且依宇宙靈魂的自環與他環運動以繞圈方式(im Kreise)循環(又稱圓周運動)(Ibid., 38ab, 39de)。星辰的運行因靈魂的異同元素出現兩種方式:恆星因同而原地運動,行星受異與同的支配而前進運動。原地運動因是在自身的運動,較前進運動具優先地位。不過原地運動並非不變化,而是「對同一事物持續一致地作出同樣的思考」(Ibid., 40b)。海德格詮釋永恆回歸時,對柏拉圖進行了某種改寫。他提出永恆回歸的永恆不是恆星運動的同或原地運動,也不是在自身的運動,而是回到自身並向自身先行的環行(zu sich vorauslaufenden Kreisen)意義下的「持存性的持存化」(GA 6.2: 11)。

[143] 參 GA 64: 124。

[144] 即使不再用相關的概念,基本上海德格於《尼采 I》仍沿續前期哲學的基礎存有論(「其他一切從其中源出」,SZ 13)及基礎存有論的問題(「追問存有之一般的意義」,SZ 183)。海德格自己在《尼采 I》也表明,要做到先於一切對人全部本質的估量,必須先於所有一切指出那個「指示著基礎的東西」,而根據《存有與時間》,這個基礎就是「存有理解」。(GA 6.1: 520)

命名爲循環、圓圈（Kreis）。基於自身性的出離與返回，它在「每一生成過程都必定把自身帶回來」，且「與所有其他生成過程都作爲相同的生成過程重複發生著」；世界生成的整體之永恆回歸也因此「必然是相同者的再次來到」。[145]

海德格將相同者視爲出離自身和返回自身的形式、生成過程以及自身性。而尼采於永恆回歸學說論及的是，在強力意志意願自身之下，相同和同一生命的「永恆」（亦即，持續地）再來[146]，在其遺稿中也明確出現「相同者的永恆回歸」一詞，卻是指知識、謬誤、習慣和生活方式的永恆再來[147]。尼采沒把「相同者的永恆回歸」抽象化爲某種形式，或存有論化爲「把自身帶回來」的相同者永恆回歸。後者是海德格爲探討存有問題，而加在尼采的永恆回歸學說[148]，欲藉此解決人自身或人本質的同一與差異問題。從海德格對永恆回歸與強力意志的詮釋，我們可看到在三十年代生活世界仍是他探索存有的基地，且未將之抽象化爲某種形式。只不過，他另以詩、藝術作爲存有眞理發生的場域。二者並重。作詩（Dichtung）、藝術對海德格是歷史性的，亦是求閃現的意志以及強力意志的最高形態，既能將人從日常生活移置澄明，亦眞正地爲存有者的存有立法[149]。

人有生成的特徵，人的自身或本質，對海德格來說不是現成

---

[145] GA 6.1: 331.

[146] Nietzsche (1988/1999): *Also sprach Zarathustra*, S. 276. Nietzsche (1988/1999): *Nachlaß 1882-1884*. In KSA 11: 25[7].

[147] Nietzsche (1988/1999): *Nachlaß 1880-1882*. In KSA 9: 11[141].

[148] 有關二者於藝術、詩歌、美等觀點之異同比較可參 *Heidegger-Jahrbuch 2. Heidegger und Nietzsche*，第二部分〈*Interpretationen*〉。

[149] GA 6.1: 223.

者。「帶回自身」的生成活動若是自身的自行回復，回復的就不僅是生成所需補充的力量，還有生成變化著的自身，所以回復本身並非單調的重複。作為存有者整體特徵的強力意志之意志，對海德格是「朝向自身的決心」，並始終是「超出自身的意願」。基於決心，意願得以向意願者和被意願者伸展，而這種伸展是「被創立起來的、持續的堅決」。[150]海德格於《存有與時間》也有類似的主張：此有下定決心時，非本眞的常人狀態隨即消失。[151]不同的是，《存有與時間》強調從非本眞的常人狀態收回自身，《尼采 I》則是堅決性的意志之意願活動。在這種同時伸展向意願者與被意願者的意願中，生成者出離自身與他者打交道而有關聯，但總還是以某種方式在自身中。

　　海德格認為，人「於最本己的本質中接納自己」，接納自己的本眞與非本眞狀態時，一方面在意願中知道自己超出自身，且當這種超出自身不是放任，那麼就會「感覺到一種以某種方式獲得的對…的駕馭。一種快樂使我們認識到已獲得並自我提高的強力」。[152]在海德格的詮釋下，強力就是意志的本質，所以求強力的意志本身是在自身中的強力，而強力則是持續在自身中的意願（Wollen）。唯有如此，生成者的有限力量才得以補充，不至於散失殆盡。再者，由於意志有那種「超出自身的意願之多樣性」，且一切超出自身的意願「整體上都是敞開的」，他因此斷定在意願中「隱藏著感情的多樣性」。[153]通過海德格對尼采的詮釋來看，

---

[150]　GA 6.1: 38.

[151]　SZ 127.

[152]　GA 6.1: 49.

[153]　GA 6.1: 49f.

敞開的無蔽自由不排除感情，而是隱藏在作爲強力的意願中，使驅動著的意志成爲某種具感情多樣性的驅動者：驅動意願者超出自身，讓自身成爲敞開者、敞開的場域。

海德格將作爲強力意志特徵的堅決狀態（Entschlossenheit），詮釋爲去除閉鎖的展開狀態（Ent-schlossenheit），並視爲意志的本質和意願本身。而自我克服的意願本身，運動方向是弔詭的：以超出自身的方式，把自己帶向自身。強力意志決不把自我封閉起來，因意願本身就是一種敞開活動。在意願中，我們得以面對眞正的自己。而「唯在意志本身中，我們才在最本己的本質中接納自己」。[154]因此在生存活動有所變化時，生成者有所生成變化時，強力意志也將某種相同的東西帶回來。對海德格而言，這相同者是等同自身的存有者之存有本身。他改寫康德對人的動物性稟賦之自愛觀點而指出，人的生命具「自我保存（Selbsterhaltung）的欲望」，更根本看來，生命就是「自我維護（Selbstbehauptung）」，且人的自我維護始終是一種「向本質的返回，向本源的返回」。海德格因而將自我維護，論證爲「源初本質的維護」。[155]

因此，意志的意願活動成了既超出自身又向自身且在自身的敞開活動，而且具既超越且持駐的特徵。所謂「相同的東西」則是出於自身（自身能存有），而對自身或本質起建構作用所形成的自身。把自身帶回並不是有兩個自身，再將之合一，也不是存有層級的超越，在海德格的詮釋下意味著，回到自身中行動[156]。

---

[154] GA 6.1: 49.

[155] GA 6.1: 57. 另參 Kant: *Die Religion innerhalb der Grenzen der bloßen Vernunft*, S. 27。於《尼采 I》海德格在存有論上使用「生命」一詞，並以之表示三種含意：每一個存有者，存有者整體，人的存有。（GA 6.1: 438f）

[156] 參 GA 6.1: 400。SZ 295。

伸入存有者整體時，對自身性有所敞開或對自身起建構作用即是返回自身。返回自身的自行回復，在力量、情感狀態及敞開狀態上會有差異，或身體狀況、樣貌或「本質」隨展開活動而有不同，但並非擁有兩個不同的自身在進行辯證。而是，實際性上，帶回的自身與在自身中的自身是「一個（das Eine）」且是同一者（das Selbe），亦即持駐的自身性。[157]

在《存有與時間》，持駐的自身性意味先行決心。《尼采 I》則直接訴求於強力意志的詮釋：當一個人作為強力意志而存有著（ist），即擁有永恆回歸的思想，並透過吞食成為具肉身性與大理性的人。[158]在吞食永恆回歸的思想之際，人將自己帶向「最高的諸決定」而成長，並超出自己。這也意味，這人「能控制自己，意願自身」，他作為強力意志而存有著：在超出自身的同時，成

---

[157] SZ 322. 海德格後期哲學仍持續思維同一者的問題，他於《同一與差異》（1957）探討 Parmenides 斷簡「覺知活動（Vernehmen）〔思想活動（Denken）〕乃同一者（τò αὐτó）」時追問同一者和共屬一體的含義，進而表示「人與存有以相互要求、彼此挑戰的方式共屬」、「相互具有（einander geeignet sind）」。（GA 11: 45）雖然於《同一與差異》所談的是使人與存有共屬一體的居有（Ereignis）（GA 11: 48f），與《尼采 I》透過強力意志與永恆回歸所論述的超出自身、返回自身的同一者，強力意志的存有，並不全然相同，但於自身因超出與返回而產生的差異與同一共屬一體上卻有相同之處。藉此亦可看出，海德格於《尼采 I》與其前期（《存有與時間》、《康德書》）、後期（《同一與差異》）有關「人是誰？」、人的本質、人與存有的關聯性等等的追問與探討之接續與轉向的跡象。

[158] 對尼采而言，「肉身是一個大理性，一個多元官能（意義）的集合體」，一個包含矛盾、對立物的集合體，並不是理性的對立物—非理性。精神僅是小理性罷了，而且只是「肉身的工具之一」。因此，一個人的肉身較其最高的智慧之中含有更多的理性，「有創造力的肉身創造了精神，使之成為其意志的手臂」。（Nietzsche [1988/1999]: *Also sprach Zarathustra*, S. 38ff）

爲（Werden）自己。[159]海德格將生成貫徹於人的存有。對他而言，存有與生成源初地統一在強力意志，因爲，存有作爲持存狀態「讓」生成「是」（*sein* lassen）某種生成。由此也可看到，三十年代海德格已出現後期的「讓存有（Seinlassen）」之思想。[160]

　　強力意志本身作爲存有者的基本特徵，而成爲存有者的存有之內容與存有結構：在意願生成時意願著自身，讓存有者在生成中是其所是地成其本質。這意味，海德格通過強力意志從存有者走向存有，連結存有者狀態的生成與持存性的存有。由於強力意志最深刻的本質是一種持存化，這種持存化是讓生成能持續生成變化，且持續生成著的意願自身，因在於本質活動而化爲「在場狀態」。[161]

　　通過對「ousia（實體，在場）」的詮釋，海德格將在場詮釋爲在建構本質時的持存與停留（An-wesen）。因此也是生成作爲生成而被允許無休止地生成[162]，是生成的釋放（befreien）；強力意志因而是存有者的「存有與本質本身」[163]，所以不宜將這種持存化理解爲把事物僵化住。無論是在《存有與時間》對良知呼聲的本眞理解與回應，或《康德書》對道德法則的敬重，對三十年代的海德格來說，只要是意願自身而超出自身並返回自身的生成活動，都是強力意志的意願活動。在海德格的詮釋下，強力意志

---

[159] GA 6.1: 373.

[160] 另參 GA 40: 23, 82。

[161] GA 6.1: 221, 592. 於此再次可見，海德格於三十年代仍循現象學指導原則與方法，從存有者出發而走向存有。

[162] Heinz (2005): *"Schaffen". Die Revolution von Philosophie. Zu Heideggers Nietzsche-Interpretation (1936/37)*, S. 182.

[163] GA 6.1: 57.

的意願活動是意願自身而返回自身的敞開活動，也是永恆瞬間的敞開活動。不過，海德格前期哲學只討論了「何處去（Wohin）」和「向何處去（Woraufhin）」的意向活動與綻出，到三十年代中期才藉尼采哲學的詮釋，具體闡明這種意願活動。

海德格認爲，永恆回歸的思想須根據「個體所決定的創造性瞬間」來進行。在他的詮釋下，尼采談論的創作不僅是一般的藝術創作，且始終是「作爲生命施行（Lebensvollzug）的創作，一種受陶醉（Rausch）限定的生命施行」，而偉大風格的創作則可直抵存有。[164]

尼采的肉身性陶醉是「一種力的提高與豐富感」[165]，但對海德格，陶醉不是無形式的情感，反而是基於形式成爲藝術的情感與特徵。他認爲，形式規定和限定了陶醉所敞開的領域，有了形式的規定和限定，在這領域的存有者，其力量的提高和豐富狀態才得以實現。所以「形式奠定了這個領域的基礎，於其中，陶醉之爲陶醉才成爲可能。形式作爲最豐富的法則之最高素樸性起支配作用的地方，就是陶醉」。[166]

創作的決定性特徵是陶醉的本質和美的本質[167]。前者來自尼采，顯現出藝術時間性的展現。後者是海德格對尼采的補充與修正，並予以藝術伸入存有者整體的恆定性。海德格認爲，藝術的眞正本質在於「偉大的風格得到預先的描畫」，因爲偉大風格具最高的強力感，以超出自身的方式意願自身，而能從陷入約束本

---

[164] GA 6.1: 115, 224.
[165] GA 6.1: 116.
[166] GA 6.1: 119.
[167] GA 6.1: 115.

身的活動中「產生未來的法則」。[168]具有偉大風格的藝術因而能「從對生命最高豐富性之維護性的克服（bewahrende Bewältigung）中產生出簡單的寧靜」[169]。

尼采認為藝術家的藝術創作是求本質、求自身的強力意志，海德格則認為藝術作為將「向自身敞開」固定並持存下來的創作活動無非就是求顯相（Schein，閃現，假相）的意志[170]。顯相對海德格是事物自行顯現的樣貌，因而是現象學得以可能的基礎。而強力意志即存有者的存有，所以海德格將藝術創作詮釋為存有者的存有之最高形態。而藝術作品的欣賞活動並非像尼采主張的，分享藝術家的創作狀態，而是「闡發創作的本質」[171]，一種通過藝術作品進行某種再創作。通過創作和再創作，海德格將人作為被造者的被造特徵，反轉為基於有限性而不得不創作，亦即，具被動與主動的雙重性。不真實的顯相之所以出現，並非因為生成變化，而是因為生成被固定了。所以人不可避免地一再創作，假相的出現亦不可避免。

海德格予以永恆回歸多重方向性的超越。一方面，通過離基式建基不斷深入更源初性的基礎。另一方面，以離基式深淵作為基礎，人在有限性中不斷地向上自我超越，超出自身而向外伸入存有者整體。人的有限性與超越性同在的雙重性，使人不斷的創作，但於創作、生成時需要一些被固定的東西（形態，認識的視角）。同樣地，當存有者超出自身並美化自身的，基於力的有限

---

[168] GA 6.1: 137f.
[169] GA 6.1: 127.
[170] GA 6.1: 221.
[171] GA 6.1: 117.

性，超克而提升到更高的可能性後會被固定，被固定者即刻成為有待被超克者。[172]美化讓生成者作為生成者存有著，既生成又存有，既有肉身的變化又具存有狀態的持存。因此，創作根本上包含著「摧毀的必要性（Zerstörenmüssen）」[173]，摧毀遮蔽而達到美化的清晰明朗。在生命的生成變化中，通過強力意志，生成者進入創作性的美化所敞開的澄明，而與存有真理合一。

　　海德格藉美化（Verklärung）一詞具清晰（klar）的字根，說明永恆回歸的思想「是要把最高的清晰度和決斷力帶入每個瞬間的存有者中」[174]，他藉此說明，相同者的永恆回歸不是一味空洞地在現成事物的相同中循環打轉，二來，永恆返回自身卻不侷限在一己的自身中，而是通過美化連結了每個存有者。

　　海德格詮釋下的永恆是以敞開的自身性為聚集的領域，通過清晰度和決斷力帶入每個存有者，而形成的一種具整體主義特徵的瞬間。而與之相關的藝術，則具雙重方向的穩定力量，一是時間上，亦即，由自身向存有者整體伸展的恆定性，另一是規定性，亦即，返回自身，在本己的掌握中抓住自己、注視自己，將自己逼入具規定和限定作用的形態中[175]，使自己確立於其所是的敞開領域，而立於自身[176]。海德格在《哲學論稿》也表示，自身性是那種「先於一切崇敬（Verehrung）而閃閃發光的可靠光亮（Leuchte）」。[177]海德格肯定人的存有與主體性，但並非一味將

---

[172] GA 6.1: 417f.
[173] GA 6.1: 58.
[174] GA 6.1: 366.
[175] GA 6.1: 102.
[176] GA 6.1: 119.
[177] GA 65: 398.

之推到存有者最高的位置，也不是在尼采宣告上帝已死後以人代替上帝。他在時間－空間中爲神預留一方位置，而以探尋存有眞理的探尋者之自身性作爲「存有者之澄明與遮蔽得以在其中發生」的場域[178]。

對海德格而言，最高的創作活動，既是爲諸神預備的預備活動，也是超人（新的主體性）的重新奠基活動。[179]他認爲，只要人化現象涉及對世界基礎或世界總體特徵的思考，人化即是一種相應的神化（Vergöttlichung）。若要避免人對自然、存有者整體的干預，那必須力求極端的非神化，即「不再允許自身有任何隱蔽之處，不再遮蔽自身」。[180]海德格似乎認爲，唯有敞開而澄明，讓自身在明晰中自行顯現或返回自身中，徹底地面對與理解自身的有限性，才可能找到與「諸神」相遇的一條道路。

海德格存有論意義上的諸神不是宗教的神祇，也不是作爲推動的最初原因或是終極目的或典範。他不是基於神學目的而提出神或神聖者，而是基於「人化」，亦即，人的有限性無法認識到所有的存有者，因而有必要爲作爲在其自身的諸神或神聖的東西保留位置。所以諸神、諸神聖者並非存在超乎時間的本體界，而在時間現象中。因此，海德格在《哲學論稿》通過示意、暗示（Wink）隱晦地連結了人與諸神、神聖者，並納入存有者整體。

《哲學論稿》草稿完成後一兩年，海德格在 1939、1940 年詮釋荷德林詩作《在節日如何…》時，將神聖者詮釋爲自然（Natur）的本質，而自然是超乎古老意義和傳統形上學的諸神。藉此，他

---

[178] GA 65: 398.
[179] GA 6.1: 224.
[180] GA 6.1: 315.

顛覆了傳統形上學的顛倒了的世界,把神和神聖帶回人的生存世界。並且,顛覆了神性與神聖性的優先地位:神聖者不再由神性決定祂的神聖性,相反地,神的神性是由祂的神聖性來決定。[181]

　　在三十年代,人的有限性仍是海德格哲學的基本論點。他認為,人能預見自己終有一日會死,無法無限地存活在時間中,亦是有可能本真理解死亡的有限存有者。對海德格來說,唯當如其所是地在自身或返回自身,或透過強力意志的持存化把生成持存化為在場狀態,人才企及其所能達到的「永恆」,在居有活動中達到與諸神、諸神聖者共屬一體的存有境地。而且,有限性的人能通過強力意志摧毀舊有的價值,重新評估價值,亦即,能清晰地看到形態(美化),肯定存有並根據存有而行動,在最高的創作活動本身讓存有真理發生,進入居有敞開的澄明。當人處在最高創作活動本身,或當人根據存有而行動,亦即在自身中行動,人即可達到諸神聖者具持存性的持存化之「永恆性」。

　　但是,只要人是生成者就無法擺脫有限性與時間的規定性。因此,其所能達到的永恆性,並非從時間超越至時間之外,或任何一種形式的無時間性。而是,具傳統永恆概念某些特徵的「瞬間」:本真的、源初的時間性,持存化卻又最短暫的時間,也是時間本身。

---

[181] 參 GA 4: 59。

第七章
時間的源出與源初的時間

　　時間本質的問題涉及時間「起源」的問題，但這問題至今仍無定論。無論是宇宙大爆炸或約定俗成，這些論點只顯示出人們根據哪些立場、從什麼視角出發，對時間的起源進行推論或想像。不過無論哪一學門的科學，在探問時間起源前，都有一根本性的問題得先解決，亦即：有限性的人如何能追溯到無限的時間序列與超乎經驗的時間起源？

　　海德格把時間的起源問題放在人身上，追問源初的時間和時間的源出，他探討的是，我們為什麼能如此這般想像或推論時間從何而來。他對存有的基本論點在於「人是時間性的」，而藉由時間性探問人的存有。這也意味，我們可通過「人是…」與人的存有，找出時間、時間概念如何產生。在前期哲學，他以雙重進路探問時間如何產生。首先，從人如何生存在世界中到如何本真地在世存有，而以綻出（Ekstase）追問本真的時間性如何自行到時（Sich-Zeitigung，自行產生、時間化）[1]。其次，通過詮釋康德

---

[1]　Zeitigung/zeitigen 在德語的原意：產生（…效果）或取得（…成果），可中譯為「產生」「到時」「時間化」，以說明時間性之顯現及其與流俗時間效應的關聯。（SZ 328ff）

的先驗想像力，從認識能力說明源初性的時間如何源出。

海德格在《存有與時間》說明「源初的（ursprünglich，源出的）」意味「本眞且整體的」[2]，因此源初的時間性無異是本眞且整體的時間性[3]。他因而從在世存有的本眞性（Eigentlichkeit，根本性）和整體性著手，探討時間的產生及其基礎。「整體的」顯示出對時間性的某種規定。而這種整體主義雖不同於傳統形上學的普遍性，但仍回應了傳統形上學對整全的要求。另外則是循其現象學的指導原則「走向實事本身」：走向時間本身，從時間本身出發來看時間的源出。而這也給出一條線索：源初性的時間性應有獲悉時間起源的通道。

本眞性（Eigentlichkeit，根本性）一詞於《存有與時間》不用於道德判斷或價值判斷，而是指稱由向來屬我性所規定的存有模態[4]。時間的本眞性與源初性在《存有與時間》不盡相同，卻因二者皆關涉到此有的自身性而相互歸屬。海德格通過開顯本眞且源初的時間性，揭示此有源初的存有意義，而與柏拉圖「善的理型」有某種相似性。德國學者費加爾（Figal）認爲，善的理型於可知事物的領域是最後可知，且是一切行爲實踐無條件的開始與基礎，所以海德格和柏拉圖一樣，二者都追問存有者整體的源初性與基

　　有關海德格時間性的基本論點，即「人是有限的、時間性的」，可參 GA 64: 107ff, 123f。

[2]　參 SZ 306。

[3]　海德格在《存有與時間》與《康德書》對本質性的時間的用語有時間性和時間兩種。（參本書第一章第一節）。在《存有與時間》稱爲 die ursprüng-liche Zeitlichkeit（時間性），在《康德書》稱爲 die ursprüngliche Zeit（時間）。在分別敘述這兩本著作時，本書各以源初（性）的時間性和源初性的時間稱之。綜合論述時，則以源初的時間表示。

[4]　SZ 43.

礎。受他老師高達美（Gadamer）影響[5]，費加爾認為這源初性與基礎對海德格不是時間性的東西，而是時間本身。[6]但這兩個觀點頗值得商榷。一、時間本身，對柏拉圖是基於對永恆的模仿而來，且位於理型界。於海德格，時間性的基礎在人的在此存有。二、關於存有者整體的源頭（源初性）與基礎，柏拉圖主張在永恆自存的善之理型。海德格雖追問源初性和基礎，但對他而言存有不在永恆自存的理型界，也不在現象背後。《存有與時間》從在世存有的整體性所開顯出的在世存有之源初性與基礎，是存有與虛無狀態。自 1929 年他討論存有者整體的存有，在《尼采 I》主張存有者整體是有限的，「永恆地」自行生成，且在每一生成過程把自身帶回。[7]在《哲學論稿》，居有讓存有發生、本質顯現，而包含於居有的離基式建基產生了時間（使之時間化）。到後期他主張，居有給出存有和時間。從前期至後期，海德格在現象界、生活世界討論存有和存有本身，而非從神學出發。再者，存有者整體的源初性與基礎對海德格是否是時間本身，亦值得商榷。因

---

[5]　Gadamer 曾指出「海德格的論點是：*存有本身就是時間*」（Gadamer [1960/2010]: *Hermeneutik I: Wahrheit und Methode*, S. 261）另參本書第三章第四節。Gadamer 指出海德格基礎存有論的基礎在於生存，視為此有的實際性，但他著重海德格的存有理解與詮釋（Ibid., 268），忽略了存有的實際性，也忽略了「任何促使和限制此有籌畫的東西都絕對地先於此有而存有」（Ibid., 269）的原因在於，此有本來就是時間性的、有限性的。

[6]　Figal (1988/2000): *Martin Heidegger*, S. 243. Figal 從柏拉圖《國家篇》認識論的角度著手，說明善不僅是努力達成的目的本身，而且也被應用於認識的領域。另參 Platon (1998): *Der Staat*, 511b-c。

[7]　參 SZ 283f。GA 6.1: 308, 330, 331。關於後者，高達美認為是尼采使海德格將探究存有問題證明為探究「無」的問題並重提存有問題，儘管海德格可能後來才意識到這點。（參 Gadamer [1960/2010]: *Hermeneutik I: Wahrheit und Methode*, S. 262）

爲，海德格 1929 年起雖討論存有者整體，主張其源初性與基礎在於居有，但居有是使存有和時間本身發生和顯現的活動。在後期他主張時間本質的整體不運動，但居有是存有的發生，具存有論的運動性，因而可確定居有不是時間本身，而是某種通道。

由源初性時間通達存有本身，會有牴觸人的有限性之疑慮，在探討源初性時間如何在人的生存活動自行到時（《存有與時間》）、如何從認識能力源出（《康德書》）及其相關問題前，有必要先討論海德格對人的有限性與源初性時間的看法，以及二者的關係。

第一節　源初的時間與有限性

1973 年，海德格在《康德書》第四版〈序〉回顧當年的動機：逃向康德文本，找康德來當他的代言人，作爲他「所提出的存有問題之代言人（Fürsprecher）」，以避免《存有與時間》提出的存有問題「被誤解」。[8]香港學者關子尹表示，我們可事後看出海德格選擇逃向康德文本的理由，是在源初性時間和其哲學基本論點（人是有限性的）有所牴觸時，認爲他在康德那裏可「開拓出一套不會逾越人底有限性的界線的主體性學說」。[9]

---

[8] KM XIV. 不過，海德格逃到康德那裏的嘗試顯然失敗了，《康德書》引來的是不滿和譴責。（KM XVII）

[9] 關子尹（2021）。《徘徊於天人之際─海德格的哲學思路》，頁 270。香港學者關子尹批判海德格提出的源初性時間的源初性衝擊到人的有限性，源初性時間沒守住人的有限性之底線。他引用德國學者 Eugen Fink 對海德格的批判觀點而指出：「把時間問題提升爲『存在（筆者註：存有）理解的界域』以論盡一切，某個意義已將人類『擬神化』。」（同處，頁 272）源初性時間確實挑戰了人的有限性，不過，時間作爲存有理

　　海德格前期哲學對時間問題的討論在於人生存在世的時間，基本論點是人的有限性。他從不同面向討論有限性，在《存有與時間》主要通過死亡和被拋，通過在世存有的三個結構環節，「生存、實際性和沉淪刻畫出向死存有的特徵，並因而結構出存在性上的死亡概念」[10]。但死亡和被拋只是人有限性的某種特徵。

　　海德格在《康德書》導論表明，基礎存有論就是對「有限性的」人之本質進行存有論上的分析[11]，著重於討論人類理性的有限性。在〈形上學是什麼？〉以「無」重提存有問題。「無」標示了有限性，對超越與基礎存有具肯定性的作用。他在《康德書》以有限性補充《存有與時間》的基本主張，說明被拋基於有限性而來，落入日常狀態中的沉淪（Verfallen）顯示此有「最內在之先驗有限性的某種與被拋之籌畫合一的特質」，被拋的籌畫則由此

解的界域是否就將人擬神化，筆者認為這有待商榷。因為，把時間視為存有理解的視域，首先意味著，人對存有的理解不是無限放寬，也不會永遠不變，而是受限於時間。存有理解影響我們對時間的理解，對存有的理解也會因時間而不同。時間和存有理解之間的循環論證，說明時間是存有理解的某種前提和界限。海德格在前期強調有終的將來，中期強調時間的有限性，應是考慮像 Fink 提出的這類質疑。人在這前提和限定下理解存有，並非目的論地，也不是把時間問題、有限性的時間提升為存有的界域，所以無法「以」之論盡一切，而不得不另尋他途。再者，基於源初性即本真且整體，源初的時間性具本真且整體的時間之意涵，而這確實與人的有限性有所衝突。因為本真性是由「向來屬我性」所規定，而時間性以自身為基礎，當這種本真性被普遍化為源初性，那麼人的有限性某種程度上就被突破。不過，這仍需檢驗海德格的源初性概念是否歸屬於無限性。從「本真且源初的時間性是從本真的將來到時」（SZ 329），而本真的將來「自行揭示為有限性的」（SZ 330）來看，海德格已以有限性規定時間的源初性，藉此以守住以人的有限性作為源初性時間的基本論點與底線。

10　SZ 252.

11　KM 1.

有「自身無法控制的、對既有的存有者整體之依賴」所決定。[12]

　　二、三十年代海德格的時間基本命題，或可如此表示：人是有限性的，所以人是時間性的。在時間的起源上，《存有與時間》的自行到時，《康德書》時間的源出，二者都以基礎存有論和有限性追問時間如何「源起」，但討論的面向不同，用詞不同，進路也不同。前者著重向死存有與人生存在世的有限、有終，後者則著重人類理性在認識和實踐層面的有限性。基於人的有限性，海德格在二、三十年代貫徹時間是有限的主張。[13]著眼於有限性，在時間現象首先看到的是「將來」不斷到來，而這也顯示出時間的「來處」。

　　早在《存有與時間》之前，海德格即曾說明時間如何從「將來」到時與源出。他在《時間概念》對時間本身有兩個說法，一、此有是時間本身，二、「將來存有（Zukünftigsein）」是時間本身，是它給出時間。[14]從第二點來看，海德格試圖「站在時間上來看」時間[15]，且認為是時間本身給出時間，而不是時間以外的什麼。這和他在中後期通過離基式建基、居有而時間化的觀點不同。若以常見的主觀或客觀來考察第一點，此有即時間本身，海德格前期是一種主體性時間觀，偏向主觀。他中後期明確區分主體性和主觀性，認為時間的源頭和時間本身不是此有或直接在人身上；但

12　KM 235f.

13　五十年代以後，海德格仍強調人「是會死的（sterblich ist）」，但不再對應到人的有限性，而是四重整體的其他三方，天、地、神（或諸神聖者），藉此而被居有或自行居有。（參 GA 7: 152ff）

14　GA 64: 118, 119.

15　GA 64: 118. 藉助現象學，海德格不僅想走向實事本身，而且想擁有實事本身的視角來看實事本身。

也不是自然或物理時間，而是一種相對客觀的時間觀。

　　在《存有與時間》，海德格放棄《時間概念》的第一種說法（此有即時間本身）以避免陷入主觀及其引發的問題。但基於有限性，保留有終的將來在時間現象的優先性，作為源初且本真的時間性之基本現象。並且主張，源初且本真的時間性是從「本真的將來」自行到時，而本真的將來即有限性的、有終的將來。[16]將來的有終性，是基於在世存有的能存有與自身能存有之有終。《存有與時間》的存在性時間觀從人的有限性出發，根據在世存有的本真能存有和自身能存有作為根本可能性和能力本身討論時間。基於在世存有的整體性，時間性具統一與有限性的特徵。藉此，海德格試圖突破傳統由必然性和規律性所規定的無限時間觀。

　　在前期和中期，海德格將有限性的時間性置於存有論層次，無限性的時間則於存有者層次，並以有限的時間性作為無限時間概念的基礎。時間序列的無限，是基於時間被視為由僅具形式的「現在」或「現在點（Jetzt-Punkt）」構成，其「整體」的量超乎人類理智的能力限度，所以被視為不可數或不可計量。[17]

　　海德格在前期已注意到「無（Nichts）」於時間與存有問題上具多重與決定性的作用。在《存有與時間》，虛無狀態（Nichtigkeit）和存有共同組建了人的有限性，也共同作為此有在世存有的基礎存有（Grundsein），而源初且本真的將來則是「生存活動於最本己的虛無狀態之意義」[18]。他沒有因為時間的持續性忽略「無」的作用，也沒有因而著重時間的「流逝」。他認為時間的有限性

16　SZ 329f.
17　GA 6.1: 309.
18　SZ 330.

不僅不駁斥「時間繼續運行」的命題，反倒是該命題於存在性上（existenzial）的根據：基於有限性而向當前來到的將來，使時間的運行得以可能。[19]這種存在性時間觀雖易因個體性而陷入主觀，但就人類整體的客觀性而言，時間序列的無限性基於時間性的有限性仍然有效。一來，人類還是有滅亡的可能性。二來，時間「概念」基於理解而形成，既受限於被理解對象的可理解性，亦受限於理解者的理解本身之有限性。

海德格在《時間概念》企圖顛覆傳統哲學以「現在」作爲時間的源頭或基本單位，改以將來替代現在於時間的優先性。基於「將來存有」是給出時間的時間本身，且時間不是現成的「什麼」，而是構成意義上的「如何」，海德格主張存有論上的時間具可逆性，亦即，過去可於當前的「如何」、「如何是」重演。[20]

「過去」通過作用於現在，而融入並顯現於現在和將來。因此，將來包含了過去，並且「在『如何』中返回過去」：當我存在著，而「我」又是一連續不可分的整體時，過去就是「我總能一再向之返回的那個東西」。[21]他批判線性時間序列的不可逆性，是無視將來不斷向現在而來。而這種時間觀認爲時間不可逆的原因是：一、時間已事先被逆轉，亦即，無視將來，僅專注於當前，從而把源自將來的時間，逆轉爲出自當前而不可逆地消逝，成了不可重覆的過去。二、時間被均質化爲「現在點」而等同空間，等同純粹的在場。亦即將時間抽空內容並數學化，均質化而成可計算的「現在」，時間本身成了計時的時間，早或晚變成了前或

19　SZ 330.
20　GA 64: 123.
21　GA 64: 122.

後的數。[22]但是，時間不是空間。《存有與時間》延續了這觀點，並予以時間高於空間的優先性。到了中、後期，即使提出空間化的時間、時間中有空間化的特徵以及時間與空間不可分，海德格仍堅持時間與空間不同。

海德格在《存有與時間》主張，此有特有的空間性奠基於時間性，於存在性上，空間性僅通過時間性才可能[23]。他欲藉此跳脫柏拉圖以來，空間優於時間以及時間和運動密不可分的時空觀。不過，他以綻出規定時間性，綻出本身即顯現出某種由力形構出的空間性，而且他規定時間性作為源初性的出離自身[24]，這時間性本身亦具動態的空間性。從出離自身的介系詞「出離（außer）」來看，它源自中古德文的「從⋯出來（aus ... heraus）」，時間性因而具某種運動性與空間性。這種運動性源自存有論上的發生，因此，時間性本身具有的空間性是某種關聯性和敞開性，而不是傳統意義上的物體運動或空間。所以海德格不是以亞里斯多德的運動與空間概念來理解時間，但《存有與時間》主張的時間性本身即具某種運動性質和空間性。

海德格反對相繼（sukzessiv）的時間概念，認為時間性的到時不是諸綻出樣式「前後相隨地」依次出現[25]，而是，現前（Augenblick，瞬間）作為本真的當前是將來、曾在與當前統一的綻出，統一地湧現與敞開。他在《存有與時間》未直接論及時間是否可逆，不過時間性的到時仍有某種可逆性。從整體來看，本真的時

---

[22]　GA 64: 121f.
[23]　SZ 367.
[24]　SZ 329.
[25]　SZ 350.

間性奠基於有限的將來，從將來來到當前。從此有自身來看，將來作爲可能性向自身而來。因此在生存的存有論上（存在性），有終的將來既是時間性的終端，也是到時的開端。

不過這仍是存有論上的可逆性，是對時間「如何」到來、過去「如何」作用於現在和將來的存有論分析。於構成意義上，將來作爲本眞的可能性向來在著，而這本眞且有終的將來逆向地向當前而來，曾在的存有則通過作用於當前，而在當前自行綻露。時間的這種可逆性，並非實然上我可逆地存活在將來或過去。

海德格前期哲學將時間的理解分爲基礎存有論、前存有論和存有者狀態，在存有者狀態上時間的三個部分各自分開地獨存，存有論上卻不可分地相互關涉：曾在或將來以某種方式持留於當前。在存有者狀態上，流逝的過去是無法重新來過的個別時刻，尚未的未來也不是向來已現成地存在。而有限者具死亡和被拋的必然性，即使自由地向死存有，自由籌畫仍無法解除被拋的特質，亦無法逾越死亡；即使存有論上如何可逆，時間仍有一軸線不可逆地從被拋向死亡綻出。時間的不可逆，僅在基礎存有論上有條件地被打破：通過對生存整體性與向死存有根本性的、本眞的理解，而能先行理解到生存的本眞與非本眞之可能性，因而在生死與被拋的限制下，通過先行決心，針對自身的可能性（能存有）進行籌畫，而自由地自行投入生存活動。透過諸綻出樣式的統一，在瞬間敞開當前的處境，基於本眞的存有意義而展開生存活動。由於是從有終的將來作爲最本己的、最源初的可能性，或以柏拉圖在《國家篇》所談論的「老年門檻」[26]爲立場，反過頭來看當前

---

26 Platon (1998): *Der Staat*, 328e-331b.

的處境[27]，而出現宛若逆轉過來的時間性。

因此於《存有與時間》的存在性時間觀，時間的水平動態結構在存有者狀態上是單向、單開端地從被拋於世開始向前的單維度直線，存有論上則出現雙開端的雙向伸展[28]。圖式的整體結構呈現出的是雙維度、雙線的時間結構，並可見時間運動的雙重方向。這顛覆傳統從先驗或永恆自存者演繹而來的，單一維度、單線（直線或圓形）、單向運行的時間觀。這種雙開端的時間觀，取消了靜態的、幾何概念上的空間對時間的優越性。海德格試圖以時間性作爲空間性的基礎，改寫傳統以空間思考時間以及相關的空間性時間觀。不過，先行向死、將來的來到自身等等的存有樣式本身具某種由力形成的空間性。這種力並非自然科學意義上，而是生存的綻出本身具有的力。海德格在《存有與時間》尚未討論力的問題，到三十年代中期才藉尼采學說，以強力意志（Wille zur Macht）作爲存有者整體的特徵，闡明貫穿世界毫無例外的特徵是力（Kraft），生存綻出之際所展現的力源自強力意志。基於力及其本質的有限性，時間與世界的本質也因此有限。[29]並且，根據強

27　Foucault 於《主體解釋學》可能受到海德格的影響而曾有類似觀點：「在這個以死亡問題…爲目標的體系，…老年不應只被理解爲生命的終點，不應被視爲一個生命的萎縮階段，相反地，老年須被理解爲一正面的生存目標。」（Foucault, Michel [2001]: *L'Hermeneutique du Sujet: cours au College de Grance, 1981-1982*. Paris: Gallimard/Seuil. P. 105f）但 Foucault 討論的是關心自己與修身實踐。

28　參本書第四章第二節。從時間的圖式結構，易看出海德格存在性時間觀在存有論上的雙開端，雙重時間「來處」。他在《康德書》亦表示，將時間視爲「自身激發」的功能即是讓圖式的形成（Schemabildung，圖式的圖像化）清晰可見。（KM 200）而海德格的存有學從存有者狀態開顯存有，存有論上的時間圖式因而亦應納入存有者狀態的維度。

29　參 GA 6.1: 306ff。

力意志被視爲存有者整體的特徵，我們可進一步得知，在三十年代，海德格不僅從人於生存、理性的有限性，且試圖更宏觀地、也更根源性地，從存有者整體的有限性出發來思考存有與時間。

在海德格前期哲學，有終的將來作爲在世存有的邊界，於基礎存有論上既是終端又是基礎性的開端。這雖是在世存有的實際性（Faktizität），邏輯上卻出現矛盾。海德格面對邏輯的詰難，反倒認爲這顯示出，邏輯無力追問比「不（Nicht）」、否定更源初的虛無狀態。[30]爲解決邏輯上的矛盾，他以現象作爲存有及諸存有樣式在生存活動中的自行顯現，取代現成存有意義上的靜態結構與片段組合，也在存有論上取消了終點與開端的二元對立。

在《存有與時間》，海德格從本眞的向死存有討論時間的有限性。他認爲，一旦忽視本眞將來的有限性，時間性的有限性便會被忽視。針對源初的時間性，他提出四個基本命題：一、時間源初地作爲時間性的到時，而使操心結構的建構成爲可能。二、時間性在本質上是綻出的。三、時間性源初地從將來到時（產生）。四、源初時間是有限的。[31]

在《康德書》則直接從人的有限性出發，以之爲基本論點以論證「先驗想像力即源初性的時間」[32]。康德主張，時間是直觀形式，這種形式「只能是內心通過自己的活動」，且「通過自身被激發的方式」[33]。藉康德的主張，海德格從「先驗想像力即源初性的時間」詮釋出，純粹自身激發是源初性的時間。[34]不過海德格又

---

[30]　參 GA 9: 108。

[31]　SZ 330f.

[32]　KM 187.

[33]　Kant: KrV B67f.

[34]　本章第三節將討論，純粹「自身激發」與先驗想像力以及二者與源初性

指出：形上學的基礎在先驗想像力，先驗想像力則源自源初性的時間。[35]這導致存有、先驗想像力與源初性時間之間的循環論證，並出現另一問題：源初性的時間是否還有更源初的基礎？海德格在《康德書》未處理相關問題，我們只能試從源初性時間本身的含義找出可能的答案，並回到人的有限性探問。因爲根據海德格給出的線索，人的有限性是使時間性作爲先驗的元結構於在此存有本身清楚可見的前提[36]。

綜合而言，《存有與時間》和《康德書》的時間基本論點是：基於有限性，人爲了生存須出離自身。根據自身能存有與自身持駐性，此有才能爲自身且在自身地出離自身，時間就在生存之際自行到時。通過先驗想像力，時間的源出在人自身中「以時間形象的方式形成時間本身的到時」[37]。

《存有與時間》宏觀地從在世界中的生存與存有活動開顯出時間的自行到時與綻出結構，而《康德書》則微觀地從認識能力與意向活動及元結構，討論時間如何從人的心靈源出。二者對時間如何源起及其基礎的探討，因而有宏觀與微觀的互補作用。以下先宏觀地從綻出討論時間的自行到時（自行產生），再微觀地從先驗想像力來看時間如何源出。藉此以瞭解海德格前期哲學對時間起源的看法。

　　時間的關係。
[35]　KM 202, 205.
[36]　參 KM 242。
[37]　KM 196.

第二節　時間性的自行到時

　　基於有限性，人難以追溯到存有本身或時間本身。但若將時間和存有問題置於人之外，人又能立足何處、從何處出發進行探問？對海德格來說，一方面基於自身根本性的限制，人無法無預設地從非時間性的存有者（上帝）及其相關現象或視角來探問時間性。另一方面，正因人是有限的且因而是時間性的，必關聯到時間，所以從人的有限性出發，有可能回溯到時間本身。

　　海德格透過時間（Zeit）與自行到時（Sich-Zeitigung，自行產生）於字根 zeit 的關聯性詮釋出，時間性在人向死亡存有之際綻出地自行產生（到時），且是在綻出的統一中自行到時（產生）。從「自行（sich）」到時的自行來看，海德格予以時間性某種自立性，且從時間本身的視角出發，而不是從認識主體的自我意識來討論時間的產生。不過這種「自行」到時不是基於自然主義的自然時間，而是循其現象學指導原則，走向實事本身，切近其本質，從實事本身視看，所得出的一種存有論上、存在性的時間觀。在《存有與時間》，時間的自行到時涉及三個基本問題，它們相互關涉連結，形成自行到時的結構：

一、如何自行到時？

　　時間雖是「自行（sich）」到時，但自行到時本身仍有如何可能的問題。廣義上，時間的自行到時是一種發生。海德格也表示，希望透過對發生的分析，將源初性時間的探討帶至「到時之為到時的主題研究問題前」。[38]從發生與歷史性於字源的關聯[39]來看，

---

[38] SZ 375, 377.
[39] Geschehen（發生）和 Geschichte（歷史）、Geschichtlichkeit（歷史性）

時間性的自行到時同時奠基於（個體與群體）生存活動的發生及其整體性。

二、源初性的時間性與自行到時有何關係？

源初性的時間性最切近時間的源頭，而源初性在《存有與時間》即本眞和整體性。爲理解時間的自行到時，有必要理解本眞與整體的時間。在《存有與時間》時間性被規定爲綻出，而綻出則是「源初的在自身且爲自身地『出離自身』本身」[40]。這意味，如何綻出本身透露出，時間如何產生，以及，「自身」是「產生」時間的源初基礎。不過，若忽略綻出即源初性的出離自身，源初性的出離自身本身即時間性，極可能將綻出和時間性視爲不同的兩回事。[41]

三、在什麼基礎上而能自行到時？

除了自身作爲「產生」時間的源初基礎之外，由於時間性的自行到時奠基於生存活動的發生與整體性，自行到時的基礎也就涉及生存活動的基礎和整體性。於存在性上，在此（Da）是此有生存活動的基礎，於基礎存有論上則是在世存有的基礎。而整體性不僅涉及自行到時的基礎問題，也涉及自行到時的環節與整體性，以及時間本身的整體性。

爲解答前述問題，以下從《存有與時間》隱含的基本論點─

有字根的關聯，海德格並以之和共同命運（Geschick）、命運有所連結。

[40] SZ 329.

[41] 德國學者 Marx 表示，三種綻出狀態（先於自身、被拋的回─到、在之中的存有的決心）奠基於時間性的三種樣態（將來、曾在和當前）。（參 Marx [1961]: *Heidegger und die Tradition*, S. 109）他這觀點即是誤將時間性視爲綻出的基礎。再者，我們可從源初性的綻出即時間性，綻出源自生存，但生存和存有雖關係密切，二者卻不等同、生存也不是存有的源頭，看出對海德格而言，時間不等於存有。

人的有限性出發，釐清自行到時的基本結構及特徵，並從時間性的規定性探討，人的自身性如何作為自行到時的基地，進而揭露，時間如何通過存有論的發生而在生存的綻出中自行到時。

1. 有限性與自行到時的基本結構：

　　在《存有與時間》，此有的有限性、有終性是到時本身的基本特徵，但有限性並不直接產生時間，只是元結構之一。它確立源初時間性的特徵：時間性「源初地出自將來而自行到時」[42]。對此有而言，將來持續不斷地向自身綻出，並無化成當前[43]。基於初始的被拋與死亡的有限性，有終的將來是到時本身的源初基礎。由有限性亦可確定，虛無狀態是此有的存有特徵與規定性，操心作為此有的存有意義，其本身則徹底地被虛無狀態貫通。而這也意味，於存在性時間的自行到時，「無」發揮了某種功效。從生存狀態來看，生存的虛無狀態源於時間的無化作用，以及死亡取消一切可能性的無化。死亡是人不可抗的必然性，也是在世存有的一部分，自被拋於世即如影隨行；但人大多時候渙散於日常生活事物的操心操勞，以逃避不時迫在眼前的死亡。這種常見的逃避雖導致非本真的時間理解，卻也以消極性的方式「將向死存有公開為操心的一種基本規定性」[44]。

　　海德格在《存有與時間》以雙重進路探問使時間自行到時的基礎，一是存有、生存和時間之間的循環論證，另一則是源初性、本真性與在世存有整體性的關聯。而這雙重進路相互關涉。人通

---

[42]　SZ 331.
[43]　SZ 326.
[44]　SZ 390.

常處於日常非本眞的時間性，非本眞和本眞作爲存有模態於海德格哲學並非全然對立或隔離，人們可透過本眞的存有理解揭開「非（un-）」的遮蔽，進入本眞的時間性。而關鍵之一在於良知喚起後的決斷[45]，海德格將決斷視爲「（在）此（Da）」開顯狀態的本眞樣式，通向本眞且本己的存有。Da 於德語意味這裏、那裏、此時、彼時。在《存有與時間》，本眞意義上的 Da（在此）不是三維空間或地點，而是這類空間概念的基礎。此有（Dasein）和它的 Da 不可分，少了 Da，此有就不是此有。

　　基本上，Da（在此）在《存有與時間》的主要含義有二：

　　一、此有「本質性的開顯狀態」[46]：Da（在此）本身具公開性和敞開性。但 Da 的存有是「在之中（In-sein）」本身[47]，因而是在世存有的環節。此有之所以能開顯卻仍在自身中，是因爲它「向來已在其中的『何所在（Worin）』」。而且，Da 不是靜態的空間。它以自身爲基地，運動模式像迴力鏢的投擲，是「無論如何轉身而去…也還向之歸來的『何所向（*Worauf*）』」[48]的迴旋。從向來已在（je schon war）可知，Da 是由時間規定的空間性。從其運動模式來看，Da 則是一種回歸式的綻出。因此，此有的「此

---

[45]　良知見證自身能存有，並且是在生存的可能性中見證，因此是能本眞在世的關鍵之一。對於在生存的可能性中的見證，決斷則是關鍵。Entschluss（決斷）和 Entschlossenheit（決心）雖然都與決定有關，但於《存有與時間》決心只是作爲領會著、自行籌劃著的決斷，帶有不確定性，而且這不確定性刻劃出 Dasein 能存有（Seinkönnen，又譯能在）之特質。決斷則是確定的、堅定的，是實際可能性的規定和開顯的籌劃。二者異同詳見 SZ 298。

[46]　SZ 132.

[47]　參 SZ 133。

[48]　SZ 76, 86.

（Da）」受時間規定，是動態的空間性。

　　二、存有論意義的處境（Situation）：具敞開性，向來已在決心中開顯而具確定性。[49]而且「只有在一種自由的、事先不確定卻對可確定性敞開的自行決定中，處境才開顯」[50]。

　　Da 的這兩種含義，亦可用以說明源初時間性之所以是存在性時間觀最源初的時間。而 Da 的綻出特質顯示，時間性本身有某種空間性，並因綻出而形成存有的境域。時間性本身的空間性是這種敞開性：基於本真理解生存整體性並下定決心本真地在世上生存著，以防落入大眾的人云亦云。海德格因而表示：「此有作爲時間性的此有，是綻出地敞開。」[51]

　　時間性自行到時（自行產生）且被規定爲綻出（Ekstase），所以從綻出的現象結構可獲悉時間如何「自行」到時。Ekstasis 於古希臘文原意出離自身、出神，但海德格表明，其綻出概念與出神狀態無關[52]。《存有與時間》與《康德書》皆通過綻出論時間本質，但向度不同，前者重生存活動，後者重認識活動。基於綻出的基本含義爲出離自身，海德格亦以綻出以及站出、超逾等類似的概念，說明在時間性中內含的超越性，以及在這世上生存之際的超越活動。在《康德書》意味「不斷地向…站出（ein ständiges

---

49　於某種程度上，Herrmann 將 Situation 和 Da（Offenheit）等同起來，人的存有是在 Dasein 的 Da 之中開啓的，但是，於其中揭蔽卻也於其中遮蔽。Herrmann (1961): *Die Selbstinterpretation Martin Heideggers*, S. 31, 44. 海德格受狄爾泰啓發，早在《宗教生活現象學》即注意到各式處境，並以歷史學處境和歷史處境爲現象學闡釋的步驟，二十年代初則提出詮釋學處境。（參本書頁 33ff）

50　SZ 307.

51　SZ 386.

52　GA 24: 377.

Stehen zu...）」[53]的綻出，則成爲認識論的客體概念得以形成的基礎，亦即提供讓對象化（Gegenstehenlassen）所需的超越：出離自身與某人事物相關聯。並因而空間化，提供對象化所需的空間。

　　通過對生存的詮釋，海德格將胡塞爾內意識的意向性活動，轉化爲綻出，並在《存有與時間》以綻出作爲時間自行到時的特徵：當前、將來和曾在於綻出的統一中自行到時，並組建本眞時間性的本質。[54]時間性的這種綻出既是爲自身而出離自身並返回自身的意向活動，同時也是發生於實際生活中具指向性的生存行動。他透過向自身而去（auf sich zu）、向…回到…（zurück auf）等介系詞 zu...、auf...和 bei...所含的指向性，顯示出離自身的「意向性」[55]和境域式時間圖式的動態方向性[56]。

　　從境域式的圖式結構來看，時間的綻出方向是由具指向性的 zu...、auf...和 bei...所規定，因此這些介系詞比綻出更源初。作爲圖式的元結構，這些規定綻出方向性的介系詞，是基於時間性的出離自身而來。由此可知，綻出的指向性既是綻出的元結構，且以綻出的出離爲始基。綻出及其方向性的介系詞因而具相互歸屬的關係。再者，從時間性的規定性可確定，這種指向性與此有的自身相關。人們透過直接或間接關切自身，爲自身地以自身作爲生存活動的起始點及中心，在實際生活中基於爲己或爲他者操心

---

[53]　KM 119.

[54]　SZ 329.

[55]　SZ 329. Figal (1988/2000): *Martin Heidegger*, S. 291. 筆者認爲《存有與時間》雖不強調意向性，但海德格一再以具指向性的介系詞組成概念，與《現象學基本問題》和《康德書》以介系詞作爲意向性的用法有不謀而合之處。（參 KM 191）

[56]　SZ 365.

勞神而出離自身，返回或停駐於自身，形成生存活動與在世存有的綻出。而這公開出當前的生存狀態，因此亦開啓某種通達時間性的源初基礎之可能性[57]。

2. 自身作為自行到時的基地：

海德格在《存有與時間》將時間性規定爲：源初性的「在自身且爲自身地『出離自身』」[58]。作爲源初性的「出離自身」，時間性的這種出離自身不是任意的，而是同時由「在自身」和「爲自身」所規定。人存活著時，總以某種方式在其自身。若無移置，難以看出變化。若不出離自身，則無法關聯到共在的他者而得以存活。由時間性作爲操心的本眞意義來看，不管是爲己而操勞（Besorgen）或基於與他者共在而爲他者操煩（Fürsorge），操心是直接或間接地爲了自己的在世存有、最本己的自身能不能這樣或那樣操心。[59]因此「爲自身」讓人能本眞地操心，它也是出離自身的源初動力，而「在自身」則是爲自身和出離自身的基地。

海德格的自身概念不同於傳統哲學。他在《存有與時間》以自身能存有（Selbstseinkönnen）替代先驗統覺的先天自我意識與

---

[57] 參 Figal (1988/2000): *Martin Heidegger*, S. 292。

[58] SZ 329.

[59] 參 SZ 123f, 193, 297f, 318。此有本身是爲了最本己的存有而如其所是地存有。爲他者操煩首先意味此有作爲共在（Mitsein）本質上是爲他者而存有，但海德格認爲，這是基於此有的自我認識與在世存有的存有含有對他者的理解。操心是在世存有的本質、此有的存有整體性之規定性，海德格認爲在存有論上它比意求、願望、衝動、嗜好等現象還更基礎。不過，這不表示操心奠基於某個現成存有的自身或自身性，相反地，生存之際的操心建構了自身性，並由存在性（Existenzialität）提供自身持駐的基地。（SZ 194, 323）

自我同一性的必然性，並作爲自身持駐性的基礎。基於存有與虛無狀態同是此有的存有基礎，此有的自身持駐性和本質並非恆久不變，自身能存有亦不具潛能到實現的內在目的。因自身能存有的實現或無化，自身具不確定性。所以「自身」作爲此有的「誰（Wer）」，不是現成意義上固有的什麼，而是其存有方式的「如何」[60]。通過虛無狀態和無化，人的自身持駐性和自身能存有本身不時變化著，每個人的自身持駐性與自身能存有也不盡相同。

到了後期海德格通過對同一與差異的詮釋，說明存有論上的持駐性與現象上的生成變化，二者爲何可並存不悖：存有的持駐性支撐並貫穿現象的生成變化，自身能存有及其實現活動組建了自身持駐性，變化則是對同一者的「親緣性（Verwandtschaft）之保證」[61]。因爲，非同一者之間沒有變化的問題。通過對同一律的詮釋，海德格闡明同一者的變化中必然伴隨著「與（mit）」，這種「與」是一種中介，也是一種連接（Verbindung），一種綜合，它使變化產生的雜多差異者「進入統一性的一化（Einigung）」，確保「每一個 A 都與其自身同一」[62]。

海德格將時間性視爲某種出離自身，無論被拋、籌畫或生存結構甚至向死存有本身，都有一種混合了運動、生成與存有樣式之變化的運動性（Bewegtheit）。這是生存本身的運動性，不是現成物的運動。[63]德國學者安森（Ansén）認爲《存有與時間》呈現

60　SZ 322. 海德格將自身持駐性（Selbst-ständigkeit）詮釋爲先行決心，前者因後者而獲得。而先行決心的存有論結構，則揭示出自身的如何是（Wie-sein），亦即，自身性的存在性。

61　GA 11: 17.

62　GA 11: 34.

63　SZ 317f.

一種以有限存有者的生存，連結時間與存有而成的「純粹位移（Kinesis）的存有論」[64]。在現象上，這是從生成變化的有限存有者出發探討存有問題難以避免的結果。不過安森忽略了，存在性時間觀的運動性不應以純粹位移來理解，因海德格強調基礎存有論的運動性是以出離、綻出、再次取得、超越和發生作爲存有者移置與運動的基礎，再者，不是所有有限存有者的生存都因關涉存有而成存有論，海德格限定於此有（人）且是我們自身的生存，亦即，會追問存有問題的有限存有者及其具綻出特徵的生存。

海德格融合亞里斯多德提出的時間概念形成的兩大要素：通過物體的運動，以及靈魂對運動變化的意識作用。不過他一方面脫離時間意識，而以「自身能存有」，亦即以基礎存有論上的主體性說明時間概念的主觀性基礎。另一方面不以物體運動，而以在世存有及與他者共在，說明客觀的時間概念。這種客觀性是基於存有（在世存有）以及「每一個性」：每個此有都如此。

在結構上，《存有與時間》的存在性時間觀，以基礎存有論的本眞時間性作爲非本眞時間性的基礎，以前存有論的主體時間（非本眞的時間性）作爲存有者狀態的客觀時間概念（非本眞的時間概念）之基礎。[65]海德格試圖兼顧主觀與客觀。首先，他以歷史性的自行傳承和再次取得，將時間從「向來屬我性」的個體性，帶到與他者密不可分的群體性[66]，以建構一種超乎主觀與客觀的時間觀。再者，通過個體化，讓此有處身於世界中，又能面對世

---

[64] Ansén, Reiner (1990): >*Bewegtheit*<. *Zur Genesis einer kinetischen Onto-logie bei Heidegger*. Cuxhaven: Junghans. S. 94.

[65] 參本書第四章第一節。

[66] Figal (1988/2000): *Martin Heidegger*, S. 119.

界本身和在世存有之整體性。

海德格特地通過畏、死亡提出「存在性的獨我論」，在「畏」獨特且罕見的時間性，將此有個體化以獲悉本真的時間性。但無論存有論上或存有者狀態，因作爲共在（Mitsein），此有的時間性具群體性。[67]而且，此有歸屬於存有者整體及其存有，即使個體化或獨在它都不是孤立的自我。

海德格努力避免主觀的時間概念，但一來對自身性及自身持駐性的強調，強化了主體的主體性，再者，由於對「向來屬我性」的強調，我自己的此有、我自己的死亡等「我的…」，加上「畏」和死亡帶來的絕對個體化而深具「唯我」色彩。海德格的時間概念因而偏向主觀性與個體性[68]，也產生自我中心主義的疑難[69]。或可藉高達美略顯保守的評判，說明海德格的努力與成果：「海德格的探究從一開始就超越一切經驗主義的區分，並因而超越一切具特殊內容的理想教化（至於這探究是否滿足他重提存有問題的目的，則是另一問題）」[70]。

海德格指出，「時間比一切主觀性和客觀性『更早（früher）』『存有著（ist）』」。[71]若從時間的連續性來理解「更早」，就會

---

[67]　參 SZ 118ff。

[68]　參孫雲平（2007）。〈海德格之自由觀的類型及其意涵〉。台北：《國立政治大學哲學學報》，第 18 期，頁 59-61。黃文宏（2014），〈從西田哲學來看前期海德格「實存論的獨我論」〉。台北：《國立政治大學哲學學報》第 31 期，頁 36, 52。
但若考慮到海德格對主觀性和主體性的區分，筆者認爲，以主體性時間稱之更適切。

[69]　參 GA 6.2: 194f。

[70]　Gadamer (1960/2010): *Hermeneutik I: Wahrheit und Methode*, S. 268.

[71]　SZ 419.

重回柏拉圖探討時間起源引發的問題：有限存有者如何能估量或得知，人類出現前即在的時間及其起源？又，如何能得知宇宙模仿善之理型的過程？

　　海德格從形上學的基礎主義來理解「更早」，以避開前述問題。他亦以基礎主義來理解時間本身及其起源，將「更早」視爲先行（Vorlaufen）或先行的東西，亦即使時間能到時的源頭。從時間性與自身性的源初關聯性來看，時間性基於自身能存有和自身持駐性而能綻出、到時，時間性的人則有生有死，不時變化著，卻又本質顯現著。時間性和自身性具雙向的循環關係。而時間本身的綻出，出離自身，是使自身變化的源初性力量，時間性的綻出，出離又在自身地使自身形成、持駐。

　　海德格對自身持駐性的詮釋，有助解決傳統時間哲學爭論不休的問題：時間（或時間點）究竟是同一或差異？是一或多？藉海德格存在性時間觀來看，時間既是同一（自身持駐）亦是差異（非自身持駐），而且既是一亦是多。首先，此有持駐地是本眞的「自身能存有」，卻經常處在非自身持駐的狀態。海德格視之爲不同的層次，前者是存有的持駐，後者是現象的生成變化，並無二元對立。再者，時間性的綻出是在自身地出離自身，而這個自身又是此有的自身，那麼出離自身就會造成差異而出現多，但因是在自身地出離，所以仍在自身而是一。不過，由於海德格不以時間點作爲時間的本質特徵，所以存在性時間觀不會出現也不需解決時間點的量既是多又是一、各時間點既同又異的矛盾。再者，以被拋和「爲自身」作爲時間性的運動性之源初動力，亦有助從「在自身地出離自身」來解釋，傳統上爲什麼會出現時間點既是多又是一、既同又異的弔詭。

　　基於有限性，人爲了自身而在當前的生存活動出離自身，與共在的他者聯繫起來。但這不表示，出離自身就是散失自己。因爲，除非落入外在事物而迷失自身，否則基於主客相融，出離自身的同時也是返回自身，所以一直是在自身。因此當前並非消失，而是成了「曾在」。基於自身能存有與實際生存的發生，此有是它自己的過去、曾經。這不僅是說，過去在後面推著它，而且過去發生的種種仍現前，不時對在此存有起作用。[72]因此時間性的綻出同時基於有限性和虛無狀態，爲自身而在自身地出離自身。存有與虛無狀態共同作用，使本眞的將來呈現出統一的現象：「曾在－當前化的將來」，海德格稱爲時間性。[73]時間也因此不再被理解爲獨立的、均質等量或抽空內容僅餘形式的時間點。

3. 「如何」自行到時：生存活動與存有論的發生

　　海德格在《存有與時間》給出時間性如何自行到時的線索：時間性的本質是在諸綻出的統一中到時，亦即，在當前、將來和曾在的統一中到時[74]，以及源初地自將來而自行到時[75]。後者表述如何自行到時的源頭與運動方向。而基於海德格從生存活動詮釋出存在性上的綻出，前者表達了時間性是在生存活動的綻出樣式中自行產生，於在此（Da）的每一環節本眞或非本眞地到時。

　　自行到時本身是一種發生，生存本身也是一種發生。人作爲此有，其發生是生存本身自行伸展的特殊運動性，共在的發生則

72　SZ 20.
73　SZ 326.
74　SZ 329.
75　SZ 331.

將生存規定為歷史性的生存。且若不是此有在世生存著，就不會有歷史性此有的發生和在自身而為自身地出離自身的綻出。在《存有與時間》有終且本真的時間性被視為本真歷史性的前提，而歷史性是此有的存有方式。它一方面刻劃並組建此有的存有[76]，另一方面意指此有「生存的發生」之存有狀態[77]。

　　本質上，發生不僅是生存活動，還包含了對生存的開顯和解釋[78]。海德格指出，對日常狀態與歷史性的時間性闡釋須盯牢源初時間和生活的實際發生，以便把「源初時間本身作為日常時間經驗的可能性和必然性之條件，充份揭示出來」[79]。不過，海德格分析的是生存事實的可能性[80]，而非生活經驗的實然發生。而且，生存活動必然包含了傳統與歷史性的發生。人毫無選擇地一出生就被拋入某個傳統與歷史中。此有作為有限的存有者（人），其存有同時受有限性和歷史性的規定，而且因其存有基礎是「時間性的」，所以它「歷史性地生存著且能歷史性地生存」[81]。

　　海德格運用現象學之初即注意到歷史問題，發現現象學和詮釋學涉及歷史處境。在《時間概念》和《存有與時間》將歷史問題帶入存有與時間的討論，更具體地研究存有與時間性，並以共在、我群及歷史性，擴大時間視域與在此存有的整體性。這一來解決有限性的時間所產生的疑難，也將存有帶入歷史問題的討論。

---

[76]　參 SZ 19f, 197, 375f, 382。
[77]　SZ 20.
[78]　SZ 376.
[79]　SZ 332f.
[80]　SZ 383.
[81]　SZ 376. 另參 SZ 382。

對他來說，歷史的基本問題就是：「何謂歷史性地存有？」[82]

　　海德格認為只能從歷史之物的存有樣式，從歷史性及其根植於時間性的狀況得知「歷史如何能成為歷史學的可能對象」[83]。以往史實的記載停留在存有者狀態上，但對海德格而言，歷史（Geschichte）的基本現象是基於存有論上的發生（Geschehen）而來。若要獲得歷史性的存有論理解，須讓發生的結構及其存在性暨時間性的可能條件展現出來。對海德格來說，發生既是實際的生存活動與施作，也是具體的動態時間性，因而可為所有的處身感受（Sichbefinden）提供基石[84]。

　　德文 Geschehen，既是發生、實現，也是出現、顯現；既是存有者狀態上的，也是存有論上的。日常生活中與人事物的相遇、生存之際的綻出是一種發生，歷史性的傳承也是一種發生，它們皆是時間性的具體顯現。到了三十年代，海德格將「發生」讓渡給 Ereignen（居有活動），且不再用以區分存有者狀態和存有論，而是指稱存有、存有真理的發生以及如何發生。

　　藉現象學的方法，海德格前期將生活經驗轉為研究對象，保留日常生活作為本真或非本真發生的基地。在《存有與時間》時間性即此有的存有意義，歷史性則根植於時間性，對歷史問題的討論著重於此有的發生。從基礎存有論來看，在發生時自行產生或體現出對存有本真或非本真的理解，決定了存有意義的顯或遮；而存有意義則決定，該發生活動是否為歷史性的。而海德格對此有進行歷史性的分析，目的是揭示出：此有根據其存有是時間性

---

[82]　GA 64: 123.
[83]　SZ 375.
[84]　KM 238.

的,所以才能歷史性地生存著,無論是本眞或非本眞。[85]

　　本眞歷史性的存有論根據在此有的存在性之本眞時間性,因此開顯出本眞歷史性的前提在於本眞地理解時間性的有限性。藉此,此有能於其本質性的發生(歷史性)再次接受自己的「命運」,而在決心中先行地自行傳承於當前瞬間敞開的場域。海德格在存有論意義上使用「命運」一詞,藉以標識「此有在本眞決心中的源初發生」。[86]在這發生中,此有自由地面對死亡,進入(überliefert)某種繼承而來的可能性。個體之有限性和傳承之接續的雙重性,構成此有源初的歷史性。[87]此有於自身敞開時本眞地理解到自己本質上是歷史性的,一旦在世即在某種現成的歷史傳承中,且向來與他者共在而共同發生。海德格將這種共同發生規定爲「共同命運(Geschick,共命)」[88]。他在存在性上提出的共命或此有的命運,無關宿命論或這類觀點,而是關乎與一群共在者共同邁向存有問題的探索,是受決心所引導的共同發生。這種共同發生構成了此有完整的、本眞的發生,組建此有源初的歷史性。

　　藉助海德格對歷史性的詮釋,我們可初步說明《存有與時間》存在性時間觀的三種基本形式:

85　SZ 376.

86　SZ 386. 在後期哲學,海德格將 Schicksal 和 Geschick(共命)關聯到探尋存有、存有眞理的 schicken(遣送)。

87　SZ 384, 386. Überliefern 於德文具有傳承、傳遞之意。海德格藉之說明此有與歷史的關係。

88　德文,Ge-於名詞字首具「群聚」之意。加上海德格欲藉 Geschick 表達「共同體,一群人(Volk)的發生(das Geschehen der Gemeinschaft, des Volkes)」(SZ 384),因此筆者將 Geschick 直譯爲「共同命運」,而 Volk 不宜直接譯爲民族或國民,因爲海德格是用於 Gemeinschaft(共同體)的同位詞,應還原 Volk 於古德文「一群人、多人」或其與拉丁文關聯的「多、多者」。

一、此有與他者共在同一時間境域的存有活動，即是時間的同時性（Zugleichsein）。

二、個體的在世因有限性而有終、有所限界，但共在的傳承歷史性將人類的命運連繫在一起，因而形成有所分割卻又相續的連續性，時間序列的無限相續也因而可能，並有了概念內涵。所以歷史性是歷史的基礎，且是時間連續性的基礎。

三、先行決心與自身持駐性使變化中的同一者得以持續，因而構成時間之持存性（Beharrlichkeit）。

不過，自身持駐性、發生與歷史性可作為知性時間概念三種基本形式的基礎，卻不足為本眞時間性的源初基礎，且仍可能誤解自身持駐性為固有的，而以永恆作為時間的源頭。除了連續和持存的特質之外，存在性的時間性還有運動的特質。若說存有的重要性在於支撐持駐，無化則是引發運動變化與終止[89]。不過海德格在《存有與時間》尚未討論無化。而自身持駐性和虛無狀態二者同為此有的基礎存有，意味這基礎存有無非就是有限性，所以存有論上，在世存有的有限性比人更源初[90]。

《存有與時間》並非以「發生」描述或探究事件的起因，而是說明個體自身性的傳承與自身持駐性。在海德格的詮釋下，歷史是生存中本眞的發生，是此有的存有方式。因此，有終且本眞的時間性才是本眞歷史性的基礎。被拋式的發生顯露出，某種無法選擇的承接與「重演（Wiederholen，再次取得）」，卻也將個體性的時間帶入群體性。亦即，「再次取得」作為本眞的曾在具本己與共在的雙重義。

89　參 SZ 283, 330。
90　參 KM 229。

在此存有具再次取得的特徵，當此有再次取得自身的根本可能性，本眞的自身能存有即處於敞開的境況，此有也本眞地明白自己與他者緊密關聯。作為本眞的曾在，「再次取得」這種時間性不限於個體，因為，具某種延展性的「再次取得」[91]連結個體性的「發生」、歷史與群體的歷史性，亦連結個人命運與群體的共同命運。這意味，時間性本質上是有限的，但不因個體的死亡而消失。這解決個體死亡後「時間依然繼續」的問題[92]。海德格因而表示，在結構上，時間性的到時自行揭示為「此有的歷史性」[93]。

4. 整體性與時間的自行到時：

在《存有與時間》海德格接受亞里斯多德主張的，時間本身連續不可分，時間性的到時因而具整體性特徵。但這不是基於連續性本身不可分，而是我們不能也無法將自身的存在分為互不相關的、斷裂的部分。因此，時間性的到時具三種整體性的特徵：

一、基礎層面上，源初性的有限性是到時本身的主要特徵。基於有限性，將來在時間性的綻出之統一性中具優先性。這種動態的整體性的界限（將來與被拋），因而既是終端亦是開端。

二、從時間本身來看，時間性的到時本身是動態的整體性。而且，這整體性是三種綻出的統一，時間性從將來到時，並與曾在及當前統一，作為「曾在的當前化的將來」而到時[94]。

三、從時間的「部分」來看，在每一種綻出樣式中「時間性都整

---

[91] SZ 391.
[92] SZ 330.
[93] SZ 332.
[94] SZ 350.

體地自行到時」[95]。曾在、當前和將來不是相繼來到，時間也不是綻出的累積。它們在源初性上都是同等地作為可能性（能存有）而在著。在其中一種樣式為首要的綻出中，其它二者也一道到時，像是當前源自曾在的將來而到時。

海德格二十年代的時間概念，基本論點在人的有限性。因人的在此存有之有限及其限定，在世存有具整體及整體性的特徵，時間與時間的到時亦因而具整體性的特質。而且，若無法獲悉在世存有的整體性，則無法獲悉本真的時間性；若無法獲悉本真的時間性，則無法獲悉時間性的自行到時及其特徵。

《存有與時間》之後，海德格對時間起源的觀點一方面有所延續，《從萊布尼茲出發的邏輯學的形上學始基》延續《存有與時間》時間到時具動態的整體性特徵，這整體性因綻出的統一而來。只不過他明確指出，這種綻出不是直線地，而是源初性的整體時間性之自由「擺動（Schwingung）」[96]。另一方面，整體主義特徵得到強化。他在《康德書》之前一再討論世界，注意到個體與整體、部分與整體的關係，卻未直接討論存有者整體以及此有與存有者整體的關係。自〈形上學是什麼？〉他對現象範圍的關注擴及存有者整體，於三十年代中期出現四重整體的概念雛型。

海德格在《形上學基本概念》（1929/30）以深度無聊作為時間本身，將時間本身視為瞬間[97]。他指出，時間是「此有本身的整體」，但「這整體的時間」作為一完整的境域（Horizont）卻吸引

---

[95] SZ 350.

[96] GA 26: 268. 而時間的本質就在這種「綻出統一性的擺動」中。（GA 26: 269）

[97] GA 29/30: 224.

著人的此有。[98]時間和人的此有出現雙重關係。不過有待確定的是，時間是此有本身之整體的「是」意味著什麼。歸屬？源自？從「時間本身作為真正使行動中的此有得以可能的東西發揮著作用」，而無聊的三種形式完全由「時間本質所規定」[99]來看，時間本身是此有的規定性，也是使之可能的基礎，因此這時間是此有本身之整體的「是」意味著規定與歸屬。而這延續了《存有與時間》的論點。

海德格在《形上學基本概念》並未討論時間來自何處，而是「宣告」時間本身的出現。時間仍整體地出現，且是「時間整體本身」[100]。可能是在觸碰到人的有限性前止步，海德格宣告時間整體本身「出現」而非到時或源出。但他不侷限在人的有限性之限界內，也不是採取辯證式的推論或玄思。在肯定人的有限性同時，他雖從時間本身出發，但仍循現象學方法，從存有者狀態而至存有論上的深度無聊；以時間為視域，而將視域的整體性，從時間性的統一及其開顯的個體性之在世存有，擴大到時間本身的三維之統一及其敞開的存有者整體之整體性。亦即，敞開的不是存有者狀態的整體或個體的在世存有之整體性，而是存有論上的存有者整體之整體性。這一方面運用現象學守住人的有限性，另一方面則從人因有限性而須超越的要求，進而揭示，基於時間本身具無化之特徵，時間性的人因而能超越。

從二十年代至三十年代，海德格持續地通過時間以達存有本身。人雖因有限性而無法得知時間的起源，但對有限性的人及存

---

[98] GA 29/30: 221.
[99] GA 29/30: 224.
[100] Ibid.

有者整體而言，時間本身和時間整體本身並不消失，而是以某種方式存在卻自行隱逸（sich entziehen）。時間本身吸引著又自行拒絕著，有所保持，但也「通過保持自身同時作爲可釋放者（Frei-gebbares）」。[101]而這也意味，時間整體本身出現時，亦有這種弔詭的雙重性。海德格藉此說明，時間超乎流逝與停頓。據前看來，自 1929 年海德格對存有的思考開始轉向時，對時間的理解也開始改變。

在深度無聊中，人的此有本身受時間本身所規定，被存有者整體拒絕而個體化。眞正使在此存有得以可能的可能性，因而被喚起。海德格將深度無聊視爲時間本身，它使人作爲不確定的某某無聊著，亦使存有者整體對陷入深度無聊中的某某保持開放，而得以藉特定的可能性處在存有者整體中。[102]在作爲基本情緒的深度無聊中，會有一種獨特的情緒：孤獨（Einsamkeit）。這是一種在存有者整體中的孤獨：被存有者整體拒絕，不隨存有者整體一道行動，卻因存有者整體的開放，卻處身存有者整體中而與存有者整體共在。

孤獨是《形上學基本概念》副標題之一，整本書卻未直接討論孤獨，連個體化都不曾特別討論。從深度無聊的情境和時間性來看，《形上學基本概念》的孤獨與《存有與時間》的個體化不同。在《存有與時間》，個體化著重於最本己的狀態，以與散失

---

[101] GA 29/30: 224. 深度無聊作爲時間本身的時間性具開放存有者整體的力量，於此可看出，自 1929 年海德格對時間及時間本質的探討出現轉變，並延續到三十年代的離基式建基（離基式深淵），它讓時間本質顯現、成其本質，亦有敞開存有者整體的力量。但也因此，海德格在三十年代對時間及其到時的探討，著重於歷史的創建以及存有真理的發生史。

[102] GA 29/30: 221, 226.

於眾人中的常人狀態對比。在《形上學基本概念》，孤獨作為基本情緒具多重性，這多重性卻因相互對立而具弔詭性。海德格指出，深度無聊作為時間性不與存有者整體一道隱逸，而是使存有者整體開放。因此，在深度無聊中的孤獨者不與存有者整體一起，卻基於敞開性而與存有者整體同在、共在。一方面藉由深度無聊作為時間性本身，以及於深度無聊的孤獨既個體化又在存有者整體中與之同在的特徵，海德格闡明時間既主觀又客觀，卻又超乎主觀與客觀。另一方面，在深度無聊中出現雙重的孤獨：既因不與存有者整體一道而個體化的，又因同樣有效（Gleichgültigkeit，漠然）而與存有者整體是「一體的（ein-sam）」，卻又在存有者整體中的孤獨。這種存有論的孤獨，因而具有雙重的「一性」：個體化的個體者，以及存有者整體、群體性的統一。

5. 時間性自行到時的其他結構環節：

在《存有與時間》本眞時間性的到時結構是動態的，具存有論的運動性。其環節有發生、虛無狀態（無化）、綻出（出離自身）、預想式的先行和在生存活動中的超越。向自身而來的將來，其自行到時即是先行。先行是一種雙重的本己可能性，既是理解上亦是行動上的：對最本己的能存有進行理解[103]，而將此有再次帶到最本己的能存有[104]，此有因而能再次籌畫並本眞地投入生存活動。就在出離自身、再次取得與先行之際，此有在世上的處境源初地變得明白可見：時間性作為綻出即具敞開的境域，在綻出中則有「何處去（Wohin）」、「向何處去（Woraufhin）」的空

---

[103] SZ 263, 337.
[104] SZ 339.

間性與方向性。綻出既是意義的指向性，且是境域的圖式。[105]對海德格來說，圖式作爲於先前給出對象本身的純粹形象（純粹的自身給出者），它使有限存有者能獲悉正超越著的有限性。[106]

於無化及再次投入生活之際，此有若基於生存的實際性而籌畫自身，也就開啓了超越活動。海德格在《康德書》指出，「超越於其本身中是綻出－境域式的」[107]。這種超越具某種必然性，但不是機械論的，也不是自然律的必然結果，而是基於有限性和時間。有限性和超越、時間和超越，在海德格前、中期哲學成了不可分的兩組概念。他將時間視爲可能性的本源[108]。沒有時間，人的一切便不可能。而且時間本質具有對有限性的超越性[109]，而使此有的超越得以可能[110]。這也顯示出，虛無狀態與存有同是時間性自行到時的存有論基礎，使得超越成爲在世存有的根本活動。

第三節　時間的源出

海德格在《康德書》提出時間如何產生：源出（entspringen），且是先於經驗的想像力讓源初性時間得以源出。這種生產性的想像力並不在經驗到對象後作用，但對海德格來說，也不是在經驗到對象前：「絕不和對象的圖像形象活動有什麼關聯，而是和對

---

[105] SZ 351, 365.
[106] KM 108.
[107] KM 119.
[108] GA 24: 463.
[109] KM 282.
[110] SZ 364.

象性之一般的純粹外觀相關」[111]，他因而以純粹想像力一詞替代先驗想像力。在《存有與時間》，源初性時間是指本真且整體的時間。源初性（Ursprünglichkeit）關涉到使之可能的基礎與本源，亦即最切近源出之處。海德格在《康德書》一方面從「源初的」現象走向使之具「源初的」屬性之源頭，而將「源初的」詮釋為「使之源出」[112]，另一方面將源初時間性限於純粹想像力使之源出的源初性，以消解源初時間性逾越人的有限性之疑慮。

對海德格來說，我們可運用理性能力認識存有者的存有，卻無法認識「無」，因為「無」本身無法站在我們面前作為認識對象。同樣地，我們可以某種方式經驗到時間，意識到時間，卻無法以傳統認識論的方法認識時間本身。受康德啓發，海德格指出，先驗想像力的產物「隸屬於『無』的可能形式」[113]，其形構能力就不僅止於具某種外觀的時間圖式或符號概念[114]，而是要能超乎經驗，達乎事物本質，才能在心靈中形構出其本質外觀或非存有者的可能形式。他因而認為，可藉先驗想像力探究時間如何源出。但若表象能力之一的先驗想像力是時間的源初基礎，時間的產生即奠基在進行直觀的主體中，而這不就陷入《存有與時間》極力避免的主觀時間概念？

海德格從人出發探問源初性時間、時間的本質。但無論以「誰

---

[111] KM 132f.

[112] KM 141.

[113] KM 143. 另參 KrV A140ff/B179f, A291/B347。

[114] Cassirer 在 Davois 辯論時也表示：「生產性想像力於康德似乎具核心意義。…若不將符號性的東西追溯到生產性想像力的能力，就不可能對它作出解釋。想像力是全部思維和直觀的關聯。」（KM 276）

是時間？」[115]提問，還是主張時間性綻出地自行移置並「以自行到時的方式回到這在此照面的存有者」[116]，又或純直觀中已先設置時間境域[117]，他都不是在說孤立的主觀時間，而是時間如何產生。《存有與時間》和《康德書》以日常爲考察時間發生的場域，「日常經驗發現了時間，且這發現是如此直接，時間就與『天（Himmel）』平列」[118]。這既呼應康德「一切知識皆伴隨經驗開始」[119]，亦指人僅是時間的發現者，而非無中生有的創始者。

海德格將獲悉時間的如何源出置於人身上，也將時間性的源初基礎置於人身上。這既接續康德對想像力與時間關聯性之探討，亦是延續亞里斯多德的靈魂能力作爲時間概念成立的條件。不過他肯定亞里斯多德確定時間是「某種在靈魂、在心靈中發生的事」，卻也批判他「未經形上學的基礎性問題引導」即對人的靈魂、心靈、精神、意識進行本質性規定。[120]在《康德書》則批判康德，痴迷於純粹理性而在先驗想像力前退縮，沉浸於由純粹理性爲一般形上學奠基，而將主體的主體性本質置於人格性，又將人格性同義於道德理性，最後導致這種人格性的純粹理性特質「完全不可能觸及人的有限性」。[121]

海德格認爲人的知識由直觀開始，就須於「本己的直觀的有

---

[115] GA 64: 125.

[116] SZ 366.

[117] 參 KM 77。

[118] KM 49. 在《存有與時間》對時間內狀態的討論，海德格有類似的論述（SZ 413-419）。

[119] Kant: KrV B1.

[120] KM 241.

[121] KM 168.

限性中去尋求」[122]知識的起源；要認識存在性的時間或時間概念的起源，就得從有限性的本質著手。但若從人自己身上著手探究產生時間的源初基礎，那麼循此線索勢必得釐清：時間如何於「人的身上」產生？縱使以現象學找出時間性如何自行顯現的脈絡，但是，人真能從自身與時間的關聯找到時間的源初基礎嗎？身為有限的存有者，人怎有能力找出隱藏最深的時間本身？

　　《康德書》某種程度上回答了《純粹理性批判》留下的問題：我如何在直觀領會中「產生時間本身」？[123]對於時間如何在人身上形成，海德格從康德兩個論點著手：一、人與時間有著直接關聯，亦即，時間是純粹直觀。二、時間規定人的認識能力，亦即，時間是一切現象的表象基礎，必時時「激發著（affizieren）對象的表象活動」[124]。海德格從中詮釋出兩個命題：一、先驗想像力是源初性的時間。二、純粹內感（Sinn，感官，感覺）是純粹的自身激發（Selbstaffektion，自身感觸），即源初性時間。[125]

---

[122] KM 25.

[123] Kant: KrV A143/B183.

[124] affizieren 於德文為雙義字，具「影響（einwirken）」和「激發、刺激（erregen）」之意。《純粹理性批判》康德這段文本，鄧曉芒 2009 年中譯單行本採用前者，三大批判合集採後者，李秋零編譯《康德著作全集》則採用後者。首先，海德格原文並沒有中譯二選一的問題。不過，康德和海德格的文本內容仍有差異。康德：「現在，時空包含著一個先天純直觀的雜多，但儘管如此仍屬於我們心靈接受性的條件，心靈只有於它們之下才能接收到對象的表象，因而這些表象任何時候必定會影響對象的概念」。（KrV A77/B102）基於時空為心靈接受性的條件，心靈對對象的表象之接收因時空而可能，而這些表象必時時影響（激發）對象的概念。海德格簡化康德文本而表示：「時空『必時時影響（激發）』對象的表象之概念」（KM 188）。

[125] KM 187, 198.

1. 時間的源出與人的自身性

在康德那裏，時間被視爲純直觀，認識活動開始前的某種形式條件。海德格則認爲，純直觀不是普遍存在的現成存有者，否則一切現象即無差別。他離開新康德主義的認識論及其知覺理論，將時間作爲純直觀詮釋爲無摻雜經驗、純感知的純粹領受活動（Vernehmen，獲悉），領受對象的本質外觀。「純」直觀本身非經驗性亦不需經驗，相反地是它使經驗得以可能。所以時間的激發應是時間自身正激發著、作用著[126]，且它從自身出發，預先形象著（vorbildet）對象的純粹外觀。海德格據此得出結論：就本質而言，時間不是與現成意義的自我相關的感觸，而是「其自身的純粹激發」。作爲先於經驗的感性能力，時間不是純粹的接受性。從自身出發領受的同時，它「形構出自身本身所涉及到的那些東西的本質」，所以「只要時間屬於有限主體的本質」，那麼「時間作爲純粹自身激發即形象出主體性的本質結構」。[127]

海德格將康德先驗統覺等同作爲主體形式條件的時間：作爲自身根據的時間性，和持駐的自身性，二者同一。後者是本眞的自身能存有且屬於「讓對象化」的活動，因而不是不變的自我。藉此，讓對象化通過時間而被激發。[128]唯當自我本身先前就在持存活動持駐地保持自身，才能形象出自身同一的境域，在這境域中持續變化的事物也才成爲可經驗、被表象的對象。因此在時間的源初形構活動中，持駐的自我具兩種形象功能：一是作爲自我，

---

[126] 參 KM 71f, 190。
[127] KM 189.
[128] KM 189, 193.

形象出持駐性之一般的「相關項（Korrelatum）」，另一是作為源初時間（純直觀和純粹想像力）而形構出動態的「讓對象化」及其境域[129]，藉此一來還原某物作為自在物如何成為與我照面的對象，二來，因讓對象化是純知性本身的能力、原概念（Urbegriff）與原活動（Urhandlung）[130]，而使純知性奠基於純直觀。

　　通過讓對象化，海德格闡明客體和主體都不是現成的：某人事物須轉向我、立在我對面，我任其立在對面，二者相遇有所關涉，它才成為我的某種對象，並與我形成共在的場域。被對象化的不僅是及手物，也可能是人或不直接顯現其外觀的實事。而且並非某事物自行顯現或立於我對面，也不是基於其對象性，即成為我的某種對象。於海德格，對象性不是現成的先行者，而是在讓對象化中自行構成。我則是參與該人事物的讓對象化時，基於主體性的建構與確立而成為某種主體。[131] 而這也意味，時間（純粹自身感觸）作為認識活動的感性條件並不是現成地內在於主體。

　　在德文具使⋯及被動式雙重義的「讓－（-lassen）」，於「讓對象化」中，具現象學以及形上學暨認識論上的雙重重要性。首先，在現象學上，「讓－」以釋出的消極方式，彰顯了認識者的主體性。而且，不加以干涉的「讓－」使「客體和主體」二者的

---

[129] KM 193.

[130] KM 74. 另，讓對象化的境域需可領受性的呈獻（Angebot）特徵，藉以直觀地呈獻出對象性本身，因此，純知性須奠基於引導及承載它的純直觀。（KM 90）

[131] KM 165, 189f. 德國學者 Figal 以對象性與物的自立性（Eigenständigkeit）作為讓對象化的基礎，但這種實在論觀點與演繹式進路並不是海德格《康德書》的立場與進路。再者，《存有與時間》並未討論對象性，但人與物的關涉不是基於物的外觀，而是基於為了⋯（Um-zu）。（參 Figal [2006]: *Gegenständlichkeit*, S. 132ff）

關涉活動自行顯現，成為海德格現象學意義上的現象。當綻出的視角是從人（此有）出發，在《存有與時間》關注的是「讓看見（Sehenlassen）」，《康德書》的讓對象化則是從認識者、被認識者（人事物）與現象本身出發的多元視角。再者，「讓－」是獲悉存有論知識的基礎，因而具形上學與認識論上的重要性。對海德格而言，主客體不是現成的認識論模式，二者的關係也不是現成的。早在《宗教生活現象學》，他即通過具體的施行指引並確定不可見的關係。而這首先須「讓」共在者的關涉如是地顯現。

最後我們看到，海德格於《康德書》對「讓－」的詮釋與重視，對海德格中、後期哲學具重要性:一、為後期哲學讓在場、讓自行顯現、「讓存有（Seinlassen）」等等，與任讓存有（Gelassensein）、「泰然任之（Gelassenheit，冷靜，平靜）」[132]相關思想奠下立論的基礎，二、顯示二十年代末已出現後期哲學的跡象，這也意味，海德格哲學的轉向在二十年代末露出端倪。

在《第一批判》第一版，康德表示人需要想像力的綜合與形構能力以產生完整的表象[133]，進而獲得知識。海德格則進一步指出，超乎經驗的先驗想像力可將先前即在的東西形構出來，並在生存之際形構出自身同一的境域。海德格在《康德書》延續《存有與時間》對自身性、自身持駐性與時間性的關聯之探討，說明在自我同一的境域與自身持駐性的基礎上，此有的常人狀態與本真自身性是同一個自身，並非支離或完全異化的二者，而是相互

---

[132] 參 GA 77: 108ff, 122。被動式的 Gelassenheit 在海德格後期哲學，是由自身以外的東西所允讓（zugelassen），雖具「更高的」主動性，但卻又在主動和被動性的區分之外。筆者認為，它集合（Ge-）了 lassen 使…及被動的雙重義，卻又超克這雙重義，因而更接近現象學的現象之特徵。

[133] Kant: KrV A102.

歸屬。本眞性根植於非－本眞性，非本眞的常人狀態則源於本眞自身性的遮蔽。對海德格而言，非本眞性是人自身性的性質之一，他接受否定性的非本眞爲人自身性的某種特徵。

在《純粹理性批判》，康德指出時空作爲先天（apriori，在之前）已被給予的「某種東西」[134]。但他未進一步闡明，時間是被「誰」給予，「如何」給出，或時間本身如何產生。海德格接續追問時間的源初基礎時，批判康德在揭示主體的主體性前退縮，主體概念因而缺乏實質的內容。[135]他認爲康德提出的先驗知識是在人的有限認知、有限理性內，但康德卻未眞正思考人的有限性。他因而主張哲學應以人的主體性作爲核心開端，認識有限性如何決定主體性的內在形式，如何爲形上學奠基。他在《康德書》闡明人的有限性，不僅是生命之有限，還包括認識能力與理性的有限。正因有限所以必須超越，否則人無法存活。他因而將超越規定爲人的主體性。[136]但同樣基於有限性，若僅從人經驗到的生存環節探討時間，再如何都限於經驗性的時間概念。那麼，人如何能認識先於經驗的時間本身？

2. 時間與認識能力

由於時間本身被視爲非經驗性的純感性直觀，海德格重新梳理人的認識能力與各能力的關係。他首先確認，認識活動始於感性，作爲起點的感性因而是超越之結構的必要元素和純粹理性的規定性。再者，基於有限性，人的純粹理性只可能是純粹的、感

---

[134] Kant: KrV A31.

[135] KM 214.

[136] KM 205, 236.

性的理性。其次，感性能力在於直觀。他接受康德所言，作爲純直觀，空間和時間都「屬於主體」，但他認爲「時間之於主體還更源初」[137]，因而進一步追問，二者以什麼方式歸屬於主體？對康德而言，時間作爲形式條件內在於人[138]，先驗想像力則是時空表象活動的形構條件。康德的先驗時間概念是某種空間，類似柏拉圖的扣拉（Chora）[139]，都是永恆自存、自身不變化的接受者。不同的是，形構與顯現事物外觀的能力，在柏拉圖那裏是扣拉本身，在康德卻是先驗想像力。

康德在先驗分析論的純粹知性概念演繹表示，一切必然性都以某種先驗條件爲基礎。於一般客體的概念綜合乃至一切經驗對象的綜合，意識統一的源初、先驗條件則是先驗統覺（Apperzeption）。[140]從先驗統覺的先天統一性是一切知識的根據、先驗想像力的綜合統一是可能知識的純粹形式[141]來看，康德已透露出時間的產生與先驗統覺、先驗想像力之間的關聯線索[142]。

在《純粹理性批判》第一版，康德論證先驗想像力「先於一切經驗而建立在先天原則上」[143]。在表象活動中，時空作爲「最純粹和最初的基本表象」[144]僅能藉先驗想像力產生，那麼，先驗想像力的相關活動也應是人類最能找到通往時空本身的能力。

---

[137] KM 50.

[138] Kant: KrV A35/B31.

[139] Platon (1998): *Timaios*, 52a-c.

[140] Kant: KrV A106.

[141] Kant: KrV A118.

[142] 參 Kant: KrV A123-125。KM §32-33。

[143] Kant: KrV A101.

[144] Kant: KrV A102.

3. 以小見大，從部分到整體

　　既然可在人身上發現通往時空本身的入徑，海德格認為應循此找出時間本身。他一方面檢視時間與人主體性的關係，透過純粹自身激發的意向活動，釐清時間所含的主體性特徵和主體具有的時間特徵，以證明人作為主體具時間性，時間則使人的主體性本質得到更源初的規定。另一方面，康德通過「同類」，透露部分與整體的關係，也給了海德格部分與整體的等同、現象與先驗相通的線索。海德格延續康德的「一種先驗的時間規定就它是普遍的並建立在某種先天規則上而言，是與範疇（它構成了這先驗時間規定的統一性）同類的（gleichartig）」。但是，就一切經驗性的雜多表象中都含有時間而言，「先驗的時間規定又與現象同類」[145]，論證大小（Größe）和統一性不是量的問題。

　　雖然海德格僅否定地表示，「大小」和統一性不是量的問題，但我們可進一步得知，它們是質的問題，因為同質才能量化。在《純粹理性批判》定量（quantitatis）即「大小（Größe）」，它的純粹圖式是數，而康德將數定義為「同質單位」。[146]借助《純粹理性批判》範疇表亦可知：根據相同的實在性被歸屬為同類而成為一，而有統一性和計量的大小，量即基於統一性和大小而出現。再者，在《物的追問》海德格以《純粹理性批判》B203 闡明，雜多的統一如何可能：須從「雜多的同類者（Gleichartigen）」出發，「連續地把許多相同者（Gleichen）共置為一個東西」[147]而成同類

---

[145] Kant: KrV A138f/B177f.

[146] Kant: KrV A142/B182.

[147] GA 41: 206.

者。於此不難看出，海德格如何通過直觀到的「部分」而獲取一窺時間與空間的整體之可能性：以質作爲量的基礎，視統一性和大小（Größe）爲質的問題。

「部分」是直觀而來，若要通過部分掌握整體，而這整體超乎直觀者（人）能知的限度，那麼唯當人的主體性存在存有者的敞開中，且因人是時間性的而限縮於時間，它在存有論上才更具普遍性。海德格區分時間作爲時間本身與作爲純直觀。後者於人的認識活動作爲某種形式條件而內在於人，但對海德格而言，時間作爲純直觀與時間本身必基於同質而連結，因而時間「越主體化，主體的去除限縮（Entschränkung）就更加源初和寬廣」[148]。藉此避開時間源於主體將面臨的極端主觀化問題，轉而論證：須在認知主體所能把握的主體性進行追問，才能找到比主體更源初且超乎一切經驗的時間本身。相應地，當時間越在存有論的基礎上起作用，就越能使主體性的本質（有限性）獲得更源初的規定。於此可見，《康德書》再次呼應《存有與時間》。

4. 先驗想像力與時間的源出

海德格在《康德書》暴力地詮釋康德哲學，將康德主張的，時間作爲先驗感性論要素，顛覆爲「純粹感性就是時間」，且是先驗想像力使這種純粹、感覺著的東西成爲可能。[149]他也運用現

---

[148] KM 50.

[149] KM 173. 海德格承認自己對康德的詮釋帶有暴力（Gewalt），但他是有意識這樣做的，因爲「爲了從詞語所說的東西那裏獲取它想說的東西，任何解釋都必然需用暴力。但這種暴力不是飄浮無據的任意。必要有某種在前面照亮的理念而來的力（Kraft）在推動和引導」。（KM 202）大多數的學者指責，海德格強把不是康德論述的機能放到康德的先驗想像

象學展示，各自獨立的二者原不相關，如何在對象化和讓對象化過程成為認識主體和客體。他從康德止步的地方接續，試圖探向此有形上學更源初的基礎，並重構先驗想像力與時間的關聯。當康德認為時間作為純直觀與人有最直接的關聯[150]，海德格則從直觀現象釐清時間如何在之前被給予[151]。他看似將「時間被給予」的問題置於認識與意識「能力」討論，倒不如說，通過現象學還原、解構與建構，探究直觀可領受什麼與如何領受。

從直觀能力和被直觀者作為直觀現象的環節與視角，海德格追問源初性時間如何產生。一方面確定人的直觀有限，不像上帝的創生性直觀於直觀產生具物質要素的某物，但能夠且必須源初地「讓存有者給出自身」[152]。另一方面注意到有限直觀的特性在於接受性，所以可領受的東西須能呈報出自身，否則有限直觀囿於有限性就無法領受。

時間作為純直觀既然是時間與人最直接的關聯，直觀過程如何領受時間即成為追溯時間源初基礎的重要線索。海德格指出經驗主體經驗性的掌握（Erfassung）「具時間的規定性」，而且自我的自身性「在自身中就是時間性的」。[153]當胡塞爾提出本質直

力學說。海德格的學生 Pöggeler 為他辯護，批判那些指責是盲目的，沒看到海德格如何用這種方法，從康德那裏借圖式學說來切近他自己起頭的東西，建構一套「時態性的（temporale）闡釋」。Pöggeler 指出，圖式法「作為」時態的闡釋，應是《存有與時間》第三部分。因此他認為，海德格自 1925/26 年突然從亞里斯多德轉向康德，其實只是按照寫書原計畫，有意識為之。（Pöggeler [1999]: *Heidegger in seiner Zeit*, S. 31f）

[150] Kant: KrV A19/B33. KM 21f, 25.

[151] Kant: KrV A31/B46.

[152] KM 25.

[153] KM 187.

觀以獲取客觀知識，海德格則企圖說明本質如何可能被直觀到而接收到心靈中。後者通過直觀現象，考察時間「如何」透過領受活動從經驗者源出：從自身出發，自行激發著，無須借助經驗，也必須不讓經驗介入，因而需要「無」阻隔經驗。

但沒有經驗作爲中介的連結，經驗者和被經驗者的純直觀活動如何可能？海德格認爲「中介」的任務在於先驗想像力，直觀因而具直接性，亦即，沒有經驗的中介。但是，這種沒有經驗的中介如何可能？首先，海德格在《康德書》規定「居間」是先驗想像力的能力之一，但作爲源初統合的居間者若不是中介者，只可能是使不同能力連結起來或純粹使之連結的居間能力。他表示想像的東西（ens imaginarium）屬於「無」的可能形式，但未說明先驗想像力這種不是中介者的中介有什麼本質特徵，亦未說明先驗想像力本身與「無」的關係。不過我們可推論，要能完成這種居間的中介任務，先驗想像力本身須具「無」的性質，以否定的方式阻爾經驗的摻入。

再者，海德格規定時間作爲純直觀活動，它預先形構（vor-bilden）並在心靈中形構出來，稱爲「形構著的往之領受（Hinneh-men）」[154]。他將時間從主體的先天形式條件，轉換成在自身中的一種表象活動，而這種表象活動（形構）是想像力的專責。藉此，時間和先驗想像力被鏈結，而非等同，否則時間就成了一種形構能力，海德格在《康德書》中提出的命題也得改成「源初性的時間即先驗想像力」了。

純直觀的直接性在《第一批判》意味著「它僅作爲主體受客

---

[154] KM 189.

體刺激，並由此獲得對客體的直接表象」[155]，亦即客體直接刺激主體而直接表象，這運動方向是由客體投向主體。但海德格改變純直觀的運動方向，改由自身出發到對象，領受後再回到自身。他接受康德的想法：純直觀在主體占有自己的位置，但以境域替代康德純直觀獲得的直接表象，亦即直觀的形式性狀（Beschaffenheit）。海德格提出的時間境域不是現成的，是由時間本身作為純直觀預先形構著作為境域的純外觀[156]，否則一切現象即無差別。

不過，海德格這裏出現有趣的狀況：一、純直觀是由自身出發前往領受對象本身的本質特徵，但為什麼同一個直觀在返回自身時出現了「時間差」而有純直觀和經驗性直觀的差別？純直觀如何能先回到自身，先行構成用以接納經驗性直觀的時間境域？是什麼造成這微妙的時間差？理論上我們可以說，直接性（純直觀）快於間接性（經驗性直觀），但在海德格是同一個領受活動、同一個直觀活動，所以前述的理由無法解決，是什麼讓同一直觀活動在返回自身的過程中產生先、後或純粹與經驗性的差異？是因為時間本身具「無」的特徵並作用在直觀活動？或是先驗想像力中具「無」的特徵，而在形構時作用於純直觀？二、在純直觀預先形構時，先驗想像力即作用著。但是，自身的激發是指時間作為純直觀激發先驗想像力作用，還是先驗想像力的激發而讓時間源出？或者，只有經驗性直觀被領受、帶回自身，而使先驗想像力作用，進而讓源初性時間源出？

---

[155] Kant: KrV B41.

[156] KM 143. 由此可見，一、直至《康德書》時間性於海德格哲學具高於空間性（外觀）的優先性，二、時間境域是以時間為基礎而構成，具時間與空間的雙重性，但要至三十年代中期，海德格才將二者並置。

　　海德格並無進一步說明相關問題。而康德那裏則沒有這些問題，一來時間作爲主體的先天形式條件現成地內在於主體，二來，時間作爲純直觀是通過剔除法，從經驗直觀排除感覺而得出純粹直觀和現象的單純（bloße）形式，進而獲得作爲先天知識原則的感性直觀之純粹形式。[157]

　　在探討純直觀活動時，海德格採取雙重視角。從人的視角，亦從時間出發來看直觀現象，以時間的預先形構和自行激發，取代時間作爲人的直觀形式條件。但保留時間作爲人的純直觀，並區分時間作爲純直觀，和時間作爲時間。「作爲（als）」讓先驗想像力連結到時間本身，而與時間本身有了雙向的結構性關係。

　　海德格從時間出發，關涉人、自我，將時間視爲自行激發的領受，而且，時間「將自我本身所涉及的這種東西之本質形構出來」[158]。而作爲純直觀，時間通過人能自我意識到自我，源初性地將人的主體性「形象爲有限的自我性（Selbstheit）」[159]。領受活動的運動方向，從自身出發趨向自身，揭示純直觀如何關涉到被直觀者本身，也揭示時間和先驗想像力如何在人的心靈中匯集，他藉此論證：先驗想像力即源初性的時間。

　　1922 年詮釋亞里斯多德存有論與邏輯學時，海德格首度注意到圖式與圖式化於方法論上的重要性，並指出「亞里斯多德以一形式的、次序化的問題『圖式』開啓了詳細的檢驗」[160]。他注意到疑問詞之間的關係，亦即在追問本源時，源自何處、什麼以及

---

[157]　參 Kant: KrV A22/B36。

[158]　KM 189.

[159]　KM 190.

[160]　GA 62: 129.

何處伴隨的什麼（das womitliche Was）三者如何關聯。在準備
1927/28 年康德《第一批判》課程時，海德格關注圖式論那一章節，
並看出圖式論與範疇問題的關聯，亦即，「傳統形上學的存有問
題與時間現象之間」的關聯。[161]海德格不只一次研讀，也不只一
次討論《第一批判》的圖式論。[162]早在教授資格論文就提及到圖
式和範疇，但 當時是以一般意義，亦即模型、一覽表，理解
Schema。他不滿於範疇表，認為圖式化的範疇表是「貧乏」、有
待超越的，因為它無法「活生生地把握精神史」[163]。海德格想出
的解決方法是「給予整體以清晰性、可靠性和統一性」，相應的
要求是與時代特有的生命意志和精細靈魂之節制（Gehaltenheit）
相宜的「開放性（Aufgeschlossenheit）」，也就是「能進行設身處
地之理解以及寬廣地—亦即，哲學導向的評價」之開放性。[164]

　　《康德書》延續《存有與時間》以介系詞作為圖式的運動方
向，並顯示時間的結構式形象。境域式圖式，在《存有與時間》
是指生存活動的圖式，顯示生存活動在不同存有理解下的方向性；
在《康德書》則給出在經驗與認識時的圖式及其方向結構。從時
間對人的作用，時間使人作為經驗者能領受正在被認識的對象，
確定它在認識活動初始時即屬於純粹的「讓對象化」之內在可能
性。經驗者因而透過自身激發，亦即在直觀時「形構出主體性的

---

[161] KM XIV.

[162] GA 21: 194. GA 26: 99. 海德格在《邏輯學》（1925/26）已看到康德圖式
論裏有些積極的東西。他也感慨，至今人們一直未對康德圖式論的「基
礎性的意義（Bedeutung，重要性）」做出評價。（GA 21: 194）1927 年
初海德格在科隆演講〈康德關於圖式論的學說與關於存有意義的問題〉，
同年 12 月在波昂演講〈康德與形上學問題〉。

[163] GA 1: 409.

[164] GA 1: 408.

本質結構」[165]，而這自身激發與形構活動，既是時間的作用，亦是經驗者的心靈活動。

當時間作爲純粹自身激發，在形構被直觀者的本質外觀時，其運動方向的圖式：「從－自身－出發－朝向－到…並返回－到－自身（Von-sich-auf-hin-zu ... und Zurück-auf-sich）」[166]。這圖式自行顯示出，時間既非現成的、先天的什麼，也不僅是外在或僅內在的東西。它超出經驗者而朝向對象，並回到經驗者自身而形構對象的本質外觀。再者，直觀活動在海德格這裏既然是從自身出發，是否就意味著，純直觀是「從」自身出發抵達「到」對象前，而時間境域也就是其中的「從…到…」？

對海德格而言，這時間境域是在經驗到對象前，且在每次直觀活動中才從自身出發而形成。在經驗（領受）到對象後，它即可接納返回自身的經驗性直觀。因此心靈中有某種能力能自行激發並在激發與直觀之際形構出這時間境域。這種非現成的時間境域，打破康德的機械論。它時時從心中源出、形構出時間境域，而將經驗活動還原爲活生生的直觀和認識活動、生存活動。它因現象而有差別，也因人而不同，更因同一個人在不同的經歷後、基於不同的存有理解而有差異：曾在和將來作爲在某一經驗前的時間維度，以某種方式作用於領受活動而擴展或窄化了時間境域。

因此，海德格將時間的圖式歸屬於心靈的本質。而這形構活動，時間作爲純粹自身激發及其圖式的形成，顯然還需要兩個基本條件。一是時間作爲純粹自身激發的在自身地出離自身。二是基於自身能存有的自身持駐性，讓時間能在自身地出離自身並返

---

[165] KM 189.
[166] KM 191.

回自身。而這兩個條件即是《存有與時間》的時間性之規定性。《康德書》闡明源初性時間的基礎在於有限性，以及圖式的源初性基礎（自身激發）與運動方向，因此可說是《存有與時間》的「前史（Vorgeschichte）」[167]。但是，《存有與時間》時間性的規定性是作為純粹自身激發及其圖式形成的源初性基礎，在這意義下則可說是《康德書》的前史。

　　從圖式的運動方向性可發現，自身激發而形構本質之外觀的指向活動，符合有限性自我心靈的構成。海德格推論出：作為純粹自身激發的時間作為認識者自身性之所以可能構成的基礎，必然「早就」存在純粹統覺中，「才使心靈成為心靈」。[168]本質上，純粹的自身激發是和先驗統覺結合為一，在這統一性中，時間作為純粹自身激發使「理性整體」得以成為統一的整體。[169]藉此，海德格取消先驗統覺於認知與表象活動的優先性，轉化為從自身出發的純粹統覺。他用「純粹」表示「從自身出發」[170]，不夾雜自身以外的什麼。藉純粹統覺，他欲進一步論證於《康德書》提出的命題：先驗想像力即源初性的時間。

　　在海德格的詮釋下，先驗想像力具三種基本能力：形構、介於其間的居間（Zwischen）與「使之源出」。[171]它們與純直觀給出純粹外觀的形構活動，以及時間形構純粹外觀的圖式運動性相同。康德曾闡明形構能力與時間表象的關係：映像（Abbildung）能力表象當前的時間，後像（Nachbildung）能力表象過去的時間，

---

[167] 關子尹（2021）。《徘徊於天人之際》，頁 269。
[168] KM 191.
[169] KM 243.
[170] 參 KM 176。
[171] KM 175f, 196.

前像（Vorbildung）能力表象將來的時間。[172]不過，康德在此並未提及先驗想像力。海德格則認定，這種能力來自先驗想像力，讓純直觀本身得以進行形構。而且，他將先驗想像力轉為純粹想像力：從自身出發來形象。純粹想像力被視為最源初性的形構能力，是一切形構能力與形構活動的源初性基礎。而純粹想像力本身與時間相關，必然首先形象著作為純直觀的時間。[173]海德格試圖逆轉康德關於時間與認識能力關係的觀點，從時間使一切現象和表象得以可能，逆轉為純粹想像力是時間的某種源頭：使時間表象得以可能的源頭。所以，先驗想像力「即」源初性的時間，意味著「時間作為純粹直觀是從先驗想像力源出」[174]。

海德格將先驗想像力詮釋為源初性的直觀活動，使時間序列作為現在序列得以源出。而「使之源出」與介於其間的「居間」能力，它們與源初性時間於直觀的源初性形象活動相同[175]。居間乍看僅具中介性質，但海德格以之說明先驗統覺，因為先驗想像力是使雜多綜合為一體的能力，可使將來、過去和當前合而為一。而居間作為先驗想像力的能力，存在自身的源初統一中，「以時間性形象的方式形成時間本身的到時」。先驗想像力基於居間能力，而被海德格詮釋為表象活動源初統合的中點，連結純粹感性和純粹知性，並作為使二者得以作用的「根（Wurzel）」。[176]從自身返回先驗想像力扎根，即回到源初性時間的形構活動。[177]先

---

[172] 見於 KM 174f。

[173] KM 175.

[174] KM 173.

[175] KM 175, 196.

[176] KM 138ff.

[177] KM 196.

驗想像力因而是形上學奠基活動的敞開活動。於敞開活動所形成的，既是形上學源初性的基礎存有，亦是存有的境域時間。

海德格一方面強調純直觀據其本質是純粹想像[178]，一種純粹的構成活動。另一方面則瞭解到，是源初性時間使先驗想像力成為可能[179]。這意味，源初性時間是先驗想像力的基礎。因有限存有者的想像力不能無中生有，所以需要源初性時間當前化的領受活動。他將康德意義下的接受性直觀詮釋為，因源自先驗想像力而同時具主動的自行給出與被動的接受之特徵，所以在場時能領受自行給出的東西，直接獲得對象本身自行顯現的外觀而形構。因此，海德格提出的「先驗想像力即源初性的時間」[180]，不表示二者等同，而是源初性時間和先驗想像力源初地即相互依存。

時間不是物，既不是認知能力的產物，也不是先驗想像力創生出的什麼。海德格在《康德書》揭示的是，時間「如何」從人的心靈源出，如何源自先驗想像力：透過先驗想像力的綜合、統一和形構活動，使之源出。藉自行給出的領受活動，可將產生時間的源初基礎限縮在有限存有者—人的身上，以證明持駐的自身性與時間本身同質。但也僅能確定，在人身上時間源初地在自身激發中，激發先驗想像力，純粹地進行形構，形構著直接領受的對象本質之外觀，而在人的內感，讓時間隨著對象的本質外觀之構成源出。從先驗想像力的詮釋看來，海德格是把康德的時間，從作為主觀的形式條件，改寫為人心靈中的某種源初性的能力。

---

[178] KM 143.
[179] KM 196.
[180] KM 187.

第八章 結 論

　　海德格通過時間問題，解答存有問題與人的此有。從他通達存有本身的嘗試，我們看到他在不同領域以不同的方法釐清時間現象，探問時間的源初性與本質。二十年代爲獲悉存有本身，他藉助時間作爲存有理解的視域。到了三十年代，從離基式建基而來的時間與存有眞理的發生息息相關。

　　海德格的時間概念，隨著對時間的提問有所轉變而有不同。他在前期受奧古斯丁啓發，從傳統的「什麼是時間？」轉而提問「誰是時間？」。到了中期，極可能受尼采「深淵」思想的啓發，他提出離基式建基（深淵），時間問題也因而成了：時空基於什麼共屬一體？如何能共屬一體？海德格在三十年代思考，時間在源出性上並不存有著而是成其本質（wesen）。此時，他對時間的提問儼然變成了「時間如何成其本質？」而這問題也延續到海德格後期哲學，並且，因問題的重心變成了存有的處所，對時間的提問也轉爲與其處所相關的問題：時間存在哪裏？在哪裏成其本質？從哪裏源出？

　　在前期，海德格將時間視爲存有理解的視域，時間也成了存有理解的某種條件與基礎。而現象學的視看和通達實事本身，須借助時間性或歷史性。所以開始以現象學探究存有問題時，他即企圖通過時間和歷史探求存有意義，以通達存有本身。

　　到了中期，海德格探討時間問題的場域，從前期以日常生活的一般生存活動爲主，轉而以生活中直接關涉存有眞理之發生的藝術和哲學活動爲主。時間問題除了關涉到此有的存有意義和存有眞理，亦關涉到歷史、永恆、有限性、超越和時間起源。通過對尼采永恆回歸學說與強力意志的詮釋，討論時間和永恆的關係。對時間起源及相關問題，他在《存有與時間》宏觀地從生存的綻出討論時間的自行到時；在《康德書》則微觀地從先驗想像力說明時間的源出。

　　而且，海德格在《康德書》提出「讓對象化」，通過對「讓—（-lassen）」的詮釋，在現象學上，一方面以「讓—」、釋出的消極方式，彰顯了認識者的主體性，另一方面使「客體和主體」的關涉活動自行顯現，成爲海德格現象學意義上的現象。在形上學和認識論上，「讓—」是獲悉存有論知識的基礎。而「讓—」也爲後期哲學的讓在場、「讓存有」等等，與「任讓存有（Gelassensein；Gelassenheit，泰然任之）」相關思想奠下立論的基礎，並顯示出海德格至後期仍運用現象學。

　　從前期重視開顯、揭示而去除遮蔽，經過中期的居有、敞開與使之本質顯現、自行顯現，亦即，讓遮蔽作爲遮蔽顯現出來，讓顯與遮的源初性爭執發生而敞開出澄明，到了後期，四重整體居有著，居有給出存有，讓存有作爲在場者的在場。

　　海德格時間哲學的主軸，一直從人的有限性出發，沿著存有問題與存有眞理的探索，以走向時間本身。而人作爲眞理的探索者，一方面通過存有眞理的發生，讓自行藏匿在存有者中的存有顯露，另一方面則是人等待存有眞理的發生，以躍入其所敞開的澄明。前期至後期未曾改變的是，海德格的時間概念受存有問題

的提問及討論方式影響，因爲他是爲討論存有而論及時間的本質性特徵。

　　經過前面的討論，我們整理出海德格時間概念在前期和中期的共同特徵：

一、皆從人出發，在存有者和存有層次得到思考，時間本質與人的在此存有息息相關。

　　海德格在《形上學基本概念》主張，時間本質根植在此有本身的本質。他在前期和中期的基本論點爲人是有限性的，所以人是時間性的。基於人是時間性的，他對時間的理解以及對時間問題的討論，既與存有理解相關，亦與人的存有活動、人的成其本質密切相關。

二、因人的有限性，時間本質上是有限的。

　　更進一步來看，海德格前期基於人是時間性的，而以有限、有終的將來爲主要視角。但時間本身不受限於一己的有限，不因一己的死亡而消亡，因而藉歷史性解決時間超乎人一己的有限性所衍生的問題。只不過在人類全體消亡的可能性無法消除之下，時間的有限性作爲一種可能性依然成立。在中期，「時間有限」的論點直接來自人的有限性。再者，從無聊現象通達時間本身後，海德格不再從時間的某種形式，而是從時間本身討論時間。三十年代中顧及人的有限，無法綜觀和估量存有者整體，時間因而同時具有限性與無限性。

三、主體性時間。

　　海德格以自身、自身性作爲理解時間的基地，但他也明白人不可能取消從自己出發的視角，並因有限性產生各式限制。爲此，他釐清人的本質特徵，也試圖梳理人的有限性與時間

的關係，通過多元視角與處在存有者整體中的自身，試圖超越主觀和客觀、個體性與群體性，以找出時間的本質和起源。他特意區分主體與主觀，並認爲人的本質及其主體性皆是生存之際形成，因而其時間概念應視爲一種主體性的時間概念。

四、多元視角，多重進路。

海德格循現象學的核心主張，走向作爲實事的存有本身和時間本身，進而由實事本身進行視看與詮釋。受亞里斯多德和奧古斯丁等啓發，他在前期即嘗試多元視角和多重進路。在《康德書》提出主客體融合的可能性，在《尼采 I》討論尼采的多視角主義。到了後期則持續多元視角的視看，試由時間與存有本身出發來看時間與存有；不過要到〈時間與存有〉才具體施行。正如他在早期即注意到的，人無論如何都無法取消人的視角。所以海德格哲學所得出的時間概念和本質性特徵，都應加上「對人而言」。

五、存有論的時間觀。

對時間的理解，因對存有的理解不同而不同。在海德格前期，時間性即此有的存有意義，一切未追問存有意義的存有者都不具時間性。在中期則涉及存有的發生和存有眞理的發生。

六、存有與「無」共同作用在時間本身。因爲，最深刻的有限性就在「無」。

海德格在前期主要通過死亡和「畏」討論在世存有的「無」與虛無狀態，而時間性本眞地自將來向自身而來，並無化成當前。在中期，除了從「畏」討論「無」，也因離－基、敞開與創作等涉及無化。在無的無化引發運動變化之際，存有使時間的持存和持駐性得以可能。

七、時間本身具存有論的運動性，因「無」的作用而來的運動特
　　質。

　　　前期的運動性是此有的發生，在中期則是存有、存有眞理的
　　發生（居有活動）。在前期，時間的運動方式是綻出，存在
　　性時間觀因而具動態結構之特徵。海德格在《存有與時間》
　　將圖式規定爲綻出的運動方向，從圖式結構可看到時間的雙
　　主軸（生存與存有理解）與雙維度（生存／存有者狀態與存
　　在性／存有）的特徵。而且時間性作爲時間本質，被視爲綻
　　出－境域式的：綻出而形成的動態境域。

　　　自二十年代末至三十年代末，時間的存有論運動是離基式的
　　移離，並因離基式的建基，提高運動的強度。而離基式建基
　　（深淵）使時間得以自行時間化，因此海德格中期可說是一
　　種離基式建基之時間概念，或深淵式的時間概念。但海德格
　　後期則主張，時間本身在整體上不運動。

八、時間本身具存有論的力。

　　　在前期由綻出和超越顯現出力，並因綻出的力之「張力」而
　　形構出空間性。在《存有與時間》時間的超越方式，是綻出
　　式出離以及歷史性的共命，到了《康德書》則是向外站出，
　　超逾。但尚未討論力的問題。在三十年代海德格藉尼采學說，
　　以強力意志是存有者整體的特徵爲命題，闡明世界的普通特
　　徵是力，生存綻出之際所展現的力源自強力意志。時間本身
　　的力，則源自敞開以及基於離基式建基而來的移離。

九、整體主義，但前期和中期不同。

　　　前期因偏重於人作爲此有及其在世存有的時間性，而偏向存
　　有者狀態、前存有論和基礎存有論等不同層次的、完整的個

體性之時間理解和在世存有的整體性。自 1929 年起海德格開始重視存有者整體，三十年代中出現四重整體的概念雛型，而偏向存有者整體的存有與時間本身。

十、時間來自時間本身。

在二十年代海德格認為，時間的形成基於生存的綻出而自行時間化（自行到時），而先驗（純粹）想像力則是時間概念、時間意識的源出處。至三十年代，時間則因離基式建基而產生；時間本身則是持存性持存化的瞬間。這意味，來自時間本身的時間是某種純粹者或純粹的實事（Sache），而非數或運動等形成的複合者或被造物。

十一、本真、源初的時間性是三種時間形式於存有論上的統一體，且在二十和三十年代都稱為瞬間，但瞬間的概念內容於不同著作有所差異。

十二、時間性和歷史性之間的優先性，前期和中期相反。

海德格在二十年代前即將歷史問題帶入存有問題的討論，時間問題和歷史問題亦因而關係密切。在前期，歷史性奠基於時間性。中期則是時間性基於作為存有、存有真理發生的歷史性而來。

從前述我們可看出，海德格在前期和中期的時間觀點，同中有異。除此之外，在前期，日常生活是探討時間的主要場域，因為，日常狀態自行揭露為時間性的模態。也因此，前者呈現出一種以此有的時間性為核心的存在性時間觀：《存有與時間》從生存的可能性出發，視時間性為本真的操心意義，將操心視為此有的存在性意義。以生存活動作為時間概念的實際內容，將存有的可能性作為時間性的元結構。在中期，海德格不再以日常生活或

生存活動作爲探討時間的主要場域，而偏向藝術和哲學活動作爲存有眞理的發生，並因著重另一開端的開創，出現一種離基式建基的時間觀，時間與歷史的關係亦有所變。而時間本身在中期具空間化的特徵，且與空間統一、並置。

　海德格前期和中期的時間討論，也有類似性。首先，歷史問題在前期和中期都有其重要性，並與時間的本質相關。但在前期，歷史根植於時間性，從此有的發生而來；在中期，歷史則基於存有眞理的發生與開端式的創建，且在存有問題上具有高於時間性的優先性。再者，時間探討在前期和中期都具基礎主義色彩，都有「無化」作用其中。但無化的作用在前期是，存有與虛無狀態共同組建基礎存有，中期則是離基而建基：通過離基探向更源初的基礎。顯然地，無化作用在中期的離基式建基的力道更大、更明顯，也使時間的運動性在中期更動盪。

　在《存有與時間》，海德格欲通過基礎存有論開顯出存有本身。他通過時間、以時間爲視域追問存有，因而探索存有本身之前須獲悉源初性的時間，並因源初性（Ursprünglichkeit，源出性）而涉及時間如何形成。海德格提出，時間是在生存之際自行到時。透過時間與自行產生（Sich-Zeitigung）於字根 zeit 的關聯性，他詮釋出時間源自時間性，時間性在人向死亡存有之際綻出地自行產生。亦即，在其自身且爲其自身地出離自身之際自行到時。

　在《康德書》，海德格將先驗想像力的三種基本能力規定爲形構、介於之間與使之源出。他將「源初的」詮釋爲動態的使之源出，而源初性的時間是先驗想像力，這因而意味，時間是從先驗想像力源出。不過，先驗想像力亦須藉助源初時間作爲純粹自身激發，其純粹形象活動才得以發生。因此，源初性時間和先驗

想像力的關係是相互依存，而非等同。

　　從人本身出發，海德格通過存有的發生探討時間和歷史及其起源，但與生命起源、創造論或進化論無關，而是探討我們為什麼能如此這般地想像或推論時間從何而來。在《存有與時間》和《康德書》，源初時間的產生都不是基於單項基礎或條件。在對時間源初基礎的探問上，《康德書》偏重微觀：時間作為純直觀如何於人的意向活動中產生。《存有與時間》則是宏觀：生存之際，源初性時間如何綻出地自行到時。關於時間，二者的基本論點都是人的有限性：基於有限性，人為了生存須出離自身。根據自身能存有與自身持駐性，此有才能為自身且在自身地出離自身，時間就在生存之際自行到時。通過先驗想像力，海德格將源初性時間動詞化為源初性的形象活動，並使時間的三種形式（將來、過去和當前）合而為一。在《存有與時間》，這三種形式是三種綻出方式，將來在綻出的統一中具時間源出性上的優先性。而時間就在綻出時統一，動態且整體性地自行到時，且是每一種綻出形式都動態且整體性地到時。在《康德書》亦統一地到時，不過著重時間在心靈中的源出。通過先驗想像力的形象以及使源出的能力，在自身中形成著時間本身的到時。

　　從海德格時間概念的發展，可略見海德格哲學的發展，它幫助我們看到海德格中期與後期哲學的同與異。早在《時間概念》他即提出，有限性的人須從時間來探討時間，並表示，時間是時間性的。但到了後期，在〈時間與存有〉他才從時間本身和存有本身討論二者，以「它給出（Es gibt，有）」的它作為二者源出處。並指出「它」就是居有，而居有向來就是居有活動，具自行隱逸的本質性特徵。可見海德格轉向居有，不是為求取神般的全

視，而是從居有本身兼顧人的視角，視看時間和存有的源出。另一轉變在於，前期和中期時間具明顯的運動性質，後期消失了，卻出現弔詭的時間現象：居有而有時間，因「給出」而具運動性，時間本身整體卻不運動。而其主要原因在於居有概念的轉變。自三十年代中，居有成了海德格哲學的核心概念。自四十年代初，作爲時間化的離基式建基（Abgrund，深淵）逐漸淡出居有的概念內涵，居有的遊戲轉變爲一種寧靜的映照。

二十年代至三十年代，海德格對時間的理解是從人出發的存有論時間觀。他在《康德書》〈導論〉指出，基礎存有論就是對「有限性的人之本質」進行存有論上的分析。《形上學導論》則表示，唯當人存有著，時間才成爲時間。而僅作爲「人的－歷史性的」在此存有，時間才到時。這意味，人的存有和人的歷史性，是時間到時的前提。

海德格在《康德書》確定人的本質特徵是有限性，而這也成了時間的本質特徵。正因爲有限，所以需要超越。無論綻出式的出離或是離基式的移離，時間本身都有超越的結構性。不過海德格的超越概念不同於傳統哲學，並未越出時間的「界限」。

但從人出發探討時間，必然會受到淪爲主觀的質疑。海德格在《形上學基本概念》從時間（無聊）出發探討時間，並以深度無聊作爲時間性本身，探討一種兼顧存有者整體的主體性時間概念：當我們被作爲基本情緒和時間性本身的深度無聊感染時，就深切地活動在時間本質中。在深度無聊的孤獨瞬間，人被個體化卻又身處存有者整體，與之共在。通過深度無聊，海德格說明時間本身是既主觀又客觀，且超乎主觀與客觀。

在《尼采》，海德格直面主觀化與人類中心主義的質疑，並

表示，人無法避免人的視角，同樣不可能避免人化，也無法避免非人化。因為，人是有限性的生成者，要達到非人化地客觀看待事物須先真正地人化，亦即真正地擁有自身、具人之為人的本質後成為歷史性的，才能從人在存有者整體的立場與存有者整體本身關聯一起，而達到非人化的客觀性。

在海德格前期到中期哲學，可看到他致力於突破傳統哲學一維的直線時間概念，批判傳統以空間思維時間。二十年代提出的境域式時間，或三十年代主張空間化的時間，本身都有空間性的特徵，但前者是基於時間的綻出而形成，後者則在時間中置入空間所導致，皆非從空間出發或基於空間來思考時間。而且，不僅時間空間化著，空間也時間化著。時間與空間共屬一體成為時間－空間，但二者的連結、統一卻也意味著，時間本身不同於空間本身。

海德格批判傳統與流俗的時間概念，卻也深受傳統哲學影響。從時間的運動性來看，傳統哲學基本上可分為，柏拉圖主張的時間本身運動著，以及亞里斯多德主張的時間本身不運動。基於海德格深諳柏拉圖與亞里斯多德哲學，其時間概念在前期至中期應是受柏拉圖影響而深具運動性；後期提出時間整體本質上不運動，則可能來自亞里斯多德的影響。

從前期到後期，海德格對時間的理解都與存有（存有意義、存有活動、存有真理的發生）密切相關。因此易引起質疑或認為：對海德格來說，時間就是存有，或者，存有就是時間。但是，我們不能這樣簡化地宣稱。

在《存有與時間》海德格以此有和時間作為通達存有本身的通道，將時間性規定為「此有的」存有意義，但不是存有本身。

即使他在後期著作〈時間與存有〉認為，存有和時間共屬一體，且相互歸屬，在邏輯上二者等同，但這種共屬一體且相互歸屬本身不是基於邏輯關係而來，而是，二者在居有中居有著而出現的「根植於…（beruhen in...）」。二者的共屬一體和相互歸屬狀態是動態的，且是存有根植於時間的共屬一體之下，二者「一起」根植於居有，並因而相互伴隨。在居有活動中，存有和時間入其本己而成其本身，並沒有成為對方。

　　海德格前期哲學以此有為核心，中期哲學則以存有、存有真理的發生為主。因此，他在前期對時間與存有問題的探討亦以此有為核心，以生活和日常為存有活動的基地，從而使海德格前期的時間概念無異是此有的時間性。藝術在海德格中期哲學成了探討存有、時間與歷史問題的重要場域，他以居有和離基式建基作為存有、存有真理發生的方式，而這也是探問時間問題的方式。

　　《時間概念》至《存有與時間》期間，此有具存有者狀態和存有論雙重義，亦即作為存有者和存有方式。海德格將時間性規定為此有的存有意義，時間與存有因而出現循環論證般的依存關係。通過此有的雙重義，他區分一般流俗的時間概念和本質性的時間概念、本真的時間性。在《存有與時間》因存有理解層級的三分，而區分了存有者狀態、前存有論、基礎存有論三個層次的時間概念：流俗與傳統時間，時間內狀態（Innerzeitigkeit），本真的時間性。

　　由於同時注重生存（存在）、存有的「如何」及如何可能，海德格在《存有與時間》闡釋的「此有之時間性」是一種兼顧存有論與生存活動的存在性時間觀。因綻出是時間性的基礎，這種「綻出－境域式的時間性」呈現出動態的圖式結構。基於存有理

解層級的三分，這動態的圖式結構既有被拋和死亡之間不可逆的直線運動，又有曾在與將來之間可逆的綻出運動，亦有在存有層級之間的移置。通過良知現象作為自身本真能存有在生存可能性上的見證者，可清楚看到時間從存有者狀態（將時間視為某種存有者）向基礎存有論（本真而源初的時間性）開顯而呈現的移置。

從《存有與時間》存在性時間觀的動態結構我們看到，於基礎存有論的本真時間性，時間的水平動態結構出現雙開端的雙向伸展。這意味，海德格以雙維度、雙直線、雙向運行的時間結構，顛覆傳統從先驗的必然性出發的單維度、單直線、單向運行的時間觀。藉此，他試圖打破基於時間點或綿延的空間性時間觀，而以時間性作為空間性的基礎。這種雙開端的時間觀取消了靜態的、幾何概念上的空間對時間的優越性。不過正因如此，先行向死、有終將來的來到自身等存有樣式，仍有生存的綻出本身的力所形成的空間性。且因綻出的力與運動性，《存有與時間》的存在性時間觀呈現出動態的圖式與境域。

海德格反對實在論，也反對後設理論。對他來說，存有不是現象背後的永恆自存者，現象本身與存有也不是二分或對立。因此，對生存整體現象的本真觀察與理解，有助本真地理解在世存有的存有，本真的存有理解也會顯現在日常生活的行動以及對時間性的理解。在開顯並理解本真整體能存有後，人同樣在此存有著，同樣落入日常生活操心操勞。在此存有的「在此」環節仍是沉淪、處身感受、言談和理解。不同的是，開顯狀態使人在生存之際能是他的「在此（Da）」本身，能讓人活出他本真的存有樣態，並因而有不同的時間內涵，不同的時間性。這意味，因開顯本真的存有意義，而活出本真的時間性。理解、處身感受、沉淪

和言談能在結構上達到統一，「知」與理解作為某種行動，而與日常的行動同時、一致。因此即使在日常生活或工作中操心煩忙，也能在公眾的周圍世界中認出自己。

不過這並不意味，人基於開顯狀態可從此高枕無憂，尤其在日常生活操心勞神之下，人們容易一再陷入存有的遺忘。脫離常人狀態地做自己，也不是擁有任何意義上的絕對自由，而是確知自己能存有的整體性。「清醒的畏」這一罕見、不可預期的瞬間，將自身帶到個體化的根本可能性前，使人能對自身的諸可能性自由地籌畫。

在日常以開顯狀態生活的人所能擁有的自由，是一種有限的、有約束的自由之可能性。而且還須通過在自身中行動，才能成為自由的。在有終的將來、有限性的限度內，能自由地面對隨時可能來到的死亡，也在死亡尚未來臨前，面對自身的基本可能性進行籌畫。基於先行決心，死亡在自身中變得強而有力時，自由面對死亡的我們就在這種強力中理解自己。在這種強力中，我們不僅有力量可擔負生命的重量，也有了力量承擔自身難以承受的「輕」，亦即，在這種有限的自由中把自身的無力狀態承擔過來，面對當前的處境清醒地進行選擇。並設法在自身中自我克服，行動出自己。當康德以自由作為道德行動的前提，海德格在前期哲學是通過立於自身中行動，而成為存有論的自主式自由。

自 1929 年起，海德格不再著重在世存有的整體性，而是重視存有者整體，既擴大了整體主義的範圍，也強化了時間的力量與運動性。三十年代出現四重整體的概念雛型，但整體範圍擴大之際，對生活世界的論述卻不像早期具體。而時間概念的運動性，在海德格中期哲學主要來自離基式建基（離基式深淵），而且離

基式的建基包含於居有活動中。基於有限性，人無法直接探究到終極的基礎來討論存有本身，而是須跳躍地一再離開原有的基礎，創立新基礎。在離開原有基礎、創建新基礎之際出現移離，時間就時間化並本質顯現。自二十年代末注意到源出、跳躍和離基式深淵的關係，而這也促使海德格在歷史問題討論方向的轉變，從此有的發生轉向存有眞理的發生與歷史的創建。

　　海德格探討時間問題的另一特徵是，將歷史問題，更確切地說，將存有的發生包含其中。他早期一轉入現象學即將歷史學和歷史處境納入現象學步驟，並把實際生活經驗和歷史文物視爲基本現象。並通過共在、我群及歷史性，解決有限性的時間所產生的疑難。無論是存有者歷史、存有論歷史或是存有歷史，他的歷史觀都不是一種靜態的構成性歷史，而是動態的「發生學」歷史，存有發生的歷史。

　　在前期，海德格透過歷史擴大時間作爲存有理解的視域。一方面通過對存有論歷史的詮釋，另一方面針對歷史學之物（存有者的發生）的歷史進行現象學的開顯，雙頭並進。在三十年代以前，海德格前期哲學著重基礎存有論，強調我自身所是的、此在的**存有意義**。承襲傳統形上學的基礎主義，他將時間性視爲歷史性的基礎。自 1929 年，存有論上他重視存有者整體的存有，此有的概念基本上僅留下在此存有。在三十年代通過居有離開傳統形上學和存有論歷史，直接討論存有的發生與存有歷史，因而重視離基式建基和另一開端的創建，而時間則是基於另一開端的創立而來。從三十年代中期以至後期哲學，他對存有歷史的討論集中在兩個領域，一是哲學活動，另一是藝術。而二者到了海德格後期哲學，逐漸匯集於語言：居有的道說，存有的道說與跟著道說。

　　海德格在《藝術作品的本源》指出，藝術開創歷史。他針對藝術的本質提出了基本命題：藝術是眞理的自行置入作品。這意味，藝術的創造與創新歸屬於存有眞理的創建。他顯然以存有眞理的自行置入作爲藝術創作的源出性「動機」，以敞開存有眞理發生的澄明作爲藝術的目的。自由、籌畫基於這動機而來，亦須符合這相應的目的。海德格在三十年代中提出一種存有論的藝術觀，更確切而言，是存有眞理觀的藝術論。他以現象學指導原則爲「公式」，形成藝術中心論：藝術風格不是創作者的獨特形態或人格特徵。相反地，創作者與觀賞者須走向藝術本身。

　　通過存有眞理觀的藝術論，海德格在《藝術作品的本源》將藝術推到藝術本身的極端邊界，在《尼采 I》則將人推到人之爲人的極端邊界，使人成爲自我的立法者，價值標準的設立者，以及自身本質的創造者。對他來說，藝術作爲美的活動，不在於審美或創造出美的東西，而是美化活動。藝術家與欣賞者的創作都以美爲對象。美是值得尊敬的東西本身，且是作爲我們本質的榜樣來讚賞和尊敬的東西，因爲，美規定我們以及我們的行爲與能力，將人置入陶醉感的形式中。通過美，我們最高度地占有我們的本質，亦即，我們超脫了我們自己。在對人的本質規定上，美因而具高於眞理的優先地位。

　　基於海德格的存有眞理觀的藝術論點，以藝術作爲藝術作品的本源，這種開端性的歷史性成了時間性的基礎。他從三個向度論證藝術的歷史性：一、從藝術的本質是作詩（Dichtung），而作詩是贈予、建基、開端三種意義上的創建。二、從藝術歸屬於居有，而海德格中期的居有概念包含著離基式建基。通過存有的本質顯現和離基，居有開創另一開端，因而是源初性的歷史本身。

三、對作品中的眞理，進行創作性的保藏。這三個向度相互關涉地出現在論述中，在闡明藝術之所以是歷史性的同時，顯示出歷史的諸多含義，這些含義可分爲歷史本身和藝術的歷史性兩部分。海德格中期以作詩作爲藝術的本質，並通過建基、開端和贈予三種意義的創建，闡明歷史本身的本質性含義：

1. 對存有及其眞理的守護。更確切地說，通過讓存有與存有眞理發生，以守護存有及其眞理。
2. 於時間性上，歷史本身的本質特徵是將來，不斷地投向將來，而不是過去。在存有者層次上，某個人事物之所以作爲歷史學之物被保留下來，更多的是基於它對將來的影響具難以抹滅的重要性（意義）。
3. 通過存有的道說，予以共在族群的本質性特徵。
4. 族群之共同命運，亦即，經過共同的發生、歷事而完成共同的命運。

通過對「作詩（Dichtung）」的詮釋，海德格闡明藝術的歷史性是共在群體的歷史本源，且具創作、風格等面向的含義：藝術的歷史性是創作性的傳承，對眞理進行創作性的保藏。本質性的藝術創作作爲創建，每次都是躍向存有的泉源汲取存有，因存有而有共通性，因汲取方式不同而有差異。藝術的創建直接從開端汲取存有，並投向將來。藝術的歷史性因而具動態的豐富性和圓滿性。這種歷史性是風格的開創與完成，因而既是開端性，亦是完成的。因爲，藝術的本質是偉大的風格，它以最高的強力感讓人意願自身而超出自身，擺脫有限性的束縛，並以強大的開創力，爲未來創立法則。而存有眞理的發生決定歷史的發生，亦決定美的發生。

　　藝術作品源自藝術，藝術作品的時間性亦源自藝術的歷史性。這意味在海德格中期哲學，時間性與歷史性二者之間的優先性出現逆轉。若從藝術作品的特徵和規定來看，藝術作品具有三種時間性：空間化的時間，獨一性的時間性，以及瞬間的永恆。這三種時間性並非各自獨立存在或是不同的時間形式，而是相互關涉，同時並在於藝術作品中。

　　其中，最明顯的特徵是空間化的境域式時間性。在現象上，它是基於藝術作品形態而產生的空間設置。若從存有眞理的發生運動來看，則因離基式的敞開、建基而空間化爲敞開的領域。每件藝術作品因離基式建基，而開啓藝術史上的新開端，且獨一無二。而這敞開性在作品中的逗留活動包含了三種時間形式，且有如永恆化的瞬間，澄明的瞬間。藝術作品的時間－空間在居有遊戲中相互涵攝，但時間與空間並不同化，而是動態地並置。空間化的時間性與時間化的空間性的交互運動，鏈結成了時間－遊戲－空間。

　　海德格同時以存有眞理的自行置入和獨一性，作爲判別藝術和藝術作品的主要根據。基於獨一性，他提出藝術作品時間性的（時態）命題：先前尚未存有，此後也不再生成變化。這也與藝術之歷史性的基本命題相呼應：藝術是歷史性的，歷史性的藝術是對作品中的眞理的創作性保藏。

　　面對存有眞理的敞開與藝術作品因形態的固定所造成的矛盾與衝突，海德格通過動態的聚集和源初性的爭執解釋。首先，被固定的不是內容，而是線條和形態。他將作品的線條詮釋爲大地與世界源初性爭執所產生的裂縫，裂縫讓澄明顯現，也讓存有眞理的發生保藏於作品中，並投向將來。基於形態固定而呈現在作

品中，藝術作品具一直現前的時間特徵。這種現前並非隔斷或定格的時間，而是在場顯現的「當前」，是一種持久性的聚集，動態的聚集，亦即於曾在和將來之間移離的持久性。由於敞開性，藝術作品這種一直現前的時間性包含了曾在和將來，並基於形態固定在作品，而激似無始無終、不變的永恆，但對有限性的人而言，它卻持續處於存有活動上的變化：從偽裝、遮蔽到澄明的開啓之循環。

基於藝術歸屬於居有，居有是藝術的歷史性和藝術作品時間性的源頭。存有真理發生時所敞開的瞬間必有個開端在著。而這開端包含存有真理未曾展開的全部豐富性，並基於這開端所具有的敞開衝力，歷史因而開始，或再次開始。所以，藝術是歷史性的，這歷史性包含了開端與完成，它在藝術作品中發動、聚集的存有真理亦得以在將來本質地顯現。藝術和藝術作品往往被視爲永恆或永恆的化身，這是因其時間性近似不變的永恆：藝術作品的現前乃同時向曾在與將來的移離，並於曾在和將來同時向當前聚集的當前化中，展現出曾在、現前與將來三者的統一。因而出現藝術作品第三個特徵：永恆的瞬間。

海德格意義下的永恆不是來自永久不變的自存者，而是本真的時間性。早在《時間概念》海德格就曾表示，人不可能從永恆來思考時間，只能從時間思考時間，否則會陷入哲學困境，而這似乎也暗示了，在三十年代從時間來思考永恆，進一步顛覆傳統的時間概念與永恆概念。

海德格改寫了「永恆」概念。他以強力意志詮釋相同者的永恆回歸，通過前者作爲意願著生成與自身，而將不生成變化的永恆概念置於時間性中。以人的自身性取代「現在」，作爲時間與

永恆的樞紐，亦即，通過強力意志而與瞬間的永恆關聯一起，成為瞬間的永恆、瞬間的永恆。

瞬間的永恆基於對永恆回歸的詮釋而來，敞開的瞬間之永恆化，可視為永恆回歸的最後環節，而歸屬永恆回歸的永恆。但二者的永恆性，基本特徵卻有些許差異。最大的差異在於，前者是最短暫而不連續，後者則是持續的歷程。

海德格分別動詞化通向強力的意志之通向強力和意志，在其詮釋下，意願自身存有而形成自身的強力意志，取代「現在」作為三種時間形式的樞紐，且是前述兩種不同特徵的永恆概念的樞紐：基於 zu（to）的連結功能，並動詞化通向強力意志（Wille zur Macht）的 zur，一來將強力意志詮釋為永恆回歸的動力，並使永恆回歸成為持續的歷程，二來，以求強力、取得強力、提高強力的過程，連結最短暫的時間與持續的歷程、不連續與連續性。而且，強力意志以意願生成本身的持存化，連結存有與生成，並以意願自身連結非自身（超出自身）與自身（返回自身，在自身），也連結了永恆回歸的約束與自由。

海德格詮釋尼采永恆回歸學說所得出的永恆概念，看起來仍保留傳統哲學永恆概念的一些特徵：在自身，相同者，持存。不過，這種持存與傳統觀念不同，它不是不生成變化。相反地，基於強力意志而來的持存化，這種持存是讓生成能持續生成變化，且持續生成著的意願自身，並因在於本質活動而化為「在場狀態」。永恆回歸的永恆與傳統哲學最大的不同在於，它基於人的有限性而作為「克服」的思想與活動，也因此受限於人的有限性。所以這永恆概念的「在自身」不是單純的一直在自身中，而是出離自身後的返回自身，達乎自身。人接納自己的有限性而成就自身的

本質，並致力持駐在自身中行動。

　　海德格的本質概念和永恆概念，都不是恆定不變。基於有限性，人有必要出離自身、超克自己，所以既生成又持存。這自身性不是單純的同一，而是，基於生成差異或自我超克後回到自身中的同一化。這意味，同一的自身中內含差異。而這樣的永恆概念，早已脫離傳統對永恆的定義。瞬間的永恆具時間性，且是最短暫的。這短暫不是由時間序列來估量，而是，過去與將來強力對撞的剎那。作為返回自身且將一切包含於自身中的瞬間，是最充實且明晰的，因為，那是人在決斷後，決定返回自身、達成自身的敞開活動或敞開性本身。由於包含一切於其中，包括曾在、當前和將來這時間三維的統一，所以在敞開個體的自身性中既包含了整體狀態，形構了個別存有者的存有，也敞開了存有者整體及其存有。

　　海德格將敞開後的澄明視為存有真理或存有本身，因此，永恆的瞬間意味著，人敞開自身被居有而進入澄明中與存有真理合一，成就本己的本質，也成就人之為人的本質。人是有生滅的生成者，無法完全擺脫有限性的制約。而海德格提出的瞬間的永恆、永恆的瞬間，是人在有限性之內能達到的永恆，亦是在存有論上具持存性和持存化特徵的瞬間，亦即，存有真理的發生所敞開的本真時間性。若從居有來理解，永恆的瞬間作為一切時間性的東西之最高統一體，這瞬間的時間性即是時間本身。

參考文獻

一、西文文獻

Ansén, Reiner (1990): *>Bewegtheit<. Zur Genesis einer kinetischen Ontologie bei.* Cuxhaven: Junghans.

Arifuku, Kogaku (1989/1991): *Heidegger und Kant.* In hrsg. von Dietrich Papenfuß und Otto Pöggeler: *Zur philosophischen Aktualität Heideggers.* Band 1: *Philosophie und Politik.* Frankfurt: V. Klostermann, p. 151-166.

Aristoteles (1981): *Poetik.* Stuttgart: Reclam.

— (1987): *Physik.* In: H. G. Zekl (ed.): *Aristoteles' Physik. Vorlesung über Natur.* Griechisch-Deutsch. Übersetzt von Hans Günter Zekl. Hamburg: Meiner.

— (1987): *Metaphysik.* Griechisch-Deutsch. Übersetzt von Hermann Bonitz. Hamburg: Meiner.

— 0(2017): *Über die Seele. De anima.* Griechisch-Deutsch. Übersetzt von Klaus Corcilius. Hamburg: Meiner.

Augustinus, Aurelius (1888): *Die Bekenntnisse des heiligen Augustinus.* Übersetzung von Otto F. Lachmann. Leipzig: Reclam.

— (2000/2009): *Was ist Zeit? (Confession XI/ Bekenntnisse 11)* Lateinisch-Deutsch. Übersetzt von Norbert Fischer. Hamburg: Meiner.

Beck, Lewis White (1963/1960): *A Commentary on Kant's Critique of Practical Reason.* Chicago & London: The University of Chicago Press.

Bernet, Rudolf/ Lohmar, Dieter (2001): *Einleitung der Herausgeber.* In: Husserl, Edmund: *Die Bernauer Manuskripte über das Zeitbewusstsein (1917/18).*

Hua XXXIII. Dorecht: Kluwer. S. XVII-LI.

Bernet, Rudolf (2013): *Einleitung*. In: Husserl, Edmund: *Vorlessungen zur Phänomenologie des inneren Zeitbewußtseins*. Hrsg. von Rudolf Benet. Hamburg: Meiner. S. XVI-XVIII.

Blust, Franz-Karl (1987): *Selbstheit und Zeitlichkeit. Heideggers neuer Denkansatz zur Seinsbestimmung des Ich*. Würzburg: Königshausen + Neumann.

Cesare, Donatella di (2012): *Übersetzen aus dem Schweigen Celan für Heidegger*. In: Figal, Günter (Hrsg.): *Heidegger und die Literatur*. Frankfurt: Vittorio Klostermann. S. 17-34.

Cimino, A./ Espinet, D./ Keiling, T. (2011): *Kunst und Geschichte*. In: Hrsg. von David Espinet and Tobias: *Heideggers Ursprung des Kunstwerks. Ein kooperativer Kommentar*. Hrsg. von Espinet und Keiling. Frankfurt: Vittorio Klostermann. S. 123-138.

Coriando, Paola-Ludovika (2005): *Nachwort der Herausgeberin*. In: Martin Heidegger: *Über den Anfang*. In: GA 70. Frankfurt: Vittorio Klostermann. S. 197-200.

Cornford, Francis M. (1952): *Plato's Cosmology*. NY: The Humanities Press.

Craig, W. L. (1980): *The Cosmological Argument from Plato to Leibniz*. London: The Macmillan Press.

Crowell, Steven (2013): *Normativity and Phenomenology in Husserl and Heidegger*. Cambridge: Cambridge Press.

Därmann, Iris (2005): *"'Was ist tragisch'? Nietzsche und Heidegger Erfindungen der griechischen Tragödie im Widerstreit"*. Denker, M. Heinz, J. Sallis, B. Vedder, H. Zaborowski (Hrsg.) *Heidegger-Jahrbuch 2*. Freiburg/ München: Karl Abel. S. 206-221.

Descartes, René (1641/2010): *Les Méditations métaphysiques*. Translated by Pierre Hidalgo. Auvergne-Rhône-Alpes: PhiloSophie de l'Académie de Grenoble.

Denker, Alfred / Zaborowski, Holger (2004): *Heidegger und die Anfänge seines*

Denkens. In: *Heidegger-Jahrbuch 1*. Freiburg/München: Karl Alber.

Denker, A./ Heinz, M./ Sallis, J./ Vedder, B./ Zaborowski, H. (Hrsg.) (2005): *Heidegger und Nietzsche*. In: *Heidegger-Jahrbuch 2*. Freiburg/München: Karl Abel.

Diels, H./ Kranz, W. (1952/1996): *Die Fragmente der Vorsokrater*. Berlin: Weidmann.

Edwards, Paul (1985): *Heidegger und der Tod. Eine kritische Würdigung*. Aus dem Englischen übersetzt von Rudolf Ginters. Darmstadt: Darmstädter Blätter.

Figal, Günter (1988/2000): *Martin Heidegger. Phänomenologie der Freiheit*. Weinheim: Beltz.

— (1992): *Heidegger zur Einführung*. Hamburg: Junius.

— (2007): *Heidegger als Aristeliker*, In: *Heidegger-Jahrbuch 3, Heidegger und Aristoteles*, S. 53-76.

— (2007): *Heidegger und die Phänomenologie*. In Damir Barbaric: *Das Spätwerk Heideggers. Ereignis-Sage-Geviert*. Würzburg: Königshausen & Neumann. S. 10-18.

— (2006): *Gegenständlichkeit*. Tübingen: Mohr Siebeck.

— (Hrsg.) (2012): *Heidegger und die Literatur*. Frankfurt: V. Klostermann.

Foucault, Michel (2001): *L'Hermeneutique du Sujet: cours au College de Grance, 1981-1982*. Paris: Gallimard/Seuil.

Gadamer, Hans-Georg (1960/2010): *Hermeneutik I: Wahrheit und Methode*. Tübingen: Mohr Siebeck.

— (2001): *Wege zu Plato*. Stuttgart: Reclam.

Gander, Hans-Helmut (2004): *Phänomenologie im Übergang. Zu Heideggers Auseinandersetzung mit Husserl*. In hrsg. von Alfred Denker/ Holger Zaborowski (2004): *Heidegger und die Anfänge seines Denkens*. In: *Heidegger-Jahrbuch 1*. Freiburg/München: Karl Alber. S. 294-306.

Gethmann, Carl Friedrich (1989): *Heideggers Konzeption des Handelns in Sein und Zeit*. In: A. Gethmann-Stiefertand und O. Pöggeler (Hrsg.): *Heidegger und die praktische Philosophie.* Frankfurt: Suhrkamp, S. 140-176.

Gloy, Karen (1984): *Aristoteles' Konzeption der Seele in „De anima".* In: *Zeitschrift für philosophische Forschung.* Band 38., H. 3. Frankfurt: Vittorio Kostermann. S. 381-411.

Gregor, Mary (1963): *Laws of Freedom.* New York: Barnes & Noble.

Großheim, Michael (2009): *Phänomenologie des Bewußtsein oder Phänomenologie des „Lebens"?* *Husserl und Heidegger in Freiburg.* In hrsg. von Günter Figal und Hans-Helmuth Gander: *Heidegger und Husserl. Neue Perspektiven.* Frankfurt: Klostermann. S. 101-136.

Hanley, Catriona (2000): *Being and God in Aristotle and Heidegger.* Maryland: Rowman & Littlefield.

Hegel, G. W. F. (1806-1807/1996): *Die Phänomenologie des Geistes.* In Werk 3. Hrsg. von Eva Moldenhauer und Karl Markus Michel. Frankfurt: Suhrkamp.

— (1812-1816/1831/1969): *Wissenschaft der Logik I.* Frankfurt: Suhrkamp.

— (1820-1829/1835-1838/1994): *Vorlesungen über die Ästhetik I.* In Werk 13. Hrsg. von Eva Moldenhauer und Karl Markus Michel. Frankfurt: Suhrkamp.

Heidegger, M. (1927/1993): *Sein und Zeit.* Tübingen: Max Niemeyer.

— (1929/2010): *Kant und das Problem der Metaphysik.* Frankfurt: Vittorio Klostermann.

— (1931): *Was ist Metaphysik?* Bonn: Friedrich Cohen.

— (1912-1916/1978): *Frühe Schriften.* In: GA 1. Frankfurt: V. Klostermann.

— (1936-1968/1981): *Erläuterungen zu Hölderlins Dichtung.* In: GA 4. Frankfurt: Vittorio Klostermann.

— (1935-1946/2003): *Holzwege.* In: GA 5. Frankfurt: Vittorio Klostermann.

— (1935-1936/2003): *Der Ursprung des Kunstwerkes.* In: GA 5. *Holzwege.* Frankfurt: Vittorio Klostermann.

— (1961/1996): *Nietzsche I.* In: GA 6.1. Frankfurt: Vittorio Klostermann.

— (1961/1997): *Nietzsche II.* In: GA 6.2. Frankfurt: Vittorio Klostermann.

— (1936-1954/2000): *Vorträge und Aufsätze*. In: GA 7. Frankfurt: Vittorio Klostermann.

— (1954/2002): *Was heißt Denken?* In: GA 8. Frankfurt: V. Klostermann.

— (1919-1961/1976): *Wegmarken*. In: GA 9. Frankfurt: V. Klostermann.

— (1955-1963/2006): *Identität und Differenz*. In: GA 11. Frankfurt: Vittorio Klostermann.

— (1950-1959/1985): *Unterwegs zur Sprache*. In: GA 12. Frankfurt: Vittorio Klostermann.

— (1927-1968/2007): *Zur Sache des Denkens*. In: GA 14. Frankfurt: Vittorio Klostermann.

— (1951-1973/1986): *Seminare*. In: GA 15. Frankfurt: Vittorio Klostermann.

— (1923-1924/1994): *Einführung in die phänomenologische Forschung*. In: GA 17. Frankfurt: Vittorio Klostermann.

— (1925/1994): *Prolegomena zur Geschichte des Zeitbegriffs*. In: GA 20. Frankfurt: Vittorio Klostermann.

— (1925-1926/1976): *Logik. Die Frage nach der Wahrheit*. In: GA 21. Frankfurt: Vittorio Klostermann.

— (1927/1989): *Die Grundprobleme der Phänomenologie*. In: GA 24. Frankfurt: Vittorio Klostermann.

— (1928/1978): *Metaphysische Anfangsgründe der Logik*. In: GA 26. Frankfurt: Vittorio Klostermann.

— (1929-1930/1992): *Die Grundbegriffe der Metaphysik. Welt-Endlichkeit-Einsamkeit*. In: GA 29/30. Frankfurt: Vittorio Klostermann.

— (1931/1990): *Aristoteles, Metaphysik Θ, 1–3. Von Wesen und Wirklichkeit der Kraft*. In: GA 33. Frankfurt: Vittorio Klostermann.

— (1931-1932/1997): *Vom Wesen der Wahrheit. Zu Platons Höhlengleichnis und Theätet*. In: GA 34. Frankfurt: Vittorio Klostermann.

— (1934-1935/1999): *Hölderlins Hymnen "Germanien" und "Der Rhein"*. In: GA 39. Frankfurt: Vittorio Klostermann.

— (1935/1983): *Einführung in die Metaphysik*. In: GA 40. Frankfurt: Vittorio

Klostermann.

— (1935-1936/1984): *Die Frage nach dem Ding*. In: GA 41. Frankfurt: Vittorio Klostermann.

— (1936-1937/1985): *Nietzsche: Der Wille zur Macht als Kunst*. In: GA 43. Frankfurt: Vittorio Klostermann.

— (1941/1991): *Grundbegriffe*. In: GA 51. Frankfurt: Vittorio Klostermann.

— (1942/1993): *Hölderlins Hymne "Der Ister"*. In: GA 53. Frankfurt: Vittorio Klostermann.

— (1943-1944/1994): *Heraklit*. In: GA 55. Frankfurt: Vittorio Klostermann.

— (1919/1999): *Zur Bestimmung der Philosophie*. In: GA 56/57. Frankfurt: Vittorio Klostermann.

— (1919-1920/1993): *Die Grundprobleme der Phänomenologie*. In: GA 58. Frankfurt: Vittorio Klostermann.

— (1920/1993): *Phänomenologie der Anschauung und des Ausdrucks*. In: GA 59. Frankfurt: Vittorio Klostermann.

— (1918-1921/1995): *Phänomenologie des religiösen Lebens*. In: GA 60. Frankfurt: Vittorio Klostermann.

— (1921-1922/1994): *Phänomenologische Interpretationen zu Aristoteles. Einführung in die phänomenologische Forschung*. In: GA 61. Frankfurt: Vittorio Klostermann.

— (1922/2005): *Phänomenologische Interpretation zu Aristoteles (Anzeige der hermeneutischen Situation)*. In: GA 62. Frankfurt: V. Klostermann.

— (1923/1988): *Ontologie. Hermeneutik der Faktizität*. In: GA 63. Frankfurt: Vittorio Klostermann.

— (1924/2004): *Der Begriff der Zeit*. In: GA 64. Frankfurt: V. Klostermann.

— (1936/1994): *Beiträge zur Philosophie. (Vom Ereignis)*. In: GA 65. Frankfurt: Vittorio Klostermann.

— (1937-1938/1997): *Besinnung*. In: GA 66. Frankfurt: V. Klostermann.

— (1941-1942/2009): *Das Ereignis*. In: GA 71. Frankfurt: V. Klostermann.

— (1944-1945/1995): *Feldweg-Gespräche*. In: GA 77. Frankfurt: Vittorio

Klostermann.

— (1949-1957/1994): *Bremer und Freiburger Vorträge*. In: GA 79. Frankfurt: Vittorio Klostermann.

— (2005): *„Mein liebes Seelchen!" Briefe Martin Heideggers an seine Frau Elfride 1915-1970*. München: Deutsche Verlags-Anstalt.

Heinz, Marion (2005): *"Schaffen". Die Revolution von Philosophie. Zu Heideggers Nietzsche-Interpretation (1936/37)*. In hrsg. von Denker, M. Heinz, J. Sallis, B. Vedder, H. Zaborowski: *Heidegger-Jahrbuch 2*. Freiburg/München: Karl Abel. S. 174-192.

Held, Klaus (2012): *Husserl und Heidegger über den Anfang der Philosophie*. In hrsg. von Rudolf Bernet/ Alfred Denker/ Holger Zaborowski: *Heidegger und Husserl*: *Heidegger-Jahrbuch 6*. S. 69-86.

Herrmann, Friedrich-Wilhelm von (1961): *Die Selbstinterpretation Martin Heideggers*. Freiburg: Dissertation.

— (1974/2004): *Subjekt und Dasein. Grundbegriffe von "Sein und Zeit"*. Frank-furt: Vittorio Klostermann.

— (1991): *Heideggers "Grundprobleme der Phänomenologie". Zur "Zweiten Hälften"von "Sein und Zeit"*. Frankfurt: Vittorio Klostermann.

— (1994): *Wege ins Ereignis. Zu Heideggers "Beiträgen zur Philosophie"*. Frankfurt: Vittorio Klostermann.

— (2000): *Hermeneutik und Reflexion. Der Begriff der Phänomenologie bei Heidegger und Husserl*. Frankfurt: Vittorio Kostermann.

— (2002): *Wahrheit-Freiheit-Geschichte*. Frankfurt: Vittorio Klostermann.

— (2009): *Nachwort des Herausgebers*. In Martin Heidegger (1941-1942/ 2009): *Das Ereignis*. In: GA 71. Frankfurt: Vittorio Klostermann.

Hoffman, Piotr (1993): *Death, time, history: Division II of Being and Time*. In: Charles B. Guignon (ed.): *The Cambridge Campanion to Heidegger*. NY: Cambridge University Press.

Holzapfel, C. (1987): *Heideggers Auffassung des Gewissens vor dem Hintergrund traditioneller Gewissenskonzeptionen*. Frankfurt: Peter Lang.

Husserl, Edmund (1928): *Vorlesungen zur Phänomenologie des inneren Zeit-bewußtseins*. Hrsg. von Martin Heidegger. Halle: Max Niemeyer.

— (1954): *Die Krisis der europäischen Wissenschaften und die transzenden-tale Phänomenologie*. Hua VI. Hrsg. von Walter Biemel. Den Haag: Mar-tinus Nijhoff.

— (1973): *Der Idee der Phänomenologie. Fünf Vorlesungen*. Hua II. Hrsg. von Walter Biemel. Den Haag: Nijhoff.

— (1976): *Ideen zu einer reinen Phänomenologie und phänomenologischen Philosophie*. Hua III/1. Hrsg. von Karl Schumann. Den Haag: Nijhoff.

— (1984): *Logische Untersuchungen. Zweiter Band Zweiter Teil*. Hua XIX/I. Hrsg. von Ursula Panzer. Den Haag: Nijhoff.

— (2013): *Vorlesungen zur Phänomenologie des inneren Zeitbewußtseins*. Hrsg. von Rudolf Bernet. Hamburg: Meiner.

Jaeger, Petra (1994): *Nachwort des Herausgebers*, In: *Prolegomena zur Ge-schichte des Zeitbegriffs*. In: GA 20. Frankfurt: Vittorio Klostermann. S. 443-447.

Kant, I. (1781/1987/1998): *Kritik der reinen Vernunft*. Hrsg. von J. Timmermann. Hamburg: Meiner.

— (1788/1990): *Kritik der praktischen Vernunft*. Hrsg. von K. Vorländer. Hamburg: Meiner.

— (1790/2001): *Kritik der Urteilskraft*. Hrsg. von H. F. Klemme. Hamburg: Meiner.

— (1793/1922): *Die Religion innerhalb der Grenzen der bloßen Vernunft*. Hrsg. von K. Vorländer. Leipzig: Meiner.

— (1797/1907): *Die Metaphysik der Sitten*. In: *Kant's Gesammelte Schriften*, Bd. VI. Hrsg. von Königlich Preußischen Akademie der Wissenschaften. Berlin: Georg Reimer.

Kirk G. S./ Raven J. E./ Schofield M. (eds.) (1983/2009): *The Presocratic Philo-sophers: A Critical History with a Selection of Texts*. Cambridge: Cam-bridge University Press.

Kirk G. S./ Raven J. E. (eds.) (1957/1977): *The Presocratic Philosophers: A Critical History with a Selection of Texts*. Cambridge: Cambridge University Press.

Lin, Shing-Shang (2011): *Von den modernen zu den postmodernen Zeitvorstellungen. Kant, Heidegger/ Virilio, Baudrillard*. Essen: Die Blaue Eule.

Makkreel, Rudolf A. (2004): *Dilthey, Heidegger und der Vollzugssinn der Geschichte*. In hrsg. von Alfred Denker/ Holger Zaborowski (2004): *Heidegger und die Anfänge seines Denkens*. In: *Heidegger-Jahrbuch 1*. Freiburg/München: Karl Alber. S. 307-321.

Marx, Werner (1961): *Heidegger und die Tradition*. Stuttgart: W. Kohlhammer.

McGrath, Sean J. (2004): *Die scotische Phänomenologie des jungen Heidegger*. In hrsg. von Alfred Denker / Holger Zaborowski: *Heidegger und die Anfänge seines Denkens*. In: *Heidegger-Jahrbuch 1*. S. 243-258.

Meyer, Katrin (2005): *Denkweg ohne Abschweifungen. Heideggers Nietzsche-Vorlesungen und das Nietzsche-Buch von 1961 im Vergleich*. In hrsg. von Denker, M. Heinz, J. Sallis, B. Vedder, H. Zaborowski: *Heidegger-Jahrbuch 2*. Freiburg/München: Karl Abel. S. 132-156.

Nails, Debra (1979): *Ousia in the Platonic Dialogues*. In: *Southwestern Journal of Philosophy*, Vol. 10, No. 1 (Spring, 1979). Fayetteville: University of Arkansas Press. P. 71-77.

Neumann, Günter (2012): *Phänomenologie der Zeit und Zeitlichkeit bei Husserl und Heidegger*. In hrsg. von Rudolf Bernet/ Alfred Denker/ Holger Zaborowski: *Heidegger und Husserl*. In: *Heidegger-Jahrbuch 6*. S. 153-186.

Nietzsche, Friedrich (1988/1999): *Die Geburt der Tragödie*. In: KSA 1 der Krtitischen Studienausgabe, hrsg. von G. Colli and M. Montinari. München: dtv/ de Gruyter.

— (1988/1999): *Also sprach Zarathustra*. In: KSA 4 der Krtitischen Studienausgabe, hrsg. von G. Colli and M. Montinari. München: dtv/ de Gruyter.

— (1988/1999): *Nachlaß 1880-1882*. In: KSA 9. Krtitischen Studienausgabe, hrsg. von G. Colli and M. Montinari. München: dtv/ de Gruyter.

— (1988/1999): *Nachlaß 1882-1884*. In: KSA 11. Krtitischen Studienausgabe, hrsg. von G. Colli and M. Montinari. München: dtv/ de Gruyter.

— (1988/1999): *Nachlaß 1885-1887*. In: KSA 12. Krtitischen Studienausgabe, hrsg. von G. Colli and M. Montinari. München: dtv/ de Gruyter.

Platon (1997): *Complete Works*. John M. Cooper (Ed.), D. S. Hutchinson (Associate Ed.). Cambridge: Hackett Publishing.

— (1998): *Der Staat*. Übersetzt von Otto Apelt. In: *Platon Sämliche Dialoge*. Band V. Hamburg: Felix Meiner.

— (1998): *Timaios*. Übersetzt von Otto Apelt. In: *Platon Sämtliche Dialoge*. Band VI. Hamburg: Meiner.

Pocai, Romano (1996): *Heideggers Theorie der Befindlichkeit*. Freiburg/München: Alber.

Pöggeler, Otto (1963/1994): *Der Denkweg Martin Heideggers*. Stuttgart/Pfullingen: Günter Neske.

— (1983): *Heidegger und die hermeneutische Philosophie*. Freiburg/München: Alber.

— (1999): *Heidegger in seiner Zeit*. München: Wilhelm Fink.

— (2002): *Bild und Technik. Heidegger, Klee und die moderne Kunst*. München: Wilhelm Fink.

Powell, Jeffrey L. (2005): *Die Nietzsche-Vorlesungen im Rahmen des Denkweges Martin Heideggers*. In hrsg. von A. Denker/ M. Heinz/ J. Sallis/ B. Vedder/ H. Zaborowski: *Heidegger und Nietzsche*. In: *Heidegger-Jahrbuch 2*. Freiburg/München: Karl Abel. S. 117-131.

Prior, William J. (1985): *Unity and Development in Plato's Metaphysic*s. La Salle.

Rapp, Christof (1997): *Die Vorsokratiker*. München: Beck.

Sayre, Kenneth M. (1983): *Plato's late Ontology. A Riddle Resolved*. Princeton: Princeton University Press.

Sallis, John (1990): *Echoes: after Heidegger*. Indianapolis: Indiana University Press.

— (1995/2012): *Heidegger und der Sinn von Wahrheit*. Translated by Tobias Keiling. Frankfurt: Vittorio Klostermann.

— (2010): *Einbildungskraft*. Tübingen: Mohr Siebeck.

Schumann, Karl (1978): *Zu Heideggers Spiegel-Gespräch über Husserl*. In: *Zeitschrift für philosophische Forschung*, Bd. 32, H. 4, S. 591-612.

Seubert, Harald (2000): *Zwischen erstem und anderem Anfang. Heideggers Auseinandersetzung mit Nietzsche und die Sache seines Denkens*. Köln: Böhlau.

— (2005): *Nietzsche, Heidegger und das Ende der Metaphysik*. In hrsg. von Denker, M. Heinz, J. Sallis, B. Vedder, H. Zaborowski: *Heidegger-Jahrbuch 2*. Freiburg/München: Karl Abel. S. 297-320.

Sowa, Rochus (2008): *Einleitung des Herausgebers*. In: Husserl, Edmund: *Lebenswelt. Auslegungen der vorgegebenen Welt und ihrer Konstitution. Text von Nachlaß (1916-1937)*. Hua XXXIX. Hrsg. von Rochus Sowas Dorecht: Springer. S. XXV-LXXXI.

Stegmaier, Werner (2005): *Nietzsche Nach Heidegger*. In hrsg. von A. Denker/M. Heinz/ J. Sallis/ B. Vedder/ H. Zaborowski: *Heidegger und Nietzsche*. In hrsg. von Denker, M. Heinz, J. Sallis, B. Vedder, H. Zaborowski: *Heidegger-Jahrbuch 2*. Freiburg/München: Karl Abel. S. 321-336.

Steinmann, Michael (2004): *Der frühe Heidegger und sein Verhältnis zum Neukantianismus*. In hrsg. von Alfred Denker/ Holger Zaborowski: *Heidegger und die Anfänge seines Denkens*. In: *Heidegger-Jahrbuch 1*. Freiburg/München: Karl Alber. S. 259-293.

Storck, Joachim W. hrsg. (1989/1990): *Martin Heidegger/ Elisabeth Blochmann. Briefwechsel 1918-1969*. Marbach: Deutsche Schillergesellschaft.

Vedder, Ben (2005): *"Gott ist tot." Nietzsche und das Ereignis des Nihilismus*. In hrsg. von Denker, M. Heinz, J. Sallis, B. Vedder, H. Zaborowsk: *Heidegger-Jahrbuch 2*. Freiburg/München: Karl Abel. S.157-173.

Zimmerman, Michael E. (2005): *Die Entwicklung von Heideggers Nietzsche-Interpretation*. In hrsg. von Denker, M. Heinz, J. Sallis, B. Vedder, H.

Zaborowski: *Heidegger-Jahrbuch 2*. Freiburg/München: Karl Abel. S. 97-116.

二、中文專書

李明輝（1990），《儒家與康德》，台北：聯經出版有限公司。

汪文聖（1997），《胡塞爾與海德格》第二版，台北：遠流出版。

苗力田（1995），《古希臘哲學》，北京：中國人民大學出版社。

倪梁康（2002），《自識與反思》，北京：商務印書館。

——　（2016），《胡塞爾與海德格爾—弗萊堡的相遇與背離》。北京：商務印書館。

陳康（1990），《論希臘哲學》，北京：商務印書館。

張祥龍（1996），《海德格爾思想與中國天道》，北京：三聯書店。

張燦輝（1996），《海德格與胡塞爾現象學》，台北：東大圖書。

黑爾德（Klaus Held）（2009），《時間現象學的基本概念》，靳希平，孫周興，張燈，柯小剛譯，上海：上海譯文出版社。

靳希平（1995），《海德格爾早期思想研究》，上海：人民出版社。

關子尹（2021），《徘徊於天人之際—海德格的哲學思路》，台北：聯經出版有限公司。

三、中文專論

王慶節（2004），〈也談海德格 "Ereignis" 的中文翻譯和理解〉，《現象學與人文科學》，香港：香港中文大學現象學與人文科學研究中心，頁197-212。

黃文宏（2001），〈海德格「轉向」（Kehre）的一個詮釋—以真理問題為線索〉，台北：《歐美研究》第三十一卷第二期（民國九十年六月），頁287-323。

——　（2014），〈從西田哲學來看前期海德格「實存論的獨我論」〉，台北：《國立政治大學哲學學報》第31期，頁31-65。

孫周興（2012），〈附錄一：幾組重要譯名的討論〉，見於：海德格爾著，孫周興譯，《哲學論稿（從本有而來）》，頁551-563。

孫雲平（2007），〈海德格之自由觀的類型及其意涵〉，台北：《國立政治大學哲學學報》，第 18 期，頁 29-74。

—　（2009），〈海德格前期時間觀〉，嘉義：《揭諦》，第 17 期，頁 47-82。

陳榮灼（2014），〈道家之「自然」與海德格之「Er-eignis」〉。見於：楊儒賓編，《自然概念史論》。台北：臺大出版中心。頁 345-379。

國家圖書館出版品預行編目資料

時間的本質—海德格現象學與詮釋學之探討

林薰香著. – 初版. – 臺北市：臺灣學生，2021.10
面；公分

ISBN 978-957-15-1875-6 (平裝)

1. 海德格(Heidegger, Martin, 1889-1976)
2. 學術思想 3. 現象學 4. 詮釋學

147.71　　　　　　　　　　　　110015609

時間的本質—海德格現象學與詮釋學之探討

著　作　者　林薰香
出　版　者　臺灣學生書局有限公司
發　行　人　楊雲龍
發　行　所　臺灣學生書局有限公司
地　　　址　臺北市和平東路一段 75 巷 11 號
劃　撥　帳　號　00024668
電　　　話　(02)23928185
傳　　　眞　(02)23928105
E - m a i l　student.book@msa.hinet.net
網　　　址　www.studentbook.com.tw
登記證字號　行政院新聞局局版北市業字第玖捌壹號
定　　　價　新臺幣五○○元
出 版 日 期　二○二一年十月初版
I　S　B　N　978-957-15-1875-6

14703　　　　有著作權‧侵害必究